应用型高等院校会计系列教材

成本管理会计

汪 蕾 主编

韦 琳 主审

南开大学出版社
天 津

图书在版编目(CIP)数据

成本管理会计 / 汪蕾主编. —天津：南开大学出版社，
2015.1(2019.2 重印)
 应用型高等院校会计系列教材
 ISBN 978-7-310-04703-1

Ⅰ.①成… Ⅱ.①汪… Ⅲ.①成本会计－高等学校－
教材 Ⅳ.①F234.2

中国版本图书馆 CIP 数据核字(2014)第 271998 号

版权所有　侵权必究

南开大学出版社出版发行
出版人：刘运峰
地址：天津市南开区卫津路 94 号　　邮政编码：300071
营销部电话：(022)23508339　23500755
营销部传真：(022)23508542　　邮购部电话：(022)23502200
＊
天津午阳印刷股份有限公司印刷
全国各地新华书店经销
＊
2015 年 1 月第 1 版　　2019 年 2 月第 3 次印刷
230×170 毫米　16 开本　29.5 印张　528 千字
定价：56.00 元

如遇图书印装质量问题,请与本社营销部联系调换,电话:(022)23507125

内容摘要

本着"理论与实践教学并重"的原则，本书在借鉴国内现有成本管理会计教材的基础上，融合了国外成本管理会计教材的先进成果，并结合编者们多年的教学和实际工作经验编著而成。

本书的内容主要包括：成本管理会计概述、成本核算概述、生产费用在各种产品之间的归集与分配、生产费用在完工产品和在产品之间的归集与分配、产品成本计算的基本方法和辅助方法、作业成本法、成本性态分析与变动成本法、本量利分析、预测分析、短期经营决策、长期经营决策、全面预算、标准成本系统、责任会计。本书以成本管理基础理论为出发点，力求与时俱进，将"成本会计"和"管理会计"两门核心课程的教学内容整合起来。为了方便学生更好地掌握成本管理会计的内容，提高分析问题、解决问题和创新能力，本书在各章的前后都配有实际案例，另外，每小节都有一定的课堂测试题，每章结束都配有一定数量的思考题和练习题，能够进一步巩固学生们的学习成果。

本书适用于会计学专业、财务管理专业、审计学专业、工商管理专业及相关专业的本、专科生，也可作为社会自学考试的参考用书，还可用于企业财务人员或专业人士的后续教育。

拟定和全书的统稿。韦琳教授担任本书的主审。

  本书在编写过程中得到南开大学出版社给予的信任和帮助；还得到了韩传模教授在整个过程中给予的支持和帮助；同时也参考引用了其他学者的成果，在此一并表示感谢！

  由于作者水平有限，书中难免有不妥、疏漏，甚至不当、错误之处，恳请广大读者和同行批评指正，以便今后对本书做进一步的修改和完善。

编者

2014 年 10 月

前　言

成本管理会计研究的是企业的生产经营活动，通过对使用价值的生产□换过程的优化，提供信息并参与决策，是现代企业规划未来、提升竞争能□重要信息系统和管理工具，是会计学专业、财务管理专业、审计专业等工□理各专业的核心课程之一。

本书根据现行的法律法规，在借鉴国内外现有同类优秀教材的基础上，□合企业实务，将成本会计与管理会计的教材体系进行了整合。希望使用本书□学生以及读者朋友们，能够在掌握成本会计与管理会计相关的理论基础上，□一步了解企业核算和管理的现行规范，更好地学以致用。

本书第 1~7 章的内容主要是成本会计，以制造业、传统企业的成本核□为主，详细介绍了成本核算的基本方法，具体包括成本核算的要求和程序，□产费用在各种产品之间的归集与分配，生产费用在完工产品和在产品之间的□集与分配，产品成本计算的品种法、分批法和分步法，产品成本计算的辅助□法，作业成本法。第 8~15 章的内容为管理会计，主要介绍了成本性态分析与变动成本法，本量利分析，预测分析，短期经营决策，长期经营决策，全面预□算，标准成本系统，责任会计。本书适用于会计学专业、财务管理专业、审计□学专业、工商管理专业及相关专业的本、专科生，也可作为社会自学考试的参考用书，还可用于企业财务人员或专业人士的后续教育。

本书在每章中都安排了开篇案例和总结案例，还有学习目标、章后小结、核心概念、节后练习题、章后思考题和练习题。本书具体有如下特点：第一，结构合理，内容丰富。本书在整体结构安排上，注重成本管理会计的内在逻辑性；语言的表述上，力求简明扼要，深入浅出。第二，理论与实践相结合。本书既保留了成本管理会计的理论精髓，又吸收了成本管理会计新的理念和方法，并配有大量的引导案例和总结案例，以提升学生分析和解决问题的能力。第三，大量配套练习，题型多样。本书在每小节结束后都配有一定数量的课堂测试题，并在每章最后配备思考、单选、多选、判断和计算等题型多样的练习题，有助于学生消化理解，巩固自己吸收的知识。

本书第 1 章、第 12 章以及第 15 章由王英允编写；第 2~7 章由汪蕾编写；第 8~11 章、第 13~14 章由武桂芳编写。汪蕾作为主编，负责教材编写大纲的

目 录

第一章 成本管理会计概述····················1
第一节 成本管理会计概述····················1
一、成本管理会计的产生和发展····················1
二、财务会计、管理会计和成本会计的关系····················3
三、管理会计的目标与假设····················4
【课堂测试1-1】····················5
第二节 成本管理会计的内容····················6
一、成本管理会计的职能····················6
二、成本管理会计的内容····················7
【课堂测试1-2】····················7
第三节 成本管理会计信息的质量特征····················7
一、准确性····················8
二、相关性····················8
三、可理解性····················8
四、及时性····················8
五、成本和效益原则····················9
【课堂测试1-3】····················9

第二章 成本核算概述····················16
第一节 成本概述····················16
一、成本的含义····················16
二、成本的分类····················18
【课堂测试2-1】····················21
第二节 成本核算的要求和程序····················22
一、成本核算的要求····················22
二、成本核算的主要账户····················25
三、成本核算的一般程序····················28
【课堂测试2-2】····················30

第三章 生产费用在各种产品之间的归集与分配 ……………………36
第一节 各项要素费用的归集与分配 ……………………………36
一、要素费用归集与分配概述 ……………………………36
二、材料费用的归集与分配 ………………………………38
三、外购动力费用的归集与分配 …………………………44
四、职工薪酬的归集与分配 ………………………………45
五、折旧费用的归集与分配 ………………………………48
六、其他要素费用的归集与分配 …………………………49
【课堂测试3-1】……………………………………………51
第二节 长期待摊费用的归集与分配 ……………………………52
一、长期待摊费用的归集 …………………………………52
二、长期待摊费用的分配 …………………………………52
【课堂测试3-2】……………………………………………53
第三节 辅助生产费用的归集与分配 ……………………………54
一、辅助生产费用概述 ……………………………………54
二、辅助生产费用的归集 …………………………………54
三、辅助生产费用的分配 …………………………………56
【课堂测试3-3】……………………………………………67
第四节 制造费用的归集与分配 …………………………………68
一、制造费用概述 …………………………………………68
二、制造费用的归集 ………………………………………69
三、制造费用的分配 ………………………………………70
【课堂测试3-4】……………………………………………74
第五节 生产损失的归集与分配 …………………………………75
一、生产损失概述 …………………………………………75
二、废品损失的归集与分配 ………………………………75
三、停工损失的归集与分配 ………………………………80
【课堂测试3-5】……………………………………………80
第六节 期间费用的归集与结转 …………………………………81
一、管理费用的归集与结转 ………………………………81
二、销售费用的归集与结转 ………………………………83
三、财务费用的归集与结转 ………………………………84
【课堂测试3-6】……………………………………………84

第四章　生产费用在完工产品和在产品之间的归集与分配 ······ 95
第一节　在产品数量的核算 ······ 96
　　一、在产品的概念 ······ 96
　　二、在产品数量的核算 ······ 96
　　【课堂测试 4-1】 ······ 99
第二节　生产费用在完工产品和在产品之间的分配方法 ······ 100
　　一、不计算在产品成本法 ······ 100
　　二、在产品成本按年初数固定计算法 ······ 100
　　三、在产品成本按所耗原材料费用计算法 ······ 100
　　四、在产品按完工产品成本计算法 ······ 101
　　五、约当产量法 ······ 102
　　六、在产品按定额成本计算法 ······ 109
　　七、定额比例法 ······ 110
　　【课堂测试 4-2】 ······ 115
第三节　完工产品成本的结转 ······ 116
　　一、完工产品成本结转概述 ······ 116
　　二、完工产品成本结转的会计处理 ······ 116
　　【课堂测试 4-3】 ······ 117

第五章　产品成本计算的基本方法 ······ 128
第一节　产品成本计算方法概述 ······ 129
　　一、生产特点和成本管理要求对产品成本计算的影响 ······ 129
　　二、产品成本计算的方法 ······ 131
　　【课堂测试 5-1】 ······ 132
第二节　品种法 ······ 132
　　一、品种法的适用范围 ······ 132
　　二、品种法的特点 ······ 133
　　三、品种法的计算程序 ······ 134
　　四、品种法举例 ······ 134
　　【课堂测试 5-2】 ······ 146
第三节　分批法 ······ 147
　　一、分批法的适用范围 ······ 147
　　二、分批法的特点 ······ 147
　　三、分批法的计算程序 ······ 148

　　　　四、分批法举例···149
　　　　五、简化的分批法···151
　　　【课堂测试5-3】···156
　　第四节　分步法···157
　　　　一、分步法的适用范围··157
　　　　二、分步法的特点···157
　　　　三、逐步结转分步法··158
　　　　四、平行结转分步法··173
　　　【课堂测试5-4】···183
第六章　产品成本计算的辅助方法··202
　　第一节　分类法···202
　　　　一、分类法的适用范围··202
　　　　二、分类法的特点···203
　　　　三、分类法的计算程序··204
　　　　四、分类法举例···205
　　　　五、分类法的优缺点··207
　　　【课堂测试6-1】···208
　　第二节　定额法···209
　　　　一、定额法的适用范围··209
　　　　二、定额法的特点···209
　　　　三、定额法的计算程序··210
　　　　四、定额法举例···221
　　　　五、定额法的优缺点··221
　　　【课堂测试6-2】···222
　　第三节　各种成本计算方法的应用··································223
　　　　一、几种产品成本计算方法同时应用··························223
　　　　二、几种产品成本计算方法结合应用··························224
　　　　三、各种产品成本计算方法的实际应用······················225
　　　【课堂测试6-3】···233
第七章　作业成本法··243
　　第一节　作业成本法的产生与发展··································244
　　　　一、作业成本法的产生背景······································244
　　　　二、作业成本法的起源与发展···································245

　　　　【课堂测试7-1】··246
　　第二节　作业成本法的基本概念··································246
　　　　一、作业的概念··246
　　　　二、作业链和价值链··248
　　　　三、成本动因··248
　　　　【课堂测试7-2】··249
　　第三节　作业成本法的基本原理和一般程序··················250
　　　　一、作业成本法的基本原理··································250
　　　　二、作业成本法的一般程序··································251
　　　　【课堂测试7-3】··253
　　第四节　作业成本法与传统成本法的比较·····················253
　　　　一、作业成本法举例··253
　　　　二、作业成本法与传统成本法的联系与区别··········257
　　　　三、作业成本法的优点和局限性··························258
　　　　四、作业成本法的应用··259
　　　　【课堂测试7-4】··260
第八章　成本性态分析与变动成本法······························266
　　第一节　成本性态分析···266
　　　　一、成本性态的含义··266
　　　　二、成本按性态的分类··267
　　　　【课堂测试8-1】··270
　　第二节　混合成本的分解··270
　　　　一、高低点法··270
　　　　二、散布图法··271
　　　　三、回归直线法··272
　　　　【课堂测试8-2】··274
　　第三节　变动成本法···274
　　　　一、变动成本法的含义和特点·····························274
　　　　二、变动成本法与完全成本法对分期损益的影响··275
　　　　三、对完全成本法和变动成本法的评价················276
　　　　【课堂测试8-3】··277
第九章　本量利分析··288
　　第一节　本量利分析概述··288

一、本量利分析的含义及基本原理 ································ 288
　　二、边际贡献及相关指标 ·· 289
　　【课堂测试 9-1】 ··· 291
第二节　盈亏平衡分析 ·· 291
　　一、盈亏平衡分析的含义 ·· 291
　　二、单一产品盈亏平衡点分析 ····································· 291
　　三、多种产品盈亏平衡点分析 ····································· 292
　　【课堂测试 9-2】 ··· 294
第十章　预测分析 ·· 303
第一节　预测分析概述 ·· 304
　　一、预测分析的含义 ··· 304
　　二、预测分析的基本方法 ·· 304
　　三、预测分析的基本程序 ·· 304
　　【课堂测试 10-1】 ··· 305
第二节　利润预测分析 ·· 305
　　一、利润预测的含义 ··· 305
　　二、目标利润预测 ··· 305
　　三、经营杠杆在利润预测中的应用 ····························· 306
　　四、利润预测中的敏感分析 ·· 307
　　【课堂测试 10-2】 ··· 310
第三节　销售预测分析 ·· 310
　　一、销售预测的含义 ··· 310
　　二、销售预测的方法 ··· 310
　　【课堂测试 10-3】 ··· 314
第四节　成本预测分析 ·· 314
　　一、成本预测的含义 ··· 314
　　二、成本预测的方法 ··· 315
　　【课堂测试 10-4】 ··· 315
第五节　资金预测分析 ·· 316
　　一、资金预测的含义 ··· 316
　　二、资金追加需要量预测 ·· 316
　　【课堂测试 10-5】 ··· 316

第十一章 短期经营决策 324
第一节 短期经营决策概述 325
一、决策的含义和分类 325
二、短期经营决策的含义及内容 326
三、短期经营决策的基本方法 326
【课堂测试 11-1】 330
第二节 生产决策分析 330
一、生产何种产品的决策分析 330
二、新产品开发的品种决策分析 331
三、是否停止亏损产品生产的决策分析 333
四、是否接受追加订货的决策分析 335
五、半产品进一步加工还是出售的决策分析 336
六、零部件自制还是外购的决策分析 337
七、如何选择设备的决策分析 338
【课堂测试 11-2】 339
第三节 定价决策分析 340
一、定价决策概述 340
二、产品定价决策方法 340
【课堂测试 11-3】 342

第十二章 长期投资决策 354
第一节 长期投资决策概述 355
一、长期投资决策的含义 355
二、长期投资决策的特点 355
【课堂测试 12-1】 356
第二节 长期投资决策评价的基础 356
一、货币时间价值 356
二、现金流量分析 358
【课堂测试 12-2】 358
第三节 长期投资决策的基本方法 359
一、长期投资决策基本方法的概述 359
二、非折现的方法 359
三、折现的方法 360
【课堂测试 12-3】 363

第四节　长期投资决策的风险分析·················363
　　一、风险调整折现率法·····················363
　　二、风险调整现金流量法···················364
　　【课堂测试 12-4】·························365

第十三章　全面预算·································373
第一节　全面预算概述·························374
　　一、全面预算的含义·····················374
　　二、全面预算的内容·····················374
　　三、全面预算编制的程序···················375
　　【课堂测试 13-1】·························375
第二节　全面预算的编制·······················375
　　一、日常业务预算的编制···················375
　　二、专门决策预算的编制···················383
　　三、财务预算的编制·····················384
　　【课堂测试 13-2】·························387
第三节　预算控制的形式·······················387
　　一、固定预算与弹性预算···················387
　　二、增量预算与零基预算···················388
　　三、定期预算与滚动预算···················389
　　【课堂测试 13-3】·························390

第十四章　标准成本系统·····························407
第一节　标准成本系统概述·····················408
　　一、标准成本系统的含义···················408
　　二、标准成本的含义·····················409
　　三、标准成本的种类·····················409
　　四、标准成本系统的作用···················410
　　【课堂测试 14-1】·························410
第二节　标准成本的制定·······················411
　　一、标准成本的构成·····················411
　　二、直接材料标准成本的制定·················411
　　三、直接人工标准成本的制定·················411
　　四、制造费用标准成本的制定·················412
　　【课堂测试 14-2】·························412

第三节　成本差异的计算与分析························412
　　一、变动成本差异的计算与分析····················412
　　二、固定性制造费用成本差异的计算与分析········414
　　【课堂测试14-3】······································416
第四节　成本差异的账务处理····························416
　　一、标准成本系统的账户设置······················416
　　二、成本差异的账务处理····························416
　　【课堂测试14-4】······································419

第十五章　责任会计····································429

第一节　责任会计概述····································430
　　一、集权管理与分权管理····························430
　　二、分权管理与责任会计····························430
　　三、责任会计的基本内容····························431
　　【课堂测试15-1】······································433
第二节　责任中心及其业绩评价·······················433
　　一、责任中心··433
　　二、成本中心的业绩评价与报告··················433
　　三、利润中心的业绩评价与报告··················436
　　四、投资中心的业绩评价与报告··················438
　　【课堂测试15-2】······································442
第三节　企业内部转移价格····························442
　　一、内部转移价格的含义····························442
　　二、内部转移价格的作用····························443
　　三、内部转移价格的种类····························444
　　【课堂测试15-3】······································447

参考文献··455

第一章 成本管理会计概述

成本管理会计是成本会计与管理会计结合的产物,它的形成与发展是会计发展史上的一个重要里程碑。在本章学习中,需要了解成本管理会计信息的质量特征;理解成本管理会计的含义,财务会计、管理会计和成本会计的关系;掌握成本管理会计的内容,产生的背景及其发展的根本原因。

开篇案例　　　　　　财务部王先生的疑惑

祥瑞公司的王先生最近从财务部转入管理部门工作,以下是他对成本管理会计提出的个人观点:

(1)成本管理会计与财务会计的职能一样,主要是核算和监督;

(2)成本管理会计和财务会计是截然分开的,无任何联系;

(3)成本管理会计吸收了经济学、管理学和数学等方面的研究成果,与财务会计相比在方法上更灵活多样;

(4)贯穿成本管理会计的基本理论是本量利分析理论。

要求:

(1)对以上观点详细加以分析说明,指出正确与否;

(2)说明一个企业主要的管理目标和管理职能是什么。

第一节　成本管理会计概述

一、成本管理会计的产生和发展

(一)管理会计的产生和发展

管理会计的形成与发展同经济、技术的发展,同管理实践的要求及管理学的发展是密切相联的,管理学为管理会计提供了理论的指导,企业管理的实践对会计方法的变革和发展起了重要的推动作用，成本会计也与管理会计同步完善。

继泰勒的科学管理理论之后，基于企业内外部环境的变化，如从事多种经营综合性大企业的兴起、技术进步推动经济的迅速发展和市场竞争的加剧，管理学又有了许多发展。如20世纪20年代的决策理论、40年代的行为科学、50年代的数理学派和60年代的系统管理学等。随着管理方法的推行与实践，服务于管理的会计也得到了相应的发展，例如与决策相联系的决策分析、为配合职能管理和行为管理的业绩评价和责任会计、数理学派的各种数量分析方法的应用等。管理会计的发展也是与企业管理的实践紧密相关的，早在20世纪20年代，杜邦公司的管理者就设计了多个重要的经营和预算指标，用以合理有效地分配资源和协调各部门的经营活动。如管理会计中使用的评价指标投资报酬率，当时就是杜邦公司用以评价部门和公司业绩的重要指标，其财务主管唐纳德森·布朗（Donaldson Brown）还说明了如何将其分解成销售利润率和资产周转率，分别反映产品经营和资产管理业绩。

到了20世纪50年代，管理会计的系统方法与理论已基本形成，成为企业进行科学管理、提高经济效益的重要工具。在1952年的世界会计学会年会上，"管理会计"一词被正式确认。此时一些国家的财务会计准则也日趋成熟，财务会计服务于外部利益集团的目标得到进一步的肯定和强调，会计准则对于财务会计的约束性进一步增强，管理会计和财务会计终于从单一的会计系统中分离开来，成为现代会计的两大分支。

20以来世纪70年代以来，尤其是80年代以来，由于科学技术的进步和社会经济的发展，企业环境发生了巨大的变化，产品更新速度加快，市场竞争激烈，企业环境变化对管理会计的发展提出了新的挑战。为了适应管理的需要，管理会计又有了新的发展，如作业成本计算和作业管理的出现，使成本会计得以深入发展并直接影响管理会计的进一步完善。管理会计处处贯穿着成本确定和成本计算的思路，因此，成本确定和成本计算是成本管理会计职能的重要方面。适时生产系统、综合记分卡与经济增值等，与管理会计和成本会计发展都密切相关。

通过以上介绍可以清晰地看到：管理会计随着经济发展和管理理论的不断完善，越来越倚重于成本会计的最新成果，再加上传统管理会计本身就包括有许多成本会计的内容，二者的融合已成为未来的发展方向。

（二）成本会计的产生和发展

成本会计是在社会经济发展过程中逐步形成和发展起来的，与管理会计的发展相辅相成。19世纪产业革命后，企业数量增多，规模扩大，出现了企业间的竞争，生产成本受到重视。为了提高成本计算的精确性，资本家要求会计人员承担起这项工作，从而使成本计算与会计账务处理结合起来，形成了成本会计。因此，早期研究成本的会计专家劳伦斯对成本会计作过如下的定义："成本会计就是应用普通会计的原理、原则，系统地记录某一工厂生产和销售产品时所发生的一切费用，并确定各种产品或服务的单位成本和总成本，以供工厂管理当局决定经济的、有效的和有利的产销政策时参考"。

正如前面所述，20世纪初，资本主义企业开始奉行泰勒制度，从而推动了资本主义工业的迅速发展，生产规模的不断扩大，并使自由竞争发展到了高峰，生产相对过剩导致的经济危机已经出现。在这样的条件下，仅靠扩大市场，提高售价获利的潜力有限，而改革企业内部管理方式，提高效率，加强成本控制，已成为企业获胜的重要途径。反映在成本管理上即从传统的单纯计算实际成本进入了成本控制的阶段。随着泰勒制度的广泛实施，"标准成本""预算控制"和"差异分析"这些同泰勒的科学管理方法直接相联系的技术方法开始引进到会计中来，成为成本会计的一个组成部分。这一时期，一些会计专家将成本会计表述为："成本会计是用来详细地描述企业在预算和控制它的资源利用情况方面的原理、惯例、技术和制度的一种综合术语"。成本会计的范围扩大了，它不仅是会计与成本的结合，还包括了预算与控制。标准成本会计制度的产生，使成本会计的理论和方法有了进一步的完善和发展，且具有了一定的独立性。

第二次世界大战以后，企业管理上要求会计人员不仅要做好生产过程中的成本控制以及事后的成本计算和分析工作，更重要的是做好成本预测、决策，制定目标成本，加强事先成本控制，以成本的最优化方案来指导生产活动，从而取得最佳的经济效益。因此，现代成本会计是成本会计与管理的直接结合，它一方面运用传统的成本计算方法处理生产成本，归集产品生产过程中的耗费，以计量产品的生产成本和销售成本；另一方面则应用现代成本计算及分析方法，为各级经营管理人员提供据以进行决策和管理控制、研究和确定经营方针的成本资料。

现代成本会计具有成本预测、成本决策、成本预算、成本控制、成本计算、成本分析和成本考核等职能，它在企业经营管理中发挥着巨大的作用。

二、财务会计、管理会计和成本会计的关系

关于现代会计的内容，比较一致的看法认为财务会计和管理会计构成现代会计的主体，是现代会计的两大分支，各司其职，各有侧重，成为现代会计经济信息系统的重要组成都分，服务于现代企业经营管理和经济发展的需要。财务会计的主要目的在于通过定期编制财务报表，为企业外部同企业有着不同经济利益关系的组织或个人服务，为他们提供据以进行投资、信贷及其他决策的有关信息。管理会计的主要目的是服务于企业内部的经营管理，为企业内部各级管理部门正确地进行经营决策，有效地实施控制提供有用的信息。成本会计则是沟通财务会计和管理会计的桥梁和纽带，二者有机地联系在一起。

从成本会计的职能来看，成本会计同财务会计和管理会计都有着密切的联系。成本核算职能服务于财务会计，为财务会计提供存货计价、确定利润和产品定价的依据。而随着成本会计的预测、决策、计划、控制、分析和考核职能在企业经营管理中的广泛应用，则逐步形成了现代会计的另一大分支——管理会计。成本会计的大部分职能就成为管理会计职能的主要组成部分。可以说，成本会计是财务会计和管理会计的纽带和桥梁，它的职能展示了会计参与管理职能的演变与发展。由此可见，成本会计和管理会计融合为一门学科已成为发展趋势。

三、管理会计的目标与假设

（一）管理会计的目标

管理会计是适应企业加强内部经营管理，提高企业竞争力的需要而产生和发展起来的，因此，管理会计的最终目标是提高企业的经济效益。为实现提高经济效益的最终目标，管理会计应实现以下两个分目标：

1. 为企业内部经营管理提供信息，包括管理会计应及时向各级管理人员提供与计划、评价和控制企业经营活动有关的各类信息，如历史的信息和未来的信息；为企业管理者提供与维护企业资产安全、完整及资源有效利用有关的各类信息；为企业外部投资人、债权人及其他企业外部利益关系者提供与决策有关的信息，这些信息将有利于投资、借贷及有关法规的实施。

2. 参与企业的经营管理。管理会计主要是以企业内部的各个责任中心为核算对象，对其工作业绩和成果进行控制和考核，不仅要分析过去、控制现在，更重要的是要规划未来。同时也从企业全局出发，认真考虑各项决策和计划之间的协调配合和综合平衡。

（二）管理会计的假设

管理会计假设是会计人员对那些未经确切认识和无法正面论证的经济事务和会计事项，根据客观的正常情况和趋势所做出的合乎情理的判断和解释。管理会计假设不仅有其存在的必要性，而且还有许多方面需要去研究和补充完善,这是因为管理会计假设不仅是构成管理会计完整理论体系的重要组成要素、是实现管理会计目标的条件,更为重要的是,它对管理会计实践具有指导作用。具体而言,管理会计包含四个基本假设:

1. 空间范围的限定:会计主体分层假设。管理会计的主体假设是对管理会计对象运行空间范围的限定。由于管理会计主要是向内部管理者提供有用决策信息的内部会计,无须遵循公认的会计准则,因而,管理会计的主体能够具有层次性,根据企业内部不同的管理需要,管理会计的主体可以是整个企业,也可以是企业内部各个责任层次的责任单位。

2. 时间范围的限定:会计分期弹性假设。虽然管理会计主要利用的是财务会计在分期假设前提下提供的资料,但管理会计分期假设不仅是为了适应财务会计的分期假设,而且也是为管理会计本身的运行设立一个基本前提,即把企业持续不断的生产经营活动和筹资、投资活动划分为一定的期间,以便及时提供有用的管理信息。管理会计的分期假设具有很大的弹性,可以根据企业内部经营管理的实际需要,灵活进行分期,可以短到一天、一周或一季,也可以长到十年、二十年,而不必局限于财务会计的按自然月、季、年来分期。因而,管理会计分期假设具有很大的灵活性。

3. 运行方式的限定:持续经营假设。即企业或各级责任单位的生产经营和筹资、投资活动将无限制地延续下去,以保证管理会计的计划、控制、决策与业绩评价等各项工作所使用的专门方法保持稳定、有效。

4. 计量的限定:兼有货币计量与非货币计量。管理会计在进行规划、控制、决策与业绩评价活动时,其计量方法除利用货币计量之外,还可利用其他非货币计量方法,如以实物量、时间量、相对数等为单位进行计量。尤其是现在,大量非货币信息充斥于社会经济活动中,要求管理会计主体不仅应充分利用货币计量的信息,还应充分利用非货币计量的信息,以满足其各个方面的管理需要。

【课堂测试 1-1】

1. 试述成本会计与管理会计的关系。
2. 试述财务会计、成本会计与管理会计的区别。

第二节 成本管理会计的内容

一、成本管理会计的职能

成本管理会计的职能是指管理会计本身固有的本质属性,是客观存在的内在功能。从成本管理会计产生和发展的过程来看,其职能随着社会经济日益发展而逐步扩大,使现代会计由传统的财务会计的反应监督职能,扩大到了管理会计的预测、决策、规划、控制及评价职能。

(一)预测职能

成本预测是确定目标成本和选择达到目标成本最佳途径的重要手段,是进行成本决策和编制成本计划的基础,通过成本预测可以寻求降低产品成本,提高经济效益的途径,它可以减少生产经营管理的盲目性。

(二)决策职能

它是在成本预测的基础上,根据市场营销和产品功能分析,挖掘潜力,拟定降低成本、费用的各种方案,并采用一定的专门方法进行可行性研究和技术经济分析,选择最优方案,以确定目标成本。

(三)计划职能

为了保证成本决策所确定的目标成本得以实现,必须通过一定的程序和方法,以货币形式规定计划期产品的生产耗费和各种产品的成本水平,并以书面文件的形式下达各执行单位和部门,作为计划执行和考核的依据。

(四)控制职能

它是指根据成本计划(预算),制定各项消耗定额、费用定额、标准成本等,对各项实际发生和将要发生的成本费用进行审核,及时揭示执行过程中的差异,采取措施将成本费用控制在计划(预算)之内。

(五)核算职能

采用与成本计算对象相适应的成本计算方法,按规定的成本项目,通过一系列的生产费用的归集与分配,做出有关的账务处理,正确划分各种费用界限,从而计算出各种产品的实际总成本和单位成本,并编制成本报表,为成本管理提供客观、真实的成本资料。

(六)考核职能

它是定期对成本计划及有关指标实际完成情况进行总结和评价。在成本分析的基础上，以各责任者为对象，以其可控制的成本为界限，并按责任的归属来核算和考核其成本指标完成情况，评价其工作业绩并决定其奖惩。

（七）反馈职能

在考核的基础上，将成本数据向企业管理阶层进行反馈，以便做出更科学的修订，补充和完善，为下一个生产周期做出实际情况的判断。

二、成本管理会计的内容

建立在成本管理会计职能基础上的内容，大致可分为预测决策会计、规划控制会计及责任会计三部分。

（一）预测决策会计

预测决策会计以预测经济前景和实施经营决策为核心，具体包括预测分析和决策分析。

（二）规划控制会计

规划控制会计是在决策目标和经营方针已明确的前提下，为实施决策方案而进行的有关规划和控制，以确保目标的实现。包括全面预算和成本控制。

（三）责任会计

责任会计是为了保证目标的实现，将全面预算中确定的指标按个人内部管理层次（即责任中心）进行分解，以明确各个责任中心的权、责、利。通过考核评价各责任中心的业绩，调动企业全体职工的积极性。

成本管理会计中还有成本性态分析、变动成本法和本量利分析等内容。它们作为前述内容的基础，其基本理论和基本方法贯穿在预测、决策、规划控制及责任会计的整个过程之中，渗透在企业内部管理的各个领域之中。

【课堂测试 1-2】

1. 试述成本管理会计的职能。
2. 试述成本管理会计的内容。

第三节 成本管理会计信息的质量特征

成本管理会计为企业管理服务，对管理有用的信息应具备一定的质量要求，主要有准确性、相关性、可理解性和及时性。

一、准确性

准确性是指所提供的信息在一定的范围内是正确的,不正确的信息对管理是无用的,甚至会导致决策的失误从而影响企业的经营业绩。准确性也称为可靠性,要求提供准确的信息,并非信息绝对精确。成本管理会计是面对未来,许多信息建立在估计和预测的基础上,主观因素不免要影响信息的准确性,然而成本管理会计的目的是在一定的环境和条件下,尽可能提供正确可靠的信息。

二、相关性

成本管理会计服务于企业的管理决策、内部规划和控制,其信息不受对外报告的约束,大量地使用预测、估计未来事项等信息,可能达不到财务会计信息的客观可验证性的要求。对于成本管理会计而言,信息的相关性价值要高于客观性和可靠性。当然在相关的基础上,应尽可能地客观可靠。

相关性是指成本管理会计所提供的信息必须与决策有关,帮助使用者提高决策能力。提供不相关的信息会贻误决策时机,浪费决策时间,导致决策的失误。而相关性是指与特定决策目的相关,与某一决策相关的信息与其他决策不一定相关。

三、可理解性

可理解性也称为易懂性,如果提供的信息不为使用者所理解,那么其作用就会降低,甚至不为决策者所采用。因此成本管理会计所提供的信息应以使用者容易理解为准则,以使用者容易理解和接受的形式及表达方式提供。而提高易懂性的途径就是管理会计师应与信息的使用者加强沟通和协商,在成本管理会计报告的形式和内容上进行讨论。当然,易懂性是指对具备一定经营管理知识的经营管理者来说的,而不是那些毫无经营管理知识,而又不努力了解这些信息的人。

四、及时性

及时性是指成本管理会计适时、快速地为信息使用者提供决策所需要的相关信息。在现代社会经济环境中,知识日新月异,管理者需要的信息越快越好,只有及时的信息才能做出正确合理的决策,才能把握机遇抓住机会获取成功。但及时性和准确性往往难以两全其美,为了追求准确性就可能牺牲及时性,反之为了及时性就可能必须牺牲准确性。因此,应根据具体情况权衡利弊得失,在及时性和准确性之间进行折衷，以满足决策者的需求。

五、成本和效益原则

成本管理会计对信息收集和处理程序的设置、业绩评价指标的设计、控制措施的运用，都应考虑其成本和产生的效益。以成本和效益原则为约束，权衡方法的详略、程序的简繁及数据的精确和粗略等，可以说成本管理会计对信息的处理、传递和应用，始终贯穿信息的经济分析这条主线。对任何信息或信息系统的形成、建立、存在或变更的成本和收益都要进行计量、分析和评价，使对信息资源的获取和利用建立在获取经济效益的基础上。同财务会计相比，成本和效益原则的约束对成本管理会计更为显著，是最基本的指导原则。

【课堂测试 1-3】

1. 试述成本管理会计信息的质量特征。
2. 试述成本管理会计信息的质量特征相关性的内涵。

本章小结

成本管理会计是为企业创造价值的信息系统，它通过积极主动参与企业的计划并提供相关信息、为价值链各项活动提供决策支持、参与管理计划的实施与控制、对经理与员工进行激励、进行业绩评价、进行竞争对手分析与保持竞争优势等方式在企业中创造价值。在日常管理活动中，管理人员迫切需要会计信息。会计信息系统主要由财务会计和管理会计两个子系统组成。成本会计是两者之间的桥梁。前者侧重于向外部信息使用者提供信息，后者侧重于向企业内部管理者提供信息。成本管理会计的职能包含预测职能、决策职能、计划职能、控制职能、核算职能、考核职能、反馈职能。成本管理会计的内容包含预测决策会计、规划控制会计、责任会计。

章后案例　　　　亏损产品是否停产决策

一家啤酒厂同时生产多种啤酒。会计部门提供的资料显示，小瓶啤酒的生产销售一直处于亏损状态。经过市场调查，该小瓶啤酒价格平稳，因而不可能通过涨价来扭亏。厂里的管理层经过商议，最后决定停止该小瓶啤酒的生产和销售。该厂管理人员预计通过停止小瓶啤酒的生产，工厂的利润能够增加。然而出乎意料的是，停产后，工厂的利润总额不

> 但没有增加，反而比停产前更少。造成这一情况的原因在于，会计部门所提供的财务资料是按照财务会计的规范要求加工整理的，并不适合直接用于管理决策。

核心概念

财务会计（financial accounting）　管理会计（management accounting）　成本会计（cost accounting）　准确性（accuracy）

思考题

1. 什么是管理会计？管理会计与管理会计学有什么关系？
2. 管理会计有哪些职能？
3. 为什么说"管理会计是西方资本主义的必然产物"的说法不正确？请谈谈你对管理会计产生与发展根本原因的理解。
4. 你认为管理会计在不同的发展阶段上具有什么特色？管理会计具有什么样的发展趋势？
5. 什么是管理会计的基本假设？都包括哪些内容？试图解决什么问题？

练习题

（一）单项选择题

1. 下列各项中，与传统的财务会计相对立概念而存在的是（　　）。
   A. 现代会计　　　　　　B. 企业会计
   C. 管理会计　　　　　　D. 管理会计学

2. 下列会计子系统中，能够履行管理会计"考核评价经营业绩"职能的是（　　）。
   A. 预测决策会计　　　　B. 规划控制会计
   C. 对外报告会计　　　　D. 责任会计

3. 下列各项中，能够作为管理会计原始雏形的标志之一，并于 20 世纪初在美国出现的是（　　）。
   A. 责任会计　　　　　　B. 预测决策会计
   C. 科学管理理论　　　　D. 标准成本计算制度

4. 下列各项中,属于划分传统管理会计和现代管理会计两个阶段时间标志的是（　　）。

A. 19 世纪 90 年代　　　　　　B. 20 世纪 20 年代
C. 20 世纪 50 年代　　　　　　D. 20 世纪 70 年代

5. 管理会计的雏形产生于（　　）。
   A. 19 世纪末　　　　　　　　B. 20 世纪上半叶
   C. 第二次世界大战之后　　　　D. 20 世纪 70 年代

6. 西方最早的管理会计师职业团体成立于（　　）。
   A. 20 世纪 50 年代　　　　　B. 20 世纪 60 年代
   C. 20 世纪 70 年代　　　　　D. 20 世纪 80 年代

7. 在管理会计发展史上，第一个被人们使用的管理会计术语是（　　）。
   A. "管理的会计"　　　　　　B. "管理会计"
   C. "传统管理会计"　　　　　D. "现代管理会计"

8. 20 世纪 50 年代以来，管理会计进入了"以预测决策会计为主，以规划控制会计和责任会计为辅"的发展阶段，该阶段被称为（　　）。
   A. 管理会计萌芽阶段　　　　B. 管理会计过渡阶段
   C. 传统管理会计阶段　　　　D. 现代管理会计阶段

9. 在西方，企业内部的管理会计部门属于（　　）。
   A. 服务部门　　　　　　　　B. 生产部门
   C. 领导部门　　　　　　　　D. 非会计部门

10. 在管理会计学中，将"为实现管理会计目标，合理界定管理会计工作的时空范围，统一管理会计操作方法和程序，组织管理会计工作不可缺少的前提条件"称为（　　）。
    A. 管理会计假设　　　　　　B. 管理会计原则
    C. 管理会计术语　　　　　　D. 管理会计概念

11. 下列项目中，能够规定管理会计工作对象基本活动空间的假设是（　　）。
    A. 多层主体假设　　　　　　B. 理性行为假设
    C. 合理预期假设　　　　　　D. 充分占有信息假设

12. 下列项目中，属于"为满足管理会计面向未来决策的要求，可以根据需要和可能，灵活地确定其工作的时间范围或进行会计分期，不必严格地受财务会计上的会计年度、季度或月份的约束；在时态上可以跨越过去和现在，一直延伸到未来"的假设是（　　）。
    A. 多层主体假设　　　　　　B. 理性行为假设
    C. 合理预期假设　　　　　　D. 充分占有信息假设

13. 在管理会计学中，将"为保证管理会计信息符合一定质量标准而确定的一系列主要工作规范"称为（　　）。
   A. 管理会计假设　　　　　B. 管理会计原则
   C. 管理会计术语　　　　　D. 管理会计概念

14. 最优化、效益性、决策有用性、及时性、重要性和灵活性，共同构成了现代管理会计的（　　）。
   A. 管理会计假设　　　　　B. 管理会计原则
   C. 管理会计术语　　　　　D. 管理会计概念

15. 如果某项管理会计信息同时满足了相关性和可信性的要求，那么我们可以断定该信息在质量上符合（　　）。
   A. 真实性原则　　　　　　B. 决策有用性原则
   C. 及时性原则　　　　　　D. 灵活性原则

（二）多项选择题

1. 下列各项中，属于狭义管理会计定义涉及的内容有（　　）。
   A. 工作主体　　　　　　　B. 奋斗目标
   C. 工作对象　　　　　　　D. 核算手段
   E. 基本职能

2. 下列各项中，属于管理会计职能的有（　　）。
   A. 预测经济前景　　　　　B. 参与经济决策
   C. 规划经营目标　　　　　D. 控制经济过程
   E. 考核评价经营业绩

3. 下列各项中，属于现代管理会计内容的有（　　）。
   A. 预测决策会计　　　　　B. 规划控制会计
   C. 责任会计　　　　　　　D. 预算会计
   E. 非营利组织会计

4. 下列各项中，属于正确描述预测决策会计特征的说法包括（　　）。
   A. 它是现代管理会计形成的关键标志之一
   B. 它处于现代管理会计的核心地位
   C. 它主要履行规划经营目标的职能
   D. 它能够考核评价经营业绩
   E. 它最具有能动性

5. 管理会计是由许多因素共同作用的必然结果，其中内在因素包括（　　）。

A. 社会生产力的进步　　　B. 现代化大生产
C. 高度繁荣的市场经济　　D. 资本主义社会制度
E. 现代管理科学的发展

6. 下列项目中，属于在现代管理会计阶段产生和发展起来的有（　　）。
   A. 规划控制会计　　　　B. 预测决策会计
   C. 责任会计　　　　　　D. 管理会计师职业
   E. 管理会计专业团体

7. 在我国，管理会计发展所经历的阶段有（　　）。
   A. 萌芽阶段　　　　　　B. 成长阶段
   C. 宣传介绍阶段　　　　D. 吸收消化阶段
   E. 改革创新阶段

8. 下列各项中，可以揭示现代管理会计发展趋势的项目有（　　）。
   A. 系统化　　　　　　　B. 规范化
   C. 职业化　　　　　　　D. 社会化
   E. 国际化

9. 下列各项中，属于管理会计基本假设内容的有（　　）。
   A. 多层主体假设　　　　B. 理性行为假设
   C. 合理预期假设　　　　D. 充分占有信息假设
   E. 货币计量假设

10. 如果管理会计信息要具备决策有用性质量特征，必须同时满足的条件有（　　）。
    A. 具有相关性　　　　　B. 具有可靠性
    C. 具有精确性　　　　　D. 具有可信性
    E. 具有全面性

11. 如果管理会计信息要具备可信性的质量特征，必须同时满足的条件有（　　）。
    A. 具有相关性　　　　　B. 具有可靠性
    C. 具有可理解性　　　　D. 具有精确性
    E. 具有全面性

12. 下列项目中，可以作为管理会计主体的有（　　）。
    A. 企业整体　　　　　　B. 分厂
    C. 车间　　　　　　　　D. 班组
    E. 个人

13. 下列各项中，符合管理会计的理性行为假设所包括意义的表述有（ ）。
   A. 管理会计师的动机总是合理的，行为总是理性的
   B. 每一项管理会计具体目标都具有可操作性
   C. 管理会计的信息能够体现成本—效益原则
   D. 管理会计的信息有助于总体目标的实现
   E. 管理会计的信息有助于管理者正确决策

14. 下列表述中，能够揭示管理会计特征的有（   ）。
   A. 以责任单位为主体　　　　B. 必须严格遵守公认会计原则
   C. 工作程序性较差　　　　　D. 可以提供未来信息
   E. 重视管理过程和职工的作用

15. 下列各项中，属于管理会计基本原则内容的有（   ）。
   A. 最优化　　　　　　　　　B. 效益性
   C. 决策有用性　　　　　　　D. 及时性
   E. 重要性

（三）判断题

1. 管理会计是一门新兴的会计学科和知识体系。（   ）
2. 管理会计究竟具备哪些职能，是由人们的认识水平所决定的。（   ）
3. 因为管理会计最初出现在西方社会，所以可以断定它是资本主义的必然产物。（   ）
4. 现代管理会计的特征在于以预测决策会计为主，以规划控制会计和责任会计为辅。（   ）
5. 管理会计的基本假设是组织管理会计工作的必备前提；其基本原则是对管理会计工作（尤其是对其信息质量）所提出的具体要求。（   ）
6. 管理会计信息特征上的可靠性是由信息的真实性和合法性所决定的。（   ）
7. 因为管理会计只为企业内部管理服务，因此与对外服务的财务会计有本质的区别。（   ）
8. 管理会计既能够提供价值信息，又能提供非价值信息；既提供定量信息，又提供定性信息；既提供部分的、有选择的信息，又提供全面的、系统的信息。（   ）
9. 管理会计既为企业管理服务，又属于整个企业管理系统的有机组成部分，处于企业价值管理的核心地位。（   ）

10. 管理会计专业团体的成立，标志着现代管理会计进入了成熟期。（ ）

11. 如同财务会计一样，管理会计基本原则中的重要性原则也是为修订全面性原则而专门设计的。（ ）

12. 管理会计是一个用于概括管理会计工作与管理会计理论的概念。（ ）

13. 战略管理会计是当今管理会计理论研究的新热点之一。（ ）

14. 管理会计的职能是客观的，但它所起到的作用大小却受到人的主观能动性影响。（ ）

第二章　成本核算概述

在本章之前,我们探讨了成本管理会计的含义,以及其产生与发展,并分析了成本会计与财务会计、管理会计的关系,对成本管理会计有一定的了解。通过本章学习,理解成本的含义,理解成本从不同角度的分类。在分类的基础上,掌握成本核算的要求和成本核算使用的主要账户,掌握成本核算的一般程序和账务处理程序。

> **开篇案例　　　　合理的费用划分**
>
> 　　王丽在做一道成本费用划分的案例题,需要计算案例公司某月的支出、费用和产品成本。该案例为:祥瑞公司201×年1月份购买了一台设备,支出10万元,为购买该设备支付增值税1.7万元,该设备预计使用5年,无残值;生产领用原材料40万元;购进原材料50万元;支付本月生产工人工资30万元,生产车间管理人员工资5万元;本月计提折旧18万元,其中基本生产车间15万元,行政管理部门3万元;支付公司行政管理人员工资20万元,并计提福利费2.8万元;支付公司办公费8万元;支付广告费25万元,销售人员差旅费5万元;支付行政罚款2万元;支付本季度利息费用3万元(本月应负担1万元)。
> 　　王丽算出的支出是160.5万元、费用158.8万元、产品成本427万元,同桌徐荣认为王丽计算的不正确。你认为呢?

第一节　成本概述

一、成本的含义

成本是一个普遍的经济范畴,凡是有经济活动的地方都必然发生一定的耗费，从而形成了成本。一般来说，成本是指为了达到特定目的所失去或放弃的资源，可以用货币单位加以衡量。这里的"资源"，不仅包括自然资源，还包括经过人类加工的物质资源以及人力资源。"特定目的"是指需要对成本进行单独测量的任何活动，也就是成本计算对象，例如一件产品、一项服务等。"失去"是指资源被消耗，例如材料在生产中被消耗、设备在使用中被磨损等；"放弃"是指资源交给其他企业或个人，例如用货币支付工资或加工费等。

成本是会计理论中一个非常重要的问题，也是学习成本管理会计首先要解决的问题。会计学分为财务会计和管理会计两大分支。在财务会计中，成本是根据财务报表的需要定义的，它们由会计准则或会计制度来规范，因此可以称之为"报表成本"；在管理会计中成本依次在不同的情况下有不同的含义。成本计算要兼顾财务会计和管理会计的需要。

在成本会计中，主要研究的是生产经营过程中提供产品或劳务所发生的支出，包括领用原材料、人工费用和制造费用分配、成本计算等。即成本是指生产经营活动中所使用的生产要素的价格，成本也称生产费用。它有以下几方面的含义：

第一，成本是经济资源的耗费。生产经营过程同时也是资产的耗费过程。例如，为生产产品需要耗费原材料、支付工人工资和磨损固定资产等。根据成本归属理论，当任何原材料或设备在耗用之后，它们的原始购置成本就随之归属于产出物，称为产出物的成本。

第二，成本是以货币计量的耗费。生产经营成本是以货币计量的，它们若不是过去已经支付了货币，就是将来需要支付的货币。根据成本流转观念，企业从购进设备和原材料开始，直到把产品交给客户，随着实物的流转，成本也在流转，成本会计人员通过成本记录反映企业的经济活动，逐步归属到产品。

第三，成本是特定对象的耗费。成本总是针对特定对象或目的的，它是转移到一定产出物的耗费，是针对一定的产出物计算并归集的，这个产出物称为成本计算对象，它可以是一件产品或者一项服务。成本和费用的区别之一，就是成本有特定的对象，而费用没有特定对象。广义的费用是资产的耗费，强调资产已经被耗费，而不是被"谁"耗费；狭义的费用仅指为取得营业收入而发生的资产耗费，强调与特定会计期收入配比的耗费，而不是特定产出物的耗费。

第四，成本是正常生产经营活动的耗费。从理论上说，企业的全部经济活动应当分为生产经营活动、投资活动和筹资活动，这三项活动的损益在利润表中要分开列报，以便分别评价其业绩。企业经济活动的正常损益和非正常损益也要分开列报，以便评价企业的获利能力。只有生产经营活动的正常耗费才能计入生产经营成本并从营业收入中扣减以便使"营业利润"能反映生产经营活动的正常获利能力。成本计算中涉及的非正常的、意外的耗费不计入产品成本，而将其直接列为期间费用或损失。

二、成本的分类

（一）成本按经济内容分类

企业的生产经营过程也是劳动对象、劳动手段和活劳动的耗费过程，因此生产经营过程成本按其经济内容，可划分为劳动对象方面的耗费、劳动手段方面的耗费和活劳动方面的耗费三大类。在实务中，为了具体反映各种费用的构成和水平，便于分析和利用，生产经营成本按其经济内容可以分为以下几类：

（1）外购材料。指企业为进行生产经营而耗用的一切从外部购入的原料及主要材料、半成品、辅助材料、包装物、修理用备件和低值易耗品等。

（2）外购燃料。指企业为进行生产经营而耗用的一切从外部购入的各种固体、气体和液体燃料。

（3）外购动力。指企业为进行生产经营而耗用的从外部购入的各种动力。

（4）职工薪酬。指企业应计入生产经营成本的职工工资（包括奖金、津贴和补贴），按规定计提的职工福利费，企业应负担的各种社会保险费，以及按规定比例计提的工会经费和职工教育经费等。

（5）折旧费。指企业按规定的固定资产折旧方法，对用于生产经营的固定资产所计算提取的折旧费用。

（6）利息支出。指企业应计入财务费用的借入款项的利息支出减去利息收入后的净额。

（7）税金。指企业应计入管理费用的各种税金，如房产税、车船税、土地使用税和印花税等。

（8）其他支出。指不属于以上各要素但应计入产品成本或期间费用的耗费，如邮电通讯费、差旅费、租赁费、外部加工费、保险费等。

上述生产经营成本的各要素称为"费用要素"，按照费用要素反映的费用称为"要素费用"。按照费用要素分类反映的成本信息，可以反映企业在一定时期内发生了哪些生产经营耗费，数额各是多少，用以分析企业耗费的结构和水平，还可以反映物质消耗和非物质消耗的结构和水平，有助于统计工业净产值和国民收入。

（二）成本按经济用途分类

在实务中，生产经营成本按照经济用途分为计入产品成本的生产成本和直接计入当期损益的期间费用。

1. 生产成本

生产成本也称为制造成本，是指生产产品发生的各项生产耗费，它是按一定的方法计算的产品生产成本。计入产品成本的生产成本在产品生产过程中的用途也不尽相同，有的直接用于产品生产，有的间接用于产品生产。因此，为具体反映计入产品成本的生产费用的各种用途，提供产品成本构成情况的资料，还应将其进一步划分为若干个项目，即产品生产成本项目（简称"成本项目"）。企业一般应设置以下几个成本项目：

（1）直接材料。指直接用于产品生产、构成本产品实体的原料及主要材料、外购半成品、有助于产品形成的辅助材料以及其他直接材料。

（2）燃料和动力。指直接用于产品生产的外购和自制燃料及动力费。

（3）直接人工。指直接参加产品生产的工人的职工薪酬。

（4）制造费用。指为生产产品和提供劳务所发生的各项间接费用，以及虽直接用于产品生产，但没有专设成本项目的费用（如机器设备的折旧费）。

为了使生产成本项目能够反映企业生产特点，满足成本管理的要求，制度允许企业根据自己的特点和管理要求，对以上项目做适当的增减调整。如果直接用于产品生产的外购半成品比重较大，可以单设"外购半成品"成本项目；如果废品损失在产品成本中比重较大，在管理上需要对其进行重点控制和考核，则可以单设"废品损失"成本项目。如果产品成本中燃料和动力费用所占比重很小，可以将产品工艺用燃料费用并入"直接材料"成本项目，将产品工艺用动力费用并入"制造费用"成本项目。

2. 期间费用

期间费用是指一定期间内为经营和管理等目的所发生的费用。企业的期间费用按照经济用途可分为销售费用、管理费用和财务费用。

（1）销售费用

销售费用是指企业在产品销售过程中发生的费用，以及销售本企业产品而专设的销售机构的各项经费。包括运输费、装卸费、包装费、保险费、展览费和广告费，以及为销售本企业商品而专设的销售机构（含销售网点、售后服务网点等）的职工薪酬费用、业务费等。

（2）管理费用

管理费用是指企业为组织和管理企业生产经营所发生的各项费用，包括企业行政管理部门在生产经营活动中发生的公司经费（包括行政管理部门职工薪酬、办公费、差旅费、折旧费、修理费、物料消耗、低值易耗品摊销等）、工会经费、社会保险费、劳动保险费、职工教育经费、聘请中介机构费、咨询费（含顾问费）、诉讼费、业务招待费、房产税、车辆使用税、土地使用税、印花税、技术转让费、矿产资源补偿费、无形资产摊销、研究与开发费、排污费、存货盘亏或盘盈（不包括应计入营业外支出的存货损失）等。

（3）财务费用

财务费用是指企业为筹集生产经营所需资金而发生的各项费用，包括利息支出、利息收入、汇兑损失、汇兑收益以及相关的手续费等。

（三）成本按其与生产工艺的关系分类

产品成本按其与生产工艺的关系分为直接生产成本和间接生产成本。

1. 直接生产成本

直接生产成本是与产品生产工艺直接有关的成本，如原料、主要材料、外购半成品、生产工人工资等。

2. 间接生产成本

间接生产成本是与产品生产工艺没有直接关系的成本，如机物料消耗、辅助工人和车间管理人员工资、车间厂房折旧等。

这种分类的目的是为了便于采取不同的方法来降低产品成本。对于直接生产成本一般应从改进生产工艺、降低消耗定额着手来降低产品成本。对于间接生产成本一般应从加强费用的预算管理、降低各生产单位的费用总额着手来降低产品成本。

一项成本可能是直接生产成本，也可能是间接生产成本，要根据成本对象的选择而定。例如，一个企业设有一个修理车间（对内提供修理服务）、多个基本生产车间（生产对外销售的产品），它们都是需要单独计算成本的成本对象。修理车间的工人工资直接计入修理车间成本，随后修理费用要分配给各个基本生产车间。此时，修理车间工人工资对于"修理车间"来说是直接生产成本，而对于"基本生产车间"来说是间接生产成本。

（四）成本按其计入产品成本的方式分类

计入产品成本的各项生产费用，按计入产品成本的方法，可以分为直接计入成本（一般称为直接成本）和间接计入成本（一般称为间接成本）。

1. 直接计入成本

直接计入成本是指可以分清哪种产品所耗用、可以直接计入某种产品成本的费用。一种成本是否属于直接成本，取决于它与成本对象是否存在直接关系，并且是否便于直接计入。

2. 间接计入成本

间接计入成本是指不能分清哪种产品所耗用、不能直接计入某种产品成本，而必须按照一定标准进行分配，再计入各种产品成本的费用。

这种分类对正确计算产品成本具有重要意义。凡是能够直接计入产品成本的费用，都应尽量直接计入产品成本。间接计入成本的分配标准应与被分配费用的发生具有密切的关系，否则将影响间接计入成本分配的合理性，影响产品成本计算的正确性。

需要注意的是，不能把直接生产成本与直接计入成本、间接生产成本与间接计入成本等同，毕竟是属于成本的两种不同分类。例如同一种原材料同时生产出多种产品的企业或车间，直接生产成本和间接生产成本都应该采用一定的分配标准分配计入各种产品成本，所以都属于间接计入成本；间接生产成本不一定都是间接计入成本，例如只生产一种产品的企业或车间，直接生产成本和间接生产成本都是直接计入成本。

此外，费用还有其他分配方法，如按与产量的关系可分为变动成本和固定成本等。对此，我们将在第八章中详细讲解。

【课堂测试2-1】

1. 成本按其计入产品成本的方式分类可分为（　　　）。
   A. 直接生产成本和间接生产成本
   B. 直接成本和间接成本
   C. 生产成本和期间费用
   D. 直接材料、直接人工和制造费用等

2. （多选题）企业发生以下支出，属于成本按经济用途分类中的成本项目有哪些（　　　）。
   A. 外购材料　　　　　　　B. 直接材料
   C. 职工薪酬　　　　　　　D. 直接人工
   E. 折旧费　　　　　　　　F. 制造费用

3. "产品生产成本是企业为生产产品而发生的各种耗费，包括管理费用。"这句话是否正确，如果错误，说明为什么？

第二节 成本核算的要求和程序

一、成本核算的要求

（一）做好各项成本核算的基础工作

为了完成成本核算的各项任务，不断改善企业的生产经营管理，要做好成本核算的基础工作。在实际工作中，应从以下几方面做好成本核算的基础工作。

1. 建立健全原始记录工作

进行成本核算，原始记录是一项重要的基础性工作，没有准确、可靠、全面、系统的原始记录，成本核算的结果就不可能科学。为此，企业对原材料、辅助材料、燃料、动力等消耗情况，费用支出，在产品、半成品的内部转移和产成品入库、出库等，都要有原始凭证作为依据，以反映各项经济活动的真实情况。在成本核算工作中，与成本有关的原始记录主要有：

（1）生产方面的原始记录。生产方面的原始记录包括生产通知单、停工通知单、废品通知单、完工通知单、工时消耗统计表、在产品入库单（或转移交接单）和盘存报告单、半成品入库单、报废单和盘存报告单、产成品入库单、报废单和盘存入库单等。

（2）材料方面的原始记录。材料方面的原始记录包括材料验收入库单、领料单、材料退库单、材料报废单、材料盘存报告单等。

（3）劳动工资方面的原始记录。劳动工资方面的原始记录包括考勤登记表、工资结算汇总表和工资分配汇总表等。

（4）固定资产方面的原始记录。固定资产方面的原始记录包括固定资产卡片、设备调拨单、设备报废单、设备使用情况记录单等。

2. 建立健全定额管理制度

定额是企业对生产经营活动中消耗的人力、物力、财力所规定的标准。产品的各项消耗定额，既是编制成本计划、分析和考核成本水平的依据，也是审核和控制成本的标准。因此，为了加强生产管理和成本管理，企业必须建立健全定额管理制度，制定合理的消耗定额，并随着生产技术和劳动效率的提高，不断修订消耗定额。企业制定的定额主要有：材料消耗定额、单位产品人工工时定额、单位产品机器工时定额等。

3. 建立健全材料的计量、收发、领退和盘点制度

企业应建立健全材料的计量、收发、领退和盘点制度，以实物计量为依据，正确计算产品成本。在实务工作中，凡是材料的收发、领退，在产品、半成品的内部转移以及产成品的入库等，均应填制相应的凭证，办理审批手续，由经办人员和有关部门负责人签字，并严格进行计量和验收，为正确计算产品成本提供可靠的依据。并定期对材料、在产品和产成品进行盘点，只有这样，才能保证账实相符，保证成本计算的准确性。

4. 做好内部转移价格的制定和修订工作

为了分清企业内部各单位的经济责任，便于分析和考核企业内部各单位成本计划的完成情况和管理业绩，应对企业内部的原材料、半成品、产成品、耗用的人工、各车间相互提供的劳务（如修理、运输车间）制定企业内部计划价格（即内部转移价格），作为内部结算和考核的依据。内部转移价格应尽可能符合实际，保持相对稳定，一般在年度内不变。如需对内部转移价格进行修订，一般适宜在年末进行，下一年度可按新修订的内部转移价格进行核算。

（二）正确划分各种费用界限

1. 正确划分应计入产品成本和不应计入产品成本的费用界限

企业的活动是多方面的，企业耗费和支出的用途也是多方面的，其中只有一部分费用可以计入产品成本。

一是，非生产经营活动的耗费不能计入产品成本，只有生产经营活动的成本才可能计入产品成本。筹资活动和投资活动不属于生产经营活动，它们的耗费不能计入产品成本，而属于筹资成本和投资成本。

二是，生产经营活动的成本分为正常的成本和非正常的成本，只有正常的生产经营活动成本才可能计入产品成本，非正常的经营活动成本不计入产品成本。非正常的经营活动成本包括灾害损失、盗窃损失等非正常损失；滞纳金、违约金、罚款、损害赔偿等赔偿支出；交易性金融资产跌价损失、坏账损失、存货跌价损失、长期股权投资减值损失、持有至到期投资减值损失、固定资产减值损失等不能预期的原因引起的资产减值损失以及债务重组损失等。

2. 正确划分生产费用和期间费用的界限

企业的费用一般分为计入成本的费用和期间费用。计入成本的费用是指用于产品生产的各项费用，包括生产过程中所发生的直接材料、直接人工和制造费用。计入产品成本的费用形成产品成本，并在结转产品销售成本以后计入损益，与销售收入进行配比。由于当月投产的产品不一定当月完工，当月完工的产品也不一定当月销售，因而当月的生产费用往往不是计入当月的销售成本。

期间费用是指当月发生的销售费用、管理费用和财务费用，需要全部直接计入当期损益。

因此，为了正确计算产品成本和期间费用，正确计算企业各月份的损益，必须正确的划分产品生产费用和期间费用的界限。要防止混淆产品生产费用和期间费用的界限，避免出现调节各月产品成本和损益的错误做法。如果将期间费用列为成本，或者将应计入成本的费用列为期间费用，都会造成利润和成本不实。

3. 正确划分各个会计期间的费用界限

应计入生产经营成本的费用，还应在各月之间进行划分，以便分月计算产品成本。应由本月产品负担的费用，应全部计入本月产品成本；不应本月负担的生产费用，则不应计入本月的产品成本。

为了正确划分各个会计期间的费用界限，要求企业不能提前结账，将本月费用作为下月费用处理；也不能延后结账，将下月费用作为本月费用处理。

值得注意的是，在划分各期间费用时，应以权责发生制为基础，正确地核算长期待摊费用。为了避免人为调节利润和成本，企业会计准则取消了"待摊费用"和"预提费用"会计科目，准则中规定，除了长期待摊费用外，应将本期支付的费用和支出，全部计入当期的成本或当期的费用。

4. 正确划分不同成本对象的费用界限

对于应计入本月产品成本的费用还应在各种产品之间进行划分：凡是能分清应由某种产品负担的直接成本，应直接计入该产品成本；各种产品共同发生、不易分清应由哪种产品负担的间接成本，则应采用合理的方法分配计入有关产品的成本，并保持一贯性。

5. 正确划分完工产品和在产品成本的界限

月末计算产品成本时，如果某产品已经全部完工，则计入该产品的全部生产成本之和，就是该产品的"完工产品成本"。如果该种产品全部尚未完工，则计入该产品的全部生产成本之和，就是该产品的"月末在产品成本"。如果某种产品既有完工产品又有在产品，已计入该产品的全部生产成本应该采用适当的分配方法，在完工产品和在产品之间进行分配，以便分别确定完工产品成本和在产品成本。

在划分完工产品和在产品成本的过程中，应该防止任意提高或降低月末在产品成本，人为地调节完工产品成本，从而影响资产负债表中存货计量和利润表中主营业务成本计量的准确性的错误做法。

（三）根据生产特点和管理要求，采用适当的成本计算方法

产品成本是在生产过程中形成的，生产特点在很大程度上影响着成本计算

方法的特点。另外，成本计算是为了成本管理提供资料的，因而还应该根据管理要求的不同，采用不同的产品成本计算方法。因此，企业在确定产品成本计算方法时，必须从具体情况出发，同时考虑为企业的生产特点和成本管理的要求，只有选用适当的成本计算方法，才能正确、及时地计算产品成本，为成本管理提供有用的成本信息。

产品成本计算的过程，就是按照一定的成本计算对象归集生产费用的过程，因此，企业的生产特点和管理要求决定产品成本计算方法主要体现在成本计算对象的确定上。生产类型不同，管理要求不同，成本计算对象也不一样。

二、成本核算的主要账户

为了进行成本核算，企业一般应设置"生产成本"总分类账户，下设"基本生产成本""辅助生产成本"二级账户，并根据成本计算对象设置明细账户。此外，成本核算过程中还会涉及"制造费用""废品损失""销售费用""管理费用""财务费用""长期待摊费用""原材料""应付职工薪酬""累计折旧"等账户。

（一）"生产成本——基本生产成本"账户

基本生产成本是指完成企业主要生产目的而进行的产品生产。"生产成本——基本生产成本"账户属于成本类账户，用来归集基本生产所发生的各种生产费用，计算基本生产的产品成本。该账户借方登记企业为基本生产而发生的各种费用，包括生产中发生的直接材料费、直接人工费、月末从"制造费用"账户结转分配过来的费用；贷方登记转出的完工入库的产品成本；余额在借方，表示企业基本生产的在产品成本。

"生产成本——基本生产成本"账户应按产品品种、产品批别或产品生产步骤等成本对象设置产品成本明细账户，账内按产品成本项目分设专栏或专行，其常用格式如表2-1。

表2-1　产品成本明细账

产品名称：　　　　　　　车间：　　　　　　　单位：元

月	日	摘要	产量	成本项目			合计
				直接材料	直接人工	制造费用	
		月初在产品成本					
		本月生产费用					
		生产费用合计					

续表

月	日	摘要	产量	成本项目			合计
				直接材料	直接人工	制造费用	
		完工产品成本					
		完工产品单位成本					
		月末在产品成本					

如果企业生产的产品品种较多，为了按照产品成本项目（或者既按车间又按成本项目）汇总反映全部产品总成本，还可以设置基本生产成本明细账，具体格式见表2-2。

表2-2 基本生产成本明细账

产品名称： 车间： 单位：元

月	日	摘要	成本项目			合计
			直接材料	直接人工	制造费用	
		月初在产品成本				
		本月生产费用				
		生产费用合计				
		完工产品成本				
		月末在产品成本				

（二）"生产成本——辅助生产成本"账户

辅助生产是指为基本生产服务而进行的产品生产或劳务供应。辅助生产所提供的产品或劳务，有时也对外销售，但这不是它的主要目的。"生产成本——辅助生产成本"账户属于成本类账户，用来归集辅助生产为基本生产车间及其他部门提供产品、劳务等所发生的各项费用。该账户借方登记为进行辅助生产而发生的各项费用，包括辅助生产过程中发生的直接材料、直接人工、月末从"制造费用"账户结转分配过来的费用；贷方登记转出的完工入库的低值易耗品、包装物等成本或分配转出的劳务成本；该账户一般无余额，如有余额，则表示辅助生产的在产品成本。

"生产成本——辅助生产成本"账户应按辅助生产车间和生产的产品、劳务分设明细账，账内按辅助生产的成本项目或费用项目分设专栏或专行，其常用格式如表2-3。

表 2-3 辅助生产成本明细账

产品名称：　　　　　　车间：　　　　　　　　单位：元

月	日	摘要	成本项目			合计
			直接材料	直接人工	制造费用	
		材料费用分配表				
		外购动力费用分配表				
		职工薪酬费用分配表				
		制造费用转来				
		辅助生产费用分配表				
		合计				

（三）"制造费用"账户

"制造费用"账户属于成本类账户，核算企业为生产产品或提供劳务而发生各项间接费用。该账户借方登记企业各生产单位（如车间）实际发生的各项间接费用；贷方登记月末分配转出的制造费用；除季节性生产企业外，该账户一般无余额。

"制造费用"账户应按不同车间、不同部门设置明细账，账内按费用项目设立专栏进行明细登记。

（四）"废品损失"账户

需要单独核算废品损失额企业，应设置"废品损失"账户。该账户借方登记不可修复废品的生产成本和可修复废品的修复费用；贷方登记废品残料回收的价值、应收的赔款以及转出的废品净损失；该账户月末无余额。

"废品损失"账户应按不同车间设置明细账，账内按产品品种分设专户，并按成本项目设置专栏或专门进行明细登记。

（五）"销售费用"账户

"销售费用"账户属于损益类账户，用来核算企业在产品销售过程中所发生的各项费用以及为销售本企业产品而专设的销售机构的各项经费。该账户借方登记实际发生的各项产品销售费用；贷方登记月末转入"本年利润"账户的产品销售费用；该账户月末无余额。

（六）"管理费用"账户

"管理费用"账户属于损益类账户，用来核算企业行政管理部门为组织和管理生产经营活动而发生的各项管理费用。该账户借方登记实际发生的各项管理费用；贷方登记月末转入"本年利润"账户的管理费用；该账户月末无余额。

(七)"财务费用"账户

"财务费用"账户属于损益类账户,用来核算企业为筹集生产经营所需资金而发生的各项费用。该账户借方登记实际发生的各项财务费用;贷方登记月末转入"本年利润"账户的财务费用;该账户月末无余额。

(八)"长期待摊费用"账户

"长期待摊费用"账户属于资产类账户,用来核算企业已经支出,但摊销期限在一年以上的各项费用。该账户借方登记企业已经支付的各项长期待摊费用;贷方登记分期摊销的长期待摊费用;该账户余额在借方,表示企业已经支付但尚未摊销的各项长期待摊费用。

"长期待摊费用"账户应按费用种类设置明细账,进行明细核算。

三、成本核算的一般程序

成本核算的一般程序是指对企业在生产经营过程中发生的各项费用,按照成本核算的要求,逐步进行归集和分配,最后计算出各种产品的成本和期间费用的过程。根据前述的成本核算要求,企业成本核算的一般程序可概括如下:

(一)正确划分计入产品成本的费用和不计入产品成本的费用

据国家规定的成本开支范围,对企业所发生的各项支出进行审核,确定哪些成本属于生产经营成本,是否应计入产品成本或期间费用。企业应在对各项支出的合理性、合法性进行严格审核和控制的基础上,正确划分计入产品成本的费用和不计入产品成本的费用。

(二)分配各项要素费用

企业生产过程中耗费的费用,通过编制材料、职工薪酬等要素费用分配表,将与产品直接相关的费用分配到产品的"基本生产成本""辅助生产成本"等明细账中;不能直接归属于产品的生产费用,先归集到"制造费用"账户;与企业行政管理部门相关的费用,分配到"管理费用"账户;与企业销售机构相关的费用,分配到"销售费用"账户。企业要正确划分应计入产品成本的费用和应计入损益的期间费用,以及应该区分各种产品成本之间的界限。

(三)正确处理跨期摊提费用

对于企业发生的跨期费用,应以权责发生制为基础,正确判断其归属期,编制长期待摊费用分配表。企业要正确划分各个会计期间的界限。

(四)归集和分配辅助生产费用

月末,归集计入到"生产成本——辅助生产成本"明细账中的各项费用,并根据受益对象采用适当的分配方法,分配到"生产成本——基本生产成本"

"制造费用""管理费用""销售费用"等账户。企业要正确划分应计入产品成本的费用和应计入损益的期间费用,以及应该区分各种产品成本之间的界限。

(五)归集和分配基本生产车间制造费用

月末,归集计入到"制造费用"明细账中的各项间接费用,并采用适当的分配方法分配计入到各种产品成本中去。企业要正确划分各成本计算对象的界限。

(六)结转完工产品成本

月末,合计计入到"生产成本——基本生产成本"明细账中的各项生产费用,采用一定的分配方法,将其在完工产品与月末在产品之间进行分配,计算出该种产品的完工产品成本和月末在产品成本。企业要正确划分完工产品和在产品之间的费用界限。

综上所述,结合成本核算的主要账户和成本核算的一般程序,列示出成本核算账务处理的一般程序,如图 2-1,通过从账务处理的角度进一步理解成本核算的一般程序。

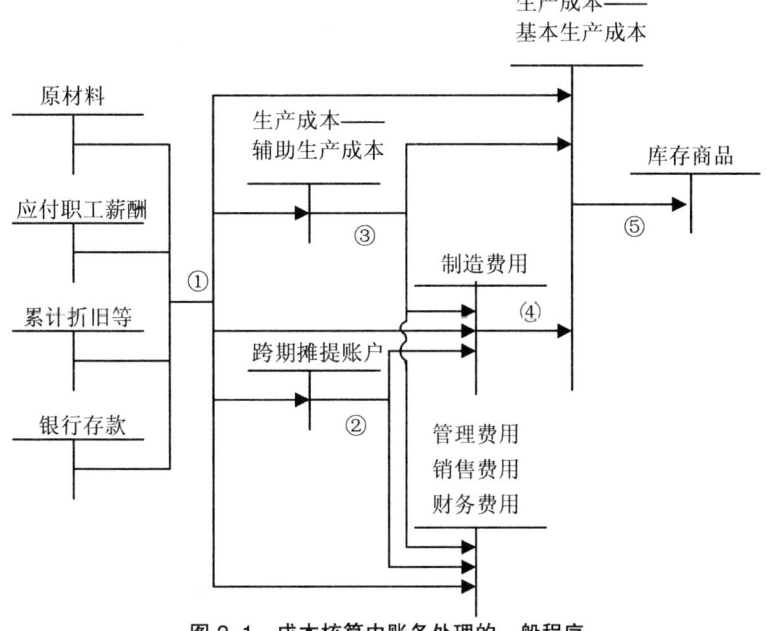

图 2-1 成本核算中账务处理的一般程序

说明:①分配各项要素费用;②处理跨期摊提费;③分配辅助生产费用;④分配基本生产车间制造费用;⑤结转完工产品成本。

【课堂测试 2-2】

1. "凡是应由本期产品成本负担的费用，不论是否在本期发生，都应全部记入本期产品成本"，此说法是为了（　　）。
   A. 正确划分应计入产品成本和不应计入产品成本的费用界限
   B. 正确划分生产费用和期间费用的界限
   C. 正确划分各个会计期间的费用界限
   D. 正确划分不同成本对象的费用界限
   E. 正确划分完工产品和在产品成本的界限
2. （多选题）为了正确划分费用的界限，企业（　　）。
   A. 不得将应计入产品成本的生产费用列为期间费用
   B. 不得将期间费用计入产品成本
   C. 不得将制造费用计入产品成本
   D. 不得将工人工资费用计入产品成本
3. "正确划分生产费用与管理费用的界限，也就是正确划分成本与费用的界限。"这句话是否正确，如果错误，说明为什么？

本章小结

本章首先讲述了成本的含义，然后阐述了成本从不同角度的分类，最基本的分类是按照经济内容和经济用途两种分类。

阐述了产品成本核算的要求，包括完善各项成本计算的基础工作，正确划分各种费用界限和成本计算方法的选择。首先企业应该做好各项成本核算的基础工作，建立健全原始记录工作、定额管理制度、材料的收发和领退等制度，做好内部转移价格的制定和修订工作；其次，要正确划分费用的五类界限；最后，根据生产特点和管理要求，采用适当的成本计算方法。

概括说明了企业成本核算的一般程序，成本核算使用的主要账户和账务处理的程序，产品成本计算必须按成本核算的一般程序计算产品成本。

章后案例　　　　正确划分东方公司各种费用界限

东方公司 201×年 2 月有关费用资料如下：基本生产耗用原材料 100 000 元，辅助材料 5 000 元，燃料 2 000 元，生产工人工资 20 000 元，车间管理人员工资 8 000 元，生产用设备维修费 1 000 元，企业行政管理人员工资 11 000 元，电话费 800 元，办公费 2 000 元，销售人员工资 7 000 元，广告费 50 000 元，支付购买原材料所借款项 200 000 元的利息 6 000 元，支付自建厂房所借款项 500 000 元的利息 15 000 元，固定资产报废清理损失 500 元，原材料盘盈 200 元，采购生产用设备 234 000 元（价款 200 000 元，增值税 34 000 元），当月向税务机关缴纳增值税 25 000 元，对外投资支付 90 000 元，向投资者分配利润 20 000 元，向长期合作单位捐赠现金 20 000 元，因违反税法有关规定罚款 4 000 元。
要求：用产品成本核算要求中"正确划分各种费用界限"的要求来区分东方公司的产品生产费用和期间费用，说明原因，并列出各项费用的具体金额。

核心概念

成本（cost） 成本项目（cost item） 生产成本（manufacturing cost） 期间费用（period cost） 直接材料（direct material） 直接人工（direct labor） 制造费用（manufacturing overhead） 销售费用（selling expenses） 管理费用（administrative expenses） 直接生产成本（direct manufacturing cost） 间接生产成本（indirect manufacturing cost） 直接成本（direct cost） 间接成本（indirect cost）

思考题

1. 成本的含义？
2. 成本核算的要求是什么？
3. 成本按照经济内容的分类包括哪些内容？
4. 成本按照经济用途的分类包括哪些内容？
5. 简述成本按其与生产工艺的关系分类和按其计入产品成本的方式分类，以及两者之间的关系？
6. 成本核算的一般程序包括哪些？
7. 为了正确计算企业成本和损益，必须正确划分的费用界限有哪些？
8. 成本核算使用的主要账户有哪些？

练习题

（一）单项选择题

1. 下列各项费用中，计入产品成本的是（　　）。
   A. 管理费用　　　　　　B. 销售费用
   C. 财务费用　　　　　　D. 制造费用
2. 产品成本按其经济用途分类，一般可分为以下（　　）项目。
   A. 外购材料　　　　　　B. 职工薪酬
   C. 制造费用　　　　　　D. 折旧费用
3. 下列属于产品成本项目的是（　　）。
   A. 外购材料　　　　　　B. 直接材料
   C. 职工薪酬　　　　　　D. 折旧费用
4. 下列属于直接生产成本的是（　　）。
   A. 基本生产工人工资　　B. 辅助生产工人工资
   C. 厂房车间折旧费用　　D. 车间管理人员工资
5. 下列不属于产品成本内容的是（　　）。
   A. 生产设备折旧费用　　B. 生产工人的工资
   C. 车间管理人员的工资　D. 生产经营筹资产生的利息支出
6. "要防止将期间费用列为成本，或者将应计入成本的费用列为期间费用，这都会造成利润和成本不实。"此说法是为了（　　）。
   A. 正确划分应计入产品成本和不应计入产品成本的费用界限
   B. 正确划分生产费用和期间费用的界限
   C. 正确划分各个会计期间的费用界限
   D. 正确划分不同成本对象的费用界限
   E. 正确划分完工产品和在产品成本的界限
7. "凡是能分清应由某种产品负担的直接成本，应直接计入该产品成本；各种产品共同发生、不易分清应由哪种产品负担的间接成本，则应采用合理的方法分配计入有关产品的成本。"此说法是为了（　　）。
   A. 正确划分应计入产品成本和不应计入产品成本的费用界限
   B. 正确划分生产费用和期间费用的界限
   C. 正确划分各个会计期间的费用界限
   D. 正确划分不同成本对象的费用界限
   E. 正确划分完工产品和在产品成本的界限

8. "企业应该防止任意提高或降低月末在产品成本,人为地调节完工产品成本,从而影响资产负债表中存货计量和利润表中主营业务成本计量的准确性的错误做法。"此说法是为了(   )。

A. 正确划分应计入产品成本和不应计入产品成本的费用界限
B. 正确划分生产费用和期间费用的界限
C. 正确划分各个会计期间的费用界限
D. 正确划分不同成本对象的费用界限
E. 正确划分完工产品和在产品成本的界限

9. "制造费用"账户一般是按照(   )设立专栏进行明细登记。

A. 车间或部门   B. 成本项目
C. 费用发生的时间顺序   D. 费用明细项目

10. 企业车间管理人员的工资,在成本核算时,应列入(   )账户。

A. "生产成本——基本生产成本"
B. "生产成本——辅助生产成本"
C. "制造费用"
D. "管理费用"

(二) 多项选择题

1. 企业发生以下支出,属于成本按经济内容分类的费用要素项目有(   )。

A. 外购材料   B. 直接材料
C. 职工薪酬   D. 直接人工
E. 折旧费   F. 制造费用

2. 成本按其经济用途分类,可划分为(   )。

A. 外购材料   B. 生产成本
C. 职工薪酬   D. 期间费用
E. 折旧费

3. 产品成本项目包括的内容是(   )。

A. 直接材料   B. 直接人工
C. 制造费用   D. 废品损失

4. 财务费用是指企业为筹集生产经营所需资金而发生的费用,主要包括(   )。

A. 利息支出   B. 金融机构的手续费
C. 汇兑损益   D. 购买账簿的支出

5. 下列各项中，为了正确计算产品成本，必须正确划分的费用界限有（　　）。

A. 生产费用和期间费用的界限

B. 各种产品的费用界限

C. 产品销售费用和管理费用的界限

D. 各个月份的费用界限

6. 按照生产费用范围的界定，下列项目中属于生产费用的是（　　）。

A. 产品消耗的原材料

B. 原材料的跌价损失

C. 维修生产用设备所耗用的材料

D. 洪水造成的原材料毁损

7. 企业的期间费用主要包括（　　）。

A. 财务费用　　　　　　　B. 销售费用

C. 制造费用　　　　　　　D. 管理费用

8. 在进行成本核算时，在不同时期、不同产品以及产成品和在产品之间正确划分费用，应分清有关费用的几个界限包括（　　）。

A. 正确划分本企业产品成本和其他企业产品成本的界限

B. 正确划分各个会计期间的费用界限

C. 正确划分不同成本对象的费用界限

D. 正确划分完工产品和在产品成本的界限

9. "生产成本——基本生产成本"账户的借方登记（　　）。

A. 生产过程中发生的直接材料费用

B. 生产过程中发生的直接人工费用

C. 月末从"制造费用"账户结转分配过来的费用

D. 完工入库产成品的成本

10. "生产成本"账户应设置的明细账户是（　　）。

A. "生产成本——基本生产成本"

B. "生产成本——基本生产车间制造费用"

C. "生产成本——辅助生产成本"

D. "生产成本——辅助生产车间制造费用"

E. "生产成本——在产品成本"

（三）判断题

1. 企业通过材料领用单汇总出的"材料领用汇总表"属于企业成本核算的

基础工作。（　　）

2. 成本按经济内容进行分类，可以分为外购材料、职工薪酬、折旧费和其他支出等要素费用。（　　）

3. 成本按经济用途进行分类，可以分为外购材料、职工薪酬、折旧费和其他支出等要素费用。（　　）

4. "生产成本"账户可以下设"基本生产成本"和"制造费用"两个明细账户。（　　）

5. 企业用于车间管理的电脑折旧费，在成本核算时，直接列入"管理费用"账户。（　　）

6. 企业当期发生的生产费用，一般都是当期的产品成本，应计入当期完工产品成本。（　　）

7. 企业车间管理人员的工资，在成本核算时，直接列入成本项目中的直接人工费用中。（　　）

8. 企业在进行费用分配时，应先分配基本生产车间的制造费用，然后才能分配辅助生产车间的制造费用。（　　）

9. 基本生产车间制造费用期末进行分配时，应记入"生产成本——基本生产成本"账户。（　　）

10. 生产车间发生的制造费用应由本车间生产的产品负担，因此，月末时，"制造费用"账户一定没有余额。（　　）

第三章 生产费用在各种产品之间的归集与分配

在本章之前,我们探讨了成本的含义,在理解成本概念的基础上,从不同角度介绍成本的分类。在成本分类的基础上,理解成本核算的要求,以及掌握产品成本核算设置的主要会计科目和核算的一般程序,为成本核算奠定基础。通过本章学习,了解各种分配标准前提,停工损失的会计核算过程;理解可修复和不可修复废品损失的核算方法及账务处理;掌握各项要素费用、长期待摊费用、辅助生产费用和制造费用的归集与分配及账务处理过程。

> **开篇案例　　　　各项要素费用的核算**
>
> 广东某毛绒玩具厂,以生产和组装毛绒玩具为主营业务,其生产要素除了包括毛绒玩具各种生产用材料、组装用的零配件和生产工人的工资费用,而且还需要水费、电费和流水线上所有生产设备的费用。
>
> 应该怎样核算这些要素费用?如何将这些要素费用分配到产品成本中?采用何种分配标准?

第一节 各项要素费用的归集与分配

一、要素费用归集与分配概述

工业企业产品成本核算的一般程序是从分配要素耗用开始的,要素耗用核算是产品成本后续核算的基础,其核算的正确与否对当期及以后各期的资产和损益都产生重大的影响。工业企业在一定时期内发生的费用,从内容或性质上包括外购材料费、外购燃料费、外购动力费、职工薪酬、折旧费、利息费用、税金和其他费用,每一项费用发生后,应分别针对各种情况归属到相应的成本、费用中去，最终记入产品成本明细账。①

各项要素费用应按其用途和发生地点，进行分配和归集，确定费用归属的账户，具体内容包括：

第一，对于基本生产车间直接用于产品生产并专设成本项目的要素费用，应直接记入"生产成本——基本生产成本"账户，登记明细账的各项专栏或专行。如构成产品实体的原材料费用、工艺用燃料或动力费用等。

能够直接认定是某种产品消耗的费用，直接记入该种产品明细账的"直接材料""直接人工""燃料及动力"等成本项目；几种产品共同耗用、不能确认各产品消耗数额的费用，采用适当分配方法，进行合理的分配后，分别记入相关产品明细账的"直接材料""直接人工""燃料及动力"等成本项目。

第二，对于基本生产车间直接用于产品生产但没有专设成本项目的各项费用，以及间接用于产品的费用，应先记入"制造费用"账户及所属明细账的相关费用项目，然后通过一定的分配程序，转入或分配转入"生产成本——基本生产成本"总账及所属明细账的"制造费用"成本项目。

对于上述进行各项间接计入费用的分配时，所依据的分配标准与所分配的费用有比较密切的联系，从而使得分配结果比较合理，且分配标准的资料比较容易获得。常见的分配标准有：成果类，如产品的重量、体积、产量等；消耗类，如生产工时、机器工时、生产工人工资、原材料消耗量或原材料费用等；定额类，如定额消耗量、定额费用等。

分配间接计入费用的计算公式如下：

$$费用分配率=\frac{待分配生产费用总额}{分配标准总额}$$

某分配对象应分配的费用＝该分配对象的分配标准×费用分配率

第三，对于用于辅助生产的费用，若辅助生产车间设有"制造费用"明细账，则其费用处理可比照基本生产车间的费用处理办法进行，直接用于辅助生产的各项费用，记入"生产成本——辅助生产成本"账户及其所属明细账，间接用于辅助生产的各项费用，均记入"制造费用"账户及其所属明细账；若辅助生产车间未设"制造费用"明细账，则对于直接或间接用于辅助生产的各项费用，均记入"生产成本——辅助生产成本"账户及其所属明细账的相关成本项目。

---

① 产品成本明细账，又称为成本计算单或生产成本明细账，是按产品的品种等成本计算对象设置，账内按成本项目设立专栏或专行。

第四,对于销售环节发生的用于产品销售的费用、行政管理部门的费用和用于筹集生产经营资金发生的筹资费用,应分别计入"销售费用""管理费用"和"财务费用"账户及其所属明细账的相关费用项目,然后转入"本年利润"账户,直接计入当期损益。

二、材料费用的归集与分配

材料费用包括企业生产经营活动中消耗的原材料、燃料、低值易耗品等发生的费用。企业耗用的材料,无论是外购材料还是自制材料,都应按照材料的种类、数量和用途进行汇总,作为记账的依据,计入产品成本或期间费用,编制记账凭证。

对于生产剩余的材料和回收的废料,应办理退库手续,并根据退料凭证和废料交库凭证,将材料领用时的用途归类,扣减原领用的材料费用。

(一)原材料费用的分配

直接用于产品生产、构成产品实体的原材料,如果按照产品品种(或成本计算对象)分别领用的,直接记入各种产品成本明细账的"直接材料"成本项目。如果不能分别领用,而是几种产品共同耗用的,采用适当的分配方法分配记入各种产品成本明细账的"直接材料"成本项目。原材料的分配标准有很多,可以采用产品重量、体积等分配。在原材料消耗定额比较准确的情况下,通常采用原材料定额消耗量或定额费用比例进行分配。

1. 原材料定额消耗量比例法

原材料定额消耗量是指企业按照正常生产条件制定的,生产一个规定计量单位合格产品所需原材料的平均消耗量标准。原材料定额消耗量比例法是指以各种产品的原材料定额消耗量为分配标准,计算单位原材料定额消耗量应负担的原材料实际消耗量(或原材料实际消耗费用),并依此分配原材料费用的方法。涉及的计算公式如下:

某种产品原材料定额消耗量 = 该种产品实际产量 × 单位产品原材料定额消耗量

$$原材料消耗量分配率 = \frac{待分配原材料实际消耗总量}{各种产品原材料定额消耗量之和}$$

某种产品应分配的原材料实际消耗量 = 该种产品原材料定额消耗量 × 原材料消耗量分配率

某种产品应分配的原材料实际费用 = 该种产品原应分配的原材料实际消耗量 × 材料单价

【例3-1】祥瑞公司生产甲、乙两种产品,201×年3月共同消耗A材料4 000千克,单价10元/千克,A材料费用合计40 000元。本月生产甲产品500件,单件甲产品A材料消耗定额为10千克;生产乙产品200件,单件乙产品A材料消耗定额为15千克。请以原材料定额消耗量作为分配标准分配原材料费用。

原材料费用分配计算如下:
(1)计算各种产品原材料定额消耗量:
　　甲产品A材料定额消耗量 = 500×10 = 5 000(千克)
　　乙产品A材料定额消耗量 = 200×15 = 3 000(千克)
(2)计算原材料消耗量分配率:

$$A材料消耗量分配率 = \frac{4\,000}{5\,000 + 3\,000} = 0.5$$

(3)计算各种产品应分配的原材料实际数量:
　　甲产品应分配的A材料数量 = 5 000×0.5 = 2 500(千克)
　　乙产品应分配的A材料数量 = 3 000×0.5 = 1 500(千克)
(4)计算各种产品应分配的原材料实际费用:
　　甲产品应分配的A材料费用 = 2 500×10 = 25 000(元)
　　乙产品应分配的A材料费用 = 1 500×10 = 15 000(元)

上述分配过程所提供的数据,可以用于考核原材料消耗定额的执行情况,有利于加强原材料消耗的实物管理,但计算比较繁琐。为了简化,也可以依据原材料定额消耗量直接分配原材料费用,但此方法不能提供各种产品原材料实际消耗量。涉及的计算公式如下:

$$某种产品原材料定额消耗量 = 该种产品实际产量 \times 单位产品原材料定额消耗量$$

$$原材料费用分配率 = \frac{待分配原材料实际费用总额}{各种产品原材料定额消耗量之和}$$

$$某种产品应分配的原材料实际费用 = 该种产品原材料定额消耗量 \times 原材料费用分配率$$

沿用【例3-1】资料,原材料费用分配计算如下:
(1)计算各种产品原材料定额消耗量:
　　甲产品A材料定额消耗量 = 500×10 = 5 000(千克)
　　乙产品A材料定额消耗量 = 200×15 = 3 000(千克)

（2）计算原材料费用分配率：

$$\text{A材料费用分配率} = \frac{40\,000}{5\,000 + 3\,000} = 5$$

（3）计算各种产品应分配的原材料实际费用：

甲产品应分配的 A 材料用 = 5 000×5 = 25 000（元）

乙产品应分配的 A 材料用 = 3 000×5 = 15 000（元）

2. 原材料定额费用比例法

原材料定额费用是指企业按照正常生产条件制定的，生产一个规定计量单位合格产品所需原材料的定额费用。原材料定额费用比例法是指以各种产品的原材料定额费用为分配标准，计算单位原材料定额费用应负担的原材料实际费用，并依此分配原材料费用的方法。涉及的计算公式如下：

某种产品原材料定额费用 = 某种产品实际产量×单位产品原材料定额费用

$$\text{原材料费用分配率} = \frac{\text{待分配原材料实际费用总量}}{\text{各种产品原材料定额费用之和}}$$

$$\text{某种产品应分配的原材料费用} = \text{该种产品原材料定额费用} \times \text{原材料费用分配率}$$

【例 3-2】沿用例 3-1 资料。请以原材料定额费用作为分配标准分配原材料费用。

（1）计算各种产品原材料定额费用：

甲产品A材料定额费用 = 500×10×10 = 50 000（元）

乙产品A材料定额费用 = 200×15×10 = 30 000（元）

（2）计算原材料费用分配率：

$$\text{A材料费用分配率} = \frac{40\,000}{50\,000 + 30\,000} = 0.5$$

（3）计算各种产品应分配的原材料实际费用：

甲产品应分配的A材料费用 = 50 000×0.5 = 25 000（元）

乙产品应分配的A材料费用 = 30 000×0.5 = 15 000（元）

在实际工作中，上述原材料费用分配，是通过"原材料费用分配表"进行的，此表是按原材料类别和用途（车间、部门），根据归类后的领料凭证和有关资料编制。原材料费用分配表的格式及举例见表 3-1 所示。

【例 3-3】祥瑞公司有一个基本生产车间，生产甲、乙两种产品，还有两个辅助生产车间——供水和修理车间、行政管理部门和销售机构本月都领用 A 材料，编制原材料费用分配表（见表 3-1）。注：祥瑞公司辅助生产车间规模小，发生的辅助生产费用较少，且辅助生产不对外提销售产品或提供劳务，该公司辅助生产车间未设置"制造费用"账户，后面所有涉及该公司的例题均遵循此项设置。

表 3-1　原材料费用分配表

201×年 3 月　　　　　　　　　　　　　　　单位：元

应借账户			直接计入	分配计入（分配率 5）		合计
总账及二级账户	明细账户	成本项目		定额消耗量（千克）	分配金额	
生产成本——基本生产成本	甲产品	直接材料	30 000	5 000	25 000	55 000
	乙产品	直接材料	17 500	3 000	15 000	32 500
	小计		47 500	8 000	40 000	87 500
生产成本——辅助生产成本	供水车间	直接材料	10 000			10 000
	修理车间	直接材料	2 000			2 000
	小计		12 000			12 000
制造费用	基本生产车间	消耗材料	4 000			4 000
管理费用		消耗材料	2 500			2 500
销售费用		消耗材料	4 000			4 000
合计			70 000		40 000	110 000

根据"原材料费用分配表"，编制会计分录如下：

借：生产成本——基本生产成本——甲产品　　55 000
　　　　　　　　　　　　　　　——乙产品　　32 500
　　生产成本——辅助生产成本——供水车间　　10 000
　　　　　　　　　　　　　　——修理车间　　2 000
　　制造费用——基本生产车间　　4 000
　　管理费用　　2 500
　　销售费用　　4 000
　　贷：原材料——A 材料　　　　　　　　110 000

以上原材料费用是按实际成本进行核算分配的，如果原材料费用是按计划成本进行核算分配，计入产品成本和期间费用等的原材料费用是计划成本，还应该分配原材料成本差异。

（二）燃料费用的分配

燃料实际上也属于材料，因而燃料费用的分配与核算和原材料费用的分配与核算基本相同。如果燃料费用在产品成本中比重较小，直接记入"直接材料"成本项目；如果燃料费用在产品成本中比重较大，可以与动力费用一起专设"燃料和动力"成本项目。

对于直接用于产品生产的燃料，如果是按产品品种分别领用的，属于直接计入费用，可以直接记入各种产品成本明细账的"直接材料"或"燃料和动力"成本项目。如果不能按产品品种分别领用燃料，而是几种产品共同耗用的，属于间接计入费用，应采用适当的分配方法，分配后再记入各种产品成本明细账的"直接材料"或"燃料和动力"成本项目。

（三）低值易耗品摊销

低值易耗品是指不能作为固定资产核算的各种用具物品，如工具、管理用具、玻璃器皿、劳动保护用品，以及在经营过程中周转使用的容器等。如果低值易耗品业务不多，可以在"周转材料"一级会计科目下设置"低值易耗品"二级会计科目核算；如果企业低值易耗品业务比较多，可设置"低值易耗品"一级会计科目。

低值易耗品与原材料既有相同之处，也有不同之处。相同之处是，其日常核算既可以按照实际成本计价，也可以按照计划成本计价。不同之处是，原材料领用后被一次性耗用，价值一次性转移，但低值易耗品能够多次使用，价值可以采用适当的摊销方法分次转移。

由于低值易耗品摊销额在产品成本中所占比重较小，又没有专设成本项目，因此，用于生产计入产品成本的低值易耗品摊销额，应记入"制造费用"；用于产品销售的低值易耗品摊销额，应记入"销售费用"，用于组织和管理生产经营活动的低值易耗品摊销额，应记入"管理费用"；用于其他经营业务的低值易耗品摊销额，则记入"其他业务成本"。

低值易耗品的摊销可以采用"一次摊销法"或"五五摊销法"。

1. 一次摊销法

一次摊销法是指领用低值易耗品时，将其价值全部一次转入产品成本或期间费用的方法。这种方法适用于价值低、使用期限短，或易于破损的物品如玻璃器皿等。

【例3-4】祥瑞公司201×年3月有关车间和部门领用工具2 000元，其中：基本生产车间600元，供水车间400元，修理车间500元，销售机构领用200元，行政管理部门领用300元。该公司辅助生产车间未设"制造费用"，若采用一次摊销法，应编制会计分录如下：

借：制造费用——基本生产车间　　　　　600
　　生产成本——辅助生产成本——供水车间　400
　　　　　　　　　　　　　　——修理车间　500
　　销售费用　　　　　　　　　　　　　200
　　管理费用　　　　　　　　　　　　　300
　　贷：低值易耗品　　　　　　　　　　　2 000

2. 五五摊销法

五五摊销法也称"五成摊销法"，就是在低值易耗品领用时先摊销其价值的50%，报废时再摊销其价值的50%的方法。这种方法适用于各月领用和报废低值易耗品的数量比较均衡，各月摊销额相差不多的低值易耗品。

在该方法下，应在"低值易耗品"账户下分设"在库""在用"和"摊销"三个二级账户。从仓库领用时，借记"低值易耗品——在用"，贷记"低值易耗品——在库"；同时，按其价值的50%进行摊销，借记"制造费用""管理费用"等账户，贷记"低值易耗品——摊销"。低值易耗品报废时，按入库残料的价值，借记"原材料"，贷记"制造费用""管理费用"等账户；同时，按报废低值易耗品剩余的50%价值进行摊销，借记"制造费用""管理费用"等账户，贷记"低值易耗品——摊销"。最后，还应将报废低值易耗品的价值及其累计摊销额注销，借记"低值易耗品——摊销"，贷记"低值易耗品——在用"。

如果低值易耗品是按计划成本进行日常核算的，月末还要分配所领用低值易耗品的成本差异，调整计划成本。

【例3-5】某公司行政管理部门本月领用管理用具一批，其实际成本为2000元，报废以前领用的另一批管理用具计划成本1 600元，回收残料计价100元。若采用五五摊销法，应编制会计分录如下：

领用低值易耗品：
（1）借：低值易耗品——在用　　　2000
　　　　贷：低值易耗品——在库　　　2000
（2）借：管理费用　　　　　　　　1000
　　　　贷：低值易耗品——摊销　　　1000
报废以前领用的低值易耗品：
（3）借：原材料　　　　　　　　　100
　　　　管理费用　　　　　　　　700
　　　　贷：低值易耗品——摊销　　　800

(4) 借：低值易耗品——摊销　　　1 600
　　　贷：低值易耗品——在用　　　1 600

三、外购动力费用的归集与分配

外购动力费用是指企业在生产经营、管理过程中耗用的从外部购进的各种动力，如电力、热力等，本企业自产的动力不包括在内。外购动力有的直接用于产品生产，如生产工艺用电；有的间接用于产品生产，如生产车间照明用电；有的用于企业经营管理，如行政管理部门照明用电。外购动力费用的分配，在有计量仪器记录的情况下，直接根据仪器所示的耗用数量和单价计算；在没有计量仪器记录的情况下，按照生产工时比例、机器工时比例、定额消耗量比例等标准在各种产品之间进行分配。

直接用于产品生产的动力费用，借记"生产成本——基本生产成本"总账及所属明细账"燃料和动力"成本项目；直接用于辅助生产的动力费用，借记"生产成本——辅助生产成本"总账及所属明细账的"燃料和动力"成本项目；如果基本生产和辅助生产未专设"燃料和动力"成本项目，则应借记"制造费用"及其明细账有关项目。

用于基本生产车间、辅助生产车间以及行政管理部门、销售部门的照明用电等动力费用，借记"制造费用""生产成本——辅助生产成本""管理费用""销售费用"等总账及其所属明细账有关项目。

由于外购动力费用的支付时间与成本计算的时间要求不同，按照权责发生制要求，在当月所耗动力与当月实际支付可能存在不一致的情况，因此，当月已经支付的动力费用应贷记"银行存款"，而当月应付外购动力应贷记"应付账款"。

【例3-6】祥瑞公司201×年3月生产甲、乙两种产品时，共同耗电35 000度，金额21 000元，每度电0.6元，没有按产品分别安装电表，公司规定按生产工时进行分配。甲产品生产工时为6 000小时，乙产品生产工时为4 000小时。该企业设有"燃料和动力"成本项目。甲、乙产品动力费用分配计算如下：

$$动力费用分配率 = \frac{21\,000}{6\,000 + 4\,000} = 2.1$$

甲产品应分配的动力费用 = 6 000 × 2.1 = 12 600（元）
乙产品应分配的动力费用 = 4 000 × 2.1 = 8 400（元）

在例3-6中外购动力费用的分配，是通过编制如表3-2所示的外购动力费用分配表进行的,并根据该分配表编制会计分录,登记有关总账和明细账。

表 3-2 外购动力费用分配表

201×年 3 月 单位:元

应借账户			直接计入	分配计入(分配率2.1)		合计
总账及二级账户	明细账户	成本项目		生产工时(小时)	分配金额	
生产成本——基本生产成本	甲产品	燃料和动力		6 000	12 600	12 600
	乙产品	燃料和动力		4 000	8 400	8 400
	小计			10 000	21 000	21 000
生产成本——辅助生产成本	供水车间	水电费	5 500			5 500
	修理车间	水电费	2 000			2 000
	小计		7 500			7 500
制造费用	基本生产车间	水电费	4 500			4 500
管理费用		水电费	3 500			3 500
销售费用		水电费	2 500			2 500
合计			18 000		21000	39 000

根据"外购动力费用分配表",编制会计分录如下:

借:生产成本——基本生产成本——甲产品　　　12 600
　　　　　　　　　　　　　　　——乙产品　　　 8 400
　　生产成本——辅助生产成本——供水车间　　　 5 500
　　　　　　　　　　　　　　　——修理车间　　 2 000
　　制造费用——基本生产车间　　　　　　　　　 4 500
　　管理费用　　　　　　　　　　　　　　　　　 3 500
　　销售费用　　　　　　　　　　　　　　　　　 2 500
　　贷:银行存款(或应付账款)　　　　　　　　　39 000

四、职工薪酬的归集与分配

职工薪酬是指企业为获得职工提供的服务而给予各种形式的报酬以及其他相关支出,包括:职工工资、奖金、津贴和补贴;职工福利费;医疗保险费、养老保险费、失业保险费、工伤保险费和生育保险费等社会保险费；住房公积金；工会经费和职工教育经费；非货币性福利；因解除与职工的劳动关系给予的补偿；其他与获得职工提供的服务相关的支出。

（一）工资费用的归集与分配

工资费用无论是否发放，均应通过"应付职工薪酬"账户进行归集核算。工资费用的分配，需要按照其用途和发生部门进行归类。

基本生产车间直接从事产品生产的生产工人工资，应记入"生产成本——基本生产成本"总账及所属明细账"直接人工"成本项目。对于直接计入费用，如产品的计件工资或只生产一种产品的计时工资，应直接计入各种产品成本的"直接人工"项目；对于间接计入费用，如生产多种产品的计时工资，应按照产品的生产工时等分配标准进行分配，然后再分别记入各种产品成本的"直接人工"成本项目。

基本生产车间管理人员或技术人员的工资，应记入"制造费用"账户；辅助生产车间工人的工资，记入"生产成本——辅助生产成本"账户；辅助生产车间管理人员或技术人员的工资，应记入"生产成本——辅助生产成本"或"制造费用"账户；行政管理人员的工资，应记入"管理费用"账户；销售机构人员的工资，应记入"销售费用"账户。

对于上述提及的生产多种产品的工人工资费用的分配，通常采用产品的实际生产工时比例或定额生产工时比例等分配方法。涉及的计算公式如下：

$$工资费用分配率 = \frac{某车间待分配工人工资总额}{该车间各种产品生产工时（实际或定额）总额}$$

$$某种产品应分配的工资费用 = 该种产品生产工时（实际或定额） \times 工资费用分配率$$

【例 3-7】祥瑞公司 201×年 3 月生产甲、乙两种产品，生产工人计件工资分别为：甲产品 15 000 元，乙产品 10 000 元；甲、乙产品计时工资共计 60 000 元。甲、乙产品生产工时分别为 6 000 小时和 4 000 小时。甲、乙产品工资费用分配计算如下：

$$工资费用分配率 = \frac{60\ 000}{6\ 000 + 4\ 000} = 6$$

甲产品应分配的工资费用 = 6 000 × 6 = 36 000（元）

乙产品应分配的工资费用 = 4 000 × 6 = 24 000（元）

在例 3-7 中工资费用的分配，是通过编制如表 3-3 所示的工资费用分配表进行的，并根据该分配表编制会计分录，登记有关总账和明细账。

表 3-3　工资费用分配表

201×年 3 月　　　　　　　　　　　　　　　　　　　　　　　　　单位：元

应借账户			直接计入	分配计入（分配率 6）		合计
总账及二级账户	明细账户	成本项目		生产工时（小时）	分配金额	
生产成本——基本生产成本	甲产品	直接人工	15 000	6 000	36 000	51 000
	乙产品	直接人工	10 000	4 000	24 000	34 000
	小计		25 000	10 000	60 000	85 000
生产成本——辅助生产成本	供水车间	直接人工	8 000			8 000
	修理车间	直接人工	5 000			5 000
	小计		13 000			13 000
制造费用	基本生产车间	职工薪酬	12 000			12 000
管理费用		职工薪酬	30 000			30 000
销售费用		职工薪酬	15 000			15 000
合计			95 000		60 000	155 000

根据"工资费用分配表"，编制会计分录如下：

借：生产成本——基本生产成本——甲产品　　51 000
　　　　　　　　　　　　　　　　——乙产品　　34 000
　　生产成本——辅助生产成本——供水车间　　8 000
　　　　　　　　　　　　　　——修理车间　　5 000
　　制造费用——基本生产车间　　12 000
　　管理费用　　30 000
　　销售费用　　15 000
　　贷：应付职工薪酬　　　　　　　　　　　　155 000

2. 其他职工薪酬的归集与分配

其他职工薪酬中的职工福利费、各种保险费、住房公积金、工会经费和职工教育经费，应按照工资总额的一定比例提取，并根据受益对象计入相关资产的成本或当期费用。

【例 3-8】祥瑞公司 201×年 3 月应付职工的工资数额如表 3-3 所示。根据公司所在地政府的规定，企业按工资总额的 40% 这一总计比例提取各项社会保险、住房公积金、职工福利费、工会经费和职工教育经费（为简化，各项具体的比例不再列示）。

结合例 3-8 和上述计提比例，可编制"其他职工薪酬费用分配表"，如表 3-4 所示。

表 3-4 其他职工薪酬费用分配表

201×年 3 月 单位：元

应借账户			工资总额	计提其他职工薪酬
总账及二级账户	明细账户	成本项目		
生产成本——基本生产成本	甲产品	直接人工	51 000	20 400
	乙产品	直接人工	34 000	13 600
	小计		85 000	34 000
生产成本——辅助生产成本	供水车间	直接人工	8 000	3 200
	修理车间	直接人工	5 000	2 000
	小计		13 000	5 200
制造费用	基本生产车间	职工薪酬	12 000	4 800
管理费用		职工薪酬	30 000	12 000
销售费用		职工薪酬	15 000	6 000
合计			155 000	62 000

根据"其他职工薪酬费用分配表"，编制会计分录如下：
借：生产成本——基本生产成本——甲产品　　20 400
　　　　　　　　　　　　　　　——乙产品　　13 600
　　生产成本——辅助生产成本——供水车间　　3 200
　　　　　　　　　　　　　　　——修理车间　　2 000
　　制造费用——基本生产车间　　4 800
　　管理费用　　12 000
　　销售费用　　6 000
　　贷：应付职工薪酬　　　　　　62 000

五、折旧费用的归集与分配

折旧费用是指企业所拥有的或控制的固定资产由于使用而损耗的那部分价值。企业固定资产折旧费用应按其使用车间、部门进行归集汇总，并进行相应的会计处理。

基本生产车间的固定资产折旧费用，应借记"制造费用"账户；辅助生产车间的固定资产折旧费用，应借记"生产成本——辅助生产成本"或"制造费用"账户；企业行政管理部门和销售部门的固定资产折旧费用，应分别借记"管理费用""销售费用"账户。对于固定资产折旧总额，应贷记"累计折旧"账户。

【例 3-9】祥瑞公司 201×年 3 月基本生产车间固定资产折旧 8 000 元，供水车间固定资产折旧 3 000 元，修理车间固定资产折旧 2 000 元，企业行政管理部门固定资产折旧 1 500 元，销售机构固定资产折旧 500 元。具体的折旧费用分配表见表 3-5。

表 3-5 折旧费用分配表

201×年 3 月　　　　　　　　　　　　　　　　　　　　　　　　　单位：元

应借账户		折旧费
总账及二级账户	明细账户	
制造费用	基本生产车间	8 000
生产成本——辅助生产成本	供水车间	3 000
	修理车间	2 000
	小计	5 000
管理费用		1 500
销售费用		500
合计		15 000

根据"折旧费用分配表"，编制会计分录如下：
借：制造费用——基本生产车间　　　　　　　8 000
　　生产成本——辅助生产成本——供水车间　3 000
　　　　　　　　　　　　　　　——修理车间　2 000
　　管理费用　　　　　　　　　　　　　　　1 500
　　销售费用　　　　　　　　　　　　　　　500
　　贷：累计折旧　　　　　　　　　　　　　15 000

六、其他要素费用的归集与分配

其他要素费用包括利息费用、税金和其他费用。

（一）利息费用

要素费用中的利息费用，是企业财务费用的组成部分，不构成产品成本。

短期借款利息一般按季结算支付，按照权责发生制原则，可以采用分月计提的方法，每月预提利息费用时，借记"财务费用"账户，贷记"应付利息"账户；实际支付时，借记"应付利息"账户，贷记"银行存款"账户。如果利息费用数额不大，为了简化核算，也可以在季末实际支付时全部记入当月财务费用，借记"财务费用"账户，贷记"银行存款"账户。长期借款及其利息的核算比较复杂，具体可以参见《中级财务会计》中相关内容。

【例3-10】祥瑞公司201×年3月1日从银行取得期限3个月、年利率12%的短期借款100 000元，用于生产经营；该企业对此项短期借款的利息支出采用按月预提的办法进行处理。应编制会计分录如下：

（1）取得借款时：

借：银行存款　100 000

　　贷：短期借款　100 000

（2）3月、4月、5月预提利息费用时：

月末预提利息费用 = 100 000×12%÷12 = 1 000（元）

借：财务费用　1 000

　　贷：应付利息　1 000

（3）按期归还本息时：

归还本息 = 100 000 + 1 000×3 = 103 000（元）

借：短期借款　100 000

　　应付利息　3 000

　　贷：银行存款　103 000

（二）税金

要素费用中的税金，是指应记入管理费用的各项税金，不构成产品成本，包括房产税、车船使用税、土地使用税、印花税等。

对于上述税金，有的税金需要预先计算应交金额，然后再缴纳，如房产税、车船使用税、土地使用税，这些税金应通过"应交税金"账户核算。计算出应交金额时，借记"税金及附加"账户，贷记"应交税费"账户；实际缴纳时，借记"应交税费"账户，贷记"银行存款"账户。

有些税金不需要预先计算应交金额，如印花税。对于印花税，如果购买税票金额较小，购买时应借记"税金及附加"账户，贷记"银行存款"；如果税票是一次购买、分期使用且金额较大，或者一次性缴纳印花税额较大需分摊的，可以作为待摊费用处理，缴纳税金时，借记"预付账款"账户，贷记"银行存款"；按月摊销时，借记"税金及附加"账户，贷记"预付账款"账户。

【例3-11】祥瑞公司201×年3月购买印花税200元，应交房产税2 500元，车船使用税1 000元，土地使用税2 000元。应编制会计分录如下：

借：税金及附加　5 700
　　贷：银行存款　　　　　　　　　　200
　　　　应交税费——应交房产税　　2 500
　　　　　　　　——应交车船使用税　1 000
　　　　　　　　——应交土地使用税　2 000

（三）其他费用

其他费用指不属于以上各项要素费用的各种支出，包括邮电费、租赁费、差旅费、保险费、印刷费、运输费、报刊订阅费等。这些耗费都未专设成本项目，在发生时，应按照发生的车间、部门和用途，分别借记"制造费用""生产成本——辅助生产成本""管理费用""销售费用"等账户，贷记"银行存款"账户。

【例3-12】祥瑞公司201×年3月，以银行存款支付各部门有关费用10 000元，其中，基本生产车间的劳保费2 000元，供水车间的劳保费1 600元，修理车间的劳保费1 100元，企业行政管理部门的办公费1 400元，专设销售机构的广告费2 500元、办公费1 200元，支付金融机构的手续费200元。

借：制造费用——基本生产车间　　　　　　2 000
　　生产成本——辅助生产成本——供水车间　1 600
　　　　　　　　　　　　　　——修理车间　1 100
　　管理费用　　　　　　　　　　　　　　1 400
　　销售费用　　　　　　　　　　　　　　3 700
　　财务费用　　　　　　　　　　　　　　　200
　　贷：银行存款　　　　　　　　　　　　10 000

【课堂测试3-1】

1. 下列不应计入产品成本的费用是（　　　）。

A. 生产车间厂房的折旧费用
B. 车船税
C. 有助于产品形成的辅助材料
D. 生产工人工资及福利费

2. 直接用于产品生产并构成该产品实体的原材料费用应记入的账户是（　　）。
   A. 制造费用　　　　　　　　B. 生产成本——基本生产成本
   C. 销售费用　　　　　　　　D. 管理费用
3. 下列项目中属于制造费用的是（　　）。
   A. 生产工人的计时工资　　　B. 生产工人的计件工资
   C. 车间管理人员的工资　　　D. 企业管理人员的工资
4. （多选题）企业分配人工费时，可能借记的账户有（　　）。
   A. 制造费用　　　　　　　　B. 应付职工薪酬
   C. 管理费用　　　　　　　　D. 生产成本——基本生产成本
5. 某公司生产甲、乙两种产品，本月共同耗用 B 材料 3 600 千克，单价 6 元/千克，B 材料费用合计 21 600 元。本月生产甲产品 500 件，单件甲产品 B 材料消耗定额为 8 千克；生产乙产品 200 件，单件乙产品 B 材料消耗定额为 10 千克。请以原材料定额费用作为分配标准分配原材料费用。

第二节　长期待摊费用的归集与分配

一、长期待摊费用的归集

长期待摊费用是指企业本期发生（支付）的，但应在一年以上的期间分期摊销的各项费用，如以经营租赁方式租入的固定资产进行了改良支出等。这种费用发生后，由于受益时间较长，不应一次全部计入当期成本、费用，而应按其受益期限，分月摊销计入各月成本、费用。

二、长期待摊费用的分配

长期待摊费用的归集与分配是通过"长期待摊费用"账户进行的。发生（支付）各项待摊费用时，借记"长期待摊费用"账户，同时贷记"银行存款"等账户；按受益期摊销时，按车间部门和费用用途，借记"制造费用""辅助生产成本""销售费用""管理费用"等账户，贷记"长期待摊费用"账户。该账户借方余额表示已支付、尚未摊销的费用。

【例3-13】祥瑞公司201×年3月，对经营性租赁固定资产改良支出的费用进行摊销，编制"长期待摊费用分配表"进行，如表3-6所示。

第三章 生产费用在各种产品之间的归集与分配

表 3-6 长期待摊费用分配表

201×年 3 月　　　　　　　　　　　　单位：元

应借账户	车间部门	金额
制造费用	基本生产车间	5 000
生产成本——辅助生产成本	供水车间	2 200
	修理车间	1 000
	小计	3 200
管理费用		1 200
销售费用		600
合计		10 000

根据"长期待摊费用分配表"，编制会计分录如下：

借：制造费用——基本生产车间　　　　　5 000
　　生产成本——辅助生产成本——供水车间　2 200
　　　　　　　　　　　　　　　——修理车间　1 000
　　管理费用　　　　　　　　　　　　　1 200
　　销售费用　　　　　　　　　　　　　　600
　贷：长期待摊费用　　　　　　　　　　　　　10 000

【课堂测试 3-2】

1. 长期待摊费用应当按照费用项目的（　　　）分期摊销。
   A. 收益对象　　　　　　　B. 受益期限
   C. 支付期限　　　　　　　D. 平均期限

2. （多选题）下列关于长期待摊费用的核算说法，正确的有（　　　）。
   A. 经营租赁方式租入的固定资产改良支出应用长期待摊费用核算
   B. 应当由本期负担的借款利息、租金等应作为长期待摊费用核算
   C. 摊销期在 1 年以上的固定资产大修理支出应作为长期待摊费用核算
   D. 长期待摊费用属于长期资产
   E. 长期待摊费用应能使以后会计期间受益

3. "企业以经营租赁方式租入的固定资产发生的改良支出，应直接计入当期损益。"这句话是否正确，如果错误，说明为什么？

第三节 辅助生产费用的归集与分配

一、辅助生产费用概述

辅助生产指主要为基本生产车间、企业行政管理部门等单位服务而进行的产品生产和劳务供应，比如提供水、电、气、风等产品，以及修理、运输等各种劳务。虽然有时辅助生产车间也对外销售和服务，但这并不是辅助生产车间的主要任务。

辅助生产费用的高低以及分配的合理与否，会直接影响到企业产品成本和期间费用的水平，因此，正确、及时组织辅助生产费用的归集和分配，对于节约费用、降低产品成本有着重要的意义。

二、辅助生产费用的归集

辅助生产费用的归集和分配是通过"生产成本——辅助生产成本"账户进行的。"生产成本——辅助生产成本"账户一般应该按车间以及产品或劳务设立明细账，账内按成本项目或费用项目设立专栏或专行，进行明细核算。

辅助生产车间直接用于辅助生产产品或提供劳务的费用，记入"生产成本——辅助生产成本"账户的借方。辅助生产车间发生的制造费用，包括辅助生产车间为组织和管理生产所发生的车间管理人员的工资及社会保险费和非货币性福利费等工资性支出，折旧费、水电费、办公费等间接费用，计入"生产成本——辅助生产成本"或"制造费用——辅助生产车间"账户。

辅助生产费用的归集程序有两种，两者的区别在于对辅助生产车间发生的制造费用的处理，一种是设置"制造费用"账户，另一种是不设置"制造费用"账户。

（一）设置"制造费用"账户

辅助生产车间设置"制造费用"账户的企业，应在"制造费用"总账下设置"辅助生产车间"二级账户。发生间接费用时，先记入"制造费用——辅助生产车间"账户的借方，然后从"制造费用——辅助生产车间"账户的贷方直接转入或分配转入"辅助生产成本"账户的借方。一般适用于辅助生产车间规模较大、发生的制造费用较多的企业。

（二）未设置"制造费用"账户

如果辅助生产车间未单独设置"制造费用"账户，对于发生的制造费用直接登记在"生产成本——辅助生产成本"账户的借方。一般适用于辅助生产车间规模较小、发生的制造费用较少，并且辅助生产车间不对外销售产品或提供劳务的企业。

【例 3-14】祥瑞公司 201×年 3 月辅助生产成本明细账格式详见表 3-7 和表 3-8。

表 3-7 辅助生产成本明细账

辅助生产车间：供水　　　　　　　201×年 3 月　　　　　　　　单位：元

摘要	原材料	工具	动力费	工资	折旧费	劳保费	改良支出	转出
原材料费用分配表	10 000							
低值易耗品摊销		400						
动力费用分配表			5 500					
工资费用分配表				8 000				
其他职工薪酬分配表				3 200				
折旧费用分配表					3 000			
劳保费支出						1 600		
长期待摊费用分配表							2 200	
辅助生产费用分配表（交互分配法）								33 900
合计	10 000	400	5 500	11 200	3 000	1 600	2 200	33 900

表 3-8 辅助生产成本明细账

辅助生产车间：修理　　　　　　　201×年 3 月　　　　　　　　单位：元

摘要	原材料	工具	动力费	工资	折旧费	劳保费	改良支出	转出
原材料费用分配表	2 000							
低值易耗品摊销		500						
动力费用分配表			2 000					
工资费用分配表				5 000				

续表

摘要	原材料	工具	动力费	工资	折旧费	劳保费	改良支出	转出
其他职工薪酬分配表				2 000				
折旧费用分配表					2 000			
劳保费支出						1 100		
长期待摊费用分配表							1 000	
辅助生产费用分配表（交互分配法）								15 600
合计	2 000	500	2 000	7 000	2 000	1 100	1 000	15 600

三、辅助生产费用的分配

由于辅助生产车间提供的可能是产品，也可能是劳务，所以核算的方法也不太一样。若提供的是产品，其核算同于基本生产车间的产品；若提供的是劳务，则应根据辅助生产车间所提供的产品或劳务的数量及其受益单位和程序等情况的不同采用适当的方法进行分配。

（一）提供可以入库的产品

辅助生产车间提供的工具、模具和修理用备件等产品成本，在产品完工时，从"生产成本——辅助生产成本"账户的贷方转入"低值易耗品"等账户的借方，费用结转过程与结转基本生产车间完工产品成本一致，费用结转后，"生产成本——辅助生产成本"账户借方余额为辅助生产的在产品成本。

（二）提供不能入库的产品或劳务

提供水、电、气等产品以及修理和运输等劳务所发生的费用，应于月末在各受益单位之间进行分配，从"生产成本——辅助生产成本"账户贷方转入"生产成本——基本生产成本""制造费用""管理费用""销售费用"等账户的借方，分配后"生产成本——辅助生产成本"账户无余额。

企业的辅助生产车间，主要是服务于基本生产车间、行政管理部门等辅助生产车间以外的单位，但有时各辅助生产车间之间也相互提供服务，互相受益。这样就存在如何处理辅助生产车间相互之间的费用负担问题，如修理车间为供水车间提供修理服务，供水车间又为修理车间提供水等。因此，采用何种方法来处理辅助生产车间之间的费用分担问题是辅助生产费用分配的特点。

辅助生产费用的分配方法主要有 5 种：直接分配法、顺序分配法、交互分配法、代数分配法和计划成本分配。

1. 直接分配法

直接分配法是指将各辅助生产车间发生的费用，直接分配给辅助生产车间以外的各受益单位，不考虑辅助生产车间之间相互提供的产品和劳务，辅助生产车间之间不互相分配费用。

【例3-15】祥瑞公司设有两个辅助生产车间——供水和修理车间。201×年3月，供水车间发生的待分配费用为33 900元，修理车间发生的待分配费用为15 600元。本月各车间提供的劳务量和受益对象见表3-9。

表3-9 辅助生产车间提供的劳务统计表

受益单位		供水量（吨）	修理时间（小时）
辅助生产车间	供水车间		3 000
	修理车间	10 000	
基本生产车间		12 000	2 500
行政管理部门		5 000	1 000
专设销售机构		3 000	1 500
合计		30 000	8 000

采用直接分配法进行分配时，应先计算辅助生产费用分配率（单位成本），然后再按受益劳务量进行分配。在计算辅助生产费用分配率时，必须将其他辅助生产车间的劳务耗用量从总供应量中扣除。计算公式如下：

$$\text{辅助生产费用分配率（单位成本）} = \frac{\text{待分配辅助生产费用总额}}{\text{辅助生产供应总量} - \text{为其他辅助生产提供的劳务（产品）量}}$$

$$\text{某受益对象应负担的辅助生产费用} = \text{该受益对象的受益劳务（产品）量} \times \text{辅助生产费用分配率}$$

根据表3-9的资料，运用上述公式计算如下：

$$\text{水费分配率（单位成本）} = \frac{33\ 900}{30\ 000 - 10\ 000} = 1.695$$

$$\text{修理费分配率（单位成本）} = \frac{15\ 600}{8\ 000 - 3\ 000} = 3.12$$

根据以上计算资料，可编制直接分配法下的"辅助生产费用分配表"，见表3-10。

表 3-10 辅助生产费用分配表（直接分配法）

201×年 3 月   单位：元

项目		供水车间	修理车间	合计
待分配辅助生产费用		33 900	15 600	49 500
劳务供应量		20 000 吨	5 000 小时	
分配率		1.695	3.12	
基本生产车间	受益数量	12 000 吨	2 500 小时	
	分配金额	20 340	7 800	28 140
行政管理部门	受益数量	5 000 吨	1 000 小时	
	分配金额	8 475	3 120	11 595
专设销售机构	受益数量	3 000 吨	1 500 小时	
	分配金额	5 085	4 680	9 765
分配金额合计		33 900	15 600	49 500

根据"辅助生产费用分配表"，编制会计分录如下：

借：制造费用——基本生产车间　　28 140
　　管理费用　　　　　　　　　　11 595
　　销售费用　　　　　　　　　　 9 765
　贷：生产成本——辅助生产成本——供水车间　　33 900
　　　　　　　　　　　　　　　——修理车间　　15 600

采用此种方法分配辅助生产费用，各种辅助生产费用只分配一次，计算工作简便，但由于各辅助生产车间的费用只对辅助生产车间外的收益对象进行分配，如果辅助生产车间相互提供劳务量差异较大时，分配结果就不够准确。因此，这种方法只适用于辅助生产车间内部相互提供产品或劳务不多的企业采用。

2. 顺序分配法

顺序分配法是指在各辅助生产车间分配费用时，按照各辅助生产车间受益多少的顺序排列，受益少的排在前面，先将费用分配出去，并且不再参加之后其他辅助生产车间费用的分配；受益多的排在后面，后将费用分配出去，并且不对前面的辅助生产车间进行分配。值得注意的是，按受益多少进行排列，是指受益金额的大小，而不是受益数量的多少。

采用此种方法，按顺序进行费用分配时，不同顺序的费用分配率是有区别的。计算公式如下：

$$\text{先分配的辅助生产费用分配率（单位成本）} = \frac{\text{待分配辅助生产费用总额}}{\text{辅助生产供应总量}}$$

$$\text{后分配的辅助生产费用分配率（单位成本）} = \frac{\text{待分配辅助生产费用总额} + \text{其他辅助生产车间分配来的费用}}{\text{辅助生产供应总量} - \text{先分配的辅助生产劳务（产品）耗用量}}$$

某受益对象应负担的辅助生产费用 = 该受益对象的受益劳务量 × 辅助生产费用分配率

【例 3-16】沿用例 3-15 的资料，按照顺序分配法分配辅助生产费用。

根据上述公式，计算水费、修理费分配率如下：

$$\text{水费分配率（单位成本）} = \frac{33\,900}{30\,000} = 1.13$$

修理车间应分配的水费 = 10 000 × 1.13 = 11 300（元）

$$\text{修理费分配率（单位成本）} = \frac{15\,600 + 11\,300}{8\,000 - 3\,000} = 5.38$$

根据以上计算资料，可编制顺序分配法下的"辅助生产费用分配表"，见表 3-11。

表 3-11 辅助生产费用分配表（顺序分配法）

201×年3月　　　　　　　　　　　　　　　　　　单位：元

项目			供水车间	修理车间	合计
待分配辅助生产费用	供水车间	待分配费用	33 900		
		劳务供应量	30 000 吨		
		分配率	1.13		
	修理车间	待分配费用	26 900		
		劳务供应量	5 000 小时		
		分配率	5.38		
受益单位	修理车间	受益数量		10 000 吨	
		分配金额		11 300	11 300

续表

项目			供水车间	修理车间	合计
基本生产车间	受益数量		12 000 吨	2 500 小时	
	分配金额		13 560	13 450	27 010
行政管理部门	受益数量		5 000 吨	1 000 小时	
	分配金额		5 650	5 380	11 030
专设销售机构	受益数量		3 000 吨	1500 小时	
	分配金额		3 390	8 070	11 460
分配金额合计			33 900	26 900①	60 800②

注：①修理车间分配金额合计为 26 900（=15 600+11 300）元，高于该车间待分配费用 15 600 元，是由于该车间从供水车间分配水费 11 300 元所致。

②分配金额合计为 60 800（=33 900+15 600+11 300）元，高于两个辅助生产车间待分配费用之和 49 500 元，也是由于修理车间从供水车间分配水费 11 300 元所致。

根据"辅助生产费用分配表"，编制会计分录如下：

（1）分配水费

借：生产成本——辅助生产成本——修理车间　　11 300
　　制造费用——基本生产车间　　　　　　　　13 560
　　管理费用　　　　　　　　　　　　　　　　 5 650
　　销售费用　　　　　　　　　　　　　　　　 3 390
　　贷：生产成本——辅助生产成本——供水车间　33 900

（2）分配修理费

借：制造费用——基本生产车间　　13 450
　　管理费用　　　　　　　　　　 5 380
　　销售费用　　　　　　　　　　 8 070
　　贷：生产成本——辅助生产成本——修理车间　26 900

采用此种方法分配辅助生产费用，各种辅助生产费用也只分配一次，但不同于直接分配法的是该种方法辅助生产车间相互服务的关系，既将待分配辅助生产费用分配给辅助生产车间以外的受益单位，又分配给排列在后面的其他辅助生产车间。然而，由于排列在先的辅助生产车间不负担排列在后辅助生产车间的费用，分配结果的准确性受到一定的影响。因此，这种方法只适用于辅助生产车间内部相互受益程度有明显顺序的企业采用。

3. 交互分配法

交互分配法是指将辅助生产车间的费用进行两次分配：首先，根据各辅助生产车间归集的费用和提供的产品或劳务总量计算费用分配率（单位成本），再依据各辅助生产车间之间相互提供的产品或劳务数量，在辅助生产车间之间进行一次交互分配（对内分配）；然后，将各辅助生产车间交互分配后的实际费用（交互分配前的费用加上交互分配转入的费用，减去交互分配转出的费用），再按提供产品或劳务数量（扣除辅助生产车间相互之间提供的产品或劳务数量），计算出交互分配后的单位成本（费用分配率），在辅助生产车间以外的各受益单位之间进行分配（对外分配）。

采用此种方法，计算费用分配率时，交互分配和对外分配的分配率也是有区别的。计算公式如下：

$$\text{交互分配率（单位成本）} = \frac{\text{待分配辅助生产费用总额}}{\text{辅助生产供应总量}}$$

$$\text{对外分配率（单位成本）} = \frac{\text{待分配辅助生产费用总额} + \text{交互分配转入的费用} - \text{交互分配转出的费用}}{\text{辅助生产供应总量} - \text{为其他辅助生产提供的劳务（产品）量}}$$

【例 3-17】沿用例 3-15 的资料，按照交互分配法分配辅助生产费用。

根据上述公式，计算如下：

（1）交互分配

$$\text{水费分配率（单位成本）} = \frac{33\,900}{30\,000} = 1.13$$

$$\text{修理费分配率（单位成本）} = \frac{15\,600}{8\,000} = 1.95$$

供水车间应分配的修理费 = 3 000×1.95 = 5 850(元)
修理车间应分配的水费 = 10 000×1.13 = 11 300(元)

（2）交互分配后的实际费用

供水车间实际费用 = 33 900 + 5 850 - 11 300 = 28 450(元)
修理车间实际费用 = 15 600 + 11 300 - 5 850 = 21 050(元)

（3）对外分配

水费分配率（单位成本）= $\dfrac{28\,450}{30\,000-10\,000}$ = 1.4225

修理费分配率（单位成本）= $\dfrac{21\,050}{8\,000-3\,000}$ = 4.21

根据以上计算资料，可编制交互分配法下的"辅助生产费用分配表"，见表 3-12。

表 3-12 辅助生产费用分配表（交互分配法）

201×年 3 月　　　　　　　　　　　　　　　　　　单位：元

项目			交互分配			对外分配		
辅助生产车间名称			供水	修理	合计	供水	修理	合计
待分配费用			33 900	15 600	49 500	28 450	21 050	49 500
劳务供应量			30 000 吨	8 000 小时		20 000 吨	5 000 小时	
分配率			1.13	1.95		1.4225	4.21	
辅助生产车间耗用	供水车间	受益数量		3 000 小时				
		分配金额		5 850	5 850			
	修理车间	受益数量	10 000 吨					
		分配金额	11 300		11 300			
基本生产车间耗用		受益数量				12 000 吨	2 500 小时	
		分配金额				17 070	10 525	27 595
企业管理部门耗用		受益数量				5 000 吨	1 000 小时	
		分配金额				7 112.5	4 210	11 322.5
专设销售机构耗用		受益数量				3 000 吨	1 500 小时	
		分配金额				4 267.5	6 315	10 582.5
分配金额合计						28 450	21 050	49 500

根据"辅助生产费用分配表",编制会计分录如下:
(1)交互分配
借:生产成本——辅助生产成本——供水车间　　5 850
　　　　　　　　　　　　　　——修理车间　　11 300
　　贷:生产成本——辅助生产成本——修理车间　　5 850
　　　　　　　　　　　　　　——供水车间　　11 300
(2)对外分配
借:制造费用——基本生产车间　　27 595
　　管理费用　　11 322.5
　　销售费用　　10 582.5
　　贷:生产成本——辅助生产成本——供水车间　　28 450
　　　　　　　　　　　　　　——修理车间　　21 050

采用此种方法分配辅助生产费用,基本上能够反映辅助生产车间相互服务的关系,辅助生产车间之间相互提供产品或劳务费用首先进行了交互分配,从而提高了分配结果的准确性。但由于对于辅助生产费用都要计算两个费用分配率,进行两次分配,增加了计算工作量。此外,交互分配和对外分配的分配率不相同,比如,本例中,同样的 1 吨水,交互分配的单位成本为 1.13 元/吨,而对外分配的单位成本为 1.4225 元/吨;同样的 1 小时修理劳务量,交互分配的单位成本为 1.95 元/小时,而对外分配的单位成本为 4.21 元/小时。因此,根据此方法计算分配的结果只有相对的准确性。

4. 代数分配法

所谓代数分配法,是运用代数中的多元联立方程式,先计算辅助生产产品或劳务的单位成本,然后再根据受益单位(包括其他辅助生产车间在内)耗用产品或劳务的数量和单位成本,计算分配辅助生产费用。

【例 3-18】沿用例 3-15 的资料,按照代数分配法分配辅助生产费用。

设供水车间每吨水的单位成本为 x,修理车间每小时修理费为 y,建立以下联立方程:

$$\begin{cases} 33\,900 + 3\,000y = 30\,000x \\ 15\,600 + 10\,000x = 8\,000y \end{cases}$$

解此联立方程得:

$$\begin{cases} x = 1.514\,286 \\ y = 3.842\,857 \end{cases}$$

根据以上计算资料，可编制代数分配法下的"辅助生产费用分配表"，见表 3-13。

表 3-13　辅助生产费用分配表（代数分配法）

201×年 3 月　　　　　　　　　　　　　　　　　　单位：元

项目		供水车间	修理车间	合计
待分配费用		33 900	15 600	49 500
劳务供应量		30 000 吨	8 000 小时	
分配率（x，y 值）		1.514 286	3.842 857	
辅助生产车间耗用	供水车间 受益数量		3 000 小时	
	分配金额		11 528.57	11 528.57
	修理车间 受益数量	10 000 吨		
	分配金额	15 142.86		15 142.86
基本生产车间耗用	受益数量	12 000 吨	2 500 小时	
	分配金额	18 171.43	9 607.14	27 778.57
企业管理部门耗用	受益数量	5 000 吨	1 000 小时	
	分配金额	7 571.43	3 842.86	11 414.29
专设销售机构耗用	受益数量	3 000 吨	1 500 小时	
	分配金额	4 542.86	5 764.29	10 307.15
分配金额合计		45 428.58	30 742.86	76 171.44[①]

注：①分配金额合计为 76 171.44 元，高于两个辅助生产车间待分配费用之和 49 500 元，是由于供水车间和修理车间之间交互分配费用的内部转账所致，如果只合计辅助生产车间以外的受益单位（基本生产车间、企业管理部分和专设销售机构）分配费用，还是等于 49 500 元。

根据"辅助生产费用分配表"，编制会计分录如下：

借：生产成本——辅助生产成本——供水车间　　11 528.57
　　　　　　　　　　　　　　　　——修理车间　　15 142.86
　　制造费用——基本生产车间　　　　　　　　　27 778.57
　　管理费用　　　　　　　　　　　　　　　　　11 414.29
　　销售费用　　　　　　　　　　　　　　　　　10 307.15
　　贷：生产成本——辅助生产成本——供水车间　　45 428.58
　　　　　　　　　　　　　　　　——修理车间　　30 742.86

采用代数分配法分配辅助生产费用，分配结果最准确。但在辅助生产车间较多的情况下，未知数较多，计算工作会比较复杂，因此，这种分配方法适宜在辅助生产车间较少或在计算工作已经实现电算化的企业采用。

5. 计划成本分配法

计划成本分配法是指根据各辅助生产车间为受益车间和部门提供服务产品或劳务的数量，按照计划单位成本分配给各受益车间和部门（包括受益的其他辅助生产车间）。

在按照计划成本分配法分配时，分为两个步骤进行：

首先，将辅助生产车间为各受益单位（包括受益的其他辅助生产车间）提供的产品或劳务，按照产品或劳务的实际耗用量和计划单位成本进行分配。计算公式如下：

$$\text{某受益对象应负担的计划成本} = \text{该受益对象的实际受益劳务（产品）量} \times \text{计划单位成本}$$

然后，再将辅助生产车间的实际成本（包括辅助生产车间交互分配转入的费用在内）与按计划单位成本分配转出的费用之间的差额（即辅助生产成本差异），追加分配给辅助生产以外的受益单位，或者为了简化计算，也可以全部记入"管理费用"账户。辅助生产车间实际成本和辅助生产成本差异计算公式如下：

$$\text{某辅助生产车间的实际成本} = \text{该辅助生产车间待分配费用} + \text{从其他辅助生产车间分配转入的费用}$$

$$\text{某辅助生产车间的成本差异} = \text{该辅助生产车间的实际成本} - \text{分配转出的计划成本}$$

【例 3-19】沿用例 3-15 的资料，另外，供水车间的计划单位成本为 1.50 元/吨，修理车间的计划单位成本为 3.80 元/小时，按照计划成本分配法分配辅助生产费用。

根据上述公式，计算如下：

（1）按计划成本分配

①供水车间按计划成本分配转出

修理车间分配水费 = 10 000 × 1.50 = 15 000（元）

基本生产车间分配水费 = 12 000 × 1.50 = 18 000（元）

企业管理部门分配水费 = 5 000 × 1.50 = 7 500（元）

专设销售机构分配水费 = 3 000 × 1.50 = 4 500（元）

供水车间按计划成本分配转出合计 = 30 000 × 1.50 = 45 000（元）

②修理车间按计划成本分配转出

供水车间分配修理费 = 3 000×3.80 = 11 400(元)

基本生产车间分配修理费 = 2 500×3.80 = 9 500(元)

企业管理部门分配修理费 = 1 000×3.80 = 3 800(元)

专设销售机构分配修理费 = 1 500×3.80 = 5 700(元)

修理车间按计划成本分配转出合计 = 8 000×3.80 = 30 400(元)

(2) 计划成本分配后辅助生产车间的实际成本

供水车间实际成本 = 33 900 + 11 400 = 45 300(元)

修理车间实际成本 = 15 600 + 15 000 = 30 600(元)

(3) 辅助生产成本差异

供水车间成本差异 = 45 300 - 45 000 = 300(元)

修理车间成本差异 = 30 600 - 30 400 = 200(元)

根据以上计算资料,可编制计划成本分配法下的"辅助生产费用分配表",见表3-14。

表3-14 辅助生产费用分配表(计划成本分配法)

201×年3月　　　　　　　　　　　　　　　　单位:元

项目				供水车间	修理车间	合计
待分配费用				33 900	15 600	49 500
劳务供应量				30 000 吨	8 000 小时	
计划单位成本				1.50	3.80	
按计划成本分配	辅助生产车间	供水车间	受益数量		3 000 小时	
			分配金额		11 400	11 400
		修理车间	受益数量	10 000 吨		
			分配金额	15 000		15 000
	基本生产车间耗用		受益数量	12 000 吨	2 500 小时	
			分配金额	18 000	9 500	27 500
	企业管理部门耗用		受益数量	5 000 吨	1 000 小时	
			分配金额	7 500	3 800	11 300
	专设销售机构耗用		受益数量	3 000 吨	1 500 小时	
			分配金额	4 500	5 700	10 200
	按计划成本分配金额合计			45 000	30 400	75 400
辅助生产成本实际成本				45 300	30 600	75 900
辅助生产成本差异				300	200	500

根据"辅助生产费用分配表",编制会计分录如下:
(1) 按计划成本分配
借:生产成本——辅助生产成本——供水车间　　11 400
　　　　　　　　　　　　　　——修理车间　　15 000
　　制造费用——基本生产车间　　　　　　　　27 500
　　管理费用　　　　　　　　　　　　　　　　11 300
　　销售费用　　　　　　　　　　　　　　　　10 200
　　贷:生产成本——辅助生产成本——供水车间　　45 000
　　　　　　　　　　　　　　　——修理车间　　30 400
(2) 结转辅助生产成本差异
借:管理费用　　　　　　　　　　　　　　　　　500
　　贷:生产成本——辅助生产成本——供水车间　　300
　　　　　　　　　　　　　　　——修理车间　　200

采用此种方法分配辅助生产费用,各种辅助生产费用只分配一次,简化和加速了分配的计算工作,便于考核和分析各受益单位的经济责任,还能够反映辅助生产车间产品或劳务的实际成本脱离计划成本的差异。但是,该方法要求企业辅助生产产品或劳务的计划成本比较准确,因此,一般适宜有准确的计划成本资料的企业采用。

【课堂测试3-3】

1. 采用辅助生产费用分配的交互分配法,对外分配的费用总额是(　　)。
   A. 交互分配前的费用
   B. 交互分配前的费用加上交互分配转入的费用
   C. 交互分配前的费用减去交互分配转出的费用
   D. 交互分配前的费用加上交互分配转入的费用,减去交互分配转出的费用
2. 下列辅助生产费用分配方法中,不需要在辅助生产车间之间分配费用的方法是(　　)。
   A. 直接分配法　　　　　　　　B. 顺序分配法
   C. 交互分配法　　　　　　　　D. 代数分配法
   E. 计划成本分配法
3. (多选题)下列辅助生产费用分配法中,需要经过两次或两次以上分配的方法有(　　)。
   A. 直接分配法　　　　　　　　B. 顺序分配法

C. 交互分配法　　　　　　D. 代数分配法
E. 计划成本分配法

4. "采用交互分配法分配辅助生产费用，交互分配以后各辅助生产车间的待分配费用，应分配给全部受益对象"这句话是否正确，如果错误，说明为什么？

5. 某企业设有供水和供电两个辅助生产车间，本月供水车间发生的待分配费用为 80 000 元，供电车间发生的待分配费用为 32 500 元，各车间提供的劳务量和受益对象如下：

受益单位		供水量（吨）	供电量（度）
辅助生产车间	供水车间		10 000
	供电车间	2 000	
基本生产车间		13 000	35 000
行政管理部门		3 000	5 000
合计		18 000	50 000

要求：

（1）采用直接分配法计算分配供水、供电车间费用，并编制相应的会计分录；

（2）采用交互分配法计算分配供水、供电车间费用，并编制相应的会计分录；

（3）假设供水车间计划单位成本为 4.5 元/吨，供电车间计划单位成本为 0.85 元/度，要求采用计划分配法计算分配供水、供电车间费用，并编制相应的会计分录。

第四节　制造费用的归集与分配

一、制造费用概述

制造费用是指企业为生产产品和提供劳务而发生的，应计入产品成本，但没有专设成本项目的各项生产费用。制造费用包括产品生产成本中除设立成本项目的直接材料、燃料和动力以及直接人工以外的其余一切生产成本（若企业未设置"燃料和动力"成本项目,发生的动力费用也包括在制造费用中)。

制造费用中大部分不是直接用于产品生产的费用,而是间接用于产品生产的费用,包括:车间管理人员的工资及福利费、差旅费和办公费,车间生产用照明费、水费、取暖费和劳动保护费,车间生产用厂房及建筑物的折旧费、租赁费和保险费,季节性生产和修理期间的停工损失等。制造费用也有一部分是直接用于产品生产,但管理上不要求单独核算,也不专设成本项目的费用,如机器设备的折旧费等。因此,正确地核算制造费用,对于正确计算产品的成本有非常重要的作用。

二、制造费用的归集

制造费用的内容比较复杂,应按照管理要求分别设立若干费用项目进行计划和核算。制造费用的明细项目主要包括:职工薪酬、机物料消耗(消耗材料)、折旧费、修理费、租赁费(不包括融资租赁费)、保险费、照明费、取暖费、水电费、办公费、差旅费、劳动保护费、低值易耗品(工具)摊销等。

制造费用的归集,应通过"制造费用"账户进行,该账户应按不同的车间(基本生产车间、辅助生产车间)、部分设立明细账,账内按照费用项目设立专栏或分行,分别反映各车间、部分各项制造费用的支出情况。

制造费用发生时,应根据有关付款凭证、转账凭证和本章前面各节涉及的各种费用分配表(如原材料费用分配表、外购动力分配表、工资费用分配表、折旧费用分配表等),借记"制造费用"账户,贷记"原材料""应付账款或银行存款""应付职工薪酬""累计折旧"等账户。期末按照一定的标准分配转出时,借记"生产成本——基本生产成本"等账户,同时贷记"制造费用"。除季节性生产的企业外,"制造费用"账户期末无余额。

需要指出的是,如果辅助生产车间发生的制造费用通过"制造费用"账户核算(即辅助生产车间设置了"制造费用"账户),则应比照基本生产车间发生的费用核算;如果辅助生产车间发生的制造费用不通过"制造费用"账户核算(即辅助生产车间未设置"制造费用"账户),则发生时应全部记入"生产成本——辅助生产成本"账户。

【例3-20】根据各种费用分配表及付款凭证登记祥瑞公司201×年3月基本生产车间制造费用明细账,详见表 3-15。(需要说明的是,祥瑞公司在辅助生产费用分配中,采用的是"交互分配法")

表 3-15 制造费用明细账

车间：基本生产车间　　　　201×年 3 月　　　　单位：元

摘要	消耗材料	工具	水电费	职工薪酬	折旧费	劳保费	改良支出	修理费	转出
原材料费用分配表	4 000								
低值易耗品摊销		600							
动力费用分配表			4 500						
工资费用分配表				12 000					
其他职工薪酬分配表				4 800					
折旧费用分配表					8 000				
劳保费支出（付款凭证）						2 000			
长期待摊费用分配表							5000		
辅助生产费用分配表（交互分配法）			17 070					10 525	
合计	4 000	600	21 570	16 800	8 000	2 000	5 000	10 525	68 495

三、制造费用的分配

为了正确计算产品的生产成本，必须合理地分配制造费用。企业在分配制造费用时，应该按照车间分别进行分配，而不应将各车间的制造费用汇总起来统一在企业范围内分配。如果生产车间只生产一种产品，制造费用可以直接计入该产品生产成本，不存在制造费用的分配问题；如果生产车间生产多种产品，制造费用应采用合理简便的分配方法，分配计入各种产品的生产成本。辅助生产车间单独核算其制造费用时，分配方法与原理和基本生产车间一样。

制造费用分配方法常见的有生产工时比例法、生产工人工资比例法、机器工时比例法和按年度计划分配率分配法等。分配方法一经确定，不应随意变更。

（一）生产工时比例法

生产工时比例分配法是按各种产品所耗生产工人工时的比例分配制造费用的一种方法。按照此方法，既可采用实际工时比例分配，也可采用定额工时比例分配。计算公式如下：

$$制造费用分配率 = \frac{待分配制造费用总额}{车间各种产品生产工时（定额工时）总额}$$

某种产品应分配的制造费用 = $\dfrac{该种产品生产工时}{(定额工时)}$ × 制造费用分配率

如果企业采用实际工时比例分配，企业应正确组织产品生产工时的核算，做好生产工时的记录和核算工作，以保证生产工时的准确；如果企业采用定额工时比例分配，企业产品的工时定额一定要比较准确。

【例 3-21】祥瑞公司 201×年 3 月基本生产车间发生的制造费用总额为 68 495 元，基本生产车间甲产品生产工时为 6 000 小时，乙产品生产工时为 4 000 小时。要求按生产工时比例分配制造费用。

制造费用计算分配如下：

$$制造费用分配率 = \dfrac{68\ 495}{6\ 000 + 4\ 000} = 6.849\ 5$$

甲产品应分配的制造费用 = 6 000 × 6.849 5 = 41 097（元）
乙产品应分配的制造费用 = 4 000 × 6.849 5 = 27 398（元）

根据以上计算资料，可编制按生产工时比例法分配的"制造费用分配表"，见表 3-16。

表 3-16　制造费用分配表

车间：基本生产车间　　　　　　　201×年 3 月　　　　　　　　　单位：元

应借账户		生产工时	费用	分配金额
总账及二级账户	明细账户	（小时）	分配率	
生产成本	甲产品	6 000	6.849 5	41 097
——基本生产成本	乙产品	4 000	6.849 5	27 398
合计		10 000		68 495

根据"制造费用分配表"，编制会计分录如下：
借：生产成本——基本生产成本——甲产品　　41 097
　　　　　　　　　　　　　　　——乙产品　　27 398
　贷：制造费用——基本生产车间　　　　　　68 495

按生产工时比例分配是比较常见的一种分配方法，它能将劳动生产率的高低与产品负担费用的多少联系起来，分配结果具有一定的合理性。

（二）生产工人工资比例法

生产工人工资比例分配法是按照计入各种产品成本的生产工人工资比例，分配制造费用的一种方法。计算公式如下：

$$制造费用分配率 = \frac{待分配制造费用总额}{车间各种产品生产工人工资总额}$$

$$某种产品应分配的制造费用 = 该种产品生产工人工资 \times 制造费用分配率$$

【例 3-22】某企业基本生产车间生产甲、乙两种产品,当期归集的制造费用为 56 000 元,本月基本生产车间工人工资共计 160 000 元,其中甲产品工人工资为 105 000 元,乙产品工人工资为 55 000 元。要求按生产工人工资比例分配制造费用。

制造费用计算分配如下:

$$制造费用分配率 = \frac{56\,000}{105\,000 + 55\,000} = 0.35$$

甲产品应分配的制造费用 = 105 000 × 0.35 = 36 750(元)

乙产品应分配的制造费用 = 55 000 × 0.35 = 19 250(元)

采用此种方法分配制造费用,生产工人工资有现成资料,可直接从企业的工资费用分配表中获取,因此核算工作简便。但是,采用这一方法的前提是各种产品生产机械化的程度应该大致相同,否则机械化程度低的产品所用工资费用多,负担的制造费用也要多,而机械化程度高的产品则负担的制造费用较少,从而影响费用分配的合理性。

(三)机器工时比例法

机器工时比例法是按照各种产品生产所用机器设备的运转工作时间的比例分配制造费用的方法。这一方法适用于生产机械化程度较高的产品,因为机器设备的折旧费、修理费等费用的大小与机器运转的时间有密切联系。但是,采用这一方法的前提条件是企业必须具备各种产品所耗机器工时的完整的原始记录,以保证机器工时的准确。

机器工时比例法分配制造费用的原理、程序与生产工人工时比例法基本相同,因此不再举例。

为了提高分配结构的合理性,可以将制造费用按照性质和用途进行分类,如分为与生产机器设备使用有关的费用,为管理、组织产品的生产而发生的费用等,分类后,按类别分别采用恰当的分配方法进行分配。对于前者,可以按照机器工时比例进行分配;对于后者,可以按生产工时比例进行分配,但这样分配会增加核算工作量。

(四)按年度计划分配率分配法

按年度计划分配率分配法是按照年度开始前确定的全年适用的计划分配

率分配制造费用的方法。采用这种分配方法，不论各月实际发生的制造费用是多少，每月各种产品中的制造费用都按年度计划分配率分配。年度内若发现制造费用的实际发生额和产品的实际产量与计划数之间差异比较大时，应及时调整计划分配率。假定以定额工时为分配标准，计算公式如下：

$$年度计划分配率 = \frac{年度制造费用计划总额}{年度各种产品计划产量的定额工时总额}$$

$$某月某种产品应负担的制造费用 = 该月该种产品实际产量的定额工时 \times 年度计划分配率$$

【例3-23】 假定企业某车间全年制造费用计划总额为 60 000 元；全年各种产品的计划产量为：甲产品 3 000 件，乙产品 1 600 件；单件产品的工时定额为：甲产品 3.2 小时，乙产品 4 小时。则年度计划分配率计算如下：

甲产品年度计划产量的定额工时 = 3 000×3.2 = 9 600（小时）

乙产品年度计划产量的定额工时 = 1 600×4 = 6 400（小时）

$$年度计划分配率 = \frac{60\ 000}{9\ 600 + 6\ 400} = 3.75$$

该车间 3 月份实际产量为：甲产品 200 件，乙产品 120 件；该月实际发生制造费用 4 500 元。则 3 月份制造费用分配如下：

甲产品本月实际产量的定额工时 = 200×3.2 = 640（小时）

乙产品本月实际产量的定额工时 = 120×4 = 480（小时）

甲产品应分配的制造费用 = 640×3.75 = 2 400（元）

乙产品应分配的制造费用 = 480×3.75 = 1 800（元）

根据上述计算，编制会计分录如下：

借：生产成本——基本生产成本——甲产品　2 400
　　　　　　　　　　　　　　——乙产品　1 800
　贷：制造费用——基本生产车间　　　　　　　4 200

该例题中，3 月份实际发生制造费用为 4 500 元，但按照计划分配率转出的制造费用为 4 200 元，意味着该企业"制造费用"账户 3 月份借方发生额和贷方发生额不相等。一般情况下，计划分配转出的制造费用与实际发生的制造费用之间会存在差额，平时这些差额直接登记在"制造费用"账户内，即"制造费用"账户一般会有月末余额，可能是在借方，也可能是在贷方。借方余额表示超过计划分配转出的预付费用，属于待摊性质费用，可列为企业的资产项目；贷方余额表示按照计划应付未付费用，属于预提性质费用，可列为企业的负债项目。

年末，"制造费用"账户如果有余额，则表示全年制造费用的实际发生额与计划分配转出额之间存在差额，一般应在年末调整记入12月份的产品成本。若实际发生额大于计划分配额（超支），借记"生产成本——基本生产成本"账户，贷记"制造费用"账户；若实际发生额小于计划分配额（节约），则用红字冲减，或者借记"制造费用"账户，贷记"生产成本——基本生产成本"账户。

采用此种方法分配制造费用，核算工作较为简便，特别适用于季节性生产的企业，因为在这种生产企业中，每月发生的制造费用差不多，但生产旺季和淡季的产量却相差悬殊，如果按照前面讲述的3种方法对各月实际发生的制造费用分配，会使各月单位产品成本中制造费用忽高忽低，不便于成本分析。但是，采用这种分配方法，必须具有较高的计划工作水平，否则年度制造费用的计划书偏离实际数太大，会影响产品成本计算的准确性。

需要注意的是，上述各种制造费用的分配，除了采用年度计划分配率分配法的企业外，"制造费用"账户月末无余额。

【课堂测试3-4】

1. 下列制造费用分配方法中，制造费用账户可能会出现余额的方法是（ ）。

   A. 生产工时比例法　　　　B. 生产工人工资比例法
   C. 机器工时比例法　　　　D. 按年度计划分配率分配法

2. "制造费用"账户在月末进行分配后，一般应无余额，如果有余额，则（ ）。

   A. 一定在借方　　　　　　B. 一定在贷方
   C. 可能在借方，也可能在贷方　　D. 不可能有余额，分配计算有错误

3. （多选题）制造费用采用实际分配率方法时，一般的计算方法有（ ）。

   A. 生产工时比例法　　　　B. 生产工人工资比例法
   C. 机器工时比例法　　　　D. 按年度计划分配率分配法

4. "在制造费用的不同分配方法中，分配后'制造费用'账户期末都没有余额。" 这句话是否正确，如果错误，说明为什么？

5. 某基本生产车间3月份归集制造费用4 500元，本月该车间生产了甲、乙两种产品，产量分别为150件和80件。本月该车间为生产甲、乙产品共同耗用生产工时2 000小时，其中甲产品1 200小时，乙产品800小时。

   要求：根据上述资料，采用生产工时比例法分配计算各种产品应分配的制造费用，并编制会计分录。

第五节　生产损失的归集与分配

一、生产损失概述

企业在产品生产过程中由于生产原因所发生的各种损失称为生产损失。生产损失由废品损失和停工损失两个部分构成。生产损失是与产品生产直接相关的损失，因此生产损失应由产品生产成本承担，即生产损失是产品成本的组成部分。加强对生产损失的核算和控制，对降低产品成本，提高企业经济效益具有重要的意义。

企业应根据具体情况确定生产损失的核算方法。如果生产损失偶尔发生、金额较小，对产品成本影响不大，则可以不对生产损失单独核算，其发生额包含在正常的成本项目中，只需要增加产品单位成本；如果生产损失发生频繁且金额较大，对产品成本影响较大，则需要对其进行单独核算，即单独归集生产损失，计算损失金额，必要时还可设置"废品损失""停工损失"等成本项目予以揭示，计算出单位产品所负担的损失金额。

二、废品损失的归集与分配

生产中的废品是指不符合规定的技术标准，不能按原定用途使用，或者需要加工修理后才能使用的在产品、半成品或产成品。不仅包括生产中发现的废品，还包括入库后发现的属于生产中造成的废品。

废品按其损失程度和修复价值分为不可修复废品和可修复废品。不可修复废品是指在技术上不能修复或所花费的修复费用在经济上不合算的废品。可修复废品是指在技术上可以修复，且花费的修复费用在经济上合算的废品。

废品损失是指因生产废品而发生的净损失。废品损失包括两部分：一是产生不可修复废品的净损失，是指废品的生产成本扣减回收废品的残料价值和应由过失单位或个人赔偿的损失；二是可修复废品的损失，是指修复费用扣减回收废品的残料价值和应由过失单位或个人赔偿的损失。

需要注意的是，以下三种情况造成的损失不包括在废品损失范围内。第一，产品入库后由于管理不善造成的产品变质、毁坏，这属于管理上的问题，应记入"管理费用"，不作为废品损失；第二，产品虽未达到质量标准，但可降价出售，其造成的降价损失，只是减少了收入，并未增加产品成本，因此不作为废品损失,而在计算损益时体现;第三,产品销售后实行"三包"的费用,记入"销售费用",不作为废品损失。

质检部门发现废品时,应及时填制废品通知单,单中列明废品的种类、数量、产生废品的原因和(或)责任人等。成本会计人员应该会同质检人员对废品通知单中所列示的内容进行严格审核,只有经过审核无误的废品通知单,才能作为废品损失核算的原始依据。

单独核算废品损失的企业,应该设置"废品损失"账户,在"生产成本——基本生产成本"明细账中增设"废品损失"成本项目。不可修复废品的生产成本和可修复废品的修复费用登记在"废品损失"账户的借方,对于不可修复废品的生产成本,应借记"废品损失"账户,贷记"生产成本——基本生产成本"账户,对于可修复废品的修复费用,应借记"废品损失"账户,贷记"原材料""应付职工薪酬""生产成本——辅助生产成本"和"制造费用"等账户;废品残料回收的价值和应由过失人赔偿的款项登记在"废品损失"账户的贷方,分别借记"原材料""其他应收款"账户,贷记"废品损失"账户。"废品损失"账户借方发生额大于贷方发生额的差额,表示废品的净损失,应由本月生产的同种合格产品成本负担,应由该账户的贷方转至"生产成本——基本生产成本"的借方。经过上述处理,"废品损失"账户月末无余额。

(一)不可修复废品损失的归集与分配

进行不可修复废品损失的归集,首先必须计算废品的生产成本,然后再扣除回收废品的残料价值和应由过失单位或个人赔偿的损失,计算出废品的净损失。但由于不可修复废品的生产成本与合格产品的生产成本是归集在一起的,因此需要采取一定的方法予以确定。确定不可修复废品生产成本有两种方法:一是按照废品所耗实际费用计算,另一种是按照废品所耗定额费用计算。

1. 按废品所耗实际费用计算

采用这种方法计算不可修复废品生产成本,在废品报废时根据废品和合格品发生的全部实际费用,采用一定的分配方法(一般原材料费用按照产品的数量比例进行分配,其他加工费用按照生产工时比例进行分配),在合格品和废品之间进行分配,计算出废品的实际成本,从"生产成本——基本生产成本"账户的贷方转入"废品损失"账户的借方。

【例3-24】某企业一车间3月生产甲产品1 000件,经验收入库发现不可修复废品100件;甲产品成本明细账显示,合格品和废品的全部生产费用为:直接材料600 000元;直接人工300 000元;制造费用162 000元,共计1 062 000元。

原材料是在生产开始时一次性投入,原材料费用按合格品数量和废品数量的比例分配;其他加工费用按生产工时比例分配。甲产品生产工时为 30 000 小时,其中合格品生产工时为 28 000 小时,废品工时为 2 000 小时。废品残料回收入库价值 2 500 元,应由过失人赔偿的金额为 1 500 元。要求按所耗实际费用计算废品的生产成本。

(1) 原材料费用分配

$$原材料费用分配率 = \frac{600\,000}{1\,000} = 600$$

废品应分配原材料费用 = 100×600 = 60 000(元)

(2) 加工费用分配

$$直接人工费用分配率 = \frac{300\,000}{30\,000} = 10$$

废品应分配直接人工费用 = 2 000×10 = 20 000(元)

$$制造费用分配率 = \frac{162\,000}{30\,000} = 5.4$$

废品应分配制造费用 = 2 000×5.4 = 10 800(元)

根据以上计算资料,编制"废品损失计算表",见表 3-17。

表 3-17　废品损失计算表(按实际成本计算)

产品名称:甲产品　　　　　　　　　　　　　　　　废品数量:100 件
车间名称:一车间　　　　　　201×年 3 月　　　　　单位:元

项目	数量(件)	直接材料	生产工时(小时)	直接人工	制造费用	合计
费用总额	1 000	600 000	30 000	300 000	162 000	1 062 000
费用分配率		600		10	5.4	
废品成本	100	60 000	2000	20 000	10 800	90 800
减:残料价值		2 500				
废品损失		57 500		20 000	10 800	88 300
减:应收赔款						1 500
废品净损失						86 800

根据"废品损失计算表",编制会计分录如下:
(1)结转不可修复废品成本
借:废品损失——甲产品　　　　　　　　　　　　90 800
　　贷:生产成本——基本生产成本——甲产品(直接材料)　60 000
　　　　　　　　　　　　　　　　——甲产品(直接人工)　20 000
　　　　　　　　　　　　　　　　——甲产品(制造费用)　10 800
(2)回收残料价值入库
借:原材料　　　　　　　　2 500
　　贷:废品损失——甲产品　　2 500
(3)登记应收赔款
借:其他应收款　　　　　　1 500
　　贷:废品损失——甲产品　　1 500
(4)结转废品净损失
借:生产成本——基本生产成本——甲产品(废品损失)　86 800
　　贷:废品损失——甲产品　　　　　　　　　　　　　　　86 800

按所耗实际费用计算的废品损失,其结果较为准确,但核算工作量较大,并且只能在月末产品生产费用计算出来后才能进行,不利于对废品损失的控制。

2. 按废品所耗定额费用计算

采用这种方法计算不可修复废品生产成本,是指根据不可修复废品的数量、生产工时定额和各种费用定额计算不可修复废品的定额成本,再将废品的定额成本扣除废品残料回收价值和应由过失单位或个人赔偿的损失,计算出废品净损失,通常不考虑废品的实际成本是多少,废品损失全部由合格品承担。

【例3-25】某企业201×年3月二车间生产的丙产品,在验收入库时发现不可修复废品50件,按所耗定额费用计算废品的生产成本。直接材料费用定额为400元,单件产品生产工时定额为20小时,每工时的费用定额为:直接人工10.6元,制造费用6元。回收废品残值800元。

不可修复废品是在完成全部生产过程后发现的,所以可以根据单件丙产品的生产工时定额和不可修复废品件数计算不可修复废品的工时定额。

废品生产工时定额 = 50×20 = 1 000(小时)

根据以上计算资料,编制"废品损失计算表",见表3-18。

表3-18 废品损失计算表（按定额成本计算）

产品名称：丙产品　　　　　　　　　　　　　　　　　废品数量：50件
车间名称：二车间　　　　　201×年3月　　　　　　　　单位：元

项目	直接材料	定额工时（小时）	直接人工	制造费用	合计
每件或每小时费用定额	400		10.6	6	
废品定额成本	20 000	1 000	10 600	6 000	36 600
减：残料价值	800				800
废品损失	19 200				35 800

根据"废品损失计算表"，编制会计分录如下：

（1）结转不可修复废品成本（定额成本）

借：废品损失——丙产品　　　　36 600
　　贷：生产成本——基本生产成本——丙产品（直接材料）　　20 000
　　　　　　　　　　　　　　　——丙产品（直接人工）　　10 600
　　　　　　　　　　　　　　　——丙产品（制造费用）　　　6 000

（2）回收残料价值入库

借：原材料　　　　　　　　　　800
　　贷：废品损失——丙产品　　　　　　　　　　　　　　　　800

（3）结转废品净损失

借：生产成本——基本生产成本——丙产品（废品损失）　35 800
　　贷：废品损失——丙产品　　　　　　　　　　　　　　　35 800

（二）可修复废品损失的归集与分配

可修复废品损失是指废品在修复过程中发生的各项修复费用扣减回收废品的残料价值和应由过失单位或个人赔偿的损失。可修复废品返修以前发生的各项生产成本，在"生产成本——基本生产成本"账户及有关的成本明细账中不必转出（与合格品合并在一起核算，不必计算其生产成本），不是废品损失，只需确定在修复过程中发生的修复费用，并进一步计算废品损失。

对于可修复废品在修复过程中发生的修复费用，应借记"废品损失"账户，贷记"原材料""应付职工薪酬""生产成本——辅助生产成本"和"制造费用"等账户；对废品残料回收的价值，应借记"原材料"账户，贷记"废品损失"账户；对于应由过失人赔偿的款项，应借记"其他应收款"账户，贷记"废品损失"账户；对于废品修复费用减去残料价值和应收赔款后的净损失，应借记

"生产成本——基本生产成本"账户，贷记"废品损失"账户。经过上述处理，"废品损失"账户月末无余额。

对不单独核算废品损失的企业，可不设置"废品损失"账户和"废品损失"成本项目。在回收废品残料，只需借记"原材料"账户，贷记"生产成本——基本生产成本"账户，并从所属有关成品成本明细账的"直接材料"成本项目中扣除废品的残料价值。

三、停工损失的归集与分配

停工损失是指生产车间或车间内某个班组在停工期间发生的各项费用，包括停工期间发生的机物料消耗、支付给生产工人的薪酬费用以及应负担的制造费用等。由于过失单位或过失人造成停工而应负担的赔偿应从停工损失中扣除。

企业发生停工的原因有很多，由于计划减产等原因发生的停工损失，一般应计入产品成本；由于季节性和固定资产大修理停工属于生产经营过程中的正常现象，停工期间发生的各项费用不属于停工损失，应记入"制造费用"账户；由于自然灾害引起的停工损失，应转到"营业外支出"账户。停工企业生产车间应填写停工报告单，停工报告单中应列明停工的车间、原因、起止时间和过失单位或个人等内容，只有经有关部门审核后的停工报告单，才可作为停工损失核算的依据。

为了核算停工损失，可设置"停工损失"账户和"停工损失"成本项目。停工损失期间发生的费用，应借记"停工损失"账户，贷记"原材料""应付职工薪酬""制造费用"等账户；对过失单位及个人或保险公司的赔款，应借记"其他应收款"账户，贷记"停工损失"；对于自然灾害造成的停工损失，应借记"营业外支出"账户，贷记"停工损失"；对于应记入产品成本的停工损失，借记"生产成本——基本生产成本"账户，贷记"停工损失"账户。经过上述处理，"停工损失"账户月末无余额。

不单独核算停工损失的企业，不设"停工损失"账户和"停工损失"成本项目。停工期间发生的停工损失费用，可直接记入"制造费用""营业外支出"等账户。

【课堂测试 3-5】

1. 计算出来的废品净损失分配转出时，应借记的账户是（　　）。
   A. 废品损失　　　　　　　　B. 生产成本——基本生产成本
   C. 制造费用　　　　　　　　D. 管理费用

2. 由于自然灾害造成的非正常停工损失,应记入( )。
   A. 管理费用　　　　　　　　　B. 营业外收入
   C. 制造费用　　　　　　　　　D. 营业外支出
3. (多选题)废品损失应包括( )。
   A. 不可修复废品的净损失　　　B. 可修复废品的修复费用
   C. 不合格品的降价损失　　　　D. 产品售后退货的费用
   E. 产品保管不善造成的变质损失
4. (多选题)生产损失一般包括( )。
   A. 废品损失　　　　　　　　　B. 停工损失
   C. 三包费用　　　　　　　　　D. 产品盘亏损失
5. "凡技术上能够修复的废品均为可修复废品。"这句话是否正确,如果错误,说明为什么?
6. "季节性和固定资产修理期间的停工损失,应记入'管理费用'账户中。"这句话是否正确,如果错误,说明为什么?

第六节　期间费用的归集与结转

期间费用是指企业在生产经营过程中发生的,与产品生产活动没有直接联系,属于某一时期发生的直接计入当期损益的费用。

期间费用的发生应当遵循权责发生制,即费用的归属期间应以责任发生的时间为标志,而不是费用的支付时间。凡是当期应当负担的费用,不论款项是否已经支付,都应作为当期的费用;凡是不属于当期负担的费用,即使款项已在当期支付,也不应作为当期的费用。期间费用的归集与结转是指管理费用、销售费用和财务费用的归集与结转。

一、管理费用的归集与结转

管理费用是指企业行政管理部门为组织和管理生产经营活动而发生的各项费用。主要包括企业行政管理人员的薪酬费用、工会经费、董事会费、咨询费、聘请中介机构费、诉讼费、审计费、业务招待费、排污费、绿化费、技术转让费、无形资产摊销费、办公费等。这些费用通过"管理费用"账户及其明细账进行归集,明细账内按费用项目设置专栏,进行明细核算。该账户借方归集企业的全部管理费用,月末全部从贷方结转至"本年利润"账户的借方,结转后本账户无余额。

【例 3-26】根据前列祥瑞公司 201×年 3 月的各种费用分配表和有关凭证，登记管理费用明细账，如表 3-19 所示。

表 3-19 管理费用明细账

201×年 3 月　　　　　　　　　　　　　　　　　　　　单位：元

摘要	消耗材料	工具	水电费	职工薪酬	折旧费	办公费	改良支出	修理费	转出
付款凭证						1400			
原材料费用分配表	2 500								
低值易耗品摊销		300							
动力费用分配表			3 500						
工资费用分配表				30 000					
其他职工薪酬分配表				12 000					
折旧费用分配表					1 500				
转账凭证（计提税金）									
长期待摊费用分配表							1 200		
辅助生产费用分配表（交互分配法）			7 112.5					4 210	
合计	2 500	300	10 612.5	42 000	1 500	1 400	1 200	4 210	63 722.5

月末，将"管理费用"直接结转至"本年利润"账户，编制会计分录如下：
借：本年利润　　　63 722.5
　贷：管理费用　　　63 722.5

二、销售费用的归集与结转

销售费用是指企业在产品销售过程中发生的各项费用，以及专设销售机构的经常费用。主要包括销售产品或自制半成品过程中发生的包装费、装卸费、运输费、保险费、展览费、广告费，以及专设销售机构的职工薪酬费用、业务费、差旅费、办公费、折旧费、修理费等经常费用。这些费用通过"销售费用"账户及其明细账进行归集，明细账内按费用项目设置专栏，进行明细核算。该账户借方归集企业的全部销售费用，月末全部从贷方结转至"本年利润"账户的借方，结转后本账户无余额。

【例 3-27】根据前列祥瑞公司 201×年 3 月的各种费用分配表和有关凭证，登记销售费用明细账，如表 3-20 所示。

表 3-20 销售费用明细账

201×年 3 月 单位：元

摘要	消耗材料	工具	水电费	职工薪酬	折旧费	广告费	办公费	改良支出	修理费	转出
付款凭证						2 500	1 200			
原材料费用分配表	4 000									
低值易耗品摊销		200								
动力费用分配表			2 500							
工资费用分配表				15 000						
其他职工薪酬分配表				6 000						
折旧费用分配表					500					
长期待摊费用分配表								600		
辅助生产费用分配表（交互分配法）			4 267.5						6 315	
合计	4 000	200	6 767.5	21 000	500	2 500	1 200	600	6 315	43 082.5

月末，将"销售费用"直接结转至"本年利润"账户，编制会计分录如下：

借：本年利润　　　43 082.5
　　贷：销售费用　　　43 082.5

三、财务费用的归集与结转

财务费用是指企业为筹集生产经营所需资金而发生的各项筹资费用。主要包括利息支出、汇兑损失、金融机构结算手续费等,发生的利息收入、汇兑收益应冲减当期财务费用。这些费用通过"财务费用"账户及其明细账进行归集,明细账内按费用项目设置专栏,进行明细核算。该账户借方归集企业的全部财务费用,贷方登记企业应冲减的财务费用,月末应该将该账户的余额结转至"本年利润"账户,结转后本账户无余额。

【例3-28】根据前列祥瑞公司201×年3月的各种费用分配表和有关凭证,登记财务费用明细账,如表3-21所示。

表3-20 财务费用明细账

201×年3月　　　　　　　　　　　　　　　　　　单位:元

摘要	利息支出	手续费	转出
计提利息支出	1 000		
金融机构手续费(付款凭证)		200	
合计	1 000	200	1 200

月末,将"财务费用"直接结转至"本年利润"账户,编制会计分录如下:
借:本年利润　1 200
　贷:财务费用　　1 200

【课堂测试3-6】

1. (多选题)下列各项属于企业管理费用的有(　　)。
A. 广告费　　　　　　　　B. 聘请咨询公司服务费
C. 车船使用税　　　　　　D. 工会经费

2. (多选题)下列各项属于产品销售费用的有(　　)。
A. 广告费　　　　　　　　B. 展览费
C. 专设销售机构的办公费　D. 房产税

3. (多选题)下列各项应记入财务费用的有(　　)。
A. 利息收入　　　　　　　B. 汇兑损失
C. 金融机构手续费　　　　D. 固定资产租赁费

本章小结

本章主要介绍了各项要素费用的归集与分配。材料费用应该按其用途进行分配，属于产品耗用的材料费用直接计入有关产品成本；属于辅助生产耗用的材料计入辅助生产成本或者该辅助生产车间的制造费用账户；属于行政管理部门耗用的材料计入管理费用；属于专属销售机构耗用的材料计入销售费用。外购动力费、职工薪酬、折旧费等处理原则与材料基本相同。

辅助生产费用的分配方法主要有直接分配法、顺序分配法、交互分配法、代数分配法和计划成本分配。这些方法各有特点，应根据企业辅助生产的特点选择适当的分配方法。

制造费用的分配方法主要有生产工时比例法、生产工人工资比例法、机器工时比例法和按年度计划分配率分配法等。前三种方法分配原理相似，第四种方法特别适用于季节性生产的企业，分配方法一经确定，不应随意变更。

期间费用包括管理费用、销售费用和财务费用，应该设置这三项费用的账户及其明细账，明细账内按费用项目设置专栏，进行明细核算，归集各项费用。月末期间费用全部结转至"本年利润"账户，结转后无余额。

除了上述主要内容外，本章还讲述了生产损失的归集与分配。

章后案例　　采用合理的方法，分配辅助生产费用

西城公司有两个辅助生产车间分别向全公司提供电和水，两个辅助生产车间也相互提供劳务，而且用量还比较大。成本会计王燕根据辅助生产的特点以及为了简化核算工作量，决定将辅助生产车间的费用总额一次性全部分配给辅助生产车间以外的各个收益对象。

要求：对成本会计王燕的做法进行评价，并提出你认为最为合理的分配方法，说明理由。

核心概念

成本归集（cost accumulation）　　费用分配率（cost allocation rate）　　原材料（raw materials）　　燃料费用（fuel expenses）　　动力费用（power expenses）　　低值易耗品（low-value consumption goods）　　长期待摊费用（long-term deferred and prepaid expenses）　　辅助生产费用（auxiliary production cost）　　直接分配

法（direct allocation method） 顺序分配法（sequential allocation method） 交互分配法（reciprocal allocation method） 计划成本分配法（planned cost allocation method） 生产损失（production loss） 废品损失（loss of spoilage） 停工损失（loss on work stoppage）

思考题

1. 怎样选择分配费用的适当方法？各种费用分配的标准主要有哪几类？分配间接计入费用的计算公式是如何的？
2. 如果多种产品共同耗用同一种原材料，一般应采用哪些分配方法进行分配？如何进行分配？
3. 低值易耗品的摊销方法有哪些？各自的适用范围？
4. 说明"长期待摊费用"账户的性质？
5. 辅助生产费用分配方法包括哪些？各自的特点和适用范围？如何进行分配？
6. 采用交互分配法分配辅助生产费用时，第一次的交互分配和第二次的对外分配所要分配的费用和劳务数量有什么不同？
7. 如何利用计划成本分配法分配辅助生产费用？辅助生产成本差异应如何处理？
8. 什么是废品损失？什么是停工损失？
9. 制造费用包括哪些内容？如何进行核算？
10. 制造费用分配方法包括哪些？各自的特点和适用范围？如何进行分配？

练习题

（一）单项选择题

1. 下列各项中不应列入产品成本的是（　　）。
  A. 基本生产车间固定资产日常维修费
  B. 基本生产车间固定资产折旧费
  C. 直接用于产品生产、构成产品实体的原材料
  D. 基本生产车间领用的生产用模具
2. 企业分配直接人工费用时，应贷记的账户是（　　）。
  A. 生产成本——基本生产成本　　B. 生产成本——辅助生产成本
  C. 制造费用　　　　　　　　　　D. 应付职工薪酬

3. 下列各种分配方法中，属于辅助生产费用分配方法的是（　　）。
   A. 定额成本分配法　　　　　B. 计划成本分配法
   C. 生产工时比例分配法　　　D. 定额消耗量比例分配法
4. 辅助生产的直接分配法一般是将辅助生产车间发生的费用（　　）。
   A. 直接分配给各受益单位
   B. 直接分配给辅助生产车间以外的各受益单位
   C. 直接记入"生产成本——辅助生产成本"账户
   D. 直接记入"生产成本——基本生产成本"账户
5. 采用顺序分配法分配辅助生产费用时，其分配的顺序是（　　）。
   A. 先辅助生产车间内部分配后，再对外部单位分配
   B. 先辅助生产车间内部分配后，再对基本生产车间分配
   C. 根据辅助生产车间受益金额的多少
   D. 根据辅助生产车间提供劳务金额的多少
6. 采用顺序分配法分配辅助生产费用，在计算辅助生产车间费用分配率时，其分子应为（　　）。
   A. 该辅助生产车间直接发生的费用
   B. 该辅助生产车间直接发生的费用加上分配转入的费用
   C. 该辅助生产车间直接发生的费用减去分配转出的费用
   D. 该辅助生产车间直接发生的费用加上分配转入的费用减去分配转出的费用
7. 采用交互分配法分配辅助生产费用，第一次交互分配费用要在（　　）分配。
   A. 相互受益的各辅助生产车间之间
   B. 在各受益单位之间
   C. 各受益的基本生产车间之间
   D. 辅助生产车间以外的各受益单位之间
8. 辅助生产费用交互分配后的实际费用要在（　　）分配。
   A. 相互受益的各辅助生产车间之间
   B. 在各受益单位之间
   C. 各受益的基本生产车间之间
   D. 辅助生产车间以外的各受益单位之间
9. 代数分配法是将辅助生产费用根据多元联立方程的原理，（　　）进行

分配的方法。

A. 在各辅助生产车间之间
B. 在各受益单位之间
C. 在辅助生产车间以外的各受益单位之间
D. 先计算辅助生产产品或劳务的单位成本,然后根据各受益单位耗用产品或劳务的数量和单位成本

10. 辅助生产费用按照计划成本分配法分配时,为简化分配工作,将辅助生产成本差异全部记入(　　)账户。

A. 制造费用   B. 销售费用
C. 管理费用   D. 生产成本——辅助生产成本

11. 在辅助生产费用的各种分配方法中,最简便的方法是(　　)。

A. 直接分配法   B. 顺序分配法
C. 交互分配法   D. 代数分配法
E. 计划成本分配法

12. 在辅助生产费用的各种分配方法中,最准确的方法是(　　)。

A. 直接分配法   B. 顺序分配法
C. 交互分配法   D. 代数分配法
E. 计划成本分配法

13. 基本生产车间领用的直接用于产品生产、有助于产品形成的辅助材料,应借记(　　)账户。

A. 原材料   B. 生产成本——基本生产成本
C. 生产成本——辅助生产成本 D. 制造费用

14. 在下列各种制造费用分配方法中,适用于季节性生产企业的方法是(　　)。

A. 生产工时比例法   B. 生产工人工资比例法
C. 机器工时比例法   D. 按年度计划分配率分配法

15. 下列各项中不属于制造费用的是(　　)。

A. 车间厂房的折旧费   B. 车间管理人员工资
C. 退休人员工资   D. 车间生产工具摊销费

16. 下列各项目中不属于"废品损失"账户核算的是(　　)。

A. 修复废品使用的材料   B. 修复废品人员的工资
C. 产品"三包"损失   D. 不可修复废品的保费损失

17. 计算出来的废品净损失应（　　）。
A. 直接列入当期的"制造费用"账户
B. 直接列入当期的"管理费用"账户
C. 分配列入当月各种合格品的成本中
D. 分配列入当月同种合格品的成本中

18. 产品入库后，由于管理不当等原因造成的损失，应记入（　　）账户。
A. 生产成本——基本生产成本　　B. 制造费用
C. 管理费用　　　　　　　　　　D. 营业外支出

19. 企业发生的废品净损失应结转至（　　）账户。
A. 生产成本——基本生产成本　　B. 制造费用
C. 管理费用　　　　　　　　　　D. 营业外支出

20. 不可修复废品损失的核算中，应采用一定的分配方法将废品的成本计算出来，然后从"生产成本——基本生产成本"账户贷方转入（　　）账户的借方。
A. 营业外支出　　　　　　　　　B. 制造费用
C. 废品损失　　　　　　　　　　D. 管理费用

（二）多项选择题

1. 基本生产车间发生的下列费用中，可以直接记入"生产成本——基本生产成本"账户借方的有（　　）。
A. 构成产品实体的原材料费用　　B. 车间工人的工资
C. 车间管理人员的工资　　　　　D. 车间设备的折旧费用

2. 下列各项中，属于间接计入费用，需要利用一定的方法进行分配的有（　　）。
A. 几种产品共同耗用原材料费用
B. 几种产品共同使用的机器设备的折旧费用
C. 只生产一种产品的车间发生的机器设备折旧费用
D. 只生产一种产品的生产工人的工资费用

3. 企业各部门、车间领用原材料，可能借记的账户有（　　）。
A. 生产成本——基本生产成本　　B. 生产成本——辅助生产成本
C. 原材料　　　　　　　　　　　D. 管理费用

4. 要素费用中的税金，是指企业按规定缴纳的应记入"管理费用"的税金，主要包括（　　）。
A. 车船使用税　　　　　　　　　B. 房产税

C. 所得税 D. 印花税
E. 土地使用税

5. 应由本期负担的费用,如果列为长期待摊费用,会造成(   )。
   A. 虚增本期的利润 B. 虚减本期的利润
   C. 虚增本期成本费用 D. 虚减本期成本费用

6. 采用交互分配法分配辅助生产费用时,应(   )。
   A. 先在辅助生产车间内部进行第一次交互分配
   B. 先在各受益单位之间进行第一次交互分配
   C. 计算出交互分配后的实际成本
   D. 将计算出的实际成本再向辅助生产车间以外的各受益单位进行第二次对外分配
   E. 将计算出的实际成本再向各受益单位进行第二次对外分配

7. 在进行辅助生产费用分配时,可能从"生产成本——辅助生产成本"账户贷方分配转入(   )账户的借方。
   A. 生产成本——基本生产成本 B. 销售费用
   C. 管理费用 D. 制造费用

8. 在辅助生产费用的分配方法中,考虑辅助生产车间之间相互费用分配的方法有(   )。
   A. 直接分配法 B. 交互分配法
   C. 代数分配法 D. 计划成本分配法

9. 下列属于辅助生产费用分配方法的有(   )。
   A. 直接分配法 B. 顺序分配法
   C. 交互分配法 D. 代数分配法
   E. 计划成本分配法

10. 采用顺序分配法分配辅助生产费用时,辅助生产车间一般应(   )。
    A. 按辅助生产车间受益多少顺序排列
    B. 按辅助生产车间规模大小顺序排列
    C. 受益少的辅助生产车间先将费用分配出去
    D. 规模小的辅助生产车间先将费用分配出去

11. 辅助生产车间不设置"制造费用"账户,可能是因为(   )。
    A. 辅助生产车间规模很小
    B. 辅助生产车间制造费用很少

C. 辅助生产车间不对外销售产品或提供劳务
D. 辅助生产车间数量很少

12. 下列制造费用分配方法中,一般制造费用账户无余额的方法是（　　）。
A. 生产工时比例法　　　　B. 生产工人工资比例法
C. 机器工时比例法　　　　D. 按年度计划分配率分配法

13. 计算废品的净损失应考虑（　　）。
A. 不可修复废品的残料价值　　B. 不可修复废品的应收赔款
C. 不可修复废品的生产成本　　D. 可修复废品的修复费用

14. 企业若发生可修复废品的损失,则下列表述正确的有（　　）。
A. 产品总成本可能提高　　B. 产品总成本可能降低
C. 产品单位成本可能提高　　D. 产品单位成本可能降低

15. 企业若发生不可修复废品的损失,则下列表述正确的有（　　）。
A. 产品总成本可能提高　　B. 产品总成本可能降低
C. 产品单位成本可能提高　　D. 产品单位成本可能降低

（三）判断题

1. 对于辅助生产车间发生的费用,都应在"生产成本——辅助生产成本"账户中进行核算。（　　）

2. 长期待摊费用的核算,体现了权责发生制原则。（　　）

3. 若企业的辅助生产车间只生产一种产品或只提供一种劳务,就无须进行辅助生产费用的分配。（　　）

4. 辅助生产车间发生的费用,都应于月末借记"生产成本——基本生产成本"等账户,贷记"生产成本——辅助生产成本"账户。（　　）

5. 采用直接分配法分配辅助生产费用时,一般不需要考虑辅助生产车间之间相互提供产品或劳务的情况。（　　）

6. 采用交互分配法分配辅助生产费用时,第一次分配是对内分配,第二次分配是对外分配。（　　）

7. 采用代数分配法分配辅助生产费用时,一般不需要考虑辅助生产车间之间相互提供产品或劳务的情况。（　　）

8. 采用计划成本分配法分配辅助生产费用时,实际费用与计划成本分配之间的差额,为了简化计算,可以全部记入"管理费用"账户,超支增加当期管理费用,节约冲减当期管理费用。（　　）

9. 在所有的辅助生产费用分配方法中,最准确的方法是交互分配法。（　　）

10. 制造费用、管理费用、销售费用和财务费用，与一定期间相联系，应全部直接计入当期损益。（   ）

11. 期间费用就是间接计入费用。（   ）

12. 废品损失包括实行包退、包换、包修的企业在产品出售后发现废品时所发生的一切损失。（   ）

13. 结转不可修复废品的成本时，应借记"生产成本——基本生产成本"账户，贷记"废品损失"账户。（   ）

14. 不可修复废品的成本可以按照其所耗实际成本计算，也可以按其所耗定额成本计算。（   ）

15. 不可修复废品的净损失，是指废品的生产成本扣减回收废品的残料价值和应由过失单位或个人赔偿的损失，应于期末转入"本年利润"账户中。（   ）

（四）业务计算题

1. 某企业生产甲、乙两种产品，本月共同领用 A 材料 1 000 千克，实际单位成本为 3.6 元/千克，材料费用共计 3 600 元。本月生产甲产品 200 件，乙产品 100 件，单位产品 A 材料消耗定额为：甲产品 8 千克，乙产品 4 千克。

要求：采用定额消耗量比例法分配计算甲、乙产品实际耗用的 A 材料费用，并编制会计分录。

2. 某企业生产甲、乙两种产品，共同耗用 B、C 两种材料，共计 44 505 元。本月投产甲产品 500 件，乙产品 200 件。甲产品材料消耗定额：B 材料 4 千克，C 材料 5 千克；乙产品材料消耗定额：B 材料 8 千克，C 材料 4 千克。B 材料单价 8 元，C 材料单价 3 元。

要求：采用定额费用比例法分配计算甲、乙产品实际耗用的原材料费用，并编制会计分录。

3. 某企业生产甲、乙、丙三种产品，本月共耗用生产工时 5 000 小时，其中甲产品 1 800 小时，乙产品 2 000 小时，丙产品 1 200 小时。本月工资总额为 165 000 元，其中基本生产车间工人工资 96 000 元，车间管理人员工资 27 500 元，企业管理人员工资 20 500 元，销售机构人员工资 21 000 元。

要求：根据以上资料，将生产工人的工资在各种产品之间进行分配，并编制会计分录。

4. 某企业设有供水、供电两个辅助生产车间，主要为基本生产车间、行政管理部门和专设销售机构服务，供水车间本月发生的费用为 87 500 元，供电车间发生的费用为 49 500 元。该企业辅助生产车间均未设置"制造费用"账户，本月辅助生产车间提供的劳务量和受益单位如下：

辅助生产车间提供的劳务统计表

受益单位		供水量（吨）	供电量（度）
辅助生产车间	供水车间		22 500
	供电车间	7 500	
基本生产车间		8 000	50 000
行政管理部门		1 500	8 000
专设销售机构		500	2 000
合计		17 500	82 500

要求：

（1）根据上述资料，采用直接分配法分配辅助生产费用，并编制相应的会计分录；

（2）根据上述资料，采用顺序分配法分配辅助生产费用，并编制相应的会计分录；

（3）根据上述资料，采用交互分配法分配辅助生产费用，并编制相应的会计分录；

（4）根据上述资料，采用代数分配法分配辅助生产费用，并编制相应的会计分录；

（5）供水车间每吨水的计划单位成本为6.55元，供电车间每度电的计划单位成本为1.19元，根据上述资料，采用计划成本分配法分配辅助生产费用，并编制相应的会计分录。

5. 某企业基本生产车间生产甲、乙、丙三种产品，本月该车间制造费用实际发生费用为66 000元，本月甲产品生产工时为2 000小时，乙产品生产工时为600小时，丙产品为1 400小时。

要求：根据上述资料，采用生产工时比例法计算分配各种产品应负担的制造费用，并编制相应的会计分录。

6. 某企业季节性生产产品，全年计划发生制造费用总额为275 600元，全年各种产品计划产量：甲产品6 000件，乙产品9 000件，丙产品5 000件。单件产品的工时定额：甲产品5小时，乙产品4小时，丙产品8小时。5月份实际产量：甲产品1 000件，乙产品2 000件，丙产品800件。本月实际发生的制造费用为51 200元。

要求：（1）计算年度计划分配率；

（2）按年度计划分配率分配 5 月份制造费用，并编制相应会计分录。

7. 某企业规定，在生产中产生的不可修复废品按定额成本计价，本月甲产品在生产过程中出现不可修复废品 10 件，单件原材料费用定额为 68 元，10 件废品的定额工时为 80 小时，每小时的费用定额为：直接人工 6 元，制造费用 4 元。回收残料 100 元，应由责任人赔偿的废品损失为 160 元，废品净损失由当月同种产品成本负担。

要求：（1）计算不可修复废品的生产成本；
（2）对废品损失处理编制相应的会计分录。

第四章 生产费用在完工产品和在产品之间的归集与分配

在本章之前,我们对产品成本核算的程序有了一定的了解,重点学习了各种要素费用、长期待摊费用、辅助生产费用和制造费用的归集与分配及账务处理过程,并熟悉了可修复和不可修复废品损失的核算,以及停工损失的核算,为正确计算产品成本奠定了基础。通过本章的学习,了解在产品数量的确定;理解完工产品成本和在产品成本之间的分配原理;掌握完工产品和在产品之间分配费用的各种方法的特点、适用情况以及具体的分配计算过程。重点掌握在产品按约当产量法、定额成本计算法和定额比例法;掌握完工产品成本的结转会计处理。

开篇案例   **在产品数量的确定**

兴业公司生产 A 产品经过两道工序完成,3 月末各工序在产品数量为:第一道工序 150 件,其中第一道工序在产品有正在返修的废品 10 件,第二道工序 200 件。第一道工序当月完工入库 100 件半成品;第二道工序本月完工 400 件,其中有 50 件尽管完工,但尚未来得及办理入库手续,另外有 5 件在验收时发现质量有严重问题未能入库,正在等待返修。月末确认在产品数量时,成本会计王吉和财务经理张林产生了分歧,王吉认为月末在产品数量应为 350 件,财务经理张林认为月末在产品数量应为 505 件。

你认为他们分歧的原因是什么?从分配完工产品和月末在产品应负担生产费用角度看,你认为月末在产品应该为多少?

第一节　在产品数量的核算

一、在产品的概念

在产品是指没有完成全部生产过程，不能作为商品销售的产品。其中包括：正在车间加工中的在产品、需要继续加工的半成品、等待装配和等待验收入库的产品、等待返修和正在返修的废品等。以上在产品的划分，是从广义或者就整个企业来说的。从狭义或者就某一生产车间、某一生产步骤来说，在产品只包括尚在该车间或者该生产步骤加工中的那部分产品，车间或生产步骤完工的半成品不包括在内。

二、在产品数量的核算

企业生产过程中发生的生产费用，经过在各种产品之间进行归集和分配后，最终都归结到各种产品的本月"生产成本——基本生产成本"账户下。为了计算产品成本，还需要加上其月初在产品成本，然后将其在本月完工产品和月末在产品之间进行分配，计算出本月完工产品成本和月末在产品成本。具体有以下等量关系：

月初在产品成本＋本月生产费用＝本月完工产品成本＋月末在产品成本

上述等式左边两项即为所归集的各项生产费用，可以从账面记录确定，是已知数，等式右边两项是未知数。计算等式右边两项未知数的方法有很多种，但大体上有两种类型：一类是采用一定的分配标准，直接将等式左边两项合计数（本月产品全部生产费用）进行分配，同时计算出本月完工产品成本与月末在产品成本；另一类是先确定月末在产品成本，再倒挤计算出完工产品成本。无论采用哪类分配方法，都必须先取得在产品数量的核算资料。为了便于理解，可以用公式将两种类型表述如下：

第一种类型：
月初在产品成本＋本月生产费用＝本月完工产品成本＋月末在产品成本

第二种类型：
月初在产品成本＋本月生产费用－月末在产品成本＝本月完工产品成本

在产品数量的核算上，一方面要做好在产品收发结存的日常核算工作，以提供可靠的在产品账面核算资料；另一方面要做好在产品的定期清查工作，以提供在产品的实存数量。换句话说，为了正确计算成品成本，对于在产品数量，月末要进行实际盘点并与生产记录相核对，发现盘盈或盘亏要及时调整有关记录。

（一）在产品的日常核算

在产品的日常核算，一般是通过"在产品收发结存账"（也称为"在产品台账"）进行的，该账根据车间并按照产品品种和在产品的名称设置，提供在产品收、发、结存的数量等资料，为生产管理部门以及产品成本的核算提供在产品数量变化的动态。它是根据领料凭证、在产品内部转移凭证、产品检验凭证和产品交库凭证等原始凭证登记在产品收发结存，最后由车间核算人员审核汇总。在产品收发结存账详见表4-1。

表4-1 在产品收发结存账

车间名称：一车间　　　　　　产品名称：甲产品　　　　　零件名称：301号

日期	摘要	收入		发出			结存	
		凭证号	数量	凭证号	合格品	废品	完工	未完工
3月1日	结存						400	100
3月1日	领用	301	500				400	600
3月12日	转出			302	200		300	500
3月28日	转出			303	300	20	100	380
3月31日	合计		500		500	20	200	280

（二）在产品的清查核算

为了核实在产品的数量，做到在产品账实相符，企业对在产品的管理应与其他存货及固定资产一样，定期或不定期地进行清查。如果车间没有建立在产品收发日常核算（没有在产品收发结存账），则每月末都需清查一次在产品，以便取得在产品的实际盘存资料，用来计算在产品成本。如果车间设有在产品收发结存账，可以对在产品进行不定期轮流清查。

进行清查时，需要编制"在产品盘点表"，与"在产品收发结存台账"进行核对，将账存数、实存数、盘盈盘亏数及其原因等进行登记。成本核算人员应对在产品盘存表进行认真审核，并报有关部门审批，同时填写"在产品盘盈盘亏报告表"，对在产品盘盈、盘亏进行账务处理。

在产品发生盘盈时，借记"生产成本——基本生产成本"账户，贷记"待处理财产损溢——待处理流动资产损溢"账户；按批复意见核销时，借记"待处理财产损溢——待处理流动资产损溢"账户，贷记"管理费用"账户，即冲减管理费用。

在产品发生盘亏和毁损时，借记"待处理财产损溢——待处理流动资产损溢"账户，贷记"生产成本——基本生产成本"账户；毁损在产品的残值，借记"原材料""银行存款"等账户，贷记"待处理财产损溢——待处理流动资产损溢"账户。按规定核销时，应根据不同情况分别将损失从"待处理财产损溢——待处理流动资产损溢"账户转入有关账户的借方，属于定额内损耗以及存货日常收发计量上的差错，借记"管理费用"；属于过失人或单位、保险公司赔偿的损失，借记"其他应收款"或"银行存款"账户；属于意外灾害造成的损失，借记"营业外支出"账户。

为了正确归集和分配制造费用，在产品盘盈、盘亏的账务处理，应该在制造费用结账之前进行，以便正确、及时地归集和分配制造费用。

【例4-1】祥瑞公司基本生产车间3月末对在产品进行清查，清查结果如下：甲产品的在产品盘盈5件，单位定额成本30元；乙产品的在产品盘亏10件，单位定额成本20元，应由过失人赔款20元；丙产品由自然灾害造成在产品毁损200件，单位定额成本15元，应由保险公司赔偿1 000元（款项暂时尚未收到），另外，毁损丙产品的残料入库作价100元。上述清查结果都已经批准转账。

（1）甲在产品盘盈的核算

①盘盈时：

借：生产成本——基本生产成本——甲产品　　150

　　贷：待处理财产损溢——待处理流动资产损溢　　150

②批准后转账：

借：待处理财产损溢——待处理流动资产损溢　　150

　　贷：管理费用　　150

（2）乙在产品盘亏的核算

①盘亏时：

借：待处理财产损溢——待处理流动资产损溢　　200

　　贷：生产成本——基本生产成本——乙产品　　200

②批准后转账：

借：其他应收款　　20

管理费用　　　　　　　　　　　　　　　　180
　　　　贷：待处理财产损溢——待处理流动资产损溢　200
（3）丙在产品毁损的核算
①盘亏时：
借：待处理财产损溢——待处理流动资产损溢　3 000
　　　贷：生产成本——基本生产成本——丙产品　　3 000
②残料入库
借：原材料　　　　　　　　　　　　　　　　100
　　　贷：待处理财产损溢——待处理流动资产损溢　100
③批准后转账：
借：其他应收款　　　　　　　　　　　　　1 000
　　营业外支出　　　　　　　　　　　　　1 900
　　　贷：待处理财产损溢——待处理流动资产损溢　2 900

对于库存半成品以及辅助生产车间在产品数量的核算，与基本生产的相关处理基本相同，这里不再赘述。

【课堂测试 4-1】

1. 下列关于在产品的说法中，不正确的是（　　）。
A. 广义上的在产品包括已经完工但尚未办理入库手续的完工产品
B. "生产成本——基本生产成本"账户月末借方余额表示月末在产品的成本
C. 对于盘盈的在产品，经批准处理后，应冲减"管理费用"
D. 一批由于自然灾害毁损的在产品成本为 5 000 元，这 5 000 元应全部记入"营业外支出"

2. "狭义的在产品包括正在加工中的产品和加工告一段落留存在半成品库和以后各步骤的半成品"这句话是否正确，如果错误，说明为什么？

3. 某企业生产汽车零部件，在清查时发现盘亏 GW0716 型号散热器 3 个，单位成本 520 元，经核实，应由责任人赔偿 1 000 元。

要求：编制相应的会计分录。

第二节 生产费用在完工产品和在产品之间的分配方法

由于不同企业月末在产品的数量和分布情况存在很大差异,生产费用在完工产品和月末在产品间的分配方法应根据月末在产品的具体情况确定,在产品的价值确定方法不同,导致生产费用在完工产品与在产品间的分配方法不同。通常采用的方法有:不计算在产品成本法、在产品成本按年初数固定计算法、在产品按所耗原材料费用计算法、在产品按完工产品成本计算法、约当产量法、在产品按定额成本计算法和定额比例法等。

一、不计算在产品成本法

不计算月末在产品成本法是指忽略在产品成本,将归集的全部生产费用都作为完工产品成本的一种分配方法。采用这种分配方法时,一般月末无在产品,或者虽有在产品,但不计算在产品成本,该种方法适用于月末无在产品或在产品数量很少的企业。

如果企业月末在产品很少或者月末在产品价值很低,同完工产品相比可以忽略不计,为简化产品成本计算工作,将生产费用全部计入完工产品成本,而无须在完工产品与在产品之间进行分配。如果月初在产品成本也忽略不计,则本月完工产品成本即为本月投入的生产费用。

二、在产品成本按年初数固定计算法

在产品成本按年初数固定计算法是指假定各个月末在产品成本保持不变的前提下,按年初确定的在产品成本作为各期月末在产品成本,然后再确定完工产品成本的一种分配方法。

采用这种分配方法时,由于每期生产费用的月初余额和月末余额相等,本月发生的生产费用就是本月完工产品成本。每年年终时,需要根据实际盘点的在产品数量,重新调整计算确定在产品成本,以免在产品成本与实际出入过大。该种方法适用于月末在产品数量较小,或者月末在产品数量虽大但各月末在产品数量变动不大的情况。

三、在产品成本按所耗原材料费用计算法

在产品成本按所耗原材料费用计算法是指月末在产品只计算其所耗的原

材料费用,不计算直接人工、制造费用等加工费用,本月发生的加工费用全部由完工产品承担。这种方法适用于直接材料费用在产品成本中所占比重较大,直接人工费和制造费用等加工费用忽略后,对成本计算没有较大影响的企业。特别是原材料在生产一开始就全部投入,月末在产品数量较大,而且各期变动比较大的企业。

【例4-2】祥瑞公司生产甲产品,原材料在生产开始时一次性投入。甲产品月初在产品成本(即月初在产品直接材料费用)为100 000元,本月发生直接材料费用440 000元,直接人工费用9 600元,制造费用6 000元;完工产品600件,月末在产品400件。该产品直接材料费用在产品成本中所占比重较大,完工产品与在产品之间的费用分配采用在产品按所耗直接材料费用计算法。

$$直接材料费用分配率 = \frac{100\ 000 + 440\ 000}{600 + 400} = 540$$

完工产品应分配的直接材料费用 = 600 × 540 = 324 000(元)

月末在产品应分配的直接材料费用
(月末在产品成本) = 400 × 540 = 216 000(元)

完工产品成本 = 100 000 + (440 000 + 9 600 + 6 000) − 216 000 = 339 600(元)

或:完工产品成本 = 324 000 + 9 600 + 6 000 = 339 600(元)

四、在产品按完工产品成本计算法

在产品按完工产品成本计算法是指将在产品视为完工产品分配生产费用。这种方法适用于月末在产品即将完工,或者已经加工完毕但尚未验收或包装入库的情况。与"不计算在产品成本法"相比,"在产品按完工产品成本计算法"的前提是另一种极端情况,即全部在产品都已经接近完工,已经包含了绝大部分成本,为了简化核算,月末按完工产品和在产品数量分配原材料费用和各项加工费用。

【例4-3】祥瑞公司乙产品月初在产品费用:直接材料费用3 600元,直接人工费用1 200元,制造费用900元;本月发生的生产费用:直接材料费用20 800元,直接人工费用5 800元,制造费用5 700元。完工产品800件,月末在产品200件,该产品已接近完工,月末在产品成本按完工产品成本计算。

(1)直接材料费用分配

$$直接材料费用分配率 = \frac{3\ 600 + 20\ 800}{800 + 200} = 24.4$$

完工产品应分配的直接材料费用 = 800×24.4 = 19 520(元)
月末在产品应分配的直接材料费用 = 200×24.4 = 4 880(元)

（2）直接人工费用分配

$$直接人工费用分配率 = \frac{1\,200 + 5\,800}{800 + 200} = 7$$

完工产品应分配的直接人工费用 = 800×7 = 5 600(元)
月末在产品应分配的直接人工费用 = 200×7 = 1 400(元)

（3）制造费用分配

$$制造费用分配率 = \frac{900 + 5\,700}{800 + 200} = 6.6$$

完工产品应分配的制造费用 = 800×6.6 = 5 280(元)
月末在产品应分配的制造费用 = 200×6.6 = 1 320(元)

（4）计算完工产品成本和月末在产品成本

完工产品成本 = 19 520 + 5 600 + 5 280 = 30 400(元)
月末在产品成本 = 4 880 + 1 400 + 1 320 = 7 600(元)

五、约当产量法

约当产量法是将生产费用（月初在产品成本与本月生产费用的合计数）以完工产品和在产品约当产量为分配标准进行分配。其中，在产品约当产量是指在产品按其完工程度折合成完工产品的产量。比如，月末在产品10件，平均完工30%，则相当于完工产品3件。这种方法适用于月末在产品数量较大，各月末之间变化也较大，同时产品成本中各项费用所占比重相差不多的产品。采用该方法涉及的计算公式如下：

在产品约当产量 = 在产品数量×完工率（投料率）[①]

$$某项费用分配率 = \frac{月初在产品成本 + 本月生产费用}{完工产品数量 + 月末在产品约当产量}$$

完工产品该项费用 = 完工产品数量×该项费用分配率
月末在产品该项费用 = 月末在产品约当产量×该项费用分配率

【例4-4】某产品原材料于生产开始时一次性投入，本月完工产品4 000件，月末在产品1 000件，完工率为40%，其他资料如表4-2。

[①] 由于直接材料有多种投入方式，可能与加工费用的投入方式不一样，因此在分配直接材料费用时，使用投料率，而在分配加工费用时，使用完工率。

表 4-2 生产费用明细表

项 目	直接材料	直接人工	制造费用	合 计
月初在产品成本	83 200	56 000	32 200	171 400
本月生产费用	260 000	84 800	47 000	391 800

直接材料费用按照完工产品数量和月末在产品数量比例进行分配，其他加工费用按照完工产品数量和月末在产品约当产量的比例进行分配。

（1）直接材料费用分配

$$直接材料费用分配率 = \frac{83\,200 + 260\,000}{4000 + 1000} = 68.64$$

完工产品应分配的直接材料费用 = 4 000×68.64 = 274 560(元)

月末在产品应分配的直接材料费用 = 1 000×68.64 = 68 640(元)

（2）加工费用分配

月末在产品约当产量 = 1 000×40% = 400(件)

①直接人工费用分配

$$直接人工费用分配率 = \frac{56\,000 + 84\,800}{4\,000 + 400} = 32$$

完工产品应分配的直接人工费用 = 4 000×32 = 128 000(元)

月末在产品应分配的直接人工费用 = 400×32 = 12 800(元)

②制造费用分配

$$制造费用分配率 = \frac{32\,200 + 47\,000}{4\,000 + 400} = 18$$

完工产品应分配的制造费用 = 4 000×18 = 72 000(元)

月末在产品应分配的制造费用 = 400×18 = 7 200(元)

（3）计算完工产品成本和月末在产品成本

完工产品成本 = 274 560 + 128 000 + 72 000 = 474 560(元)

月末在产品成本 = 68 640 + 12 800 + 7 200 = 88 640(元)

从以上计算可以看出，在约当产量法下，在产品投料程度和完工程度的测定，对于正确分配各项费用有着决定性的作用。一般来说，直接材料的投入方式可以有很多种，因此，采用该方法时，应根据直接材料投入方式的不同以及其他具体情况来确定投料率，进而计算直接材料的在产品约当产量，分配直接材料费用。其他各项加工费用是按照生产工时进行归集和分配的，因此，采用该方法时，可以按照生产工时投入情况来确定在产品的加工程度（即完工程度或完工率），进而计算在产品约当产量，分配各项加工费用。

（一）直接材料费用的分配

采用约当产量法分配直接材料费用，首先需要根据材料的投入方式来确定投料率，然后根据投料率计算直接材料费用的在产品约当产量，最后以完工产品数量和在产品约当产量为分配标准分配直接材料费用的合计数（月初在产品直接材料费用加上本月投入的直接材料费用）。

1. 直接材料在生产开始时一次性投入

如果直接材料在生产开始时一次性投入，由于完工产品与月末在产品所消耗的直接材料费用是一样的，因此，月末在产品的投料率应按 100%来确定，即表明直接材料费用按照完工产品数量和月末在产品实际数量比例进行分配。如例 4-4 中直接材料费用的分配就是此种情况。

2. 直接材料随着加工进度陆续投入

如果直接材料随着加工进度陆续投入，则需要按工序分别确定各工序在产品的投料率，具体有以下三种情况：

第一，直接材料随着加工进度陆续投入，且直接材料的投入程度与加工进度完全一致或基本一致，各工序投料率可以采用分配加工费用的完工率，从而计算出直接材料费用的在产品约当产量，直接材料费用按照完工产品数量和在产品约当产量比例进行分配。

【例 4-5】沿用例 4-4 资料，但原材料是随着加工进度陆续投入，且直接材料的投入程度与加工进度完全一致，要求在此种情况下分配直接材料费用。

$$月末在产品约当产量 = 1\,000 \times 40\% = 400(件)$$

$$直接材料费用分配率 = \frac{83\,200 + 260\,000}{4\,000 + 400} = 78$$

完工产品应分配的直接材料费用 $= 4\,000 \times 78 = 312\,000(元)$

月末在产品应分配的直接材料费用 $= 400 \times 78 = 31\,200(元)$

第二，直接材料随着加工进度陆续投入，且投料程度与加工进度不一致，则应按工序分别确定各工序在产品的投料率，为了简化计算，一般以各工序直接材料消耗定额为依据，各工序投料率均按当道工序投料的 50%计算。某工序在产品投料率的计算公式如下：

$$某工序在产品投料率 = \frac{前面各工序直接材料消耗量定额之和 + 本工序直接材料消耗量定额 \times 50\%}{单位产品直接材料消耗量定额}$$

【例 4-6】某产品由两道工序组成，原材料随着加工进度陆续投入，且投料程度与加工进度不一致。月初在产品直接材料费用为 46 050 元，本月发生的直接材料费用为 99 500 元。本月完工产品 2 000 件，月末在产品：第一道工序 800 件，第二道工序 1 600 件。各工序原材料消耗定额为：第一道工序 100 千克，第二道工序 60 千克，共 160 千克。要求确定各工序投料率，并按照约当产量法分配直接材料费用。

$$第一道工序投料率 = \frac{100 \times 50\%}{160} = 31.25\%$$

$$第二道工序投料率 = \frac{100 + 60 \times 50\%}{160} = 81.25\%$$

在产品约当产量的计算见表 4-3。

表 4-3 在产品约当产量计算表

工序	本工序直接材料消耗定额	投料率	在产品实际数量	在产品约当产量
1	100 千克	31.25%	800 件	250 件
2	60 千克	81.25%	1 600 件	1 300 件
合计	160 千克	—	2 400 件	1 550 件

$$直接材料费用分配率 = \frac{46\,050 + 99\,500}{2\,000 + 1\,550} = 41$$

完工产品应分配的直接材料费用 = 2 000 × 41 = 82 000(元)

月末在产品应分配的直接材料费用 = 1 550 × 41 = 63 550(元)

第三，直接材料随着加工进度陆续投入，但是在每道工序开始时一次性投入，则也应该按工序分别确定投料率，在确定各工序投料率时，应以各工序直接材料消耗定额为依据，各工序投料率按当道工序投料的 100% 计算。

$$某工序在产品投料率 = \frac{前面各工序直接材料消耗量定额之和 + 本工序直接材料消耗量定额}{单位产品直接材料消耗量定额}$$

【例 4-7】沿用例 4-6 资料，如果原材料是随着加工进度陆续投入，且在每道工序开始时一次性投入，要求在此种情况下确定各工序投料率，并按照约当产量法分配直接材料费用。

$$第一道工序投料率 = \frac{100}{160} = 62.5\%$$

$$第二道工序投料率 = \frac{100 + 60}{160} = 100\%$$

在产品约当产量的计算见表4-4。

表4-4 在产品约当产量计算表

工序	本工序直接材料消耗定额	投料率	在产品实际数量	在产品约当产量
1	100千克	62.5%	800件	500件
2	60千克	100%	1 600件	1 600件
合计	160千克	—	2 400件	2 100件

$$直接材料费用分配率 = \frac{46\,050 + 99\,500}{2\,000 + 2\,100} = 35.5$$

完工产品应分配的直接材料费用 = 2 000×35.5 = 71 000(元)

月末在产品应分配的直接材料费用 = 2 100×35.5 = 74 550(元)

（二）加工费用的分配

采用约当产量法分配加工费用，首先需要测定在产品的完工程度（完工率），然后计算在产品的约当产量，最后以完工产品数量和在产品约当产量为分配标准分配加工费用的合计数（月初在产品加工费用加上本月投入的加工费用）。

测定在产品完工程度（完工率）的方法一般有两种：

第一，平均计算法。此方法属于简化的方法，在这种方法下，各道工序的在产品，无论加工程度如何，一律按50%作为完工率计算在产品约当产量。该方法适用于各工序在产品数量和单位产品在各工序的加工量都相差不多的情况下采用，后面各工序在产品多加工的程度可以弥补前面各工序少加工的程度，这样全部在产品（广义在产品）的完工率均按50%计算。

在产品约当产量 = 各道工序在产品实际数量之和×50%

第二，分别测定各工序完工率。按各工序分别确定在产品的完工率，比较准确，有利于提高成本计算的正确性。在确定各工序完工率时，为了简化计算，一道工序的在产品（狭义在产品），无论加工程度如何，一般以各工序工时定额为依据，其完工率均按完成本工序工时的50%折算。

$$某工序在产品完工率 = \frac{前面各工序工时定额之和 + 本工序工时定额×50\%}{单位产品工时定额}$$

【例 4-8】某企业甲产品单位工时定额 50 小时,经过三道工序制成。第一道工序工时定额为 12 小时,第二道工序工时定额为 20 小时,第三道工序工时定额为 18 小时。本月甲产品完工 1 200 件,第一道工序在产品 800 件,第二道工序在产品 500 件,第三道工序在产品 300 件。要求确定各工序完工率,并计算在产品约当产量。

$$第一道工序完工率 = \frac{12 \times 50\%}{50} = 12\%$$

$$第二道工序完工率 = \frac{12 + 20 \times 50\%}{50} = 44\%$$

$$第三道工序完工率 = \frac{12 + 20 + 18 \times 50\%}{50} = 82\%$$

在产品约当产量的计算见表 4-5。

表 4-5　在产品约当产量计算表

工序	本工序工时定额	完工率	在产品实际数量	在产品约当产量
1	12 小时	12%	800 件	96 件
2	20 小时	44%	500 件	220 件
3	18 小时	82%	300 件	246 件
合计	50 小时	—	1 600 件	562 件

【例 4-9】假定例 4-8 中甲产品月初在产品加工费用为:直接人工 8 444 元,制造费用 5 396 元;本月发生的加工费用为:直接人工 12 700 元;制造费用 8 700 元。要求分别分配直接人工费用和制造费用。

(1) 直接人工费用分配

$$直接人工费用分配率 = \frac{8\,444 + 12\,700}{1\,200 + 562} = 12$$

完工产品应分配的直接人工费用 = 1 200 × 12 = 14 400(元)

月末在产品应分配的直接人工费用 = 562 × 12 = 6 744(元)

(2) 制造费用分配

$$制造费用分配率 = \frac{5\,396 + 8\,700}{1\,200 + 562} = 8$$

完工产品应分配的直接人工费用 = 1 200 × 8 = 9 600(元)

月末在产品应分配的直接人工费用 = 562 × 8 = 4 496(元)

现结合在产品直接材料的投料率和加工费用的完工率,举例说明约当产量法的应用。

【例 4-10】某企业乙产品的生产要经过三道工序，原材料是在生产开始时一次性投入的。本月完工产品 350 件，月末在产品：第一道工序 25 件，第二道工序 50 件，第三道工序 75 件。单位产品工时定额为 100 小时，其中第一道工序 40 小时，第二道工序 20 小时，第三道工序 40 小时。月初在产品成本为：直接材料费用 8 600 元，直接人工费用 3 220 元，制造费用 4 580 元；本月生产费用为：直接材料费用为 19 600 元，直接人工费用 9 100 元，制造费用 13 020 元。要求按照约当产量法分别分配各项费用，并计算乙产品完工产品成本和月末在产品成本。

（1）直接材料费用分配

按投料率确定的约当产量 $=(25+50+75)\times 100\%=150$（件）

$$直接材料费用分配率=\frac{8\ 600+19\ 600}{350+150}=56.4$$

完工产品应分配的直接材料费用 $=350\times 56.4=19\ 740$（元）

月末在产品应分配的直接材料费用 $=150\times 56.4=8\ 460$（元）

（2）加工费用分配

$$第一道工序完工率=\frac{40\times 50\%}{100}=20\%$$

$$第二道工序完工率=\frac{40+20\times 50\%}{100}=50\%$$

$$第三道工序完工率=\frac{40+20+40\times 50\%}{100}=80\%$$

第一道工序在产品约当产量 $=25\times 20\%=5$（件）

第二道工序在产品约当产量 $=50\times 50\%=25$（件）

第三道工序在产品约当产量 $=75\times 80\%=60$（件）

按完工率确定的约当产量 $=5+25+60=90$（件）

①直接人工费用分配

$$直接人工费用分配率=\frac{3\ 220+9\ 100}{350+90}=28$$

完工产品应分配的直接人工费用 $=350\times 28=9\ 800$（元）

月末在产品应分配的直接人工费用 $=90\times 28=2\ 520$（元）

②制造费用分配

$$制造费用分配率=\frac{4\ 580+13\ 020}{350+90}=40$$

完工产品应分配的制造费用 = 350×40 = 14 000(元)
月末在产品应分配的制造费用 = 90×40 = 3 600(元)
（3）计算完工产品和月末在产品成本
完工产品成本 = 19 740 + 9 800 + 14 000 = 43 540(元)
月末在产品成本 = 8 460 + 2 520 + 3 600 = 14 580(元)
根据以上计算结果登记产品成本明细账，如表4-6所示。

表4-6 产品成本明细账

产品名称：乙产品　　　　　　完工产品数量：350件　　　　　　　单位：元

项目	直接材料	直接人工	制造费用	合计
月初在产品成本	8 600	3 220	4 580	16 400
本月生产费用	19 600	9 100	13 020	41 720
合计	28 200	12 320	17 600	58 120
月末在产品成本	8 460	2 520	3 600	14 580
完工产品成本	19 740	9 800	14 000	43 540
完工产品单位成本	56.4	28	40	124.4

六、在产品按定额成本计算法

在产品按定额成本计算法是指企业按照预先制定的定额成本计算月末在产品成本，将某种产品月初在产品成本加上本月生产费用，再减去月末在产品的定额成本，就得到完工产品成本。这种方法适用于定额管理基础比较好，各项消耗定额或费用定额比较准确、稳定，且各月末在产品数量变动不大的情况。

计算月末在产品成本时，应根据成本项目分别确定其定额成本。在产品材料费用定额一般按在产品数量和单位在产品材料定额成本计算，直接人工、制造费用等加工费用一般按在产品定额工时和单位工时人工费用定额、单位工时制造费用定额计算。采用该方法涉及的计算公式如下：

月末在产品直接材料定额费用 = 月末在产品实际数量 × 单位在产品材料定额成本

月末在产品直接人工（制造费用）定额费用 = 月末在产品定额工时 × 单位工时直接人工（制造费用）定额成本

月末在产品定额成本 = 在产品直接材料定额费用 + 在产品直接人工定额费用 + 在产品制造费用定额费用

$$完工产品成本 = \genfrac{}{}{0pt}{}{月初在产品}{定额成本} + 本月生产费用 - \genfrac{}{}{0pt}{}{月末在产品}{定额成本}$$

【例 4-11】假设祥瑞公司生产甲产品，完工产品与月末在产品成本的分配采用在产品按定额成本计价的方法。甲产品月末在产品 100 件，单件原材料费用定额为 650 元（原材料在生产开始时一次投入），在产品定额工时 4 200 小时，单位工时直接人工费用定额为 5 元，单位工时制造费用定额为 6 元，月初在产品定额成本、本月生产费用资料详见表 4-7。

表 4-7　甲产品生产费用明细表

项目	直接材料	直接人工	制造费用	合计
月初在产品定额成本	40 000	18 000	20 000	78 000
本月生产费用	160 000	90 000	112 000	362 000

月末在产品定额成本计算如下：

在产品直接材料定额费用 = 100×650 = 65 000（元）

在产品直接人工定额费用 = 4 200×5 = 21 000（元）

在产品制造费用定额费用 = 4 200×6 = 25 200（元）

月末在产品定额成本 = 65 000 + 21 000 + 25 200 = 111 200（元）

根据月初在产品定额成本、本月生产费用和月末在产品定额成本计算的完工产品成本见表 4-8。

表 4-8　产品成本明细账

产品名称：甲产品　　　　　　　　　　　　　　　　　　　　　　单位：元

项目	直接材料	直接人工	制造费用	合计
月初在产品定额成本	40 000	18 000	20 000	78 000
本月生产费用	160 000	90 000	112 000	362 000
合计	200 000	108 000	132 000	440 000
月末在产品定额成本	65 000	21 000	25 200	111 200
完工产品成本	135 000	87 000	106 800	328 800

七、定额比例法

定额比例法是指产品生产费用（月初在产品成本加上本月生产费用）按照成本项目，以完工产品和月末在产品的定额消耗量或定额费用、定额工时为标准进行分配，计算完工产品成本和月末在产品成本。这种方法适用于定额管理基础较好，各项消耗定额或费用定额比较准确、稳定，且各月末在产品数量变动较大的情况。

通常情况下，材料费用按定额消耗量或定额费用比例分配，而其他加工费用按定额工时比例分配。

（一）直接材料费用的分配

1. 定额消耗量比例分配

采用这种方法分配直接材料费用，既可以提供完工产品和月末在产品的实际费用资料，还可以提供实际消耗量资料，能够反映实际耗用量和定额耗用量的差异，便于考核和分析各项消耗定额的执行情况。但如果在产品所耗用的原材料品种较多，采用这种分配方法的工作量会比较大。采用该方法涉及的计算公式如下：

$$\text{直接材料消耗量分配率} = \frac{\text{月初在产品实际消耗量} + \text{本月实际耗用量}}{\text{完工产品定额消耗量} + \text{月末在产品定额消耗量}}$$

$$\text{完工产品直接材料实际消耗量} = \text{完工产品定额消耗量} \times \text{直接材料消耗量分配率}$$

$$\text{完工产品应分配的直接材料费用} = \text{完工产品直接材料实际消耗量} \times \text{材料单价}$$

$$\text{月末在产品直接材料实际消耗量} = \text{月末在产品定额消耗量} \times \text{直接材料消耗量分配率}$$

$$\text{月末在产品应分配的直接材料费用} = \text{月末在产品直接材料实际消耗量} \times \text{材料单价}$$

【例 4-12】祥瑞公司生产丙产品，直接材料是在生产开始时一次性投入，单价 10 元/千克。月初在产品实际耗用材料 240 千克，月初在产品成本：直接材料费用 2 400 元；直接人工费用 5 000 元；制造费用 7 200 元，共计 14 600 元。本月实际耗用材料 1 740 千克，本月生产费用：直接材料费用 17 400 元；直接人工费用 21 000 元；制造费用 30 000 元，共计 68 400 元。完工产品 800 件，直接材料定额消耗量 1 600 千克；定额工时 3 600 小时。月末在产品 100 件，直接材料定额消耗量 200 千克；定额工时 400 小时。

要求：以定额消耗量比例分配直接材料费用。

$$\text{直接材料消耗量分配率} = \frac{240 + 1740}{1600 + 200} = 1.1$$

完工产品直接材料实际消耗量 = 1 600 × 1.1 = 1 760（千克）

完工产品应分配的直接材料费用=1 760×10=17 600(元)

月末在产品直接材料实际消耗量=200×1.1=220(千克)

月末在产品应分配的直接材料费用=220×10=2 200(元)

2. 定额费用比例分配

采用这种方法分配直接材料费用,要将月初在产品直接材料费用与本月投入直接材料费用的合计数,按照完工产品直接材料定额费用和月末在产品直接材料定额费用为分配标准进行分配,涉及的计算公式如下:

$$直接材料费用分配率 = \frac{月初在产品直接材料费用 + 本月直接材料费用}{完工产品直接材料定额费用 + 月末在产品直接材料定额费用}$$

$$完工产品应分配的直接材料费用 = 完工产品直接材料定额费用 \times 直接材料费用分配率$$

$$月末在产品应分配的直接材料费用 = 月末在产品直接材料定额费用 \times 直接材料费用分配率$$

【例 4-13】沿用例 4-12 资料。请以定额费用比例分配直接材料费用。

完工产品直接材料定额费用=1 600×10=16 000(元)

月末在产品直接材料定额费用=200×10=2 000(元)

$$直接材料费用分配率 = \frac{2\,400+17\,400}{16\,000+2\,000} = 1.1$$

完工产品应分配的直接材料费用=16 000×1.1=17 600(元)

月末在产品应分配的直接材料费用=2 000×1.1=2 200(元)

(二)加工费用的分配

1. 直接人工费用的分配

直接人工费用的分配,要将月初在产品直接人工费用与本月直接人工费用的合计数,按照完工产品定额工时和月末在产品定额工时为分配标准进行分配,涉及的计算公式如下:

$$直接人工费用分配率 = \frac{月初在产品直接人工费用 + 本月直接人工费用}{完工产品定额工时 + 月末在产品定额工时}$$

$$完工产品应分配的直接人工费用 = 完工产品定额工时 \times 直接人工费用分配率$$

$$\text{月末在产品应分配的直接人工费用} = \text{月末在产品定额工时} \times \text{直接人工费用分配率}$$

【例 4-14】沿用例 4-12 资料。请以定额工时比例分配直接人工费用。

$$\text{直接人工费用分配率} = \frac{5\,000 + 21\,000}{3\,600 + 400} = 6.5$$

完工产品应分配的直接人工费用 = $3\,600 \times 6.5 = 23\,400$(元)

月末在产品应分配的直接人工费用 = $400 \times 6.5 = 2\,600$(元)

2. 制造费用的分配

制造费用的分配，要将月初在产品制造费用与本月制造费用的合计数，按照完工产品定额工时和月末在产品定额工时为分配标准进行分配，涉及的计算公式如下：

$$\text{制造费用分配率} = \frac{\text{月初在产品制造费用} + \text{本月制造费用}}{\text{完工产品定额工时} + \text{月末在产品定额工时}}$$

$$\text{完工产品应分配的制造费用} = \text{完工产品定额工时} \times \text{制造费用分配率}$$

$$\text{月末在产品应分配的制造费用} = \text{月末在产品定额工时} \times \text{制造费用分配率}$$

【例 4-15】沿用例 4-12 资料。请以定额工时比例分配制造费用。

$$\text{制造费用分配率} = \frac{7\,200 + 30\,000}{3\,600 + 400} = 9.3$$

完工产品应分配的制造费用 = $3\,600 \times 9.3 = 33\,480$(元)

月末在产品应分配的制造费用 = $400 \times 9.3 = 3\,720$(元)

根据例 4-12、例 4-14 和例 4-15 计算结果登记产品成本明细账，如表 4-9 所示。

表 4-9 产品成本明细账

产品名称：丙产品　　　　　　完工产品数量：800 件　　　　　　单位：元

项目	直接材料	直接人工	制造费用	合计
月初在产品成本	2 400	5 000	7 200	14 600
本月生产费用	17 400	21 000	30 000	68 400
合计	19 800	26 000	37 200	83 000
月末在产品成本	2 200	2 600	3 720	8 520
完工产品成本	17 600	23 400	33 480	74 480
完工产品单位成本	22	29.25	41.85	93.1

采用定额比例法，如果在产品种类和生产工序比较多，核算的工作量繁重，可以采用简化的方法。在掌握了月初在产品的定额消耗量（或定额费用）和定额工时、本月投入的定额消耗量（或定额费用）和定额工时，以及本月完工产品定额消耗量（或定额费用）和定额工时等资料的情况下，倒轧求出月末在产品的定额消耗量（或定额费用）和定额工时。计算公式如下：

$$\text{月末在产品定额耗用量} = \text{月初在产品定额耗用量} + \text{本月投入的定额耗用量} - \text{本月完工产品定额耗用量}$$

$$\text{月末在产品定额费用} = \text{月初在产品定额费用} + \text{本月投入的定额费用} - \text{本月完工产品定额费用}$$

$$\text{月末在产品定额工时} = \text{月初在产品定额工时} + \text{本月投入的定额工时} - \text{本月完工产品定额工时}$$

$$\text{费用分配率} = \frac{\text{月初在产品实际费用} + \text{本月实际费用}}{\text{月初在产品定额费用（定额工时）} + \text{本月投入定额费用（定额工时）}}$$

完工产品和月末在产品成本的计算公式与前述相同。

【例4-16】沿用例4-12资料。丙产品月初在产品直接材料定额费用为2 800元，定额工时500小时。本月投入直接材料定额费用为15 200元，定额工时3 500小时。本月实际发生的费用和完工产品定额资料同例4-12。

各项费用分配计算结果如下：

（1）直接材料费用分配

月末在产品直接材料定额费用 = 2 800 + 15 200 − 16 000 = 2 000(元)

$$\text{直接材料费用分配率} = \frac{2\,400 + 17\,400}{2\,800 + 15\,200} = 1.1$$

完工产品应分配的直接材料费用 = 16 000 × 1.1 = 17 600(元)

月末在产品应分配的直接材料费用 = 2 000 × 1.1 = 2 200(元)

（2）加工费用分配

月末在产品直接人工定额工时 = 500 + 3 500 − 3 600 = 400(小时)

①直接人工费用分配

$$\text{直接人工费用分配率} = \frac{5\,000 + 21\,000}{500 + 3\,500} = 6.5$$

完工产品应分配的直接人工费用 = 3 600 × 6.5 = 23 400(元)

月末在产品应分配的直接人工费用 = 400 × 6.5 = 2 600(元)

②制造费用分配

$$制造费用分配率 = \frac{7\,200 + 30\,000}{500 + 3\,500} = 9.3$$

完工产品应分配的制造费用 = 3 600×9.3 = 33 480(元)

月末在产品应分配的制造费用 = 400×9.3 = 3 720(元)

通过以上分析，采用定额比例法分配生产费用，不仅分配结果比较准确，同时还便于将实际费用与定额费用进行比较，以便考核和分析定额的执行情况。

【课堂测试 4-2】

1. 定额管理基础比较好，各项消耗定额或费用比较准确、稳定，而且各月末在产品数量变化不大的产品，其月末在产品成本的计算方法可采用（　　）。

A. 在产品成本按所耗原材料费用计算法
B. 约当产量法
C. 定额比例法
D. 在产品按定额成本计算法

2. 某产品经三道工序加工而成，各工序的工时定额分别为 10 小时、15 小时、20 小时。各工序在产品在本工序加工程度按工时定额的 50%计算，第三道工序在产品的累计工时定额为（　　）。

A. 10 小时　　　　　　　　B. 25 小时
C. 35 小时　　　　　　　　D. 45 小时

3. （多选题）下列属于生产费用在完工产品与在产品之间的分配方法有（　　）。

A. 定额比例法　　　　　　B. 约当产量法
C. 交互分配法　　　　　　D. 年度计划分配率法

4. "产品生产过程中，原材料在各工序开始时一次性投入，则投料程度应按 100%计算，所以分配原材料费用的在产品约当产量和在产品数量相等"这句话是否正确，如果错误，说明为什么？

第三节 完工产品成本的结转

一、完工产品成本结转概述

企业生产产品发生的各项生产费用,已在各种产品之间进行了分配,并在此基础上采用前述几种方法在完工产品与月末在产品之间进行了分配,计算出各种完工产品的成本,为完工产品结转的会计处理提供了可靠的依据。结转完工产品成本后,企业的生产资金就相应地转化为成品资金。

二、完工产品成本结转的会计处理

企业完工产品包括产成品、自制材料、工具和模具等。结转完工产成品的成本,借记"库存商品"账户,贷记"生产成本——基本生产成本"账户;结转完工的自制材料、工具、模具等的成本,借记"原材料""低值易耗品"等账户,贷记"生产成本——基本生产成本"账户。"生产成本——基本生产成本"账户月末借方余额表示月末在产品的成本。

企业应该在产品验收入库后,根据产品入库单和产品成本计算单(产品成本明细账)进行归集,编制完工产品成本汇总表,并据以编制记账凭证。

【例4-17】某企业本月完工甲、乙、丙三种产品,其产成品成本汇总表见表4-10,根据产成品成本汇总表,结转完工产品成本。

表4-10 产成品成本汇总表

201×年×月　　　　　　　　　　　　　　　　单位:元

产品名称	产量	直接材料	直接人工	制造费用	总成本	单位成本
甲产品	1 000 件	106 000	39 400	78 600	224 000	224
乙产品	1 200 件	56 600	34 200	31 600	122 400	102
丙产品	1 500 件	82 800	48 500	53 200	184 500	123
合计		245 400	122 100	163 400	530 900	

根据"产成品成本汇总表",编制会计分录如下:

借:库存商品——甲产品　　224 000
　　　　　　——乙产品　　122 400

——丙产品　　184 500
　　贷：生产成本——基本生产成本——甲产品　224 000
　　　　　　　　　　　　　　　　——乙产品　122 400
　　　　　　　　　　　　　　　　——丙产品　184 500

【课堂测试 4-3】

1. 利用某种方法计算出完工产品的生产成本，然后将其转入（　　）账户。
A. 库存商品　　　　　　　　B. 主营业务成本
C. 原材料　　　　　　　　　D. 生产成本——基本生产成本
2. （多选题）下列有关"库存商品"账户表述正确的是（　　）。
A. 借方登记入库产品的成本　　B. 贷方登记入库产品的成本
C. 借方登记发出产品的成本　　D. 贷方登记发出产品的成本
E. 月末余额为库存商品的成本

本章小结

本章主要介绍了在产品的数量核算，在产品可分为广义在产品和狭义在产品两种。在产品的日常核算，一般是通过"在产品收发结存账"进行的，该账目根据车间并按照产品品种和在产品的名称设置，提供在产品收、发、结存的数量等资料，为生产管理部门以及产品成本的核算提供在产品数量变化的动态。

生产费用在完工产品和月末在产品间的分配方法应根据月末在产品的具体情况确定，通常采用的方法有：不计算在产品成本法、在产品成本按年初数固定计算法、在产品按所耗原材料费用计算法、在产品按完工产品成本计算法、在产品按定额成本计算法、定额比例法和约当产量法等。

完工产品成本的结转，一般应该在产品验收入库后，根据产品入库单和产品成本计算单进行归集，编制完工产品成本汇总表，并据以编制记账凭证。

章后案例　　　　　　甲产品成本计算是否正确

海鑫企业本月生产甲产品完工 100 件，201×年 3 月末在产品 10 件，原材料在生产开始时一次性投入，每件在产品原材料定额费用为 400 元，月末在产品定额工时为 90 小时，计算每小时各项定额费用如下：直接人工 3.5 元/小时，制造费用 2.5 元/小时。

甲产品 201×年 3 月，月初在产品定额成本为：直接材料费用 8 000

元，直接人工费用 6 500 元，制造费用 4 300 元，合计 18 800 元。

本月生产费用：直接材料费用 17 500 元，直接人工费用 9 800 元，制造费用 7 200 元，合计 34 500 元。

成本会计秦月根据相关资料计算了月末在产品定额成本，编制了产品成本明细账，计算出完工甲产品的总成本为 43 900 元，你认为该结果正确吗？

月末在产品定额成本计算如下：

在产品直接材料定额费用=10×400=4 000（元）

在产品直接人工定额费用=10×（90×3.5）=3 150（元）

在产品制造费用定额费用=10×（90×2.5）=2 250（元）

月末在产品定额成本=4 000+3 150+2 250=9 400（元）

产品成本明细账

产品名称：甲产品　　　　　201×年3月　　　　　单位：元

项目	直接材料	直接人工	制造费用	合计
月初在产品定额成本	8 000	6 500	4 300	18 800
本月生产费用	17 500	9 800	7 200	34 500
合计	25 500	16 300	11 500	53 300
月末在产品定额成本	4 000	3 150	2 250	9 400
完工产品成本	21 500	13 150	9 250	43 900
单位产品成本	215	131.5	92.5	439

核心概念

在产品（work in process）　完工产品（finished goods）　约当产量（equivalent units）　加工费用（conversion cost）　定额管理（management norm）　定额费用（quota cost/norm cost）　定额工时（man-hour quota）　产品成本（product cost）　明细账（subsidiary ledger）

思考题

1. 什么是狭义在产品，包括哪些内容？什么是广义在产品，包括哪些内容？

2. 在产品盘盈盘亏应如何进行账务处理？

3. 生产费用在完工产品和在产品之间的分配主要有几种类型？具体分配方法有哪些？

4. 采用在产品成本按所耗原材料费用计算法计算完工产品成本和在产品成本适用于什么条件？应如何计算？

5. 采用约当产量法适用于什么条件下采用？应该注意哪些问题？

6. 什么是在产品约当产量？如何计算在产品约当产量？

7. 采用约当产量法计算产品成本时，当原材料在生产开始时一次性投入的情况下，如何计算完工产品成本和在产品成本？

8. 采用约当产量法计算产品成本时，当原材料随着生产进度陆续投入，但在每道工序开始时一次性投入的情况下，如何计算完工产品成本和在产品成本？

9. 采用在产品按定额成本计算法计算完工产品成本和在产品成本适用于什么条件？如何使用该方法计算分配？

10. 采用定额比例法计算完工产品成本和在产品成本适用于什么条件？如何使用该方法计算分配？

练习题

（一）单项选择题

1. 下列各项中，不应列入广义在产品的是（   ）。
   A. 正在车间加工的合格产品
   B. 已验收入库的对外销售的自制半成品
   C. 已验收入库的仍需加工的自制半成品
   D. 正在车间返修的废品

2. 如果某种产品的月末在产品数量较多，各月在产品数量变化较大，各项费用的比重相差不多，生产费用在完工产品与月末在产品之间分配可采用（   ）。
   A. 定额比例法   B. 约当产量法
   C. 在产品不计算成本法   D. 在产品按定额成本计算法

3. 当各月末在产品数量较大，各月在产品数量变化比较大，但原材料费用在成本中所占比重较大的产品，其在产品成本的计算可采用（   ）。
   A. 定额比例法   B. 约当产量法
   C. 按所耗原材料费用计算法   D. 按定额成本计算法

4. 定额管理基础比较好，各项消耗定额或费用比较准确、稳定，但各月末在产品数量变化较大的产品，其月末在产品成本的计算方法可采用（　　）。

A. 在产品成本按所耗原材料费用计算法

B. 约当产量法

C. 在产品按定额成本计算法

D. 定额比例法

5. 下列各种情况中，生产费用在完工产品与在产品之间分配时适合采用在产品按固定成本计算法的是（　　）。

A. 各月末在产品数量较大

B. 各月末在产品数量变化较大

C. 各月末在产品数量虽大，但各月末之间变化不大

D. 各月末在产品接近完工

6. 采用在产品按完工产品成本计算法分配计算完工产品和月末在产品成本，必须具备的条件是（　　）。

A. 在产品已接近完工

B. 原材料在生产开始时一次投料

C. 在产品原材料费用比重大

D. 各项消耗定额比较准确

7. 按完工产品和月末在产品数量比例，分配计算完工产品和月末在产品的原材料费用，必须具备（　　）条件。

A. 原材料随加工进度陆续投入

B. 原材料在生产开始时一次投入

C. 在产品成本中原材料费用比重较大

D. 各项消耗定额比较准确、稳定

8. 按完工产品和月末在产品数量比例，分配计算完工产品和月末在产品成本，必须具备（　　）条件。

A. 原材料随加工进度陆续投入

B. 原材料在生产开始时一次投入

C. 在产品已接近完工

D. 各项消耗定额比较准确、稳定

9. 关于生产费用在完工产品和月末在产品之间的分配方法，下列说法中不正确的是（　　）。

A. 不计算在产品成本法适用于月末在产品数量很少的企业

B. 在产品成本按年初数固定计算法适用于各月末在产品数量变化不大的

企业

C. 如果某产品各项消耗定额比较准确、稳定，各月末在产品数量变化又不大，可以采用定额比例法

D. 如果在产品接近完工，只是尚未包装或尚未验收入库的产品，可以按完工产品计算法计算在产品成本

10. 某企业甲产品经两道工序连续加工而成，原材料随着生产进度陆续投入，且投料进度与加工程度不一致，每道工序的材料定额分别为 600 元和 400 元，则第二道工序在产品的投料率为（　　）。

A. 100%　　　　　　　　B. 80%
C. 60%　　　　　　　　D. 40%

11. 某企业乙产品经两道工序连续加工而成，原材料随着生产进度陆续投入，但在每道工序开始时一次性投入，每道工序的材料定额分别为 600 元和 400 元，则第二道工序在产品的投料率为（　　）。

A. 100%　　　　　　　　B. 80%
C. 60%　　　　　　　　D. 40%

12. 在多工序生产情况下，若采用约当产量法计算在产品完工率时，应为（　　）与单位完工产品工时定额的比率。

A. 所在工序累计工时定额
B. 所在工序工时定额的 50%
C. 所在工序工时定额的 100%
D. 前面各工序累计工时定额与所在工序工时定额的 50%的合计数

13. 某企业生产产品经过二道工序，各工序的工时定额分别为 40 小时、40 小时和 20 小时，则第二道工序在产品的完工率为（　　）。

A. 60%　　　　　　　　B. 80%
C. 90%　　　　　　　　D. 100%

14. 企业在计算月末在产品约当产量时以（　　）为依据。

A. 月末在产品数量　　　　B. 月末在产品数量和完工率
C. 本月完工产品数量　　　D. 月末在产品定额成本和定额工时

15. 某企业生产产品需经过两道工序，其中第一道工序工时定额为 20 小时，在产品数量为 100 件；第二道工序工时定额为 30 小时，在产品数量为 200 件，则第二道工序在产品约当产量为（　　）件。

A. 40　　　　　　　　　B. 100
C. 140　　　　　　　　D. 200

(二) 多项选择题

1. 广义在产品包括（　　）。
   A. 在各个车间加工的未完工的产品
   B. 外部购入的半成品
   C. 等待返修的废品
   D. 已经完工一个或几个生产步骤，但还需继续加工的自制半成品

2. 企业在对在产品清查盘点后，对盘亏、损毁的在产品进行处理时，可能借记的账户是（　　）。
   A. 基本生产成本　　　　　　B. 管理费用
   C. 制造费用　　　　　　　　D. 营业外支出
   E. 其他应收款

3. 企业在选择生产费用在完工产品和在产品之间分配的分配方法时，主要应考虑的条件是（　　）。
   A. 各月末在产品数量的多少
   B. 各月末在产品数量变化的多少
   C. 产品的成本项目构成比重的大小
   D. 定额管理基础的完善情况

4. 采用在产品按所耗原材料计价法分配完工产品和月末在产品成本，应具备下列哪些条件（　　）。
   A. 原材料费用在产品成本中所占比重较大
   B. 原材料费用在产品成本中所占比重较小
   C. 加工费用在产品成本中所占比重较大
   D. 加工费用在产品成本中所占比重较小

5. 在产品成本按年初数固定计算法适用于（　　）的产品。
   A. 各月末在产品数量较小
   B. 各月末在产品数量较大
   C. 各月成本水平相差不大
   D. 各月末在产品数量变化较大
   E. 各月末在产品数量虽大，但各月之间变化不大

6. 采用在产品按完工产品成本计算法分配完工产品和月末在产品成本，应具备下列哪些条件（　　）。
   A. 月末在产品已经接近完工
   B. 产品已经加工完毕，但尚未包装入库

C. 产品已经加工完毕，但尚未验收入库
D. 各月末在产品数量变化较大
E. 月末在产品数量很少

7. 采用约当产量法分配完工产品和月末在产品成本，应具备下列哪些条件（   ）。

A. 月末在产品数量较大
B. 月末在产品数量较小
C. 产品成本中原材料费用和加工费用比重相差不大
D. 产品成本中原材料费用和加工费用比重相差较大
E. 各月末在产品数量变化比较大

8. 采用定额比例法分配完工产品和在产品成本，应具备下列哪些条件（   ）。

A. 消耗定额比较准确
B. 消耗定额比较稳定
C. 各月末在产品数量变化不大
D. 各月末在产品数量变化较大
E. 各月末在产品数量较小

9. 采用在产品按定额成本计价法分配完工产品和在产品成本，应具备下列哪些条件（   ）。

A. 消耗定额比较准确
B. 消耗定额比较稳定
C. 各月末在产品数量变化不大
D. 各月末在产品数量变化较大
E. 各月末在产品数量较小

10. 采用在产品按定额成本计价法，分配完工产品和月末在产品成本时，所使用的定额主要有（   ）。

A. 材料定额消耗量   B. 材料定额费用
C. 工时定额消耗量   D. 材料计划单位成本
E. 产品产量定额

11. 约当产量法可以用来分配的费用有（   ）。

A. 直接材料费用   B. 直接人工费用
C. 制造费用   D. 管理费用
E. 燃料和动力费用

12. 某企业甲产品经过两道工序加工完成,原材料随着加工进度陆续投入,且投料程度与加工进度不一致。第一道工序:原材料费用定额为 400 元,工时定额为 30 小时;第二道工序:原材料费用定额为 600 元,工时定额为 70 小时。则每道工序的在产品投料率分别为(   )。

   A. 15% B. 20%
   C. 65% D. 70%

13. 某企业甲产品经过两道工序加工完成,原材料随着加工进度陆续投入,且投料程度与加工进度不一致。第一道工序:原材料费用定额为 400 元,工时定额为 30 小时;第二道工序:原材料费用定额为 600 元,工时定额为 70 小时。则每道工序的在产品加工费用完工率分别为(   )。

   A. 15% B. 20%
   C. 65% D. 70%

14. "库存商品"账户的结构是(   )。

   A. 借方登记入库产品的成本   B. 贷方登记入库产品的成本
   C. 借方登记发出产品的成本   D. 贷方登记发出产品的成本
   E. 期末余额为库存商品的成本

15. 企业完工产品成本结转时,应(   )。

   A. 借记"库存商品"账户
   B. 借记"生产成本——基本生产成本"账户
   C. 贷记"库存商品"账户
   D. 贷记"生产成本——基本生产成本"账户
   E. 贷记"制造费用"账户

(三) 判断题

1. 狭义在产品是指正在某车间或某生产步骤中加工的在产品。(   )
2. 在产品数量的日常核算,可以通过设置"在产品台账"来进行。(   )
3. 企业毁损的在产品成本,应记入"管理费用"账户。(   )
4. 企业的自制半成品尚未最终完工,所以属于在产品范畴。(   )
5. 对于各月末在产品数量变化不大的产品,可以不计算在产品成本。(   )
6. 企业采用在产品不计算成本法时,某产品某月发生的生产费用之和,就是该产品的完工产品成本。(   )
7. 在产品按所耗原材料费用计算时,当月发生的其他加工费用全部由当月的完工产品来负担。(   )

8. 约当产量法适用于月末在产品数量比较小，且各月末在产品数量变化也不大的企业。（   ）

9. 如果材料是在生产开始时一次投入的，则采用约当产量法计算完工产品和月末在产品成本时，在产品的约当产量就是指在产品的数量。（   ）

10. 如果材料是在生产开始时一次投入的，则采用约当产量法计算完工产品和月末在产品负担的直接材料成本时，在产品的约当产量就是在产品的数量。（   ）

11. 采用约当产量法计算完工产品和月末在产品成本时，各成本项目的约当总产量是相等的。（   ）

12. 采用月末在产品按定额成本计价法时，定额成本与实际成本之间的差异，由月末在产品负担。（   ）

13. 采用按定额成本计价法和采用定额比例法计算的月末在产品成本是相同的。（   ）

14. 采用定额比例法计算完工产品和在产品成本时，各种费用应采用相同的标准。（   ）

15. 结转完工入库产成品成本时，应借记"库存商品"账户，贷记"在产品"账户。（   ）

（四）业务计算题

1. 某企业产品成本计算不计算在产品成本法。企业生产甲产品，每月末在产品的数量很少，为简化成本核算工作，不计算在产品成本。本月发生的生产费用为：直接材料16 000元，直接人工5 200元，制造费用3 600元，本月完工产品100件，月末在产品1件。

要求：计算本月甲产品的完工总成本和单位成本。

2. 某企业产品成本计算采用在产品成本按年初数固定计算的方法。本月乙产品月初在产品成本为：直接材料12 000元，直接人工8 000元，制造费用5 000元，合计为25 000元。本月生产费用为：直接材料36 000元，直接人工24 000元，制造费用15 000元，合计为75 000元。本月完工产品数量为300件，月末在产品60件。

要求：（1）计算本月乙产品月末在产品成本；

（2）计算本月乙产品完工产品总成本和单位成本。

3. 某企业产品成本计算采用在产品按所耗原材料费用计算法。企业生产丙产品所耗原材料费用在生产开始时一次投料，产品成本中原材料费用所占比重较大。本月初在产品成本为4 000元。本月生产费用为：直接材料12 000元，直接人工 2 400 元，制造费用 1 800 元。本月完工产品 400 件，月末在产品 100 件。

要求：计算本月丙产品完工产品成本和月末在产品成本。

4. 某企业产品成本计算采用约当产量法。企业生产 A 产品，原材料在生产开始时一次性投入，月初在产品成本：直接材料 2 350 元，直接人工 1 200 元，制造费用 5 400 元；本月生产费用：直接材料 8 000 元，直接人工 4 800 元，制造费用 9 400 元。本月完工产品 180 件，月末在产品 50 件，在产品的完工率 40%。

要求：计算本月 A 产品完工产品成本和月末在产品成本。

5. 某企业产品成本计算采用约当产量法。企业生产 B 产品，原材料随着加工程度陆续投入，且投料程度与加工进度一致。月初在产品成本：直接材料 4 200 元，直接人工 2 400 元，制造费用 3 700 元；本月生产费用：直接材料 15 600 元，直接人工 7 800 元，制造费用 8 500 元。本月完工产品 164 件，月末在产品 60 件，在产品的完工率 60%。

要求：计算本月 B 产品完工产品成本和月末在产品成本。

6. 某企业产品成本计算采用约当产量法。企业生产 C 产品，由两道工序加工而成，原材料随着加工程度陆续投入，且投料程度与加工进度不一致。甲产品原材料费用定额为 200 元，其中第一道工序 120 元，第二道工序 80 元，在产品在本工序原材料的费用定额按 50%计算。本月完工产品 750 件，月末在产品数量 400 件，其中第一道工序 250 件，第二道工序 150 件。该产品月初在产品直接材料费用为 42 200 元，本月发生直接材料费用为 203 500 元。

要求：（1）按材料投入程度计算各工序在产品的投料率和月末在产品的约当产量。

（2）采用约当产量法，计算完工产品和月末在产品的直接材料费用。

7. 某企业产品成本计算采用约当产量法。企业生产 D 产品，由两道工序加工而成。本月 D 产品的完工产品 500 件；月末在产品数量为：第一道工序 400 件，第二道工序 100 件，其他有关资料如下：

（1）原材料分两道工序投入，但在每道工序开始时一次性投入，第一道工序的原材料费用定额为 180 元，第二道工序的原材料定额为 120 元；

（2）D 产品的工时定额为 100 小时，其中第一道工序为 80 小时，第二道工序为 20 小时；

（3）D 产品月初在产品成本：直接材料 56 000 元，直接人工 12 500 元，制造费用 38 500 元；本月生产费用：直接材料 192 000 元，直接人工 55 000 元，制造费用 81 500 元。

要求:(1)计算在产品的投料率和完工率;
(2)计算各工序在产品的约当产量;
(3)计算本月 D 产品完工产品成本和月末在产品成本。

8. 某企业产品成本计算采用在产品按定额成本计算法。企业生产 E 产品,该产品各项消耗定额比较准确、稳定,各月在产品数量变化不大。该产品月初和本月生产费用合计为:直接材料 18 000 元,直接人工 4 900 元,制造费用 5 600 元。原材料在生产开始时一次投入。单位产品原材料费用定额为 40 元,月末在产品 100 件,定额工时共计 900 小时,每小时费用定额为:直接人工费用 1.80元,制造费用 1.50 元。

要求:计算 E 产品月末在产品定额成本和完工产品成本。

9. 某企业产品成本计算采用在产品按定额成本计算法。企业生产 F 产品,经两道工序加工,原材料费用定额为 60 元,原材料在生产开始时一次投入,工时定额为 50 小时,其中第一道工序 10 小时,第二道工序 40 小时;本月末在产品数量共计 600 件,其中第一道工序 400 件,第二道工序 200 件。每道工序在产品的累计工时定额,按上道工序的累计工时定额,加上本工序工时定额的 50%计算。每小时费用定额为:直接人工 2.10 元,制造费用 1.60 元。月初在产品成本:直接材料 24 000 元,直接人工 18 000 元,制造费用 12 000 元;本月生产费用:直接材料 164 000 元,直接人工 82 000 元,制造费用 60 000 元。

要求:计算 F 产品月末在产品定额成本和完工产品成本。

10. 某企业产品成本计算采用在产品按定额比例法。企业生产 G 产品,该产品各项消耗定额比较准确、稳定,各月末在产品数量变化比较大。月初在产品成本:直接材料 4 500 元,直接人工 4 100 元,制造费用 3 000 元;本月生产费用:直接材料 16 500 元,直接人工 12 400 元,制造费用 6 300 元。本月完工产品的原材料定额费用为 16 000 元,定额工时为 5 000 小时,月末在产品定额费用为 4 000 元,定额工时为 1 000 小时。

要求:计算本月 G 产品完工产品成本和月末在产品成本。

第五章　产品成本计算的基本方法

在本章之前，我们学习了各种要素费用、长期待摊费用、辅助生产费用和制造费用的归集与分配，并对完工产品成本和在产品成本之间的分配原理有了一定的了解，学习了生产费用在完工产品和在产品之间分配的各种方法的特点和适用情况，重点掌握了各种方法的具体分配计算，计算出完工产品成本和月末在产品成本，并对完工产品进行会计处理。通过本章学习，了解企业生产特点和管理要求对产品成本计算的影响；理解产品成本计算的品种法、分批法和分步法三种方法的成本计算特点；掌握品种法、分批法和分步法三种不同方法下产品成本的计算、产品成本明细账的编制和相关账务处理。

> **开篇案例　　根据企业生产特点确定成本计算方法**
>
> 　　神驰玩具车厂主要生产电动玩具车，玩具车的所有零部件都由企业自己生产，而且是每一种零部件都在一个独立的生产车间生产。所生产的零部件大多是企业自用，也有部分对外出售；各零部件生产车间生产完工后都验收进入半成品库，最后由装配车间从半成品库领取组件，并组装成产品对外销售。
> 　　根据该企业生产特点，可以采用哪一种或哪几种产品成本计算方法？并说明采用该方法的理由。

产品成本是在生产过程中形成的，为了提高成本核算的准确性，企业应针对不同的生产特点选择适当的成本计算方法；另外，成本计算为成本管理提供资料，因此，采用什么成本计算方法，提供哪些资料，必须考虑成本管理的要求。当然，成本管理的要求也脱离不开生产的特点。以上两个方面的关系说明，企业在确定产品成本计算方法时，必须从企业的具体情况出发，同时考虑企业的生产特点和进行成本管理的要求。而各企业的生产特点、管理要求不同，则成本计算对象也会不同，由此形成了多种各具特点的成本计算方法。

第一节 产品成本计算方法概述

一、生产特点和成本管理要求对产品成本计算的影响

（一）工业企业的主要生产类型

工业企业的生产，可以按照生产工艺的特点分类，还可以按照生产组织的特点分类。

1. 生产按工艺过程特点分类

工业企业的生产按照生产工艺过程的特点，可以分为单步骤生产和多步骤生产两种类型。

一是单步骤生产。也称简单生产，是指生产工艺过程不能间断，或由于工作地点限制不便于或者不需要划分为几个生产步骤的生产。如发电、采掘等生产，都属于单步骤生产。这类生产由于技术上的不可间断性（如发电），或由于工作地点的限制（如采煤），通常只能由一个企业整体进行，而不能由几个企业协作进行。

二是多步骤生产。也称复杂生产，是指生产工艺过程由若干个可以间断的、分散在不同地点、分别在不同时间进行的生产步骤所组成的生产。如钢铁、纺织、造纸、服装、机械制造等生产，都属于多步骤生产。多步骤生产按产品的加工方式，又可分为连续式生产和装配式生产。连续式多步骤生产是指原材料投入生产后，要依次经过若干个生产步骤的连续加工，才能成为产品的生产，如纺织、钢铁等工业生产。装配式生产是指先将原材料分别在各个加工车间平行加工为零件、部件，然后再将零件、部件装配为产品的生产，如船舶、汽车等工业生产。

2. 生产按生产组织特点分类

工业企业的生产按其生产组织的特点，可以分为大量生产、成批生产和单件生产。

一是大量生产。大量生产是指不断地重复生产相同产品的生产。这种生产一般生产的产品品种较少，而且成本比较稳定。如纺织、造纸、酿酒、粮食等生产都属于这种类型。

二是成批生产。成批生产是指按照产品的批别和数量进行的生产。这种生产一般生产的产品品种较多，而且具有一定的重复性。如服装、计算机、手机

等生产都属于这种类型。成批生产按照批量的大小又可以分为大批生产和小批生产，大批生产的性质近似于大量生产，小批生产的性质近似于单件生产。

三是单件生产。单件生产是指根据购买单位的要求，进行个别的、特殊产品的生产。这种生产一般很少重复。如飞机、船舶等生产都属于这种类型。

（二）生产特点和成本管理要求对产品成本计算的影响

生产特点和管理要求影响产品成本计算对象的确定，生产类型不同，管理要求不同，成本计算对象也不一样。

1. 对成本计算对象的影响

成本计算对象就是生产费用归集的对象，成本对象的确定，是设置产品成本明细账、归集生产费用、计算产品成本的前提，是构成成本计算方法的主要标志。

从生产工艺过程上看，单步骤生产，只能按照产品的品种计算成本；多步骤生产，往往不仅要求按照产品的品种或批别计算成本，而且要求按产品生产的步骤计算成本。但是如果企业规模较小，管理上不要求按照生产步骤考核生产费用、计算产品成本，也可以只按照产品品种或批别计算成本。

从生产组织特点上看，大量、大批生产，只要求按照产品品种计算成本；小批、单件生产，可以按照产品的批别或件别计算成本，从管理要求上看，为了分析和考核各批产品的成本水平，也要求按照产品批别或件别计算成本。

2. 对产品成本计算期的影响

成本计算期是指每间隔多长时间计算一次成本，其确定主要取决于生产组织的特点。在大量、大批生产中，由于生产活动连续不断，月末一般有完工产品和在产品，产品成本计算定于每月月末进行，与会计报告期一致，而与产品的生产周期不一致。在小批、单件生产中，每月末不一定有完工产品，产品成本计算期是不定期的，一般与生产周期相一致，而与会计报告期不一致。

3. 对完工产品与在产品之间费用分配的影响

生产的特点还影响到月末进行成本计算时有没有在产品，是否需要在完工产品与在产品之间分配费用的问题。在单步骤生产中，生产过程不能间断，生产周期较短，一般没有在产品，因此生产费用不必在完工产品与在产品之间进行分配。在多步骤生产中，是否需要在完工产品与在产品之间分配费用，很大程度上取决于生产组织的特点：在大量、大批生产中，由于生产连续不断进行，月末经常存在在产品，因此需要将生产费用在完工产品与在产品之间进行分配；而在小批、单件生产中，一般在月末要么全部完工，要么全部未完工，因此一般不存在生产费用在完工产品和在产品之间分配的问题。

二、产品成本计算的方法

产品成本计算是按照一定的成本计算对象设置产品成本明细账，汇集生产费用，计算各产品成本对象的总成本和单位成本。这进一步说明了产品成本对象的确定是产品成本计算的核心，也是构成产品成本计算方法的主要标志，不同的成本计算对象形成不同的产品成本计算方法。

（一）产品成本计算的基本方法

受上述不同类型的生产特点和管理要求的影响，产品成本计算工作中有三种不同的成本计算对象：产品品种、产品批别和产品的生产步骤，因此，以成本计算对象为标志的产品成本计算的基本方法也有三种。

第一，品种法。品种法是以产品品种为成本计算对象。一般适用于大量、大批单步骤生产，或者大量、大批多步骤生产，但管理上不要求分步计算成本的企业。

第二，分批法。分批法是以产品批别（或订单）为成本计算对象。一般适用于小批生产、单件生产的企业。

第三，分步法。分步法是以产品生产步骤为成本计算对象。一般适用于大量、大批多步骤生产的企业。

（二）产品成本计算的辅助方法

除上述三种成本计算的基本方法外，还有一些是在三种基本方法的基础上延伸或与三种基本方法结合的辅助方法。辅助方法的应用或者是为了简化成本计算工作，或者是为了加强成本管理，它们与生产类型的特点没有直接联系，在各种类型的生产中都可以应用，但必须与基本方法结合起来使用。

第一，分类法。分类法是以产品类别归集生产费用，计算各类完工产品成本，再按一定的分配标准计算产品成本的一种方法。一般适用于产品品种、规格繁多的企业。

第二，定额法。定额法能够及时反映和监督生产费用和产品成本脱离定额的差异，把成本的计划、控制、核算和分析结合在一起，以便于加强成本控制，而采用的一种成本计算方法。一般适用于定额管理工作基础好的企业。

需要指出的是，产品成本计算的基本方法和辅助方法的划分，是从计算产品实际成本角度考虑的，并不是因为辅助方法不重要，相反，有的辅助方法，如定额法，对于控制生产费用、降低产品成本具有重要作用。

【课堂测试 5-1】

1. 生产特点和管理要求对成本计算方法的影响主要体现在（   ）。
   A. 生产组织的特点   B. 工艺过程的特点
   C. 生产管理的要求   D. 产品成本计算对象的确定

2. 在大量大批管理上不要求分步计算成本的多步骤生产企业里，应采用的成本计算方法是（   ）。
   A. 品种法   B. 分批法
   C. 分步法   D. 分类法

3. （多选题）工业企业的生产，按其生产组织的特点划分，可分为（   ）。
   A. 大量生产   B. 成批生产
   C. 单件生产   D. 单步骤生产
   E. 多步骤生产

4. （多选题）分步法的适用范围是（   ）。
   A. 大量大批生产
   B. 小批单件生产
   C. 管理上不要求分步骤计算成本的多步骤生产
   D. 管理上要求分步骤计算成本的多步骤生产
   E. 单步骤生产

5. "在单件、小批生产的企业里，其成本计算期一般是定期于月末进行计算的。"这句话是否正确，如果错误，说明为什么？

第二节　品种法

一、品种法的适用范围

产品成本计算的品种法，是以产品品种为成本计算对象，归集生产费用，计算产品成本的一种方法。

品种法主要适用于大量、大批单步骤生产，或者大量、大批多步骤生产，但管理上不要求分步计算成本的企业。

在单步骤生产的企业中，产品生产工艺只有一个加工步骤，并且只能在同一地点加工完成，因此就不需要按照生产步骤计算产品成本，如采掘、发电等。

在大量、大批多步骤生产的企业中，如果企业或车间的规模较小，或者车间是封闭式的（即从投入原材料到加工成产成品的全过程，都在一个车间内进行），或生产是按流水线组织的，尽管是多步骤的复杂生产，但在管理上不要求按照产品的生产步骤计算产品成本，也可以采用品种法计算产品成本，如小型水泥厂等。此外，企业的辅助生产车间，如供电、供水车间等，其成本计算也可以采用品种法。

企业所选择的成本计算方法主要是为了加强成本管理。因此，不论是什么生产类型的企业，也不论管理上是否要求分批或分步计算成本，最终都要按照产品品种计算出每种产品成本，也就是说，品种法在各种成本计算方法中是最基本的成本计算方法。

二、品种法的特点

（一）成本计算对象

采用品种法计算产品成本的企业或车间，成本计算对象是产品品种。

如果只生产一种产品，成本计算对象就是该种产品，只需要为这种产品设置一本产品成本明细账，生产过程中发生的所有生产费用都可以根据费用凭证直接计入该产品成本明细账的有关成本项目。

如果是生产多种产品，产品明细账就要按照产品品种分别设置，发生的生产费用，能分得清是哪种产品耗用的，直接计入该产品成本明细账的有关成本项目，分不清的则要采用适当的分配方法，在各成本计算对象之间进行分配，然后分别计入各产品成本明细账的有关成本项目。

（二）成本计算期

在大量、大批生产中，生产活动是连续不断进行的，不可能在产品完成时立即计算产品成本，而每月月末一般既有完工产品，也有在产品，所以品种法的产品成本计算固定于每月月末进行。该种方法下，产品成本计算期与会计报告期一致，而与产品的生产周期不一致。

（三）费用在完工产品和在产品之间的分配

月末计算产品成本时，如果不存在尚未完工产品的在产品，或者在产品数量较小，则生产费用不必在完工产品和在产品之间进行分配，即可以不计算在产品成本，成本明细账中的生产费用，就是该种产品的总成本，再除以该产品的产量，就可求出产品的单位成本。但如果月末存在较多的在产品，为保证成本计算的准确性，则需要采用适当的方法，将生产费用在完工产品和在产品之间进行分配，分别计算完工产品成本和月末在产品成本。

三、品种法的计算程序

品种法的成本计算程序遵循前述的产品成本核算的一般程序。

第一，按产品的品种设置产品成本明细账，并按规定成本项目设置专栏，以便归集生产费用。

第二，编制各种要素费用分配表。对于需要计入产品成本的要素费用，如果是为各种产品生产发生的直接材料、直接人工费用等，若各种产品分别耗用，则分别直接计入各种产品的成本明细账，若各种产品共同耗用，则采用合理的分配方法进行分配，再分别直接计入各种产品的成本明细账；如果是为各种产品生产发生的间接费用，应先按发生地点归集，然后，采用一定的标准和方法分配计入各种产品的成本明细账。

第三，编制跨期待摊费用分配表。待摊性质的费用发生后，由于受益时间较长，需要按其受益期限，分月摊销计入各月成本、费用。

第四，归集和分配辅助生产费用。根据各要素费用分配表和待摊性质费用分配表，归集辅助生产车间的成本明细账，并根据谁受益谁负担的原则，采用适当的分配方法将辅助生产费用进行分配。

第五，归集和分配基本生产车间的制造费用。应按不同的基本生产车间分别设立制造费用明细账，并根据上述各种费用分配表，归集各基本生产车间制造费用，汇总反应各车间制造费用的支出情况，然后，采用一定的标准和方法分配计入有关产品成本明细账。

第六，编制废品损失计算表。计算本期所发生的废品损失，并将扣除回收残料、过失人赔偿款后的净损失转入产品的生产成本。

第七，结转完工产品成本。将产品成本明细账中归集的生产费用在完工产品和在产品之间进行分配，计算出完工产品成本和在产品成本。

四、品种法举例

【例 5-1】某工业企业有一基本生产车间，单步骤大量生产甲、乙两种产品，采用品种法计算产品成本。此外，还有修理和运输两个辅助生产车间，该企业辅助生产车间设置了"制造费用"账户。该企业不单独设置废品损失，产品成本包括"直接材料""燃料和动力""直接人工"和"制造费用"四个成本项目。

根据有关成本资料，计算 201×年 3 月产品成本如下：

（一）各要素费用的分配

根据原始凭证和有关资料，可以按用途和部门编制各种费用分配表。

1. 编制"材料费用分配表"

根据领料单，编制"材料费用分配表"，如表 5-1。

表 5-1 材料费用分配表

201×年 3 月　　　　　　　　　　　　　　　　　　　单位：元

应借账户			原料及主要材料	辅助材料	其他材料	合计
总账及二级账户	明细账户	成本项目				
生产成本——基本生产成本	甲产品	直接材料	220 000	55 000		275 000
	乙产品	直接材料	120 000	20 000		140 000
	小计		340 000	75 000		415 000
生产成本——辅助生产成本	修理车间	直接材料		16 000		16 000
	运输车间	直接材料		18 000		18 000
	小计			34 000		34 000
制造费用	基本生产车间	消耗材料			15 000	15 000
	修理车间	消耗材料			1 000	1 000
	运输车间	消耗材料			800	800
	小计				16 800	16 800
管理费用		消耗材料			8 000	8 000
合计			34 0000	10 9000	24 800	473 800

根据表 5-1，编制会计分录如下：

借：生产成本——基本生产成本——甲产品　　　275 000
　　　　　　　　　　　　　　　——乙产品　　　140 000
　　生产成本——辅助生产成本——修理车间　　　16 000
　　　　　　　　　　　　　　　——运输车间　　　18 000
　　制造费用——基本生产车间　　　　　　　　　15 000
　　　　　　——修理车间　　　　　　　　　　　1 000
　　　　　　——运输车间　　　　　　　　　　　800
　　管理费用　　　　　　　　　　　　　　　　　8 000

贷：原材料　　　　　　　　　　　　　　　　　　473 800

2. 编制"外购动力费用分配表"

根据外购动力支付凭证，编制"外购动力费用分配表"，如表 5-2。

表 5-2　外购动力费用（电费）分配表

201×年 3 月　　　　　　　　　　　　　　　　单位：元

应借账户			数量		金额
总账及二级账户	明细账户	成本项目	生产工时（小时）（分配率：0.96）	度数（度）（0.8 元/度）	
生产成本——基本生产成本	甲产品	燃料和动力	9 000		8 640
	乙产品	燃料和动力	6 000		5 760
	小计		15 000	18 000	14 400
生产成本——辅助生产成本	修理车间	燃料和动力		2 600	2 080
	运输车间	燃料和动力		1 400	1 120
	小计			4 000	3 200
制造费用	基本生产车间	水电费		6 000	4 800
	修理车间	水电费		2 800	2 240
	运输车间	水电费		800	640
	小计			9 600	7 680
管理费用		水电费		1 000	800
合计				32 600	26 080

根据表 5-2，编制会计分录如下：

借：生产成本——基本生产成本——甲产品　　8 640
　　　　　　　　　　　　　　　　——乙产品　　5 760
　　生产成本——辅助生产成本——修理车间　　2 080
　　　　　　　　　　　　　　——运输车间　　1 120
　　制造费用——基本生产车间　　　　　　　　4 800
　　　　　　——修理车间　　　　　　　　　　2 240
　　　　　　——运输车间　　　　　　　　　　　640
　　管理费用　　　　　　　　　　　　　　　　　800
　贷：应付账款　　　　　　　　　　　　　　26 080

3. 编制"职工薪酬费用分配表"

根据各车间、各部门工资结算凭证和其他应付职工薪酬的计提比例，编制"职工薪酬费用分配表"，如表 5-3。

表 5-3 职工薪酬费用分配表

201×年3月　　　　　　　　　　　　　　　　　　　　　　　　单位：元

应借账户			生产工时（小时）	工资			其他职工薪酬（工资总额的40%）	合计
总账及二级账户	明细账户	成本项目		生产工人（分配率：8）	管理人员	小计		
生产成本——基本生产成本	甲产品	直接人工	9 000	72 000		72 000	28 800	100 800
	乙产品	直接人工	6 000	48 000		48 000	19 200	67 200
	小计		15 000	120 000		120 000	48 000	168 000
生产成本——辅助生产成本	修理车间	直接人工		18 000		18 000	7 200	25 200
	运输车间	直接人工		15 000		15 000	6 000	21 000
	小计			33 000		33 000	13 200	46 200
制造费用	基本生产车间	职工薪酬			10 000	10 000	4 000	14 000
	修理车间	职工薪酬			8 000	8 000	3 200	11 200
	运输车间	职工薪酬			7 000	7 000	2 800	9 800
	小计	职工薪酬			25 000	25 000	10 000	35 000
管理费用		职工薪酬			12 200	12 200	4 880	17 080
合计				153 000	37 200	190 200	76 080	266 280

根据表 5-3，编制会计分录如下：

```
借：生产成本——基本生产成本——甲产品        100 800
                      ——乙产品         67 200
    生产成本——辅助生产成本——供水车间      25 200
                      ——修理车间       21 000
    制造费用——基本生产车间              14 000
         ——修理车间                11 200
         ——运输车间                 9 800
    管理费用                          17 080
  贷：应付职工薪酬                            266 280
```

4. 编制"固定资产折旧费用分配表"

根据固定资产的损耗,计算本月应计提固定资产折旧额,编制"折旧费用分配表",如表5-4。

表5-4 固定资产折旧费用分配表

201×年3月　　　　　　　　　　　　　　　单位:元

应借账户		折旧费
总账及二级账户	明细账户	
制造费用	基本生产车间	36 000
	修理车间	7 500
	运输车间	10 000
	小计	53 500
管理费用		4 000
合计		57 500

根据表5-4,编制会计分录如下:

借:制造费用——基本生产车间　36 000
　　　　——修理车间　7 500
　　　　——运输车间　10 000
　　管理费用　4 000
　贷:累计折旧　　　　　　57 500

5. 编制"低值易耗品摊销费用分配表"

采用分次摊销法对本月各车间、部门领用的工具使用费进行摊销,编制"低值易耗品摊销费用分配表",如表5-5。

表5-5 低值易耗品摊销费用分配表

201×年3月　　　　　　　　　　　　　　　单位:元

应借账户		应摊销金额
总账及二级账户	明细账户	
制造费用	基本生产车间	2 200
	修理车间	1 600
	运输车间	1 000
	小计	4 800
管理费用		800
合计		5 600

根据表 5-5，编制会计分录如下：
借：制造费用——基本生产车间　　2 200
　　　　　　——修理车间　　　　1 600
　　　　　　——运输车间　　　　1 000
　　管理费用　　　　　　　　　　800
　贷：低值易耗品——摊销　　　　　　5 600

6. 编制"银行存款付款凭证汇总表"

根据 3 月份银行存款付款凭证汇总编制的各项货币支出汇总表，如表 5-6。

表 5-6　银行存款付款凭证汇总表

201×年 3 月　　　　　　　　　　　　　　　　单位：元

应借账户			金额
总账及二级账户	明细账户	成本项目	
制造费用	基本生产车间	办公费	8 000
		其他费用	4 000
	修理车间	办公费	1 600
		其他费用	1 200
	运输车间	办公费	1 500
		其他费用	1 000
	小计		17 300
管理费用		办公费	2 200
		差旅费	6 800
		其他费用	1 900
	小计		10 900
合计			28 200

根据表 5-6，编制会计分录如下：
借：制造费用——基本生产车间　　12 000
　　　　　　——修理车间　　　　2 800
　　　　　　——运输车间　　　　2 500
　　管理费用　　　　　　　　　　10 900
　贷：银行存款　　　　　　　　　　　28 200

(二)归集和分配辅助生产费用

1. 编制辅助生产车间"制造费用明细账"

根据前述各种费用分配表,登记辅助生产车间的"制造费用明细账",如表 5-7 和表 5-8。

表 5-7　制造费用明细账

车间:修理车间　　　　　　　201×年 3 月　　　　　　　　　单位:元

摘要	消耗材料	水电费	职工薪酬	折旧费	工具	办公费	其他	转出
材料费用分配表	1 000							
外购动力费用分配表		2 240						
职工薪酬费用分配表			11 200					
折旧费用分配表				75 00				
低值易耗品摊销费用分配表					1 600			
付款凭证汇总表						1 600	1 200	
合计	1 000	2 240	11 200	75 00	1 600	1 600	1 200	26 340

表 5-8　制造费用明细账

车间:运输车间　　　　　　　201×年 3 月　　　　　　　　　单位:元

摘要	消耗材料	水电费	职工薪酬	折旧费	工具	办公费	其他	转出
材料费用分配表	800							
外购动力费用分配表		640						
职工薪酬费用分配表			9 800					
折旧费用分配表				10 000				
低值易耗品摊销费用分配表					1 000			
付款凭证汇总表						1 500	1 000	
合计	800	640	9 800	10 000	1 000	1 500	1 000	24 740

根据表 5-7 和表 5-8,结转辅助生产车间制造费用,并编制会计分录如下:

借:生产成本——辅助生产成本——修理　　26 340
　　　　　　　　　　　　　　——运输　　24 740

贷：制造费用——修理车间　　　　　　　　　　26 340
　　　　　　——运输车间　　　　　　　　　　24 740

2. 编制"辅助生产成本明细账"

根据上述各种费用分配表，以及辅助生产车间制造费用结转情况，登记辅助生产成本明细账，如表5-9和表5-10。

表5-9　辅助生产成本明细账

车间：修理车间　　　　　　　201×年3月　　　　　　　单位：元

摘要	直接材料	燃料和动力	直接人工	制造费用	转出
材料费用分配表	16 000				
外购动力费用分配表		2 080			
职工薪酬费用分配表			25 200		
制造费用转来				26 340	
辅助生产费用分配表					69 620
合计	16 000	2 080	25 200	26 340	69 620

表5-10　辅助生产成本明细账

车间：运输车间　　　　　　　201×年3月　　　　　　　单位：元

摘要	直接材料	燃料和动力	直接人工	制造费用	转出
材料费用分配表	18 000				
外购动力费用分配表		1 120			
职工薪酬费用分配表			21 000		
制造费用转来				24 740	
辅助生产费用分配表					64 860
合计	18 000	1 120	21 000	24 740	64 860

3. 编制"辅助生产费用分配表"

本月辅助生产车间具体的劳务供应量为：本月修理车间提供修理劳务量 41 000 小时，其中为运输车间修理 1 000 小时，为基本生产车间修理 35 000 小时，为行政管理部门修理 5 000 小时；本月运输车间提供运输劳务量 33 000 公里，其中为修理车间运输 3 000 公里，为基本生产车间运输 28 000 公里，为行政管理部门运输 2 000 公里。

根据表 5-9 和表 5-10，以及劳务供应量等资料，分配辅助生产费用，该企业采用直接分配法分配辅助生产费用，并编制"辅助生产费用分配表"，如表 5-11。

表 5-11　辅助生产费用分配表

201×年 3 月　　　　　　　　　　　　　单位：元

项目		修理车间	运输车间	合计
待分配辅助生产费用		69 620	64 860	134 480
劳务供应量		40 000 小时	30 000 公里	
分配率		1.740 5	2.162	
基本生产车间	受益数量	35 000	28 000	
	分配金额	60 917.5	60 536	121 453.5
行政管理部门	受益数量	5 000	2 000	
	分配金额	8 702.5	4 324	13 026.5
分配金额合计		69 620	64 860	134 480

根据表 5-11，编制会计分录如下：

借：制造费用——基本生产车间　　121 453.5
　　管理费用　　　　　　　　　　13 026.5
　贷：生产成本——辅助生产成本——修理车间　69 620
　　　　　　　　　　　　　　——运输车间　64 860

（三）归集和分配基本生产车间的制造费用

1. 编制基本生产车间"制造费用明细账"

根据上述各种费用分配表，编制"制造费用明细账"，如表 5-12。

表 5-12 制造费用明细账

车间：基本生产车间　　　　　　　　　201×年3月　　　　　　　　　　单位：元

摘要	消耗材料	水电费	职工薪酬	折旧费	工具	办公费	其他	修理费	运输费	转出
材料费用分配表	15 000									
外购动力费用分配表		4 800								
职工薪酬费用分配表			14 000							
折旧费用分配表				36 000						
低值易耗品摊销分配表					2 200					
付款凭证汇总表						8 000	4 000			
辅助生产费用分配表								60 917.5	60 536	
合计	15 000	4 800	14 000	36 000	2 200	8 000	4 000	60 917.5	60 536	205 453.5

2. 编制基本生产车间"制造费用分配表"

根据基本生产车间制造费用明细账归集的制造费用，和甲、乙产品的生产工时，分配基本生产车间制造费用，并编制基本生产车间"制造费用分配表"，如表 5-13。

表 5-13 制造费用分配表

车间：基本生产车间　　　　　　　　　201×年3月　　　　　　　　　　单位：元

应借账户		生产工时（小时）	费用分配率	分配金额
总账及二级账户	明细账户			
生产成本 ——基本生产成本	甲产品	9 000	13.696 9	123 272.1
	乙产品	6 000	13.696 9	82 181.4
合计		15 000		205 453.5

根据表 5-13，编制会计分录如下：

借：生产成本——基本生产成本——甲产品　　　123 272.1

——乙产品　　　　82 181.4
　　贷：制造费用——基本生产车间　　　　205 453.5

(四) 登记产品成本明细账并计算产品成本

该企业本月生产资料：甲产品完工 1 500 件，月末在产品数量为 1 000 件，完工率为 50%,；乙产品月末无在产品，本月完工 1 000 件。甲、乙产品材料均在生产开始时一次性投入，要求按照约当产量法分配各项费用。

根据上述各种费用分配表和其他有关资料，登记产品成本明细账，分别归集甲、乙两种产品的生产费用，并采用适当的分配方法，分配计算甲、乙产品的完工产品成本和月末在产品成本。甲、乙产品成本明细账如表 5-14 和表 5-15。

表 5-14　产品成本明细账

产品名称：甲产品　　　　完工产品数量：1 500 件　　　　单位：元

项目	直接材料	燃料和动力	直接人工	制造费用	合计
月初在产品成本	21 000	3 800	11 200	9 827.9	45 827.9
材料费用分配表	275 000				275 000
外购动力费用分配表		8 640			8 640
职工薪酬费用分配表			100 800		100 800
制造费用分配表				123 272.1	123 272.1
本月生产费用	275 000	8 640	100 800	123 272.1	507 712.1
合计	296 000	12 440	112 000	133 100	553 540
结转完工产品成本	177 600	9 330	84 000	99 825	370 755
完工产品单位成本	118.4	6.22	56	66.55	247.17
月末在产品成本	118 400	3 110	28 000	33 275	182 785

表 5-14 中，甲产品成本明细账中各项费用分配计算如下：

(1) 材料费用分配

$$材料费用分配率 = \frac{296\,000}{1\,500 + 1\,000} = 118.4$$

完工产品应分配的材料费用 = 1 500 × 118.4 = 177 600(元)

月末在产品应分配的材料费用 = 1 000×118.4 = 118 400(元)

（2）加工费用分配

月末在产品约当产量 = 1 000×50% = 500(件)

①燃料和动力费用分配

$$燃料和动力费用分配率 = \frac{12\,440}{1\,500 + 500} = 6.22$$

完工产品应分配的燃料和动力费用 = 1 500×6.22 = 9 330(元)

月末在产品应分配的燃料和动力费用 = 500×6.22 = 3 110(元)

②直接人工费用分配

$$直接人工费用分配率 = \frac{112\,000}{1\,500 + 500} = 56$$

完工产品应分配的直接人工费用 = 1 500×56 = 84 000(元)

月末在产品应分配的直接人工费用 = 500×56 = 28 000(元)

③制造费用分配

$$制造费用分配率 = \frac{133\,100}{1\,500 + 500} = 66.55$$

完工产品应分配的制造费用 = 1 500×66.55 = 99 825(元)

月末在产品应分配的制造费用 = 500×66.55 = 33 275(元)

表 5-15　产品成本明细账

产品名称：乙产品　　　　完工产品数量：1 000 件　　　　单位：元

项目	直接材料	燃料和动力	直接人工	制造费用	合计
月初在产品成本	18 000	1 200	8 700	9 878.6	37 778.6
材料费用分配表	140 000				140 000
外购动力费用分配表		5 760			5 760
职工薪酬费用分配表			67 200		67 200
制造费用分配表				82 181.4	82 181.4
本月生产费用	140 000	5 760	67 200	82 181.4	295 141.4
合计	158 000	6 960	75 900	92 060	332 920
结转完工产品成本	158 000	6 960	75 900	92 060	332 920
完工产品单位成本	158	6.96	75.9	92.06	332.92

（五）结转完工产品成本

根据甲、乙产品成本明细账中的完工产品成本，汇总编制产成品成本汇总表，结转完工产品成本，见表 5-16。

表 5-16　产成品成本汇总表

201×年 3 月　　　　　　　　　　　　　　　　　　单位：元

产品名称	产量	直接材料	燃料和动力	直接人工	制造费用	总成本	单位成本
甲产品	1 500 件	177 600	9 330	84 000	99 825	370 755	247.17
乙产品	1 000 件	158 000	6 960	75 900	92 060	332 920	332.92
合计		335 600	16 290	159 900	191 885	703 675	

根据表 5-16，编制会计分录如下：

借：库存商品——甲产品　　370 755
　　　　　　——乙产品　　332 920
　　贷：生产成本——基本生产成本——甲产品　　370 755
　　　　　　　　　　　　　　　　——乙产品　　332 920

【课堂测试 5-2】

1. 品种法的成本计算对象是（　　）。
   A. 产品品种　　　　　　　B. 产品类别
   C. 产品批别　　　　　　　D. 产品生产步骤
2. 在各种成本计算方法中，最基本的成本计算方法是（　　）。
   A. 分类法　　　　　　　　B. 品种法
   C. 分批法　　　　　　　　D. 分步法
3. （多选题）品种法的特点是（　　）。
   A. 要求以产品品种作为成本计算对象
   B. 一般需要按月定期计算产品成本
   C. 一般适用于大量大批生产
   D. 成本计算期与生产周期一致
4. （多选题）品种法一般适用于（　　）。
   A. 大量大批单步骤生产的企业

B. 供水、供电等单步骤生产的辅助生产车间
C. 单件小批生产的企业
D. 大量大批多步骤生产,但管理上不要求按生产步骤计算产品成本的企业

5. "辅助生产车间如供水、供电车间,通常使用分批法计算成本"这句话是否正确,如果错误,说明为什么?

第三节 分批法

一、分批法的适用范围

产品成本计算的分批法是以产品批别（或订单）为成本计算对象,归集生产费用,计算产品成本的一种方法。

分批法主要适用于小批生产、单件生产的企业。如重型机械、造船、精密仪器、专用设备等,此外,企业的新产品试制、机器设备的维修、工具模具的生产,也可以采用该种方法计算成本。

在小批、单件生产的企业中,生产往往是按照购买者的订单进行的,每张订单所订的产品种类和规格可能都不一样,所以一张订单的成本往往与其他订单的成本分别归集,因此分批法也叫订单法。

二、分批法的特点

（　）成本计算对象

采用分批法计算产品成本的企业或车间,成本计算对象是产品批别（单件生产为件别）。

在小批、单件生产中,产品的种类和数量一般是根据购买单位的订单确定的,因此,按件、批计算产品成本,往往也就是按订单计算产品成本。

但严格说来,按批别组织生产,并不一定就是按订单组织生产,还要结合企业自身的生产负荷能力,来合理组织安排产品生产的批量与批次。如果一张订单有几种产品,为了便于考核分析各种产品的成本计划执行情况,加强生产管理,企业可以将该订单按照产品的品种划分成几个批别组织生产;如果一张订单中只要求生产一种产品,但数量极大,超过企业的生产负荷能力,或者购货单位要求分批交货的,企业也可以将该订单分为几个批别组织生产;如果一张订单中只要求生产一件产品,但该产品属于价值高、生产周期长的大型复杂

产品（如大型船舶制造），也可将该订单按产品的零部件分为几个批别组织生产；如果在同一时期接到的几张订单要求生产的都是同一种产品，为了更经济合理地组织生产，也可将这几张订单合为一批组织生产。在这些情况下，分批法的成本计算对象就不是购货单位的订货单，而是企业生产计划部门签发下达的生产任务通知单，单内应该对该批生产任务进行编号，成为产品批号或生产号令。

该方法下，应按照产品批号设立成本明细账，生产费用发生后，按产品批别进行归集和分配。对于能够直接计入某种批别的生产费用直接计入该批号成本明细账的有关成本项目，对于间接计入费用，应采用适当的分配方法，在各批产品之间进行分配，然后分别计入各批产品成本明细账的有关成本项目。

（二）成本计算期

在分批法下，产品成本的计算是与生产任务通知单的签发和结束紧密配合的，各批或各订单产品的成本是在其完工以后（完工月份的月末）计算确定的，即产品成本计算是不定期的。因此，该种方法下产品成本计算期与产品的生产周期基本一致，而与会计报告期不一致。

（三）费用在完工产品和在产品之间的分配

在单件生产中，产品完工之前，产品成本明细账中所汇集的生产费用全部是在产品的生产成本，而产品完工时所汇集的生产费用就是产成品的成本，因此，在月末计算产品成本时，不存在完工产品和月末在产品之间分配费用的问题。

在小批生产中，由于产品批别小，批内产品一般都能按时完工，产品成本明细账中所汇集的生产费用，通常也不存在在完工产品与月末在产品之间分配费用的问题。但在小批生产中，有时一批产品也有跨月陆续完工的情况。这种情况下，如果月末完工产品的数量占全批数量的比重较小，为了简化计算，完工产品成本可以先按计划单位成本、定额成本或近期相同产品的实际单位成本计算并转出，用产品成本明细账中的生产费用减去转出的完工产品成本后的余额，即为在产品成本；等到该批产品全部完工时，再计算全批产品的实际总成本和单位成本，但对已经转账的完工产品成本，不做账面调整。如果月末完工产品的数量占全批数量的比重比较大，应采用适当的方法，在完工产品和月末在产品之间分配费用，计算出完工产品成本和月末在产品成本。

三、分批法的计算程序

分批法的成本计算程序可以概括为以下六个方面：一是按产品批别设置产

品成本明细账；二是按产品批别归集各项要素费用；三是分配跨期待摊费用；四是归集和分配辅助生产费用；五是归集基本生产车间的制造费用，并在各批产品之间进行分配；六是结转完工产品成本。可以看出，分批法与品种法的区别主要表现在成本明细账的设置与登记上。

四、分批法举例

【例 5-2】某工业企业根据购买单位订单小批生产甲、乙、丙三种产品，采用分批法计算产品成本。201×年 3 月生产情况和生产费用支出情况的资料如下：

（1）本月份生产产品的批号及完工情况：

201 批号甲产品 10 件，2 月投产，本月全部完工；
202 批号乙产品 15 件，2 月投产，本月完工 10 件，未完工 5 件；
301 批号丙产品 12 件，本月投产，计划 5 月完工，本月提前完工 2 件。

（2）月初在产品成本：

表 5-17　月初在产品成本

单位：元

产品批号	直接材料	直接人工	制造费用	合计
201	28 420	11 010	9 550	48 980
202	30 300	16 880	11 560	58 740

（3）本月生产费用：

表 5-18　本月生产费用

单位：元

产品批号	直接材料	直接人工	制造费用	合计
201		12 300	10 560	22 860
202		19 240	16 580	35 820
301	38 200	11 360	10 280	59 840

（4）完工产品与月在产品之间费用分配：

①202 批号乙产品，本月末完工产品数量较大，采用约当产量法分配完工产品与在产品之间的生产费用。原材料是在生产开始时一次投入，在产品完工率为 40%。

②301批号丙产品，本月末完工产品数量2件，为简化核算，完工产品按计划成本转出，每件计划成本为：直接材料3 200元，直接人工1 260元，制造费用1 050元，合计5 510元。

根据上述资料，登记各批号产品成本明细账，见表5-19、5-20和5-21。

表5-19 甲产品成本明细账

批号：201　　　　　　　　　　　　　　　　　　　　投产数量：10件
产品名称：甲产品　　　　　　本月完工：10件　　　　　单位：元

项目	直接材料	直接人工	制造费用	合计
月初在产品成本	28 420	11 010	9 550	48 980
本月生产费用		12 300	10 560	22 860
合计	28 420	23 310	20 110	7 1840
结转完工产品成本	28 420	23 310	20 110	7 1840
完工产品单位成本	2 842	2 331	2 011	7 184

表5-20 乙产品成本明细账

批号：202　　　　　　　　　　　　　　　　　　　　投产数量：15件
产品名称：乙产品　　　　　　本月完工：10件　　　　　单位：元

项目	直接材料	直接人工	制造费用	合计
月初在产品成本	30 300	16 880	11 560	58 740
本月生产费用		19 240	16 580	35 820
合计	30 300	36 120	28 140	94 560
结转完工产品成本	20 200	30 100	23 450	73 750
完工产品单位成本	2 020	3 010	2 345	7 375
月末在产品成本	10 100	6 020	4 690	20 810

表5-20中，202号乙产品成本明细账中各项费用分配计算如下：

（1）直接材料费用分配

$$直接材料费用分配率 = \frac{30\,300}{10+5} = 2\,020$$

完工产品应分配的直接材料费用 = 10 × 2 020 = 20 200（元）

月末在产品应分配的直接材料费用 = 5 × 2 020 = 10 100（元）

（2）加工费用分配

月末在产品约当产量 = 5×40% = 2（件）

①直接人工费用分配

$$直接人工费用分配率 = \frac{36\,120}{10+2} = 3\,010$$

完工产品应分配的直接人工费用 = 10×3 010 = 30 100（元）

月末在产品应分配的直接人工费用 = 2×3 010 = 6 020（元）

②制造费用分配

$$制造费用分配率 = \frac{28\,140}{10+2} = 2\,345$$

完工产品应分配的制造费用 = 10×2 345 = 23 450（元）

月末在产品应分配的制造费用 = 2×2 345 = 4 690（元）

表 5-21 丙产品成本明细账

批号：301　　　　　　　　　　　　　　　　　　　投产数量：12 件

产品名称：丙产品　　　　　本月完工：2 件　　　　　　　单位：元

项目	直接材料	直接人工	制造费用	合计
本月生产费用	38 200	11 360	10 280	59 840
单位计划成本	3 200	1 260	1 050	5 510
结转完工产品成本	6 400	2 520	2 100	11 020
月末在产品成本	31 800	8 840	8 180	48 820

五、简化的分批法

在小批、单件生产的企业中，如果同一月内投产的产品批别很多，生产周期长，且月末没有完工的批别也比较多，这种情况下，即使月末完工产品的批别较少或者没有完工产品，还需要将各项间接计入费用在各批别产品之间进行分配，费用分配的工作将会非常繁琐。因此，为了简化工作，可以采用简化了的分批法。

简化的分批法是一种不分批计算在产品应负担的加工费用的成本计算方法，该方法也称为不分批计算在产品成本的分批法或累计间接计入费用分配法。简化分批法的特点是：

第一，设立基本生产成本二级账，将月内各批别产品发生的生产费用，按成本项目（直接材料、直接人工、制造费用等）登记在基本生产成本二级账中，并登记生产工时。

第二，按产品批别设立产品成本明细账，与基本生产成本二级账平行登记，若某个批别产品没有完工，则该批别产品成本明细账只登记直接材料和生产工时，而不反映应负担的直接人工和制造费用。

第三，在有完工产品的月份，按照基本生产成本二级账中累计工时比例，分配直接人工和制造费用等间接计入费用，并将分配的间接计入费用分别计入按产品批别设置的成本明细账。涉及的计算公式如下：

$$\text{累计间接计入费用分配率} = \frac{\text{月初在产品的间接计入费用} + \text{本月发生的间接计入费用}}{\text{月初在产品的累计工时} + \text{本月发生的工时}}$$

$$\text{某批完工产品应负担的间接计入费用} = \text{该批完工产品累计工时} \times \text{间接计入费用分配率}$$

第四，将计算出的已完工的各批别的产品成本，计入基本生产成本二级账，并计算出月末在产品成本。

【例 5-3】某工业企业小批生产多种产品，由于产品批数多，为了简化成本计算工作，采用简化的分批法计算产品成本。

（1）该企业4月份的产品批号有：

203 批号甲产品 8 件，2 月投产，本月完工；

302 批号乙产品 18 件，3 月投产，本月完工 12 件，月末在产品 6 件；

303 批号丙产品 12 件，3 月投产，月末尚未完工；

401 批号丁产品 6 件，4 月投产，月末尚未完工。

（2）该企业本月月初在产品成本及生产工时，反映在基本生产成本二级账及各产品成本明细账中（见表 5-22、5-23、5-24、5-25 和 5-26 中 3 月 31 日资料）。

（3）该企业本月各批号产品领用材料 110 900 元，其中：203 批号甲产品 36 500 元，303 批号丙产品 54 600 元，401 批号丁产品 19 800 元。

（4）该企业本月各批号产品生产工时共计 15 000 小时，其中：203 批号甲产品 2 800 小时，302 批号乙产品 6000 小时，303 批号丙产品 3200 小时，401 批号丁产品 3000 小时。

根据上述资料，计算 4 月产品成本，见表 5-22、5-23、5-24、5-25 和 5-26。

表 5-22 基本生产成本二级账

（各批产品全部成本） 单位：元

日期	摘要	生产工时（小时）	成本项目			合计
			直接材料	直接人工	制造费用	
3月31日	在产品	5 000	63 600	26 800	2 2400	112 800
4月30日	本月发生	15 000	110 900	42 200	3 1600	184 700
4月30日	累计	20 000	174 500	69 000	5 4000	297 500
4月30日	间接计入费用分配率			3.45	2.7	
4月30日	结转完工产品	9 600	75 800	33 120	25 920	134 840
4月30日	月末在产品	10 400	98 700	35 880	28 080	162 660

表 5-22 中，各数据填列如下：

①3月31日在产品的生产工时和各项费用等信息根据上月资料登记；

②本月发生的生产工时和直接材料费用，应根据本月原材料费用分配表、生产工时记录，与各批产品成本明细账平行登记；本月发生各项间接计入费用（直接人工费用和制造费用），应根据各自的费用分配表汇总登记；

③累计间接计入费用分配率计算如下：

$$直接人工费用累计分配率 = \frac{69\,000}{20\,000} = 3.45$$

$$制造工费用累计分配率 = \frac{54\,000}{20\,000} = 2.7$$

④本月完工转出产品的生产工时和直接材料费用，应根据各批产品的成本明细账中完工产品的生产工时和直接材料费用汇总登记；完工产品的各项间接计入费用，可以根据账中完工产品工时分别乘以各项累计间接计入费用分配率计算登记，也可以根据各批产品成本明细账汇总登记；

⑤月末在产品的生产工时、直接材料费用、直接人工费用和制造费用可以根据账中累计数减去完工产品转出数计算得出，或者月末在产品的生产工时和直接材料费用，也可以根据各批产品成本明细账汇总登记，而直接人工费用和制造费用可以根据月末在产品的生产工时分别乘以各项累计间接计入费用分配率计算登记。

表 5-23 甲产品成本明细账

批号：203　　　　　　　　　　　　　　　　　　　　　投产数量：8 件
产品名称：甲产品　　　　　　　本月完工：8 件　　　　　　　单位：元

日期	摘要	生产工时（小时）	直接材料	直接人工	制造费用	合计
3 月 31 日	在产品	1 200	13 500			
4 月 30 日	本月发生	2 800	36 500			
4 月 30 日	累计	4 000	50 000			
4 月 30 日	间接计入费用分配率			3.45	2.7	
4 月 30 日	结转完工产品	4 000	50 000	13 800	10 800	78 600
4 月 30 日	单位成本		6 250	1 725	1 350	9 325

注：间接计入费用分配率，根据基本生产成本二级账登记。

表 5-24 乙产品成本明细账

批号：302　　　　　　　　　　　　　　　　　　　　　投产数量：18 件
产品名称：乙产品　　　　　　　本月完工：12 件　　　　　　　单位：元

日期	摘要	生产工时（小时）	直接材料	直接人工	制造费用	合计
3 月 31 日	在产品	2 000	38 700			
4 月 30 日	本月发生	6 000				
4 月 30 日	累计	8 000	38 700			
4 月 30 日	间接计入费用分配率			3.45	2.7	
4 月 30 日	结转完工产品	5 600	25 800	19 320	15 120	60 240
4 月 30 日	单位成本		2 150	1 610	1 260	5 020
4 月 30 日	月末在产品	2 400	12 900			

注：302 批产品原材料是在生产开始时一次性投入。

表 5-25 丙产品成本明细账

批号：303　　　　　　　　　　　　　　　　　　　　　　　　投产数量：12 件
产品名称：丙产品　　　　　　本月完工：0 件　　　　　　　　　单位：元

日期	摘要	生产工时（小时）	成本项目			合计
			直接材料	直接人工	制造费用	
3月31日	在产品	1 800	11 400			
4月30日	本月发生	3 200	54 600			
4月30日	累计	5 000	66 000			
4月30日	月末在产品	5 000	66 000			

表 5-26 丁产品成本明细账

批号：401　　　　　　　　　　　　　　　　　　　　　　　　投产数量：6 件
产品名称：丁产品　　　　　　本月完工：0 件　　　　　　　　　单位：元

日期	摘要	生产工时（小时）	成本项目			合计
			直接材料	直接人工	制造费用	
4月30日	本月发生	3 000	19 800			

在表 5-23、5-24、5-25 和 5-26 中，各数据填列如下：

①对于没有完工产品的月份，只登记生产工时和直接材料费用，这些批别发生的累计生产工时和直接材料费用，也就是月末在产品的生产工时和直接材料费用，如 303 批别和 401 批别；

②对于有完工产品（批内产品全部完工或部分完工）的月份，除了登记生产工时和直接材料费用及相应累计数外，还应该根据基本生产成本二级账登记的各项累计间接计入费用分配率，分配直接人工费用和制造费用。如 203 批别产品月末全部完工，其产品成本明细账中累计的生产工时和直接材料费用，就是完工产品的生产工时和直接材料费用，而直接人工费用和制造费用需要按生产工时分别乘以各项累计间接计入费用分配率计算得出。302 批别产品，月末批内产品部分完工，因此还应在完工产品月月末在产品之间分配生产工时和直接材料费用，该批产品所耗直接材料是在生产开始时一次性投入，在产品工时按定额工时计算。

由此可见，简化的分批法，在没有完工产品的月份，各月发生的间接计入费用，不是按月在各批产品之间进行分配，而是将这些间接费用先分别累计在一起，并登记在基本生产成本二级账中。在有完工产品的月份，再用基本生产成本二级账中的累计工时和累计间接计入费用计算累计间接计入费用分配率，然后用累计间接计入费用分配率乘以完工产品的生产工时，计算出完工产品应负担的间接计入费用，再登记到对应的产品成本明细账中。没有完工产品的各批别产品成本明细账，只登记生产工时和直接材料费用，不分配间接计入费用，这样就大大简化了费用分配和成本核算工作。

【课堂测试5-3】

1. 采用分批法计算产品成本时，若是单件生产，月末计算产品成本时（　　）。
   A. 应采用同小批生产一样的核算方法
   B. 区别不同情况确定是否分配生产费用
   C. 需要将生产费用在完工产品和月末在产品之间进行分配
   D. 不需要将生产费用在完工产品和月末在产品之间进行分配

2. 采用简化的分批法，在各批产品完工前按批别设立的产品成本明细账内（　　）。
   A. 只登记直接材料费用，不登记生产工时和直接人工费用
   B. 只登记生产工时，不登记直接材料费用和直接人工费用
   C. 只登记生产工时和直接材料费用
   D. 只登记生产工时、直接材料费用和直接人工费用

3. （多选题）分批法适用于（　　）。
   A. 单件生产的企业　　　　B. 小批生产的企业
   C. 新产品的试制　　　　　D. 辅助生产车间的工具制造
   E. 设备的修理

4. （多选题）分批法的特点（　　）。
   A. 按产品批别或件别计算成本
   B. 通常不存在生产费用在完工产品与月末在产品之间分配
   C. 成本计算期与会计报告期相同，与生产周期不同
   D. 成本计算期与生产周期相同，与会计报告期不同

5. "分批法一般是根据购买单位的订单组织生产的，在一份订单中即便存在多种产品也应合为一批组织生产"这句话是否正确，如果错误，说明为什么？

第四节 分步法

一、分步法的适用范围

产品成本计算的分步法是以产品的生产步骤为成本计算对象，按照产品的生产步骤归集生产费用，计算产品成本的一种方法。

分步法主要适用于大量、大批的多步骤生产，如冶金、纺织、造纸以及大量大批生产的机械制造业等。因为这些企业中，产品生产可以划分为若干个生产步骤，例如，冶金企业的生产分为炼铁、炼钢、轧钢等步骤；纺织企业的生产可以分为纺纱、织布等步骤；造纸企业的生产分为制浆、制纸、包装等步骤；机械制造企业的生产分为铸造、加工、装配等步骤。

为了加强成本管理，往往不仅要求按照产品品种归集生产费用，计算产品成本，而且还要求按照产品的生产步骤归集生产费用，计算各步骤产品成本，以便为考核和分析各种产品及各生产步骤成本计划的执行情况提供资料。

二、分步法的特点

（一）成本计算对象

分步法下的成本计算对象是各种产品的生产步骤，因此，在计算产品成本时，应按照产品的生产步骤设立产品成本明细账。

如果企业只生产一种产品，其成本计算对象就是该种产品及其所经过的各生产步骤，产品成本明细账应该按照产品的生产步骤设立。

如果企业生产多种产品，其成本计算对象则是各种产品及其所经过的各生产步骤，产品成本明细账应该按照每种产品的各个生产步骤设立。

需要指出的是，在实际工作中，产品成本计算的分步与产品生产步骤的划分不一定完全一致。例如，在按生产步骤设立车间的企业中，一般来讲，分步计算成本也就是分车间计算成本；如果企业生产规模很大，车间内又分成几个生产步骤，而且管理上又要求分步计算成本时，也可以在车间内再分步计算成本；如果企业生产规模很小，管理上也不要求分车间计算成本，也可以将几个车间合并为一个步骤计算成本。总之，应该根据企业管理的要求，本着简化计算工作的原则，确定成本计算对象。

（二）成本计算期

在大量、大批多步骤生产中，由于生产过程较长，产品重复不断地投入与产出，往往都是跨月陆续完工，只能定期按月计算产品成本，因此，该种方法下，产品成本计算期与会计报告期一致，而与产品的生产周期不一致。

（三）费用在完工产品和在产品之间的分配

在大量、大批多步骤生产中，产品往往是跨月陆续完工，在月末计算产品成本时，各生产步骤一般都存在未完工的在产品，因此，需要采用适当的分配方法，将计入各种产品、各生产步骤成本明细账中的生产费用，在完工产品与月末在产品之间进行分配，分别计算各种产品及其各生产步骤的完工产品成本和月末在产品成本。

（四）各步骤之间成本的结转

对于分步骤进行生产的产品，上一步骤生产的半成品是下一步骤的加工对象。因此，为了计算各种产品的产成品成本，还需要按照产品品种，结转各步骤产品成本。也就是说，与其他成本计算方法不同，分步法的一个重要特点就是，在计算产品成本时，各步骤之间还存在着成本结转问题。

由于各个企业成本管理对各生产步骤成本资料的要求（要不要计算各生产步骤的半成品成本）不同，各生产步骤成本的计算和结转，有逐步结转和平行结转两种不同的处理方法。因此，产品成本计算的分步法也就分为逐步结转分步法和平行结转分步法两种。

三、逐步结转分步法

（一）逐步结转分步法的适用范围

逐步结转分步法是按照产品加工的顺序，逐步计算并结转半成品成本，直到最后加工步骤才能计算产成品成本的一种方法。它是按照加工顺序先计算第一个加工步骤的半成品成本，然后结转给第二个加工步骤，这时第二个步骤把第一个步骤转来的半成品成本加上本步骤耗用的材料和加工费用，即可求得第二个加工步骤的半成品成本，如此顺序逐步转移累计，直到最后一个加工步骤才能计算出产成品成本。逐步结转分步法就是为了分步计算半成品成本而采用的一种分步法，也称为"计算半成品成本分步法"。

这种方法主要适用于大量、大批连续式多步骤生产的企业。有的企业不仅将产成品作为商品对外销售，而且生产步骤所产半成品也经常作为商品对外销售，比如，钢铁厂的生铁、钢锭，纺织厂的棉纱等，需要计算半成品成本；有的企业所产的半成品，为本企业几种产品所耗用，为了分别计算各种产品的成本,也要计算这些半成品的成本,比如,造纸企业的纸浆等;有的企业,实行厂内经济核算或责任会计,为了全面考核和分析各生产步骤等内部单位的生产耗费和资金占用水平,需要随半成品实物在各个生产步骤之间进行转移,逐步计算并结转半成品成本。

(二)逐步结转分步法的成本计算程序

1. 半成品不通过半成品库收发的成本计算程序

如果半成品完工后,不通过半成品库收发,直接为下一步骤所领用,各步骤所耗用的上一步骤所产半成品的成本,要伴随着半成品实物的转移而同步转移,从上一步骤的产品成本明细账直接转入下一步骤相同产品的产品成本明细账中,以便逐步计算各步骤的半成品成本和最后步骤的产成品成本。这一计算程序如图5-1所示。

图5-1 逐步结转分步法的成本计算程序(不通过半成品库收发)

半成品若不通过半成品库收发,而为下一步骤直接领用,半成品成本可在各步骤的产品成本明细账中直接结转。如图5-1中,第一步骤半成品在结转到第二步骤时,借记"生产成本——基本生产成本——二车间"账户,贷记"生产成本——基本生产成本——一车间"账户

2. 半成品通过半成品库收发的成本计算程序

如果半成品完工后,要通过半成品库收发,而下一步骤生产需要从半成品库领用上一步骤的半成品,则需要设置"自制半成品"账户。在半成品验收入库时,借记"自制半成品"账户,贷记"生产成本——基本生产成本"账户,在下一步骤领用时,再做相反的会计分录。这种结转各步骤成本的基本程序如图5-2所示。

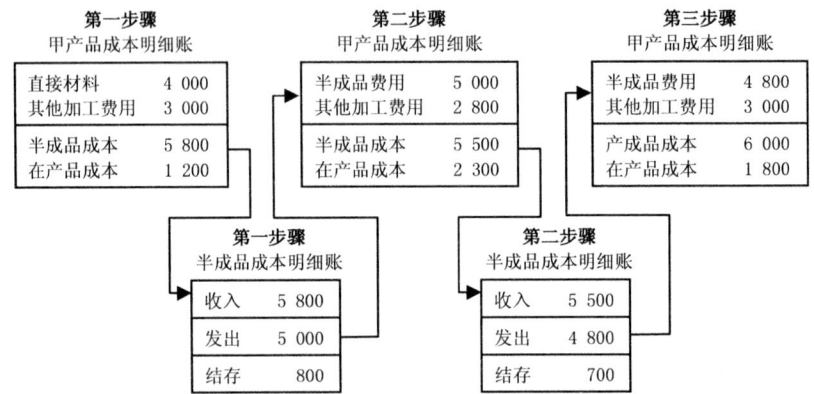

图 5-2 逐步结转分步法的成本计算程序(通过半成品库收发)

上述计算程序表明,每一个生产步骤都是一个品种法,逐步结转分步法实际上是品种法的多次连续应用。

采用逐步结转分步法,按照半成品成本在下一步骤产品成本明细账中的反映方式,还可以分为综合结转和分项结转两种方法。

(三)逐步综合结转分步法

综合结转法,是指上一步骤转入下一步骤的半成品成本,不分成本项目,以一个总数综合列入下一步骤的产品成本明细账的"直接材料"或专设的"半成品"项目中。

综合结转可以按照半成品的实际成本结转,也可以按照半成品的计划成本结转。

1. 半成品按实际成本结转

采用这种结转方法,各步骤所耗上一步骤的半成品费用,应按照所耗半成品数量乘以半成品的实际单位成本计算。如果半成品通过半成品库收发,由于各月所生产的半成品的单位成本不同,因而所耗半成品的单位成本可以同材料核算一样,可以根据企业实际情况,采用先进先出或者加权平均等方法计算。

【例 5-4】假定甲产品生产分两个步骤,在两个车间内进行生产。第一车间为第二车间提供半成品,半成品通过半成品库收发。两个车间产品所耗的原材料或半成品均是在生产开始时一次投入的,第二车间所耗半成品费用按全月一次加权平均单位成本计算。两个车间的完工产品与月末在产品之间的费用分配均采用约当产量比例法,两个车间在产品完工率均为 50%。各步骤之间的成本结转采用逐步综合结转分步法计算产品成本。产品有关产量和生产费用资料见表 5-27 和表 5-28。

表 5-27 产品的产量资料

单位：件

项目	第一车间	第二车间
	半成品	甲产品
月初在产品数量	200	400
本月投产数量	2 200	1 800
本月完工产品数量	2 000	1 600
月末在产品数量	400	600

表 5-28 生产费用资料

单位：元

项目	月初在产品成本		本月生产费用	
	第一车间	第二车间	第一车间	第二车间
直接材料（半成品）	50 200	100 600	281 000	
直接人工	21 600	36 000	106 000	78 000
制造费用	17 600	22 400	88 000	65 000
合计	89 400	159 000	475 000	143 000

（1）根据表 5-28 中生产费用资料登记第一车间甲产品（半成品）成本明细账中月初在产品成本和本月生产费用两行数据，并运用约当产量法在完工半成品与月末在产品之间进行费用分配，计算出第一车间完工半成品成本和月末在产品成本，见表 5-29。

表 5-29 甲产品（半成品）成本明细账

201×年 3 月　　　　本月完工：2 000 件

车间名称：第一车间

单位：元

项目	直接材料	直接人工	制造费用	合计
月初在产品成本	50 200	21 600	17 600	89 400
本月生产费用	281 000	106 000	88 000	475 000
合计	331 200	127 600	105 600	564 400
完工产品（半成品）成本	276 000	116 000	96 000	488 000
单位成本（费用分配率）	138	58	48	244
月末在产品成本	55 200	11 600	9 600	76 400

表 5-29 中，甲产品（半成品）成本明细账中各项费用分配计算如下：
① 直接材料费用分配

$$直接材料费用分配率 = \frac{331\,200}{2\,000+400} = 138$$

完工半成品应分配的直接材料费用 = 2 000×138 = 276 000（元）
月末在产品应分配的直接材料费用 = 400×138 = 55 200（元）
② 加工费用分配
月末在产品约当产量 = 400×50% = 200（件）
a. 直接人工费用分配

$$直接人工费用分配率 = \frac{127\,600}{2\,000+200} = 58$$

完工半成品应分配的直接人工费用 = 2 000×58 = 116 000（元）
月末在产品应分配的直接人工费用 = 200×58 = 11 600（元）
b. 制造费用分配

$$制造费用分配率 = \frac{105\,600}{2\,000+200} = 48$$

完工半成品应分配的制造费用 = 2 000×48 = 96 000（元）
月末在产品应分配的制造费用 = 200×48 = 9 600（元）

根据第一车间甲产品（半成品）成本明细账中的完工半成品成本和半成品入库单，编制会计分录如下：

借：自制半成品——甲半成品　　488 000
　　贷：生产成本——基本生产成本——第一车间　488 000

（2）根据第一车间甲产品（半成品）成本明细账、半成品入库单以及第二车间领用半成品的领用单，登记自制半成品明细账，见表 5-30。

表 5-30　自制半成品明细账

产品名称：甲半成品　　　　　　　　　　　　　　　　　　　　　　单位：元

月份	月初余额		本月增加		合计			本月减少	
	数量（件）	实际成本	数量（件）	实际成本	数量（件）	实际成本	单位成本	数量（件）	实际成本
3	200	53 200	2 000	488 000	2 200	541 200	246	1 800	442 800
4	400	98 400							

$$加权平均单位成本 = \frac{53\,200 + 488\,000}{200 + 2\,000} = 246$$

本月减少（第二车间领用）=1 800×246=442 800（元）

根据第二车间半成品领用单和自制半成品明细账所列半成品单位成本，编制会计分录如下：

借：生产成本——基本生产成本——第二车间　　442 800
　　贷：自制半成品——甲半成品　　　　　　　　　　　442 800

（3）根据表5-28中生产费用资料和第二车间半成品领用单登记第二车间甲产品（产成品）成本明细账中月初在产品成本和本月生产费用两行数据，并运用约当产量法在完工产成品与月末在产品之间进行费用分配，计算出第二车间完工产成品成本和月末在产品成本，见表5-31。

表 5-31 甲产品（产成品）成本明细账

201×年3月　　　　　　　　本月完工：1 600 件

车间名称：第二车间　　　　　　　　　　　　　　　　　单位：元

项目	半成品	直接人工	制造费用	合计
月初在产品成本	100 600	36 000	22 400	159 000
本月生产费用	442 800	78 000	65 000	585 800
合计	543 400	114 000	87 400	744 800
完工产品（产成品）成本	395 200	96 000	73 600	564 800
单位成本（费用分配率）	247	60	46	353
月末在产品成本	148 200	18 000	13 800	180 000

表5-31中，甲产品（产成品）成本明细账中各项费用分配计算如下：

① 半成品费用分配

$$半成品费用分配率 = \frac{543\,400}{1\,600 + 600} = 247$$

完工产成品应分配的半成品费用 = 1 600 × 247 = 395 200(元)
月末在产品应分配的半成品费用 = 600 × 247 = 148 200(元)

② 加工费用分配

月末在产品约当产量 = 600 × 50% = 300(件)

a. 直接人工费用分配

$$直接人工费用分配率 = \frac{114\,000}{1\,600 + 300} = 60$$

完工产成品应分配的直接人工费用 = 1 600 × 60 = 96 000(元)
月末在产品应分配的直接人工费用 = 300 × 60 = 18 000(元)

b. 制造费用分配

$$制造费用分配率 = \frac{87\ 400}{1\ 600 + 300} = 46$$

完工产成品应分配的制造费用 = 1 600 × 46 = 73 600(元)
月末在产品应分配的制造费用 = 300 × 46 = 13 800(元)

根据第二车间甲产品（产成品）成本明细账中的完工产成品成本和产成品入库单，编制会计分录如下：

借：库存商品——甲产品　　　　　　　　　　564 800
　　贷：生产成本——基本生产成本——第二车间　564 800

2. 半成品按计划成本结转

按照计划成本综合结转半成品成本的核算原理，与材料按计划成本进行日常核算类似。采用这种结转方法，半成品日常收发的明细核算均按计划成本计价核算，月末当半成品实际成本计算出来后，再计算半成品成本的成本差异率，将所耗半成品的计划成本调整为实际成本。

若半成品按计划成本结转，在自制半成品明细账中，不仅要反映半成品收发和结存的数量和实际成本，而且还要反映其计划成本、成本差异额和成本差异率。另外，在产品成本明细账中，对于所耗用半成品的成本，可以直接按照调整成本差异后的实际成本登记；也可以按照计划成本和成本差异分别登记，以便于分析上一步骤半成品成本差异对本步骤成本的影响。若采用后一种登记方法，产品成本明细账中的"半成品"项目，要分设"计划成本""成本差异"和"实际成本"三栏。

【例 5-5】仍以例 5-4 的资料为例，假设采用半成品成本按计划成本综合结转的方法。

（1）第一车间甲产品（半成品）成本明细账同例 5-4 中的表 5-29。

（2）根据第一车间本月入库甲半成品的实际成本、甲半成品的计划单位成本（250 元/件）、半成品入库单记录的入库数量、第二车间半成品领用单记录的甲半成品领用数量以及月初甲半成品的数量、计划成本和实际成本等资料，计算本月甲半成品的成本差异率，并据以计算第二车间领用甲半成品应负担的成本差异，登记自制半成品明细账，见表 5-32。

表 5-32 自制半成品明细账

产品名称：甲半成品　　　　　　　计划单位成本：250 元/件　　　　　　单位：元

项　目		3月	4月
月初余额	数量（件）	200	400
	计划成本	50 000	100 000
	实际成本	53 200	98 400
本月增加	数量（件）	2 000	
	计划成本	500 000	
	实际成本	488 000	
合计	数量（件）	2 200	
	计划成本	550 000	
	实际成本	541 200	
	成本差异	-8 800	
	成本差异率	-1.60%	
本月减少	数量（件）	1 800	
	计划成本	450 000	
	实际成本	442 800	

$$\text{半成品成本差异率} = \frac{\text{月初结存半成品成本差异} + \text{本月入库半成品成本差异}}{\text{月初结存半成品计划成本} + \text{本月入库半成品计划成本}}$$

$$= \frac{(53\,200 - 50\,000) + (488\,000 - 500\,000)}{50\,000 + 500\,000}$$

$$= \frac{3\,200 + (-12\,000)}{50\,000 + 500\,000}$$

$$= \frac{-8\,800}{550\,000}$$

$$= -1.60\%$$

$$\text{本月减少半成品成本差异} = \text{本月减少半成品计划成本} \times \text{半成品成本差异率}$$

$$= 450\,000 \times (-1.60\%)$$

$$= -7\,200\,(\text{元})$$

$$\text{本月减少半成品实际成本} = \text{本月减少半成品计划成本} + \text{本月减少半成品成本差异}$$
$$= 450\,000 + (-7\,200)$$
$$= 442\,800(元)$$

（3）根据上月第二车间产品成本明细账所记录的月末在产品成本和本月的各种生产费用、半成品领用单（包括领用的数量、计划成本、成本差异和实际成本等数据），登记第二车间甲产品成本明细账中月初在产品成本和本月费用两行的有关数据，以及生产费用的合计数，并采用在产品按约当产量法将生产费用合计数在完工产品与月末在产品之间进行分配，计算出第二车间完工产成品成本和月末在产品成本，见表5-33。

表5-33 甲产品（产成品）成本明细账

201×年3月　　　　　　　　本月完工：1 600件

车间名称：第二车间　　　　　　　　　　　　　　单位：元

项目	半成品			直接人工	制造费用	合计
	计划成本	成本差异	实际成本			
月初在产品成本	94 500	6 100	100 600	36 000	22 400	159 000
本月生产费用	450 000	-7 200	442 800	78 000	65 000	585 800
合计	544 500	-1 100	543 400	114 000	87 400	744 800
产成品成本	396 000	-800	395 200	96 000	73 600	564 800
单位成本	247.50	-0.50	247	60	46	353
月末在产品成本	148 500	-300	148 200	18 000	13 800	180 000

注：完工产品成本和月末在产品成本按约当产量法计算（同例5-4）。

按计划成本综合结转半成品成本与按实际成本综合结转半成品成本相比，有如下优点：

第一，简化核算工作。按计划成本结转半成品成本可以简化、加速半成品收发的凭证计价和记账工作；在半成品种类较多，按类计算半成品成本差异、调整所耗半成品成本差异时，可以省去按品种、规格设立半成品成本明细账，逐一计算所产半成品的实际成本和成本差异的大量计算工作；如果月初半成品结存量较大,本月耗用的半成品大部分甚至全部是月初的,这时本月所耗半成品成本差异的调整可以根据上月半成品的成本差异率计算。

第二,便于各步骤进行成本考核和分析。按计划成本结转半成品成本,可以在各步骤的产品成本明细账中分别反映所耗半成品的计划成本、成本差异和实际成本,因而在分析各步骤产品成本时,可以扣除上一步骤半成品成本节约(或超支)对本步骤产品成本的影响,有利于分清经济责任,考核各步骤的经济效益。

3. 综合结转法的成本还原

采用综合结转法结转半成品成本,各步骤(第一步骤除外)所耗半成品的成本是以"半成品"或"直接材料"项目综合反映的,也就意味着,在完工产成品成本的构成中,绝大部分是最后一个步骤所耗上步骤的半成品成本,而直接人工费用和制造费用等其他加工费用则是最后一个步骤发生的费用。这样计算出的完工产品成本,不符合产品的实际成本结构,不能提供按原始成本项目反映的成本资料,不便于从整个企业角度分析和考核产品成本的构成,也不利于加强产品成本的管理。因此,需要对综合结转法计算出来的产品成本进行"成本还原"。

所谓"成本还原",就是将产成品耗用各步骤半成品的综合成本,逐步分解还原为"直接材料""直接人工""制造费用"等成本项目。成本还原的方法是从最后步骤开始,将其耗用上步骤半成品的综合成本逐步分解,直到还原至第一步骤为止,然后将各步骤还原后的成本项目加以汇总,求得按原始成本项目(直接材料、直接人工、制造费用等)反映的产成品成本资料。

【例5-6】假定甲产品由两个生产步骤组成,第一生产步骤生产的半成品,直接由第二生产步骤领用,不通过半成品库收发,半成品成本在各步骤的产品成本明细账之间直接结转。其各步骤逐步结转如图5-3所示。

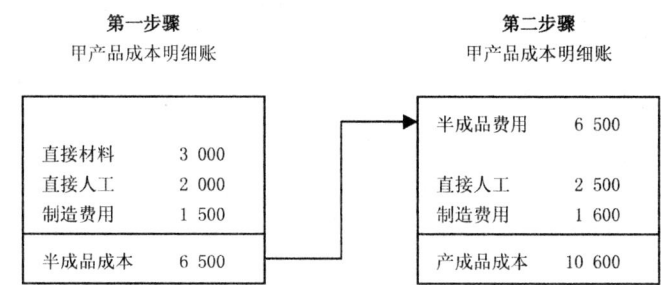

图5-3 半成品成本结转

图 5-3 中，甲产品第二步骤所耗半成品费用，恰好是第一步骤生产完工的半成品成本，两者可以抵销。如要进行成本还原，只要将所耗半成品成本忽略不计，而将两个步骤的直接材料、直接人工和制造费用分别汇总即可。还原后的成本构成为：直接材料 3 000 元，直接人工 4 500 元（2 500+2 000），制造费用 3 100 元（1 600+1 500），合计 10 600 元，具体还原过程如图 5-4 所示。

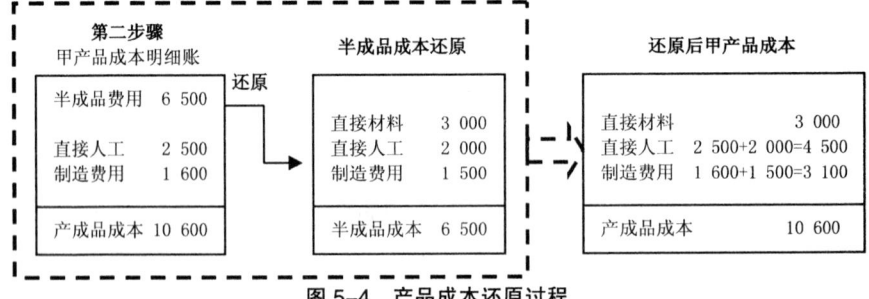

图 5-4　产品成本还原过程

然而，在实际工作中，往往上一加工步骤所生产的半成品的数量与下一加工步骤所消耗半成品的数量并不相等，因此，就需要采用专门的成本还原方法进行还原。成本还原的方法主要有以下两种：

（1）按半成品各成本项目占其总成本的比重还原

这种方法是根据本月完工产成品耗用上一步骤半成品的成本乘以成本还原率计算还原半成品成本的方法，这里的成本还原分配率是指各步骤完工半成品成本构成，即各成本项目占完工半成品全部成本的比重。涉及的计算公式如下：

$$成本还原率 = \frac{上一步骤完工半成品各成本项目的金额}{上一步骤完工半成品的成本合计}$$

$$\begin{matrix}半成品成本还原\\(还原的上步骤各成本项目金额)\end{matrix} = \begin{matrix}本步骤所耗的\\上步骤半成品成本\end{matrix} \times 成本还原率$$

【例 5-7】沿用例 5-4 的资料，对第二车间甲产品成本明细账中算出的本月产成品成本中所耗上一车间半成品费用 395 200 元按此方法进行成本还原。在该例中，上一步骤（第一车间）生产完工的半成品成本合计为 488 000 元（见表 5-29），其成本结构为：直接材料 276 000 元，直接人工 116 000 元，制造费用 96 000 元。在进行成本还原时，要先计算成本还原率，然后再进行分解还原。

计算成本还原率：

$$\text{成本还原率(上一步骤完工半成品直接材料的比重)} = \frac{276\,000}{488\,000} = 0.565\,573\,8$$

$$\text{成本还原率(上一步骤完工半成品直接人工的比重)} = \frac{116\,000}{488\,000} = 0.237\,704\,9$$

$$\text{成本还原率(上一步骤完工半成品制造费用的比重)} = \frac{96\,000}{488\,000} = 0.196\,721\,3$$

产成品中半成品成本还原（还原成第一步骤的各成本项目）：
还原成第一步骤的直接材料 = 395 200×0.565 573 8 = 223 515(元)
还原成第一步骤的直接人工 = 395 200×0.237 704 9 = 93 941(元)
还原成第一步骤的制造费用 = 395 200×0.196 721 3 = 77 744(元)

此外，为了计算还原后产成品的总成本，需要将还原前的产成品成本与产成品成本中半成品费用的还原值，按照成本项目分别相加即可。而还原后产成品的单位成本，可用还原后产成品的总成本除以产成品的数量计算求得。

成本还原可以通过编制成本还原计算表进行，根据第一车间甲产品（半成品）成本明细账，编制甲产品的成本还原计算表，见表5-34。

表5-34 产成品成本还原计算表

产品名称：甲产品　　　　　　　　产量：1 600件　　　　　　　　单位：元

项目	还原前产成品总成本	上步骤本月完工半成品成本	成本还原率	产成品中半成品成本还原	还原后产成品总成本	还原后产成品单位成本
半成品	395 200					
直接材料		276 000	0.565 573 8	223 515	223 515	139.70
直接人工	96 000	116 000	0.237 704 9	93 941	189 941	118.71
制造费用	73 600	96 000	0.196 721 3	77 744	151 344	94.59
合计	564 800	488 000		395 200	564 800	353

注：表中有些数字不完全相符是计算过程中尾差造成的。

（2）按各步骤耗用半成品的总成本占上一步骤完工半成品总成本的比重还原

这种方法是将本月完工的产成品耗用上一步骤半成品的综合成本，按所生产这种半成品成本结构进行还原，而成本还原率是根据产成品成本中半成品成本占上一步骤所产该种半成品总成本的比重计算得出的。涉及的计算公式如下：

$$成本还原率 = \frac{产成品耗用上一步骤半成品成本}{上一步骤完工半成品的成本合计}$$

$$\begin{matrix}半成品成本还原\\(还原的上步骤各成本项目金额)\end{matrix} = \begin{matrix}上一步骤完工半成品\\各成本项目的金额\end{matrix} \times 成本还原率$$

【例 5-8】沿用例 5-4 的资料,对第二车间甲产品成本明细账中算出的本月产成品成本中所耗上一车间半成品费用 395 200 元按此方法进行成本还原。

计算成本还原率:

$$成本还原率 = \frac{395\ 200}{488\ 000} = 0.809\ 836\ 1$$

产成品中半成品成本还原(还原成第一步骤的各成本项目):

还原成第一步骤的直接材料 = 276 000 × 0.809 836 1 = 223 515(元)

还原成第一步骤的直接人工 = 116 000 × 0.809 836 1 = 93 941(元)

还原成第一步骤的制造费用 = 96 000 × 0.809 836 1 = 77 744(元)

甲产品成本还原结果见表 5-35。

表 5-35 产成品成本还原计算表

产品名称:甲产品　　　　产量:1 600 件　　　　单位:元

项目	还原前产成品总成本	上步骤本月完工半成品成本	成本还原率	产成品中半成品成本还原	还原后产成品总成本	还原后产成品单位成本
半成品	395 200		0.8098361			
直接材料		276 000		223 515	223 515	139.70
直接人工	96 000	116 000		93 941	189 941	118.71
制造费用	73 600	96 000		77 744	151 344	94.59
合计	564 800	488 000		395 200	564 800	353

注:表中有些数字不完全相符是计算过程中尾差造成的。

如果上例中甲产品的加工步骤不是两步而是三步,除了将第三加工步骤完工产成品所耗第二加工步骤的半成品成本进行还原外,还应将第二加工步骤完工产成品所耗第一加工步骤的半成品成本按上述方法进行还原。也就是说,三个加工步骤,需要还原两次,若是四个加工步骤,则需要还原三次,以此类推,直至"半成品"的综合成本全部分解还原为原始成本项目为止。总之,成本还原只是对完工产成品成本进行还原,无须对前几个生产步骤在本月完工的半成品成本进行成本还原。

4. 逐步综合结转分步法的优缺点

逐步综合结转分步法的优点表现为：可以在各步骤的产品成本明细账中反映该步骤完工产品所耗用半成品费用的水平和本步骤加工费用的水平，有利于各个步骤的成本管理，可以提供各步骤半成品的成本资料。

逐步综合结转分步法的缺点表现为：为了从整个企业的角度反映产品成本的构成，加强企业综合的成本管理，必须进行成本还原，从而增加核算的工作量。

因此，这种结转方法一般适用于只需计算各步骤所耗半成品的费用总额，而不要求进行成本还原的企业采用。

（四）逐步分项结转分步法

逐步分项结转分步法是指将各步骤所耗用的上一步骤半成品成本，按照成本项目分项转入相应步骤产品成本明细账的各个成本项目中。如果半成品通过半成品库收发，在自制半成品明细账中登记半成品成本时，也要按照成本项目分别登记。

分项结转，可以按照半成品的实际成本结转，也可以按照半成品的计划成本结转，然后按成本项目分项调整成本差异，但调整半成品差异的工作量较大，因此，一般多采用按实际成本分项结转的方法。

【**例 5-9**】沿用例 5-4 的资料，说明分项结转法的成本计算程序。

（1）第一车间甲产品（半成品）成本明细账同例 5-4 中的表 5-29。

（2）根据第一车间甲产品（半成品）成本明细账（见表 5-29）、半成品入库单记录的入库数量、第二车间半成品领用单记录的甲半成品领用数量，登记自制半成品明细账，见表 5-36。

表 5-36　自制半成品明细账

产品名称：甲半成品　　　　　　　　　　　　　　　　　　　　　　　　　　单位：元

月份	项目	数量（件）	实际成本			
			直接材料	直接人工	制造费用	合计
3	月初余额	200	32 000	11 600	9 600	53 200
	本月增加	2 000	276 000	116 000	96 000	488 000
	合计	2 200	308 000	127 600	105 600	541 200
	单位成本		140	58	48	246
	本月减少	1 800	252 000	104 400	86 400	442 800
4	月初余额	400	56 000	23 200	19 200	98 400

（3）根据表 5-28 中生产费用资料和第二车间半成品领用单登记第二车间甲产品（产成品）成本明细账中月初在产品成本和本月生产费用两行数据，并运用约当产量法在完工产成品与月末在产品之间进行费用分配，计算出第二车间完工产成品成本和月末在产品成本，见表 5-37。

表 5-37　甲产品（产成品）成本明细账

201×年 3 月　　　　　　　　　　　　　　本月完工：1 600 件

车间名称：第二车间　　　　　　　　　　　　　　　　　　单位：元

项目		直接材料	直接人工	制造费用	合计
月初在产品成本	上一步骤转来	56 000	27 600	17 000	100 600
	本步骤发生		36 000	22 400	58 400
本月生产费用	上一步骤转来	252 000	104 400	86 400	442 800
	本步骤发生		78 000	65 000	143 000
合计	上一步骤转来	308 000	132 000	103 400	543 400
	本步骤发生		114 000	87 400	201 400
	小计	308 000	246 000	190 800	744 800
月末在产品成本	上一步骤转来	84 000	36 000	28 200	148 200
	本步骤发生		18 000	13 800	31 800
	小计	84 000	54 000	42 000	180 000
产成品成本		224 000	192 000	148 800	564 800
单位成本		140	120	93	353

注：这里计算出的产成品各项目成本同前面成本还原求得的结果有些出入，这是因为前面是按照当月完工半成品成本的结构进行还原的，而没有考虑前一月份生产的半成品成本结构对本月所消耗半成品成本结构的影响。

① 分配上一步骤转入的各项费用

需要注意的是，由于第二车间领用一车间半成品，在该步骤生产开始时一次性投入，因此，在分配上一步骤转来的所有费用时，期末在产品都全部按 100% 计算约当产量。

$$\text{上一步骤转入直接材料费用分配率} = \frac{308\,000}{1\,600 + 600} = 140$$

月末在产品应分配的上一步骤转入直接材料费用 $= 600 \times 140 = 84\,000$（元）

$$\text{上一步骤转入直接人工费用分配率} = \frac{132\,000}{1\,600 + 600} = 60$$

月末在产品应分配的上一步骤转入直接人工费用 $=600\times60=36\,000$(元)

$$上一步骤转入制造费用分配率 = \frac{103\,400}{1\,600+600} = 47$$

月末在产品应分配的上一步骤转入制造费用 $=600\times47=28\,200$（元）

②分配本步骤的各项费用

$$本步骤直接人工费用分配率 = \frac{114\,000}{1\,600+600\times50\%} = 60$$

月末在产品应分配的本步骤直接人工费用 $=(600\times50\%)\times60=18\,000$(元)

$$本步骤制造费用分配率 = \frac{87\,400}{1\,600+600\times50\%} = 46$$

月末在产品应分配的本步骤制造费用 $=(600\times50\%)\times46=13\,800$（元）

与逐步综合结转分步法相比，逐步分项结转分步法的优点表现为：使用该方法结转半成品成本，可以直接、正确地提供按原始成本项目反映的企业产品成本资料，便于从整个企业的角度考核和分析产品成本计划的执行情况，不需要进行成本还原。逐步分项结转分步法的缺点表现为：这一方法的成本结转工作比较复杂，而且在各步骤完工产品成本中看不出所耗上一步骤半成品费用是多少，本步骤加工费用是多少，不便于进行各步骤完工产品的成本分析。因此，这种结转方法一般适用于管理上不要求分别提供各步骤完工产品所耗半成品费用和本步骤加工费用资料，但要求按原始成本项目反映产品成本的企业。

四、平行结转分步法

（一）平行结转分步法的适用范围

平行结转分步法（又称为"不计算半成品成本分步法"），指半成品成本并不随半成品实物的转移而结转，而是在哪一步骤发生就留在该步骤的成本明细账内，直到最后加工成产成品，才将其成本从各步骤的成本明细账转出的方法。各生产步骤只归集计算本步骤直接发生的生产费用，不计算结转本步骤所耗用上一步骤的半成品成本；各生产步骤分别与完工产品直接联系，本步骤只提供在产品成本和加入最终产品成本的份额，平行独立、互不影响地进行成本计算，平行地把份额计入完工产品成本。

在大量、大批装配式多步骤生产的企业，若半成品不对外销售，管理上也不要求单独计算半成品成本，为了简化和加速产品成本计算工作，可以采用平行结转分步法计算产品成本。

（二）平行结转分步法的成本计算程序

采用平行结转分步法的成本计算对象是各种产成品及其经过的各生产步骤中的成本份额，而各步骤的产品生产费用并不伴随着半成品实物的转移而转移。其成本结转程序如图 5-5 所示。

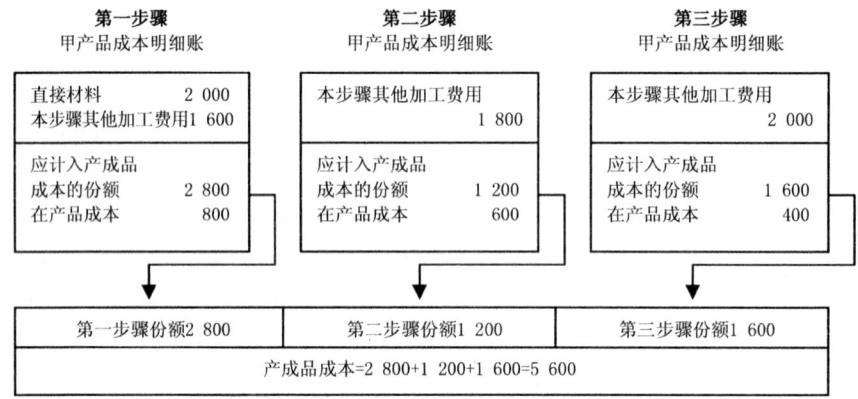

图 5-5　平行结转分步法的成本计算程序

从图 5-5 可以看出，各生产步骤不计算本步骤的半成品成本，尽管半成品的实物转入下一步骤继续加工，但其成本并不结转到下一步骤成本明细账中，只是当产品最终完工入库时，才将各步骤费用中应由完工产成品负担的份额，从各步骤成本明细账中转出，平行汇总计算产成品的成本。

采用平行结转分步法，每一生产步骤的生产费用也要选择适当的方法（如约当产量法、定额比例法、在产品按定额成本计算法等），在完工产品与月末在产品之间进行分配。需要指出的是，这里的完工产品是指企业最终完工的产成品，而不是各步骤本身实际完工的半成品；这里的在产品是指各步骤尚未加工完成的在产品和各步骤已完工但尚未最终完成的产品，即广义在产品。

在平行结转分步法下，生产费用是在半成品和广义在产品之间进行分配的。广义在产品包括：本步骤尚未加工完成的在产品，即狭义在产品；本步骤已经完工转入半成品库的半成品；已从半成品库转到以后步骤正在进一步加工、尚未最后完工的在产品。这样，某步骤分配到完工产品的费用，是该步骤生产费用中用于产成品成本的份额；而某步骤分配到月末在产品的费用，是广义在产品的费用，而不是该步骤狭义在产品的费用。

（三）平行结转分步法下生产费用在完工产品与在产品之间分配的方法

采用平行结转分步法计算产品成本的关键在于，应怎样确定各步骤的费用中应计入完工产成品的成本份额中。在实际工作中，可以采用约当产量法、定额比例法和在产品按定额成本计算法等方法，将生产费用在完工产品和广义在产品之间进行分配。

1. 约当产量法

采用约当产量法计算各步骤应计入产成品成本份额和广义在产品成本的公式如下：

$$\text{某步骤广义在产品数量} = \text{本步骤狭义在产品数量约当产量} + \text{后面各步骤狭义在产品数量} + \text{本步骤及后面各步骤加工并入库的半成品数量}$$

$$\text{某步骤某项费用分配率} = \frac{\text{月初在产品成本} + \text{本月本步骤的生产费用}}{\text{产成品数量} + \text{该步骤月末广义在产品数量}}$$

某步骤某项费用应计入产成品成本的份额 = 产成品数量 × 费用分配率

某步骤在产品成本 = 该步骤月末广义在产品数量 × 费用分配率

【例 5-10】某企业大量、大批生产乙产品，经过两个生产步骤连续加工，原材料在生产开始时一次性投入，月末第一步骤加工中的在产品 10 件，完工率 50%，第二步骤加工中的在产品 20 件，产成品 40 件。第一步骤月初在产品成本和本月本步骤生产费用合计数为：直接材料费用 35 000 元，加工费用为 22 750 元。该企业采用平行结转分步法计算完工产成品的成本，要求采用约当产量法计算第一步骤应计入产成品成本的份额。

（1）直接材料费用分配

第一步骤广义在产品 = 10 + 20 = 30（件）

$$\text{直接材料费用分配率} = \frac{35\,000}{30 + 40} = 500$$

第一步骤直接材料费用应计入产成品成本的份额 = 40 × 500 = 20 000（元）

第一步骤广义在产品应分配的直接材料费用 = 30 × 500 = 15 000（元）

（2）加工费用分配

第一步骤广义在产品 = 10 × 50% + 20 = 25（件）

$$\text{加工费用分配率} = \frac{22\,750}{25 + 40} = 350$$

第一步骤加工费用应计入产成品成本的份额 = 40 × 350 = 14 000（元）

第一步骤广义在产品的应分配加工费用 = 25 × 350 = 8 750（元）

（3）第一步骤应计入产成品成本的份额

第一步骤应计入产成品成本的份额 = 20 000 + 14 000 = 34 000(元)

2. 定额比例法

在平行结转分步法下，采用定额比例法将生产费用在完工产成品和广义在产品之间进行分配时，涉及的计算公式如下：

$$\text{直接材料费用分配率} = \frac{\text{月初在产品直接材料费用} + \text{本月本步骤的直接材料费用}}{\text{产成品该步骤的定额材料费用} + \text{该步骤月末广义在产品的定额材料费用}}$$

$$\text{某步骤直接材料费用应计入产成品成本的份额} = \text{产成品该步骤的定额材料费用} \times \text{直接材料费用分配率}$$

$$\text{某步骤广义在产品应分配的直接材料费用} = \text{该步骤广义在产品的定额材料费用} \times \text{直接材料费用分配率}$$

$$\text{其他加工费用分配率} = \frac{\text{月初在产品其他加工费用} + \text{本月本步骤的其他加工费用}}{\text{产成品该步骤的定额工时} + \text{该步骤月末广义在产品的定额工时}}$$

$$\text{某步骤其他加工费用应计入产成品成本的份额} = \text{产成品该步骤的定额工时} \times \text{其他加工费用分配率}$$

$$\text{某步骤广义在产品应分配的其他加工费用} = \text{该步骤广义在产品的定额工时} \times \text{其他加工费用分配率}$$

【例 5-11】假定某企业本月丙产品完工产成品为 100 件。在丙产品的工时定额中，第一加工步骤所占工时定额为 40 小时，该步骤月初在产品定额工时为 1 500 小时；本月投入的定额工时为 4 500 小时，该步骤月初在产品与本月发生的直接人工费用为 28 800 元。该企业采用平行结转分步法计算完工产成品的成本，直接人工费在产成品与广义在产品之间按照定额比例法进行分配。计算如下：

产成品第一步骤定额工时 = 100 × 40 = 4 000(小时)

第一步骤月末广义在产品定额工时 = 1 500 + 4 500 − 4 000 = 2 000(小时)

$$\text{直接人工费用分配率} = \frac{28\ 800}{4\ 000 + 2\ 000} = 4.8$$

第一步骤直接人工费用应计入产成品成本的份额 = 4 000 × 4.8 = 19 200(元)

第一步骤广义在产品应分配的直接人工费用 = 2 000×4.8 = 9 600(元)

(四)平行结转分步法举例

【例 5-12】祥瑞公司大量大批生产 A 产品,经过两个步骤连续加工,其成本计算采用平行结转分步法。原材料在第一步骤生产开始时一次性全部投入,两个生产步骤的直接人工费用和制造费用随着加工进度发生,各步骤的在产品完工率均为 50%,上述各项费用均采用约当产量法在完工产成品和月末广义在产品之间进行分配。该企业 201×年 4 月产品成本资料如下:

(1)产量资料:

表 5-38 A 产品各生产步骤产量统计表

单位:件

项目	第一步骤	第二步骤
月初在产品数量	40	50
本月投产或上步骤转入数量	100	120
本月完工数量	120	130
月末在产品数量	20	40

(2)月初在产品成本:

表 5-39 月初在产品成本

单位:元

项目	直接材料	直接人工	制造费用	合计
第一步骤	31 900	11 200	9 400	52 500
第二步骤		14 000	9 700	23 700

(3)本月生产费用:

表 5-40 本月生产费用

单位:元

项目	直接材料	直接人工	制造费用	合计
第一步骤	65 000	23 000	17 600	105 600
第二步骤		31 000	18 800	49 800

根据以上资料,生产费用在完工产成品与广义在产品之间的分配计算过程如下:

(1) 第一生产步骤产成品与广义在产品分配费用：
①直接材料费用分配
广义在产品数量 = 20 + 40 = 60(件)

$$直接材料费用分配率 = \frac{31\,900 + 65\,000}{130 + 60} = 510$$

应计入产成品成本的份额 = 130 × 510 = 66 300(元)
月末在产品成本 = 60 × 510 = 30 600(元)
②直接人工费用分配
广义在产品数量 = 20 × 50% + 40 = 50(件)

$$直接人工费用分配率 = \frac{11\,200 + 23\,000}{130 + 50} = 190$$

应计入产成品成本的份额 = 130 × 190 = 24 700(元)
月末在产品成本 = 50 × 190 = 9 500(元)
③制造费用分配

$$制造费用分配率 = \frac{9\,400 + 17\,600}{130 + 50} = 150$$

应计入产成品成本的份额 = 130 × 150 = 19 500(元)
月末在产品成本 = 50 × 150 = 7 500(元)
(2) 第二生产步骤产成品与广义在产品分配费用：
①直接人工费用分配
广义在产品数量 = 40 × 50% = 20(件)

$$直接人工费用分配率 = \frac{14\,000 + 31\,000}{130 + 20} = 300$$

应计入产成品成本的份额 = 130 × 300 = 39 000(元)
月末在产品成本 = 20 × 300 = 6 000(元)
②制造费用分配

$$制造费用分配率 = \frac{9\,700 + 18\,800}{130 + 20} = 190$$

应计入产成品成本的份额 = 130 × 190 = 24 700(元)
月末在产品成本 = 20 × 190 = 3 800(元)

根据以上资料和分配计算结果登记各生产步骤产品成本明细账，见表5-41和表5-42。

表 5-41 第一车间产品成本明细账

车间名称：第一车间　　　　　　　　　　　　　　　　　　　　单位：元

项目	直接材料	直接人工	制造费用	合计
月初在产品成本	31 900	11 200	9 400	52 500
本月生产费用	65 000	23 000	17 600	105 600
合计	96 900	34 200	27 000	158 100
应计入产成品成本的份额	66 300	24 700	19 500	110 500
月末在产品成本	30 600	9 500	7 500	47 600

表 5-42 第二车间产品成本明细账

车间名称：第二车间　　　　　　　　　　　　　　　　　　　　单位：元

项目	直接材料	直接人工	制造费用	合计
月初在产品成本		14 000	9 700	23 700
本月生产费用		31 000	18 800	49 800
合计		45 000	28 500	73 500
应计入产成品成本的份额		39 000	24 700	63 700
月末在产品成本		6 000	3 800	9 800

根据第一车间和第二车间的产品成本明细账汇总计算、平行登记 A 产成品成本汇总表，见表 5-43。

表 5-43 产成品成本汇总表

产品名称：A 产品　　　　　　产量：130 件　　　　　　　　单位：元

项目	直接材料	直接人工	制造费用	合计
第一生产步骤成本份额	66 300	24 700	19 500	110 500
第二生产步骤成本份额		39 000	24 700	63 700
产成品总成本	66 300	63 700	44 200	174 200
单位成本	510	490	340	1 340

根据表 5-43，编制会计分录如下：

借：库存商品——A 产品　　174 200
　　贷：生产成本——基本生产成本——第一车间　　110 500
　　　　　　　　　　　　　　　　——第二车间　　 63 700

【例 5-13】祥瑞公司生产 B 产品，其成本计算采用平行结转分步法。生产费用在完工产成品与广义在产品之间的分配采用定额比例法，其中原材料费用按定额材料费用比例分配；其他各项费用均按定额工时比例分配。201×年 4 月该公司生产完工 B 产品 1 000 件，B 产品有关定额资料及 4 月份产品成本资料如下：

（1）产品定额资料：

表 5-44　B 产品定额资料

项目	月初在产品		本月投入		本月产成品	
	定额材料费用（元）	定额工时（小时）	定额材料费用（元）	定额工时（小时）	定额材料费用（元）	定额工时（小时）
第一车间	15 000	1 100	35 000	2 900	42 000	3 600
第二车间		1 200		1 800		2 200
合计	15 000	2 200	35 000	4 800	42 000	5 800

（2）月初在产品成本：

表 5-45　月初在产品成本

单位：元

项目	直接材料	直接人工	制造费用	合计
第一步骤	19 500	9 000	10 500	39 000
第二步骤		6 800	8 200	15 000

（3）本月生产费用：

表 5-46　本月生产费用

单位：元

项目	直接材料	直接人工	制造费用	合计
第一步骤	31 500	13 000	14 500	59 000
第二步骤		9 400	10 100	19 500

根据以上资料，生产费用在完工产成品与广义在产品之间的分配计算过程如下：

（1）第一生产步骤产成品与广义在产品分配费用：

①直接材料费用分配

月末在产品定额材料费用 = 15 000 + 35 000 − 42 000 = 8 000(元)

$$直接材料费用分配率 = \frac{19\,500 + 31\,500}{42\,000 + 8\,000} = 1.02$$

应计入产成品成本的份额 = 42 000×1.02 = 42 840(元)

月末在产品成本 = 8 000×1.02 = 8 160(元)

②直接人工费用分配

月末在产品定额工时 = 1 100 + 2 900 − 3 600 = 400(小时)

$$直接人工费用分配率 = \frac{9\,000 + 13\,000}{3\,600 + 400} = 5.5$$

应计入产成品成本的份额 = 3 600×5.5 = 19 800(元)

月末在产品成本 = 400×5.5 = 2 200(元)

③制造费用分配

$$制造费用分配率 = \frac{10\,500 + 14\,500}{3\,600 + 400} = 6.25$$

应计入产成品成本的份额 = 3 600×6.25 = 22 500(元)

月末在产品成本 = 400×6.25 = 2 500(元)

(2) 第二生产步骤产成品与广义在产品分配费用:

①直接人工费用分配

月末在产品定额工时 = 1 200 + 1 800 − 2 200 = 800(小时)

$$直接人工费用分配率 = \frac{6\,800 + 9\,400}{2\,200 + 800} = 5.4$$

应计入产成品成本的份额 = 2 200×5.4 = 11 880(元)

月末在产品成本 = 800×5.4 = 4 320(元)

②制造费用分配

$$制造费用分配率 = \frac{8\,200 + 10\,100}{2\,200 + 800} = 6.1$$

应计入产成品成本的份额 = 2 200×6.1 = 13 420(元)

月末在产品成本 = 800×6.1 = 4 880(元)

根据以上资料和分配计算结果登记各生产步骤产品成本明细账,见表 5-47 和表 5-48。

表 5-47 产品成本明细账

车间名称：第一车间　　　　　　　　　　　　　　　　　　　　　　单位：元

项目	直接材料		定额工时（小时）	直接人工	制造费用	合计
	定额	实际				
月初在产品成本	15 000	19 500	1 100	9 000	10 500	39 000
本月生产费用	35 000	31 500	2 900	13 000	14 500	59 000
合计	50 000	51 000	4 000	22 000	25 000	98 000
费用分配率		1.02		5.5	6.25	
应计入产成品成本的份额	42 000	42 840	3 600	19 800	22 500	85 140
月末在产品成本	8 000	8 160	4 00	2 200	2 500	12 860

表 5-48 产品成本明细账

车间名称：第二车间　　　　　　　　　　　　　　　　　　　　　　单位：元

项目	直接材料		定额工时（小时）	直接人工	制造费用	合计
	定额	实际				
月初在产品成本			1 200	6 800	8 200	15 000
本月生产费用			1 800	9 400	10 100	19 500
合计			3 000	16 200	18 300	34 500
费用分配率				5.4	6.1	
应计入产成品成本的份额			2 200	11 880	13 420	25 300
月末在产品成本			800	4 320	4 880	9 200

根据第一车间和第二车间的产品成本明细账汇总计算、平行登记 B 产成品成本汇总表，见表 5-49。

表 5-49 产成品成本汇总表

产品名称：B 产品　　　　　　　　　产量：1 000 件　　　　　　　　　单位：元

项目	直接材料	直接人工	制造费用	合计
第一生产步骤成本份额	42 840	19 800	22 500	85 140
第二生产步骤成本份额		11 880	13 420	25 300
产成品总成本	42 840	31 680	35 920	110 440
单位成本	42.84	31.68	35.92	110.44

根据表 5-49，编制会计分录如下：
借：库存商品——B产品　　　110 440
　　贷：生产成本——基本生产成本——第一车间　85 140
　　　　　　　　　　　　　　　　——第二车间　25 300

（五）平行结转分步法的优缺点

平行结转分步法的优点是：各步骤可以同时计算产成品成本，平行汇总计入产成品成本，不必逐步结转半成品成本；能够直接提供按原始成本项目反映的产成品成本资料，不必进行成本还原，因而能够简化和加速成本计算工作。

平行结转分步法的缺点是：不能提供各个步骤的半成品成本资料；在产品的费用在产品最后完成以前，不随实物转出而转出，即不按其所在的地点登记，而按其发生的地点登记，因而不能为各个生产步骤在产品的实物和资金管理提供资料；各生产步骤的产成品不包括所耗半成品费用，因为不能全面地反映该步骤产品的生产耗费水平（第一步骤除外），不能更好地满足这些步骤成本管理的要求。

【课堂测试 5-4】

1. 成本还原的对象是（　　）。
A. 产成品成本
B. 各步骤在产品成本
C. 各步骤完工产品成本
D. 产成品成本中各步骤所耗上一步骤半成品的综合成本

2. 管理上不要计算各步骤完工半成品成本，而要求按原始成本项目计算产品成本的企业，采用分步法计算成本时，应采用（　　）。
A. 按实际成本综合结转的逐步结转分步法
B. 按计划成本综合结转的逐步结转分步法
C. 平行结转分步法
D. 逐步分项结转分步法

3. （多选题）产品成本计算的分步法中，无须对产品成本进行还原的有（　　）。
A. 按实际成本综合结转的逐步结转分步法
B. 按计划成本综合结转的逐步结转分步法
C. 平行结转分步法
D. 逐步分项结转分步法

4. （多选题）平行结转分步法下，只计算（　　　）。
A. 本步骤发生的各项费用（不包括上一步骤转入的半成品费用）
B. 各步骤半成品的成本
C. 本步骤发生的费用应计入产成品成本的份额
D. 上一步骤转入的半成品费用
5. "在逐步分项结转分步法中，在各步骤完工产品成本中，能看出其所耗用的上一步骤半成品的成本"这句话是否正确，如果错误，说明为什么？

本章小结

本章主要介绍了品种法、分批法和分步法三种产品成本计算的基本方法，产品成本计算方法是按一定的成本计算对象设置产品成本明细账、汇集生产费用，计算产品成本的方法。成本计算方法的选择应考虑企业生产的特点和管理的要求对成本计算的影响。

品种法一般适用于大量、大批单步骤生产；或者大量、大批多步骤生产，但管理上不要求分步计算产品成本的企业。

分批法适用于小批、单件生产的企业。

分步法适用于大量、大批多步骤生产的企业，分步法还分为逐步结转分步法和平行结转分步法。逐步结转分步法计算各步骤半成品成本，分为综合结转和分项结转两种类型，可以按照实际成本结转，也可以按照计划成本结转；平行结转分步法不计算各步骤半成品成本，直接将各步骤发生的各项费用计入完工产成品成本的份额中。

章后案例　　　产品成本计算方法的选择

西京公司是小型机械加工生产企业，主要根据有关企业的需要，为其常年生产一些机器设备的通用零配件，这些零配件都要经过多个生产步骤加工才能完成。另外，该企业在保证完成有关企业生产零配件需要的同时，也会生产一些通用零配件，通过自设的零售店对外销售，但最后步骤以前的各个步骤的产品不对外销售。

4月份，西京公司接待了一个客户，希望能为其生产一批零部件，该企业觉得由于批量不大，企业在保证正常任务完成情况下有能力生产，加上加工程序和工艺与企业所生产的的产品类似，决定接受这批订货的生产。

西京公司的成本会计林跃在成本核算上，对原来常年生产的产品采用品种法计算其成本,而对这批订货采用分批法计算其成本。刚分配来的大学生贾伟认为,企业对常年生产的、需要经过多个步骤才能完成的零部件采用品种法核算不合适;而对这批订货,企业既然对其他产品一直采用品种法计算成本,那么根据该批订货的特点,也可以采用品种法计算,没有必要采用分批法。

你对贾伟的观点做怎样的评价?

核心概念

成本计算方法(costing method)　品种法(category costing method)　分批法(job order costing method)　分步法(process costing method)　成本计算对象(costing objective)　成本计算期(cost period)　逐步结转分步法(step by step cost calculation method)　成本还原(cost revivification/ cost rebuilding)　平行结转分步法(parallel summary process costing method)

思考题

1. 产品成本计算的基本方法有哪些?各自的适用范围是什么?
2. 什么是品种法?其主要特点是什么?
3. 什么是分批法?其主要特点是什么?
4. 什么是分步法?其主要特点是什么?
5. 什么是逐步结转分步法?其计算程序如何?
6. 什么是逐步综合结转分步法?有哪些优缺点?
7. 按计划成本综合结转半成品成本有哪些优点?
8. 什么叫成本还原?如何进行成本还原?
9. 什么是逐步分项结转分步法?有哪些优缺点?
10. 什么是平行结转分步法?有哪些优缺点?

练习题

(一) 单项选择题

1. 区分各种产品成本计算基本方法的标志是(　　)。
   A. 成本计算对象
   B. 成本计算期
   C. 完工产品与在产品之间的费用分配

D. 是否计算半成品成本

2. 下列方法中，属于产品成本计算基本方法的是（　）。
   A. 分类法　　　　　　　　B. 分步法
   C. 定额比例法　　　　　　D. 直接分配法

3. 适用于小批、单件生产的产品成本计算方法是（　）。
   A. 品种法　　　　　　　　B. 分批法
   C. 分步法　　　　　　　　D. 分类法

4. 下列方法中，必须设置基本生产成本二级账的是（　）。
   A. 品种法　　　　　　　　B. 分批法
   C. 简化的分批法　　　　　D. 分步法

5. 当半成品既可以自用，也可以对外直接销售，管理上要求计算各步骤完工产品所耗上一步骤半成品费用但不要求进行成本还原的情况下，可以采用（　）。
   A. 品种法　　　　　　　　B. 分批法
   C. 逐步综合结转分步法　　D. 平行结转分步法

6. 下列方法中属于不计算半成品成本的分步法是（　）。
   A. 逐步结转分步法　　　　B. 逐步综合结转分步法
   C. 逐步分项结转分步法　　D. 平行结转分步法

7. 平行结转分步法中的在产品是指（　）。
   A. 本步骤的在产品　　　　B. 狭义在产品
   C. 广义在产品　　　　　　D. 最后一步骤的在产品

8. 采用（　）分步法，为了反映原始成本项目，必须进行成本还原。
   A. 逐步综合结转　　　　　B. 逐步分项结转
   C. 逐步结转　　　　　　　D. 平行结转

9. 在分步法中，半成品实物已经转移，但半成品成本不需要随实物结转的成本结转方法是（　）。
   A. 逐步结转分步法　　　　B. 逐步综合结转分步法
   C. 逐步分项结转分步法　　D. 平行结转分步法

10. 在平行结转分步法下，其完工产品与在产品之间的费用分配是指（　）。
    A. 产成品与该步骤月末狭义在产品
    B. 产成品与该步骤月末广义在产品
    C. 各步骤完工半成品与该步骤月末狭义在产品

D. 各步骤完工半成品与该步骤月末广义在产品

11. 采用逐步综合结转分步法计算产品成本时，若有三个生产步骤，则需要进行（　　）次成本还原。
A. 1　　　　　　　　　　B. 2
C. 3　　　　　　　　　　D. 4

12. 平行结转分步法下，每一步骤的生产费用分配计入完工产品成本是指（　　）。
A. 该步骤完工半成品成本
B. 该步骤月末在产品成本
C. 该步骤生产费用中计入产成品成本的份额
D. 该步骤生产费用中计入月末在产品成本的份额

13. 成本还原率使用本月产成品所耗上步骤半成品成本除以（　　）。
A. 本月所产该种半成品成本合计
B. 上月所产该种半成品成本合计
C. 本月所产该种半成品各成本项目
D. 上月所产该种半成品各成本项目

14. 平行结转分步法各步骤的费用（　　）。
A. 除第一步骤外，其余各步骤均包括上一步骤转入的费用
B. 除最后一步骤外，其余各步骤均包括上一步骤转入的费用
C. 包括本步骤的费用和上一步骤转入的费用
D. 只包括本步骤的费用，不包括上一步骤转入的费用

15. 采用平行结转分步法计算产品成本时（　　）。
A. 只能提供第一步骤半成品成本资料
B. 只能提供最后一步骤半成品成本资料
C. 能够提供所有步骤半成品成本资料
D. 不能提供所有步骤半成品成本资料

（二）多项选择题

1. 产品成本计算的基本方法有（　　）。
A. 品种法　　　　　　　　B. 分批法
C. 分步法　　　　　　　　D. 分类法

2. 下列情况下，可以采用品种法的有（　　）。
A. 大量大批单步骤生产
B. 大量大批多步骤生产

C. 单件生产

D. 管理上不要求分步计算成本的多步骤生产

3. 采用品种法核算的企业，根据材料费用分配表，可能记入下列哪些账户的借方。（   ）

A. "生产成本——基本生产成本"

B. "生产成本——辅助生产成本"

C. "制造费用——基本生产车间"

D. "库存商品"

4. 在简化的分批法下，各批产品成本明细账中，对于没有完工产品的批次，只登记（   ）。

A. 直接材料费用　　　　　　B. 直接人工费用

C. 制造费用　　　　　　　　D. 生产工时

5. 下列属于分步法特点的有（   ）。

A. 按产品品种计算产品成本

B. 按产品批别计算产品成本

C. 按产品生产步骤计算产品成本

D. 成本计算期与生产周期不一致

E. 生产费用一般需要在完工产品与在产品之间进行分配

6. 下列哪些指标可以用计算成本还原率的是（   ）。

A. 本月产成品所耗本步骤半成品成本合计

B. 本月产成品所耗上一步骤半成品成本合计

C. 本月所产该种半成品成本合计

D. 上月所产该种半成品成本合计

7. 逐步结转分步法，按照半成品成本在下一步骤成本明细账中的反映方式可以分为（   ）。

A. 综合结转分步法　　　　　B. 分项结转分步法

C. 平行结转分步法　　　　　D. 实际成本结转法

8. 下列属于逐步综合结转法的特点的有（   ）。

A. 计算成本时使用的是狭义在产品

B. 计算成本时使用的是广义在产品

C. 不能直接提供按原始成本项目反映的产品成本构成

D. 各步骤的费用合计既包括本步骤发生的，也包括上一步骤转入的

E. 各步骤的费用合计只包括本步骤发生的，不包括上一步骤转入的

9. 采用平行结转分步法计算产品成本时，其主要优点在于（   ）。
A. 能够提供各步骤的半成品资料
B. 各步骤可以同时计算成品成本
C. 能够全面反映各步骤产品的生产耗费水平
D. 能够为各步骤在产品的实物管理和资金管理提供资料
E. 能够直接提供按原始成本项目反映的产成品成本资料，不必进行成本还原

10. 按计划成本综合结转半成品成本的优点有（   ）。
A. 可以简化和加速半成品成本核算和产品成本计算工作
B. 便于各步骤进行成本考核和分析
C. 可以直接按原始成本项目反映产品的成本，不需要成本还原
D. 各步骤可以同时计算产成品成本

（三）判断题

1. 品种法是最基本的成品成本计算方法。（   ）
2. 分批法一般是根据购买单位的订单组织生产的，在一份订单中即使存在多种产品也应该合为一批组织生产。（   ）
3. 采用逐步结转分步法不能提供各个生产步骤的半成品成本资料。（   ）
4. 采用平行结转分步法时，不论半成品是否通过半成品库收发，都应设置"自制半成品"账户进行核算。（   ）
5. 在实际工作中，分步法产品成本计算的分步与产品的生产步骤未必完全一致。（   ）
6. 采用平行结转分步法时，不需要进行成本还原。（   ）
7. 采用分步法计算产品成本时，产品成本的计算步骤与实际的生产步骤应该完全一致。（   ）
8. 企业可以采用一种成本计算方法为主，结合其他成本计算方法加以综合应用。（   ）
9. 逐步综合结转法与逐步分项结转法相比，其优点是可以直接、正确地提供按原始成本项目反映的企业产品成本资料，便于从整个企业的角度考核和分析产品成本计划的执行情况。（   ）
10. 采用平行结转分步法不能提供各个生产步骤的半成品成本资料。（   ）
11. 逐步综合结转法能够提供各个生产步骤的半成品成本资料，而逐步分项结转法则不能提供各个生产步骤的半成品成本资料。（   ）

12. 采用平行结转分步法进行成本计算时,各生产步骤的费用既包括本步骤发生的费用,也包括上一步骤转入的费用。( )

13. 成本还原时采用逐步综合结转分步法计算成本时,将产成品成本中的半成品的综合成本,逐步分解为原始成本项目。( )

14. 采用逐步综合结转分步法计算出来的各步骤半成品成本,可以为半成品的对外销售提供成本资料。( )

15. 采用逐步结转分步法计算产品成本时,半成品的成本不随着实物的转移而结转,而平行结转法的情形正好与其相反。( )

（四）业务计算题

1. 某企业设有1个基本生产车间,大量生产甲、乙两种产品,另外设有1个辅助生产车间（修理车间）。该企业采用品种法计算产品成本,辅助生产车间未设置"制造费用"账户。

201×年3月份发生的经济业务如下:

（1）基本生产车间领用原材料50 000元,其中:直接用于甲产品生产12 000元,直接用于乙产品生产20 000元,甲、乙产品共同耗用15 000元（按甲、乙产品的定额消耗量比例进行分配,甲产品定额耗用量为400千克,乙产品定额消耗量为600千克）,基本生产车间间接耗用3 000元。另外,辅助生产车间领用原材料2 800元。共计52 800元。

（2）分配本月应付职工薪酬,其中:基本生产车间的工人工资18 000元（按甲、乙产品耗用的生产工时比例进行分配,甲产品生产工时为200小时,乙产品生产工时为300小时）,基本生产车间管理人员工资8 000元,辅助生产车间工人和管理人员工资4 000元,企业行政管理人员工资3 200元。共计33 200元。

（3）计提固定资产折旧费。基本生产车间当月计提10 000元,辅助生产车间当月计提3 000元。

（4）基本生产车间和辅助生产车间的其他支出分别为1 800元和800元,均通过银行办理转账结算。

（5）辅助生产车间提供修理劳务2 650小时,其中为基本生产车间提供劳务2 000小时,为行政管理部门提供劳务650小时。

（6）基本生产车间制造费用按生产工时比例在甲、乙产品之间进行分配。

（7）甲产品各月在产品数量变化不大,生产费用在完工产品与在产品之间的分配,采用在产品按固定成本计算法。甲产品月初在产品成本为7 800元,其中:直接材料费2 800元,直接人工1 900元,制造费用3 100元。

（8）乙产品直接材料在生产开始时一次性投入,乙产品本月完工150件,月末在产品 50 件，完工率 50%，要求采用约当产量法分配生产费用。乙产品月初在产品成本为 14 220 元，其中：直接材料费用 5 000 元，直接人工 1 450 元，制造费用 7 770 元。

要求：

（1）计算各项要素费用的分配，并编制相应的会计分录。

（2）归集和分配辅助生产费用，并编制相应的会计分录。

（3）归集和分配基本生产车间制造费用，并编制相应的会计分录。

（4）编制甲、乙产品成本明细账，计算甲、乙产品本月完工产品及月末在产品成本。

（5）编制结转完工产品的会计分录。

2. 某企业小批生产甲、乙、丙三种产品，采用分批法计算成品成本。201×年 3 月生产情况和生产费用支出情况的资料如下：

（1）生产资料：

习题表 1　生产资料

产品名称	批号	投产日期	投产量（件）	完工产量（件）
甲产品	201	2 月 6 日	20	20
乙产品	202	2 月 15 日	18	10
丙产品	301	3 月 3 日	15	2

（2）月初在产品成本：

习题表 2　月初在产品成本

单位：元

产品批号	直接材料	直接人工	制造费用	合计
201	32 600	10 500	9 600	52 700
202	70 560			70 560

（3）本月生产费用：

习题表 3　本月生产费用

单位：元

产品批号	直接材料	直接人工	制造费用	合计
201		15 800	10 800	26 600
202		2 600	1 200	3 800
301	36 000	11 200	9 900	57 100

（4）完工产品与月末在产品之间费用分配：

①202 批号乙产品，原材料费用占产品比重比较大，月末在产品按所耗原材料费用计算。原材料是在生产开始时一次性投入。

②301 批号丙产品，本月末完工产品数量 2 件，为简化核算，完工产品按计划成本转出，每件计划成本为：直接材料 3 300 元，直接人工 1 100 元，制造费用 900 元，合计 5 300 元。

要求：计算各批别产品成本，并登记产品成本明细账

3. 某企业小批生产甲、乙、丙、丁 4 种产品，采用简化了的分批法计算 3 月份产品成本。有关成本资料如下：

（1）生产资料：

习题表 4　生产资料

产品名称	批号	投产日期	投产量（件）	完工产量（件）
甲产品	101	1月2日	20	20
乙产品	201	2月8日	18	12
丙产品	202	2月12日	10	0
丁产品	301	3月6日	5	0

（2）生产工时：

习题表 5　生产工时

单位：小时

产品名称	月初在产品	本月投入	本月完工	月末在产品
甲产品	7 200	4 700	11 900	0
乙产品	5 400	10 800	14 400	1 800
丙产品	2 400	4 500	0	6 900
丁产品	0	2 500	0	2 500

（3）月初在产品直接材料费用：

习题表 6　月初在产品直接材料费用

单位：元

产品名称	甲产品	乙产品	丙产品	丁产品
直接材料	18 000	12 600	5 400	0

（4）月初在产品发生的其他费用：直接人工 11 850 元，制造费用 11 520 元。

（5）本月发生的直接材料费用：

习题表 7　本月直接材料费用

单位：元

产品名称	甲产品	乙产品	丙产品	丁产品
直接材料	12 000	25 200	11 800	9 600

（6）本月发生的其他费用：直接人工 18 150 元，制造费用 16 230 元。

（7）乙产品的材料费按乙产品的投产件数平均分配。

要求：

（1）登记"基本生产成本二级账"及各批产品的"产品成本明细账"。

（2）计算本月完工产品成本。

4. 某企业生产甲产品，分两个加工步骤，由两个生产车间进行，第一车间为第二车间提供半成品，半成品通过半成品库进行，第二车间按照所需数量从半成品库领用，并按加权平均单位成本核算。采用逐步综合结转分步法计算产品成本，两个车间的月末在产品均按定额成本计算。3月份有关资料如下：

（1）产品的产量资料：

习题表 8　产品的产量资料

单位：件

项目	第一车间 半成品	第二车间 产成品
月初在产品数量	200	300
本月投产数量	700	900
本月完工产品数量	800	1 000
月末在产品数量	100	200

（2）月初在产品定额成本：

习题表 9　月初在产品定额成本

单位：元

项目	直接材料	半成品	直接人工	制造费用	合计
第一车间	61 000		7 000	5 400	73 400
第二车间		37 400	1 000	1 100	39 500

(3) 本月生产费用：

习题表 10　本月生产费用

单位：元

项目	直接材料	直接人工	制造费用	合计
第一车间	89 500	12 500	12 500	114 500
第二车间		19 850	31 450	51 300

(4) 月末在产品定额成本：

习题表 11　月末在产品定额成本

单位：元

项目	直接材料	半成品	直接人工	制造费用	合计
第一车间	30 500		3 500	2 700	36 700
第二车间		17 600	1 350	2 550	21 500

(5) 第一车间自制半成品月初结存 300 件，成本 55 600 元。

要求：

(1) 登记第一车间的产品成本明细账，计算半成品成本，并编制半成品入库分录。

习题表 12　甲产品（半成品）成本明细账

201×年3月　　　　　　　　本月完工：800 件

车间名称：第一车间　　　　　　　　　　单位：元

项目	直接材料	直接人工	制造费用	合计
月初在产品定额成本				
本月生产费用				
合计				
完工产品（半成品)成本				
月末在产品定额成本				

(2) 登记自制半成品成本明细账，计算发出的半成品成本，并编制半成品领用分录。

习题表 13　自制半成品明细账

产品名称：甲半成品　　　　　　　　　　　　　　　　　　　　　　　单位：元

月份	月初余额		本月增加		合计			本月减少	
	数量（件）	实际成本	数量（件）	实际成本	数量（件）	实际成本	单位成本	数量（件）	实际成本
3									
4									

（3）登记第二车间的产成品明细账，计算产成品成本，并编制产成品入库分录。

习题表 14　甲产品（产成品）成本明细账

201×年 3 月　　　　　　　　本月完工：1000 件

车间名称：第二车间　　　　　　　　　　　　　　　　　　　　　　　单位：元

项目	半成品	直接人工	制造费用	合计
月初在产品定额成本				
本月生产费用				
合计				
完工产品（产成品)成本				
单位成本				
月末在产品定额成本				

（4）编制成本还原表，进行成本还原。

习题表 15　产成品成本还原计算表

产品名称：甲产品　　　　　　产量：1000 件　　　　　　　　　单位：元

项目	还原前产成品总成本	上步骤本月完工半成品成本	成本还原率	产成品中半成品成本还原	还原后产成品总成本	还原后产成品单位成本
半成品						
直接材料						
直接人工						
制造费用						
合计						

5. 参照第 4 题资料，要求采用逐步分项结转分步法计算产品成本，第一车间甲产品半成品）成本明细账同第 4 题习题表 12，此外：

（1）自制半成品明细账月初结存余额 55 600 元，其中：直接材料 42 800 元，直接人工 7 100 元，制造费用 5 700 元。

（2）二车间月初在产品定额成本为 39 500 元，其中：直接材料 21 000 元，直接人工 10 500 元，制造费用 8 000 元。

（3）二车间月末在产品定额成本为 21 500 元，其中：直接材料 10 800 元，直接人工 5 800 元，制造费用 4 900 元。

要求：

（1）登记自制半成品明细账，计算发出的半成品成本。

习题表 16　自制半成品明细账

产品名称：甲半成品　　　　　　　　　　　　　　　　　　　单位：元

月份	项目	数量（件）	实际成本			
			直接材料	直接人工	制造费用	合计
3	月初余额					
	本月增加					
	合计					
	单位成本					
	本月减少					
4	月初余额					

（2）登记第二车间的产品成本明细账，计算产成品成本。

习题表 17　甲产品（产成品）成本明细账

201×年 3 月　　　　　　　　　　本月完工：1 000 件

车间名称：第二车间　　　　　　　　　　　　　　　　　　单位：元

项目	直属材料	直接人工	制造费用	合计
月初在产品定额成本				
本月本步骤生产费用				
本月领用半成品				
合计				
完工产品（产成品)成本				
单位成本				
月末在产品定额成本				

6. 某企业大量、大批生产甲产品，甲产品分 3 个加工步骤，由 3 个车间进行连续式生产。该企业采用平行结转分步法计算产品成本，原材料在第一车间生产开始时一次性投入，月末生产费用在完工产成品与月末在产品之间分配采用约当产量法。各车间月末在产品的完工率均为 50%，3 月份有关产品成本资料如下：

（1）各车间产量资料：

习题表 18　产量资料

单位：件

项目	第一车间	第二车间	第三车间
月初在产品数量	10	30	50
本月投产数量	70	50	60
本月完工产品数量	50	60	70
月末在产品数量	30	20	40

（2）月初在产品成本：

习题表 19　月初在产品成本

单位：元

项目	直接材料	直接人工	制造费用	合计
第一步骤	28 000	10 800	7 850	46 650
第二步骤		8 800	6 000	14 800
第三步骤		5 300	3 500	8 800

（3）本月生产费用：

习题表 20　本月生产费用

单位：元

项目	直接材料	直接人工	制造费用	合计
第一步骤	52 000	10 950	8 100	71 050
第二步骤		10 400	7 800	18 200
第三步骤		7 300	5 500	12 800

要求：

（1）登记各车间产品成本明细账，计算各车间生产费用应计入产成品成本的"份额"。

习题表 21　产品成本明细账

车间名称：第一车间　　　　　　　　　　　　　　　　　　　　单位：元

项目	直接材料	直接人工	制造费用	合计
月初在产品成本				
本月生产费用				
合计				
应计入产成品成本的份额				
月末在产品成本				

习题表 22　产品成本明细账

车间名称：第二车间　　　　　　　　　　　　　　　　　　　　单位：元

项目	直接材料	直接人工	制造费用	合计
月初在产品成本				
本月生产费用				
合计				
应计入产成品成本的份额				
月末在产品成本				

习题表 23　产品成本明细账

车间名称：第三车间　　　　　　　　　　　　　　　　　　　　单位：元

项目	直接材料	直接人工	制造费用	合计
月初在产品成本				
本月生产费用				
合计				
应计入产成品成本的份额				
月末在产品成本				

（2）登记"产成品成本汇总表"，计算产成品的总成本和单位成本，并编制产成品入库分录。

习题表 24　产成品成本汇总表

产品名称：甲产品　　　　　　　产量：70 件　　　　　　　　　单位：元

项目	直接材料	直接人工	制造费用	合计
第一生产步骤成本份额				
第二生产步骤成本份额				
第二生产步骤成本份额				
产成品总成本				
单位成本				

7. 某企业生产甲产品，生产分两个步骤在两个车间内进行，第一车间为第二车间提供半成品，第二车间加工为产成品。该企业采用平行结转分步法计算产品成本，产成品和月末在产品之间分配费用的方法采用定额比例法，直接材料费用按定额材料费用比例分配，其他加工费用采用定额工时比例法分配。3月份有关成品成本资料如下：

（1）产品定额资料：

习题表 25　甲产品定额资料

单位：元

项目	月初在产品		本月投入		本月产成品				
	材料费用	工时（小时）	材料费用	工时（小时）	单件定额		产量（件）	总定额	
					材料费用	工时（小时）		材料费用	工时（小时）
第一车间	67 650	2 700	98 450	6 300	293	14	500	146 500	7 000
第二车间		2 400		9 600		20	500		10 000
合计	67 650	5 100	98 450	15 900	293	34		146 500	17 000

（2）月初在产品成本：

习题表 26　月初在产品成本

单位：元

项目	直接材料	直接人工	制造费用	合计
第一步骤	61 651	7 120	10 000	78 771
第二步骤		8 590	8 150	16 740

(3)本月生产费用：

习题表 27　本月生产费用

单位：元

项目	直接材料	直接人工	制造费用	合计
第一步骤	89 500	12 500	12 500	114 500
第二步骤		19 850	31 450	51 300

要求：

（1）登记各车间产品成本明细账，计算各车间生产费用应计入产成品成本的"份额"。

习题表 28　产品成本明细账

车间名称：第一车间　　　　　　　　　　　　　　　　　　　　　单位：元

项目	直接材料		定额工时（小时）	直接人工	制造费用	合计
	定额	实际				
月初在产品成本						
本月生产费用						
合计						
费用分配率						
应计入产成品成本的份额						
月末在产品成本						

习题表 29　产品成本明细账

车间名称：第二车间　　　　　　　　　　　　　　　　　　　　　单位：元

项目	直接材料		定额工时（小时）	直接人工	制造费用	合计
	定额	实际				
月初在产品成本						
本月生产费用						
合计						
费用分配率						
应计入产成品成本的份额						
月末在产品成本						

（2）登记"产成品成本汇总表"，计算产成品的总成本和单位成本，并编制产成品入库分录。

习题表30　产成品成本汇总表

产品名称：甲产品　　　　　　　产量：500件　　　　　　　单位：元

项目	直接材料	直接人工	制造费用	合计
第一生产步骤成本份额				
第二生产步骤成本份额				
产成品总成本				
单位成本				

第六章　产品成本计算的辅助方法

在本章之前，我们学习了产品成本计算的基本方法，包括品种法、分批法和分步法，对产品成本计算的基本程序有了一定的了解。通过本章学习，熟悉分类法和定额法的特点、使用范围及优缺点等；掌握产品成本计算的分类法；掌握产品成本计算的定额法；掌握各种成本计算方法的应用；理解在什么情况下，可以同时采用几种成本计算方法；计算一种产品成本时，在什么情况下，可以结合采用几种不同的成本计算方法。

> **开篇案例　　　　　如何选择小品种的分配标准**
>
> 　　缘分糖果厂本月开业，打算常年生产水果类、奶类和巧克力类三大类产品，其中水果类又分为硬糖、软糖和棉花糖三个小品种。王彤是企业高薪聘请来的有丰富经验的成本会计人员，他认为缘分糖果厂应该将三大类产品视为三种产品进行成本核算，但是在具体分配硬糖、软糖和棉花糖三个小品种完工产品成本时，是按照每个小品种完工产品单件消耗量为分配标准，或是以每个小品种的完工产品单件耗用工时为分配标准，还是以每个小品种的完工产品单位售价为分配标准呢？你能否帮她参谋参谋。

第一节　分类法

一、分类法的适用范围

产品成本计算的分类法是指按产品类别归集生产费用，计算各类完工产品总成本，再按照一定的分配标准计算产品成本的一种方法。

在一些工业企业中，生产的产品品种多、规格繁多，若按产品的品种、规格归集生产费用，计算成品成本，则成本计算工作极为繁重，在这种情况下，为了简化成本计算工作，可以将不同品种、规格的产品按照一定标准进行分类，即可以采用分类法来计算产品成本。

分类法是成本计算的辅助方法，与产品生产的类型、生产特点不存在直接关系，因而它可以应用在各种类型的生产企业中。可以应用于同料、同工艺生产不同规格产品的企业，例如钢铁厂生产的各种型号和规格的生铁、钢锭和钢材，针织厂生产的各种类别和规格的针织品，食品厂生产的各种饼干和面包，电子行业生产的不同规格和不同型号的电子元件等；可以应用于生产联合产品的企业，例如炼油厂从原油中提炼出的汽油、煤油、柴油等几种主要产品；可以应用于生产副产品的企业，如制皂厂在制皂过程中产出的甘油、炼钢厂附带生产出的炉渣等都是副产品；可以应用于生产零星产品的企业，这些零星产品所耗原材料和工艺过程不一定完全相近，但品种规格多且数量少，费用比重少，为了简化核算，也可以把它们归类，采用分类法计算产品成本；可以应用于生产等级产品的企业，有一些工业企业，特别是轻工业企业，有时可能会产出品种相同但质量不同的产品，如果质量上的差别不是人工操作所致，而是由于原材料质量或工艺技术上的要求不同所导致的，则可以将属于同一品种不同规格的产品归为一类，采用分类法计算成本。

二、分类法的特点

产品成本计算的分类法是品种法的一种延伸，它的特点主要表现在成本计算对象、成本计算期和生产费用分配等三个方面。

（ ）成本计算对象

以产品的类别作为成本计算对象，归集各类产品的生产费用，计算该类产品的成本。在产品品种较多的情况下，这种分配简化了成本计算的工作量，并且可以掌握各类别产品成本费用的总体情况，便于进行成本控制和分析。

（二）成本计算期

产品成本计算期由产品成本计算的基本方法决定，分类法不是一种独立的成本计算方法，它要根据各类产品生产工艺特点和管理要求的不同，选择与品种法、分批法和分步法结合使用。如果是大量、大批生产，应结合品种法或分步法进行成本计算，这样成本计算期与会计报告期一致，每月末定期计算；如果是小批、单件生产，则适合与分批法结合运用，成本计算期一般与生产周期一致，不固定进行。

（三）生产费用的分配

类内不同产品成本按照一定的分配标准分配确定。在各类产品成本费用分配结束后，要进行类内成本费用的分配工作，类内各项费用分配无论是直接费用还是间接费用，均可以采用选定的分配标准在类内各产品、规格间分配，也就是意味着各个成本项目可以采用同一分配标准，大大简化了成本计算工作。但是也可以按照成本项目的性质，分别采用不同的分配标准，以使得分配结果更加合理。

总之，分类法的特点是：按照产品的类别归集生产费用、计算成本；类内不同品种（或规格）产品的成本按照一定的分配方法分配确定。

三、分类法的计算程序

第一，合理划分产品类别，计算各类别产品总成本。根据产品的结构、性质、所用材料及工艺技术过程，将产品分成若干类别，按照产品的类别开设产品成本明细账，按类归集产品的生产费用，计算各类产品的成本。

第二，计算各类别中完工产品成本和在产品成本。根据一定的分配方法，将产品费用总额在完工产品和在产品之间进行分配，可以采用在产品按年初固定术计算、在产品按定额成本计算、定额比例法等方法进行分配。

第三，选择合理的分配标准，对类内各种产品成本进行计算。在分类法下，将类别总成本在各产品之间进行分配时，可以采用产品的价值指标，如计划成本、定额成本、销售价格等；还可以选择技术指标，如重量、体积、长度等；还可以采用产品生产的各种消耗定额指标，如定额消耗量等作为分配标准。在选择费用的分配标准时，主要应考虑与产品生产耗费的关系，即应选择与产品各项耗费有密切联系的分配标准。

分类法的核算程序如图 6-1。

此外，为了简化分配工作，可以将分配标准折算成相对固定的系数，按照固定的系数在类内各种产品之间分配费用。确定系数时，一般是在类内选择一种产量较大、生产比较稳定或规格折中的产品作为标准产品，将这种产品的系数定为 1；再用其他各种产品的分配标准额分别与标准产品的分配标准额相比较，计算出其他各种产品的分配标准额与标准产品分配标准额的比率，即系数。在分类法中，按照系数分配类内各种产品成本的方法，也叫系数法，系数一经确定，在一定时期内应保持相对稳定。在实际工作中，也采用按照标准产品产量比例分配类内各种产品成本的方法，即将各种产品的产量按照系数进行折算，折算成标准产量，然后，按照标准产品产量的比例分配类内各种产品成本，这也是一种系数分配法。

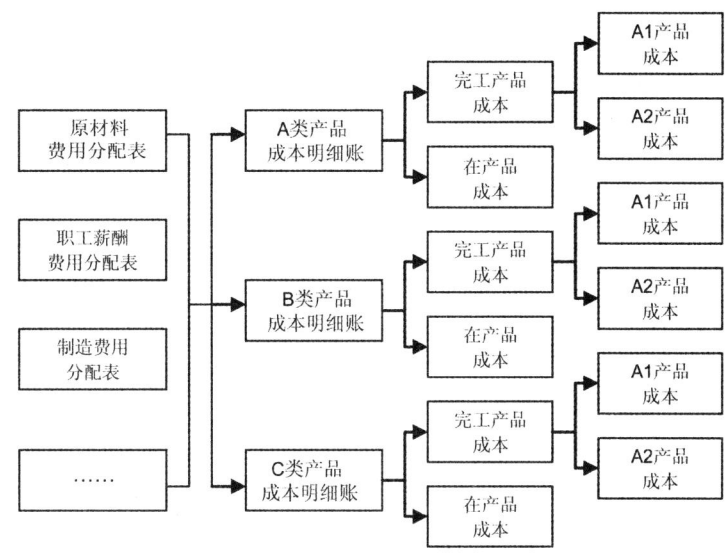

图 6-1 分类法核算程序

四、分类法举例

【例 6-1】某企业生产的甲、乙、丙三种产品的结构、所用原材料和工艺过程基本相同,合并为一类(A 类),采用分类法计算成本。类内各种产品之间分配费用的标准为:直接材料费用按各种产品的直接材料费用系数分配,直接材料费用系数按直接材料费用定额确定;其他费用按定额工时比例分配。与甲、乙、丙三种产品成本计算有关的数据以及成本计算过程如下:

(1) 根据直接材料费用定额计算直接材料费用系数,见表 6-1。

表 6-1 直接材料费用系数计算表

单位:元

产品	单位产品直接材料费用				直接材料费用系数
	直接材料名称或编号	消耗定额(千克)	计划单价	费用定额	
甲产品 (标准产品)	101	200	1.5	300	1
	102	150	0.8	120	
	103	160	0.5	80	
	小计			500	

续表

产品	单位产品直接材料费用				直接材料费用系数
	直接材料名称或编号	消耗定额（千克）	计划单价	费用定额	
乙产品	101	180	1.5	270	0.75
	102	100	0.8	80	
	103	50	0.5	25	
	小计			375	
丙产品	101	180	1.5	270	1.14
	102	250	0.8	200	
	103	200	0.5	100	
	小计			570	

（2）按照产品类别（A类）开设产品成本明细账，根据各项费用分配表登记产品成本明细账，计算该类产品成本（在产品按年初固定数计价法），见表6-2。

表6-2　产品成本明细账

产品名称：A类　　　　　　　　　　201×年×月　　　　　　　　　　单位：元

项目	直接材料	直接人工	制造费用	合计
月初在产品成本	85 000	45 000	25 000	155 000
本月生产费用	453 640	112 000	84 000	649 640
合计	538 640	157 000	109 000	804 640
月末在产品成本	85 000	45 000	25 000	155 000
完工产品成本	453 640	112 000	84 000	649 640

（3）分配计算甲、乙、丙三种产品的产成品成本。根据各种产品的产量、直接材料费用系数和工时消耗定额，分配计算A类甲、乙、丙三种产品的产成品成本，见表6-3。

表 6-3 各种产品成本计算表

201×年×月　　　　　　　　　　　　　　　单位：元

项目	产量（件）①	直接材料费用系数 ②	直接材料费用总系数 ③=①×②	工时消耗定额（小时）④	定额工时 ⑤=①×④	直接材料 ⑥=③×分配率	直接人工 ⑦=⑤×分配率	制造费用 ⑧=⑤×分配率	合计 ⑨=⑥+⑦+⑧
分配率						220	8	6	
甲产品	1 000	1	1 000	8	8 000	220 000	64 000	48 000	332 000
乙产品	200	0.75	150	10	2 000	33 000	16 000	12 000	61 000
丙产品	800	1.14	912	5	4 000	200 640	32 000	24 000	256 640
合计			2 062		14 000	453 640	112 000	84 000	649 640

表 6-3 中，各种费用分配率计算如下：

$$直接材料费用分配率 = \frac{453\,640}{2\,062} = 220$$

$$直接人工费用分配率 = \frac{112\,000}{14\,000} = 8$$

$$制造费用分配率 = \frac{84\,000}{14\,000} = 6$$

根据表 6-3，编制会计分录如下：

借：库存商品——甲产品　　　332 000
　　　　　——乙产品　　　　61 000
　　　　　——丙产品　　　 256 640
　贷：生产成本——基本生产成本——A 类产品　　　649 640

五、分类法的优缺点

采用分类法计算产品成本，领料单、工时记录等原始凭证和原始记录不必按产品品种，而只需按产品类别填列，在各种费用分配表中也可以按产品类别分配费用，产品成本明细账只按产品类别开设，从而能够简化成本计算工作，而且在产品品种、规格繁多的情况下，除了能够提供各种产品的成本资料外，还能提供各类产品成本信息，便于对各类产品成本进行分析和考核。

但是，在分类法下，由于在类内各种产品成本的计算中，不论是间接计入费用还是直接计入费用，都是按一定的分配标准或比例进行分配的，因而计算结果有一定的假定性，容易导致类内各种产品成本平均化，从而影响成本计算的准确性。因此，产品的分类和分配标准（系数）的选定是分类法下成本计算正确性的关键所在，企业应选择与成本水平高低有直接关系的分配标准来分配费用。此外，如果产品结构、所耗直接材料或工艺技术发生较大变动时，应及时修订分配系数，或另选分配标准，以保证成本计算的准确性。

【课堂测试 6-1】

1. 分类法是在产品品种、规格繁多，但可按一定标准对产品进行分类的情况下，为了（　　）的目的而采用的。
   A. 加强各类产品的成本管理　　B. 计算各种产品成本
   C. 计算各类产品成本　　　　　D. 简化成本计算工作

2. 系数法是（　　）的一种，系数已经确定，应相对稳定，不应任意变更。
   A. 分批法　　　　　　　　　　B. 分类法
   C. 分步法　　　　　　　　　　D. 定额法

3. （多选题）采用分类法，可将（　　）等方面相同或相似的产品归为一类。
   A. 产品结构和耗用原材料　　　B. 产品生产工艺技术过程
   C. 产品的性质　　　　　　　　D. 产品的售价

4. （多选题）分类法在分配类内各种产品成本时，会涉及的计算过程是（　　）。
   A. 在同类产品中选择一种产量较大、生产比较稳定或规格折中的产品作为标准产品
   B. 将标准产品的分配标准系数定为1
   C. 再用其他各种产品的分配标准额分别与标准产品比较，计算出其他产品的系数
   D. 用各种产品的实际产量乘以系数，计算出总系数
   E. 再按各种产品的总系数比例分配计算类内各种产品成本

5. "分类法是成本计算的基本方法，它与企业生产类型没有直接关系。"这句话是否正确，如果错误，说明为什么？

第二节 定额法

一、定额法的适用范围

在前述各种成本计算方法——品种法、分批法、分步法和分类法下，各种成本计算方法都是按照生产费用的实际发生额进行计算分配，产品的实际成本也都是根据实际生产费用计算的。因此，生产费用和产品成本脱离定额的差异及其发生的原因，只有在月末通过实际资料和定额资料进行对比、分析才能得到反映，而不能在月内生产费用发生时就适时反映，难以及时分析差异产生的原因，无法做到事中控制。

定额法弥补了这些方法的不足，为加强定额管理，及时对产品成本进行控制和管理，更有效地发挥成本核算，对节约费用、降低成本、改善经营管理，起到了重要的作用。

定额法与企业生产类型没有直接关系，其最早应用于大批量生产的机械制造企业，后来逐渐扩展到具备条件的其他工业企业。由于定额法必须事先制定定额成本，及时核算各种差异，因此，无论任何生产类型，只要同时具备下列两个条件，都可以采用定额法计算产品成本。第一个条件是企业的定额管理制度比较健全，定额管理工作基础较好；第二个条件是产品的生产已经定型，各项生产费用消耗定额比较准确、稳定。一般而言，进行大批、大量生产的企业比较容易具备这两个条件，如生产机床、车辆、发动机等制造业。

二、定额法的特点

产品成本计算的定额法，就是为了及时地反映和监督生产费用和产品成本脱离定额的差异，把产品成本的计划、控制、核算和分析结合在一起，以便加强成本管理而采用的一种成本计算方法。

定额法和其他产品成本计算方法不同，它不是一种纯粹的成本核算方法，而是一种将成本核算与成本控制紧密结合的方法，它克服了其他产品成本计算方法无法及时反映实际成本与定额成本相脱离的弱点，使企业能够通过产品的成本核算达到对产品成本进行事前、事中和事后控制，强化了企业对产品的日常控制。可以说，定额法实际上是成本控制方法在成本计算中的体现。

定额法的主要特点包括：（1）将事先制定的产品消耗定额、费用定额和定额成本作为降低成本的目标;(2)在生产费用发生的当时,就将符合定额的费用和发生的差异分别核算,以加强对成本差异的日常核算、分析和控制;(3)月末,在定额成本的基础上,加上各种成本差异,计算产品的实际成本,为成本的定期考核和分析提供数据。

三、定额法的计算程序

(一)制定定额成本

采用定额法计算产品成本,必须首先制定产品的原材料、动力、工时等消耗定额,并根据各项消耗定额和材料的计划单价、计划的直接人工费用率(计划每小时直接人工费用)或计件工资单价、计划制造费用率(计划每小时制造费用)等资料,计算产品的各项费用定额和产品的单位定额成本。

为了便于进行成本分析和考核,定额成本的成本项目和计算方法,均应与计划成本、实际成本包括的成本项目和计算方法一致,其计算公式为:

单位产品直接材料费用定额 = 单位产品原材料消耗定额×原材料计划单价
单位产品直接人工费用定额 = 单位产品生产工时定额×计划直接人工费用率
单位产品制造费用定额 = 单位产品生产工时定额×计划制造费用率

其中,直接人工费用和制造费用,通常是按生产工时比例计入产品的,因而其计划单价通常是计划的每小时各项费用额。

产品的定额成本与计划成本既有联系,又有区别。两者的相同之处是两者都以产品生产的消耗定额和计划价格为依据确定的目标成本,两者的制定过程都是对产品成本进行事前的反应和监督。两者的不同之处有两点,一是计划成本下的消耗定额是计划期(通常是一年)内平均消耗定额,也称为计划定额,该定额在计划期内通常不变,而定额成本下的消耗定额则是现行消耗定额,应随着生产技术的进步和劳动生产率的提高不断加以修改;二是计算计划成本所依据的原材料等的计划单价,在计划期内通常也是不变的,计算定额成本所依据的直接人工和制造费用的计划单价,则可能变动。因此,计划成本在计划期内通常是不变的,定额成本在计划期内则是变动的。

所谓产品的定额成本,也就是根据各种有关的现行定额计算的成本。合理地制定定额成本,可以使企业对成本的控制和考核更加有效,更加符合实际,从而保证计划成本的完成。定额成本在制定时,要分成本项目进行,由企业的计划、会计等部门共同制定。

定额成本制定的程序通常有三种情况:一是如果在产品的零件、部件不多,一般先制定零件定额成本,然后汇总计算部件的定额成本,进而计算产品的定额成本（一般通过编制零件、部件定额成本计算表和产品成本定额表来完成）；二是如果零件、部件较多的产品，为了简化核算，可以不计算零件的定额成本，而是直接根据零件定额卡所列零件的原材料消耗定额、工序计划和工时消耗定额，以及原材料的计划单价、计划的直接人工费用率和计划的制造费用率等，计算部件定额成本，然后汇总计算产成品定额成本，或者直接根据零部件的定额卡计算产成品定额成本；三是在规模较大，分车间核算的企业，可以先计算各车间的定额成本，然后由企业财务人员汇总各车间的定额成本，进而计算出产成品的定额成本。

零件定额卡和部件定额卡的格式分别见表 6-4 和表 6-5，产品定额成本计算表见表 6-6。

表 6-4　零件定额卡

零件编号、名称：301　　　　　　　　　　　　　　　　　　　　　　　　201×年×月

材料编号、名称	计量单位			材料消耗定额
1208	千克			6
工序编号	1	2	3	合计
工时定额	2	4	4	10

表 6-5　部件定额成本计算卡

部件编号、名称：2001　　　　　　　201×年×月　　　　　　　　　　单位：元

所需零件编号、名称	零件数量	材料定额						金额合计	工时定额
		301			302				
		数量	计划单价	金额	数量	计划单价	金额		
301	4	24	5	120				120	40
302	5				16	4	64	64	30
装配									8
合计				120			64	184	78

部件定额成本项目						定额成本合计
直接材料	直接人工			制造费用		
	计划费用率	金额		计划费用率	金额	
184	1.50	117		2	156	457

表 6-6　产品定额成本计算卡

产品编号、名称：6006 甲产品　　　　201×年×月　　　　　　　单位：元

所需部件编号、名称	部件数量	部件材料费用定额	产品材料费用定额	部件工时定额	产品工时定额
2001	2	184	368	78	156
2002	3	100	300	60	180
装配					20
合计			668		356

产品定额成本项目					定额成本合计
直接材料	直接人工计划费用率	制造费用金额	直接人工计划费用率	制造费用金额	
668	1.50	534	2	712	1 914

（二）脱离定额差异的核算

脱离定额的差异，是指生产过程中，各项实际生产费用与现行定额成本之间的差额。脱离定额差异的核算，就是在发生生产费用时，为符合定额的费用和脱离定额的差异，分别编制定额凭证和差异凭证，并在有关的费用分配表和明细账分类账中分别予以登记。这样，能够随时分析差异发生的原因和确定责任，在此基础上采取措施、挖掘潜力，努力将生产耗费控制在定额范围内。

脱离定额差异的核算应该与产品成本项目设置相结合，要分别揭示直接材料费用脱离定额差异的核算、直接人工费用脱离定额差异的核算和制造费用脱离定额的差异。

1. 直接材料费用脱离定额差异的核算

直接材料费用定额差异是指实际用量脱离定额产生的差异。其核算方法一般有限额领料法、切割核算法和盘存法三种。

（1）限额领料法

限额领料法是指原材料的领用实行限额领料制度，以控制用料的一种方法。对于直接用于产品生产的材料，在发料时，应按用料的定额数进行事前控制。

企业需要确定各种产品的材料消耗定额并编制"限额领料单"，符合定额的原材料应根据限额领料单等定额凭证领发。若发生超出限额领用材料情况，

须经过主管部门特别是技术部门审批。如果是由于增加产量，需要增加用料时，在追加限额手续后，也可以根据定额凭证领发；如果由于其他原因发生的超额用料或代用材料的用料，则应填制专门的超限额领料单、代用材料领料单等差异凭证，经过一定的审批手续后领发。在差额凭证中，应填写差异的数量、金额以及发生差异的原因。

按照限额领料制度，月末时，还需要将限额领料单中的材料余额或差异凭证中的超限额进行汇总，并计算出直接材料的定额差异。另外，每批生产任务完成以后，应根据车间余料编制退料手续，退料单也是一种差异凭证，退料单中原材料数额和限额领料单中的原材料余额，都是原材料脱离定额的节约差异。因此，这种方法还被称为差异凭证法。

限额领料制度下，上述差异凭证反映的差异往往只是领料差异，而不一定是用料差异，即限额领料法不能完全控制用料。比如，若车间本月领用的材料当月并未消耗用完，此时车间里就会有未耗用而结存下来的材料，也就意味着会出现本月领用材料的定额差异与当月实际耗用材料的定额差异不一致的情况。

直接材料脱离定额差异的计算公式如下：

$$\text{本月直接材料定额消耗量} = \text{本月投产产品数量} \times \text{单位产品直接材料定额消耗量}$$

$$\text{本月直接材料实际消耗量} = \text{本月领用直接材料数量} + \text{月初结存直接材料数量} - \text{月末结存直接材料数量}$$

$$\text{直接材料脱离定额的数量差异} = \text{本月领用直接材料实际消耗量} - \text{本期直接材料定额消耗量}$$

$$\text{直接材料费用脱离定额差异} = \text{直接材料脱离定额差异（数量）} \times \text{材料计划单价}$$

【例6-2】祥瑞公司生产 C 产品，201×年 3 月限额领料单规定的产品数量 2 000 件，每件产品原材料消耗定额为 5 千克，则本月领料凭证中领料限额为 10 000 千克，材料计划单价为每千克 15 元。本月实际领料 9 600 千克，差异为 400 千克。则有以下三种情况：

第一种情况：本月投产数量符合限额领料规定的产品数量，即为 2 000 件，且月初月末均无余料。则上述 400 千克为领取材料的节约差异，同时也是用料脱离定额的节约差异。

第二种情况：本月投产产品数量仍为 2 000 件，但车间月初余料为 200 千克，月末余料为 300 千克。则：

直接材料定额消耗量 = 2 000×5 = 10 000(千克)
直接材料实际消耗量 = 9 600 + 200 − 300 = 9 500(千克)
直接材料脱离定额数量差异 = 9 500 − 10 000 = −500（千克）（节约差异）
直接材料费用脱离定额差异 = −500×15 = −7 500（元）（节约差异）

第三种情况：本月投产产品数量为 1 800 件，车间月初余料为 200 千克，月末余料为 300 千克。则：

直接材料定额消耗量 = 1800×5 = 9 000(千克)
直接材料实际消耗量 = 9 600 + 200 − 300 = 9 500(千克)
直接材料脱离定额数量差异 = 9 500 − 9 000 = 500（千克）（超支差异）
直接材料费用脱离定额差异 = 500×15 = 7 500（元）（超支差异）

由此可见，只有在产品投产数量等于规定的产品数量，而且车间没有余料或者月初、月末余料数量相等的情况下，领料的差异才是用料脱离定额差异。因此，要控制用料不超支，不仅要控制领料不超过限额，而且还要控制产品的投产量不少于计划规定的产品数量。此外，还要注意车间有无余料和余料的数量。

（2）切割核算法

切割核算法是根据材料切割消定额和应切割毛坯数量控制材料消耗量的一种方法。

在企业生产中，有些经常使用的材料，如果不能直接投入，而是事前需要经过下料车间切割后才能进一步加工的材料，应采用切割核算法。比如板材、棒材等需要切割的材料，应通过材料切割核算单，核算用料差异，控制用料。

材料切割核算单应按切割材料的批别设立，在单中需要填明切割材料的种类、数额、消耗定额和应切割的毛坯数量。切割完毕后，要填写实际切割的毛坯数量和材料的实际消耗量。根据实际切割成的毛坯数量和消耗定额，求出材料定额消耗量，再与材料的实际消耗量相比较，确定用料脱离定额的差异。

切割材料核算的格式如表 6-7。

表 6-7　材料切割核算表

零件编号或名称：　　　　　　材料计量单位：千克　　　　　　材料计划单价：
产品名称：　　　　　　　　　零件编号或名称：　　　　　　　图纸号：
切割工人工号和姓名：　　　　　　　　　　　　　　　　　　　机床编号：
发交切割日期：201×年×月×日　　　　　　完工日期：201×年×月×日

发料数量	退回余料数量	材料实际消耗量	废料回收数量

材料消耗定额	单件回收废料定额	应割成的毛坯数量	实际割成的毛坯数量	材料定额消耗量	废料定额回收量

材料脱离定额差异			废料脱离定额差异			脱离定额差异原因	责任者
数量	单价	金额	数量	单价	金额		

注：回收废料超过定额的差异可以冲减材料费用，列负数；相反，低于定额的差异，列正数。采用材料切割核算单进行材料切割的核算，能及时反映材料的实际耗用量和发生差异，并在核算单中列明差异产生的具体原因和责任人，有利于加强对材料消耗的控制和监督。

（3）盘存法

盘存法是定期通过对生产领用材料的余料进行盘存，确定材料脱离定额差异的一种方法。

在不能分批核算原材料脱离定额差异的情况下，可以采用盘存法。盘存法的程序是：根据完工产品数量和在产品盘存（实地盘存或账面结存）数量算出投产产品数量，再乘以直接材料消耗定额，算出直接材料消耗定额消耗量；根据限额领料单、超额领料单、退料单等材料凭证以及车间余料的盘存数量，计算出直接材料实际消耗量；然后将直接材料的实际耗用量与定额消耗量相比较，计算出直接材料脱离定额的数量差异，进而计算出直接材料费用脱离定额的差异。涉及的计算公式如下：

本月投产产品数量＝本月完工产品数量＋月末在产品数量－月初在产品数量

本月直接材料定额消耗量＝本月投产产品数量×单位产品直接材料定额消耗量

本月直接材料实际消耗量＝本月领用直接材料数量＋月初结存直接材料数量－月末结存直接材料数量

$$\frac{直接材料脱离}{定额的数量差异} = \frac{本月领用直接材料}{实际消耗量} - \frac{本期直接材料}{定额消耗量}$$

$$\frac{直接材料费用}{脱离定额差异} = \frac{直接材料脱离}{定额差异（数量）} \times 材料计划单价$$

需要注意的是，上述"本月投产产品数量"公式中，是假设材料在生产开始时一次性投入的，如果材料是随着生产陆续投入的，月初和月末在产品数量是按照材料消耗定额折算的约当产量，则公式应该修改为：

$$本月投产产品数量 = \frac{本月完工}{产品数量} + \frac{月末在产品}{约当产量} - \frac{月初在产品}{约当产量}$$

【例6-3】祥瑞公司生产D产品，耗用某材料，D产品月初在产品为150件，本月完工产品为4 000件，月末在产品为200件。生产D产品的材料在生产开始时一次性投入，D产品的材料消耗定额为每件2千克，计划单价为每千克10元。限额领料单中载明的本月实际领料量为2 000千克。车间月初余料为200千克，月末余料为300千克。

本月投产产品数量 = 4 000 + 200 - 150 = 4 050（件）

直接材料定额消耗量 = 4 050×2 = 8 100(千克)

直接材料实际消耗量 = 8 000 + 200 - 300 = 7 900(千克)

直接材料脱离定额数量差异 = 7 900 - 8 100 = -200(千克)（节约差异）

直接材料费用脱离定额差异 = -200×10 = -2 000(元)（节约差异）

对于直接材料的定额消耗量和脱离定额的差异，应定期或分批地按车间和成本计算对象进行汇总，编制直接材料定额费用和脱离定额差异汇总表，反映和分析材料消耗定额的执行情况，以代替原材料费用分配表，并登记产品成本明细账。根据例6-3编制材料定额费用和脱离定额差异汇总表，见表6-8。

表6-8 材料定额费用和脱离定额差异汇总表

产品名称：D产品　　　　　　　　　　201×年×月　　　　　　　　　　单位：元

材料类别	材料编号	数量单位	计划单位成本	定额费用		实际费用		脱离定额差异		差异原因
				数量	金额	数量	金额	数量	金额	
某材料	1101	千克	10元	8 100	81 000	7 900	79 000	-200	-2 000	略
合计										

此外，自制半成品的定额消耗量、定额费用和脱离定额差异的核算方法与

直接材料相同。

2. 直接人工费用脱离定额差异的核算

产品的直接人工费用脱离定额的差异要区分计件工资下直接人工费用脱离定额的差异和计时工资下直接人工费用脱离定额的差异。在计件工资形式下，生产工人的工资属于直接计入费用，因而其脱离定额差异的核算与直接材料类似。符合定额的生产工人工资直接反映在工资卡、工作班产量记录、工序进程单等产量记录中；脱离定额的差异通常反映在专设的"工资补付单"等差异凭证中；这些差异凭证中应列明差异发生的原因，并办理一定的审批手续。在计时工资形式下，生产工人的工资一般属于间接计入费用，而实际人工费用总额到月终才能确定，因此，直接人工费用脱离定额的差异不能在平时按照产品直接计算，只有在月末实际人工费用总额确定后，才能计算。

如果直接人工费用属于直接计入费用，则某种产品的直接人工费用脱离定额差异的计算公式如下：

$$\begin{matrix}某产品直接人工\\费用脱离定额的差异\end{matrix} = \begin{matrix}该产品实际\\直接人工费用\end{matrix} - \left(\begin{matrix}该产品\\实际产量\end{matrix} \times \begin{matrix}该产品直接\\人工费用定额\end{matrix}\right)$$

如果直接人工费用属于间接计入费用，则某种产品的直接人工费用脱离定额差异的计算公式如下：

$$\begin{matrix}某产品的实际\\直接人工费用\end{matrix} = \begin{matrix}该产品实际产量\\的实际生产工时\end{matrix} \times 实际小时工资率$$

$$\begin{matrix}某产品的定额\\直接人工费用\end{matrix} = \begin{matrix}该产品实际产量\\的定额生产工时\end{matrix} \times 计划小时工资率$$

$$\begin{matrix}某产品直接人工费用\\脱离定额的差异\end{matrix} = \begin{matrix}该产品的实际\\直接人工费用\end{matrix} - \begin{matrix}该产品的定额\\直接人工费用\end{matrix}$$

其中：

$$实际小时工资率 = \frac{某车间实际直接人工费用总额}{该车间实际生产工时总额}$$

$$计划小时工资率 = \frac{某车间计划产量的定额直接人工费用总额}{该车间计划产量的定额生产工时总额}$$

【例 6-4】祥瑞公司丁车间生产 E 产品和 F 产品，3 月份计划产量的定额直接人工费用为 20 000 元，计划产量的定额生产工时为 1 600 小时。本月实际发生的直接人工费用为 22 750 元，实际生产工时为 1 750 小时。本月 E 产品实际产量的定额工时为 1 200 小时，实际生产工时为 1 250 小时；F 产品实际产量的定额工时为 550 小时，实际生产工时为 500 小时。

$$实际小时工资率 = \frac{22\,750}{1\,750} = 13$$

$$计划小时工资率 = \frac{20\,000}{1\,600} = 12.5$$

E产品实际直接人工费用 $= 1\,250 \times 13 = 16\,250$（元）

E产品定额直接人工费用 $= 1\,200 \times 12.5 = 15\,000$（元）

E产品直接人工费用脱离定额的差异 $= 16\,250 - 15\,000 = 1\,250$（元）（超支差异）

F产品实际直接人工费用 $= 500 \times 13 = 6\,500$（元）

F产品定额直接人工费用 $= 550 \times 12.5 = 6\,875$（元）

F产品直接人工费用脱离定额的差异 $= 6\,500 - 6\,875 = -375$（元）（节约差异）

企业不论采用哪种工资形式，都要对产品的直接人工费用按照成本计算对象汇总编制定额直接人工费用和脱离定额差异汇总表，反映各种产品的定额工时和定额直接人工费用、实际工时和实际直接人工费用、直接人工费用脱离定额的差异及产生的原因等资料，以考核和分析各种产品生产工时和直接人工费用定额的执行情况，并据以计算产品的直接人工费用。

3. 制造费用脱离定额差异的核算

制造费用一般属于间接计入费用，在日常核算中不能按照产品直接确定制造费用脱离定额的差异，只能根据月份的费用预算，按照费用发生的车间、部门和费用项目核算脱离预算的差异，据以控制和监督费用的发生。对于其中的材料费用，也可以采用限额领料单、超额领料单等定额凭证和差异凭证进行控制；对于生产工具、零星费用，则可采用"领用手册""费用定额卡"等凭证进行控制。在这些凭证中，先要填明领用的计划数，然后登记实际发生数和脱离定额的差异。对于超定额领用，也要经过一定的审批手续。

月末按工时分配制造费用时，比照计时工资下脱离定额差异的公式进行计算，计算时要注意将小时工资率改为小时制造费用率，具体的计算公式如下：

$$某产品的实际制造费用 = \frac{该产品实际产量}{的实际生产工时} \times 实际小时制造费用率$$

$$某产品的定额制造费用 = \frac{该产品实际产量}{的定额生产工时} \times 计划小时制造费用率$$

$$\begin{matrix}某产品制造费用\\脱离定额的差异\end{matrix} = \begin{matrix}该产品的实际\\制造费用\end{matrix} - \begin{matrix}该产品的定额\\制造费用\end{matrix}$$

其中：

$$实际小时制造费用率 = \frac{某车间实际制造费用总额}{该车间实际生产工时总额}$$

$$计划小时制造费用率 = \frac{某车间计划制造费用总额}{该车间计划产量的定额生产工时总额}$$

【例 6-5】沿用例 6-4 的资料，祥瑞公司丁车间 3 月份的计划制造费用总额为 22 400 元，计划产量的定额生产工时为 1 600 小时。本月实际发生的制造费用 23 625 元，实际生产工时为 1 750 小时。本月 E 产品实际产量的定额工时为 1 200 小时，实际生产工时为 1 250 小时；F 产品实际产量的定额工时为 550 小时，实际生产工时为 500 小时。

$$实际小时制造费用率 = \frac{23\,625}{1\,750} = 13.5$$

$$计划小时制造费用率 = \frac{22\,400}{1\,600} = 14$$

E 产品实际制造费用 = 1 250×13.5 = 16 875(元)

E 产品定额制造费用 = 1 200×14 = 16 800(元)

E 产品直接人工费用脱离定额的差异 = 16 875 − 16 800 = 75(元)（超支差异）

F 产品实际制造费用 = 500×13.5 = 6 750(元)

F 产品定额制造费用 = 550×14 = 7 700(元)

F 产品制造费用脱离定额的差异 = 6 750 − 7 700 = −950（元）（节约差异）

（三）直接材料成本差异的分配

采用定额法计算产品成本，为了便于产品成本的分析和考核，材料的日常核算应按照计划成本进行。直接材料的定额费用是定额消耗量乘以计划单位成本；直接材料脱离定额的差异是实际消耗量和定额消耗量之间的差异乘以计划单位成本。也就是说，前述的直接材料脱离定额的差异，是按计划单位成本反映的数量差异（量差）；在月末计算产品的实际直接材料费用时，还必须考虑所耗材料应负担的成本差异问题，即所耗材料的价格差异（价差）。

定额法下材料成本差异的计算公式如下：

$$\begin{matrix}某产品应分配的\\直接材料成本差异\end{matrix} = \left(\begin{matrix}该产品直接材料\\定额成本\end{matrix} \pm \begin{matrix}直接材料脱离\\定额差异\end{matrix} \right) \times \begin{matrix}材料成本\\差异率\end{matrix}$$

【例 6-6】沿用例 6-4 的资料，祥瑞公司 E 产品 3 月份所耗直接材料定额费用为 60 000 元，脱离定额超支差异为 2 000 元，材料的成本差异率为节约 1%。

该产品应分配的直接材料成本差异=（60 000+2 000）×（-1%）=-620

需要注意的是，各种产品应分配的材料成本差异，一般均由该产品的完工产品成本负担，月末在产品不再负担。

（四）定额变动差异的核算

定额变动差异是指企业因经济发展、生产技术进步等原因，对消耗定额或生产耗费的计划价格进行修订，从而产生新旧定额之间的差异。定额变动差异是定额本身变动的结果，它与生产中费用支出的节约和浪费无关，也就是意味着它与脱离定额差异是不同的。

消耗定额和定额成本一般是在月初、季初或年初定期进行修订。在定额变动的月份，其月初在产品的定额成本并未修订，仍然按照旧定额计算。因此，为了将按旧定额计算的月初在产品定额成本和按新定额计算的本月投入产品的定额成本，在新定额的同一基础上相加起来，应该计算月初在产品的定额变动差异，以调整月初在产品的定额成本。

月初在产品定额变动差异，可以根据定额发生变动的在产品盘存数量或在产品账面结存数量和修订前后的消耗定额，计算出月初在产品消耗定额修订前和修订后的定额消耗量，进而确定定额变动差异。在月初在产品存在定额变动差异时，产品的实际成本的计算公式应补充为：

$$\text{产品的实际成本} = \text{按现行定额计算的产品定额成本} \pm \text{脱离现行定额差异} \pm \text{直接材料或半成品成本差异} \pm \text{月初在产品定额变动差异}$$

定额变动差异一般应按照定额成本比例，在完工产品和月末在产品之间进行分配，因为，这种差异不是当月工作的结果，不应全部计入当月完工产品成本。但是若定额变动差异数额较小，或者月初在产品本月全部完工，那么，定额变动差异也可以全部由完工产品负担，月末在产品不再负担。

如果有些制造企业构成产品的零部件种类较多，一旦定额发生变动，定额计算需要从零件、部件到产品，计算工作量会很大，为了简化计算工作，也可以采用定额变动系数进行计算，计算公式如下：

$$\text{定额变动系数} = \frac{\text{按新定额计算的单位产品费用}}{\text{按旧定额计算的单位产品费用}}$$

$$\text{月初在产品定额变动差异} = \text{按旧定额计算的月初在产品成本} \times (1-\text{定额变动系数})$$

【例 6-7】沿用例 6-4 的资料，E 产品的一些零件从本月 1 日起实行新的直接材料消耗定额,单位产品旧的直接材料费用定额为 14.7 元,新的直接材料费用定额为 15 元。该产品月初在产品按旧定额计算的直接材料定额费用为 10 000 元。则月初在产品定额变动差异的计算如下:

$$定额变动系数 = \frac{14.7}{15} = 0.98$$

$$月初在产品定额变动差异 = 10000 \times (1 - 0.98) = 200(元)$$

四、定额法举例

【例 6-8】沿用例 6-4 的资料,假设祥瑞公司大批量生产 E 产品,该产品的各项消耗定额比较准确、稳定,为了加强定额管理和成本控制,采用定额法计算产品成本。该产品的定额变动差异和直接材料成本差异由完工产品成本负担;脱离定额差异按定额成本比例,在完工产品与月末在产品之间进行分配。

祥瑞公司采用定额法研究 E 产品成本所登记的产品成本明细账,见表 6-9。

表 6-9 中,月初在产品成本资料,根据上月末在产品资料登记;月初在产品定额变动资料,根据前述祥瑞公司 E 产品月初在产品定额变动差异的计算资料登记;本月生产费用中的定额成本和脱离定额差异,是根据前列的直接材料定额费用和脱离定额差异汇总表和其他有关汇总表、分配表进行登记的;直接材料成本差异是根据前列直接材料成本差异分配计算资料登记的;由于脱离定额差异要在完工产品和月末在产品之间按照定额成本比例进行分配,所以要计算脱离定额差异分配率,并据以计算登记完工产品和月末在产品应负担的差异额;将所述的计算结果计入成本明细账后,即可算出完工产品的实际成本。

五、定额法的优缺点

定额法的优点主要在于:能够在生产耗费发生的当时反映和监督脱离定额(或计划)差异,有利于加强成本的日常控制;便于对各项生产耗费和产品成本进行定期分析,有利于进一步挖掘降低成本的潜力;有利于提高成本的定额管理和计划管理工作的水平;能够较为合理、简便地解决完工产品和月末在产品之间分配费用的问题。

定额法的缺点主要在于:由于采用定额法必须制定定额成本,单独核算脱离定额差异,在定额变动时还必须修订定额成本,计算定额变动差异,因此核算工作量比较大。

表 6-9 材料定额费用和脱离定额差异汇总表

产品名称：E产品　　　　　　　　201×年×月
产量：1 000 件　　　　　　　　　　　　　　　　　单位：元

成本项目	月初在产品		月初在产品定额变动		本月生产费用			生产费用累计			
	定额成本	脱离定额差异	定额成本调整	定额变动差异	定额成本	脱离定额差异	直接材料成本差异	定额成本	脱离定额差异	直接材料成本差异	定额变动差异
	①	②	③	④	⑤	⑥	⑦	⑧=①+③+⑤	⑨=②+⑥	⑩=⑦	⑪=④
直接材料	10 000	-400	-200	200	60 000	2 000	-620	-620	69 800	1 600	-620
直接人工	2 000	-30			15 000	1 250			17 000	1 220	
制造费用	1 600	50			16 800	75			18 400	125	
成本合计	13 600	-380	-200	200	91 800	3 325		-620	105 200	2 945	-620

成本项目	差异分配率	本月产品成本					月末在产品成本	
	脱离定额差异分配率	定额成本	脱离定额差异	直接材料成本差异	定额变动差异	实际成本	定额成本	脱离定额差异
	⑫=⑨/⑧	⑬	⑭=⑬×⑫	⑮=⑩	⑯=⑪	⑰=⑬+⑭+⑮+⑯	⑱	⑲=⑱×⑫
直接材料	2.29%	54 000	1 237.82	-620	200	54 817.68	15 800	362.18
直接人工	7.18%	15 600	1 119.53			16 719.53	1 400	100.47
制造费用	0.68%	16 800	114.13			16 914.13	1 600	10.87
成本合计		86 400	2 471.48	-620	200	88 451.48	18 800	473.52

【课堂测试 6-2】

1. 由于修改旧定额而产生的新旧定额之间的差额称为（　　）。

A. 定额差异　　　　　　　　　B. 定额变动差异

C. 材料成本差异　　　　　　　D. 脱离定额差异

2. 定额成本法的特点是（　　）。
A. 对产品进行事前控制
B. 对成本差异进行日常核算、分析和控制
C. 进行成本的定期分析和考核
D. 以上三点都正确
3. （多选题）直接材料脱离定额差异的核算方法一般有（　　）。
A. 限额法　　　　　　　　　B. 切割法
C. 盘存法　　　　　　　　　D. 分步法
4. （多选题）在定额成本法下，产品的实际成本是（　　）的代数和。
A. 按现行定额计算的产品定额成本
B. 脱离现行定额的差异
C. 材料成本差异
D. 月初在产品定额变动差异
5. "直接材料脱离定额差异是指材料的实际耗用水平与定额耗用水平之间的差异，即材料的量差，不包括材料的价差。"这句话是否正确，如果错误，说明为什么？

第三节　各种成本计算方法的应用

在前述的章节中，学习了产品成本计算的品种法、分批法和分步法三种基本方法，以及分类法和定额法两种辅助方法。目前很多企业生产多品种、多步骤、多型号产品，这就使企业的成本计算和核算过程呈现多元化的趋势。一个企业中或一个车间中，有可能同时应用几种不同的产品成本计算方法，即使是一种产品，在该产品的各个生产步骤、各种半成品和各个成本项目之间，它们的生产类型或管理的要求也不一定相同，因而在同一种产品的成本计算中，也有可能将几种成本计算方法结合起来应用。

一、几种产品成本计算方法同时应用

一个企业或车间，在下列情况下，往往同时采用几种成本计算方法：
第一，企业各个车间的生产类型不同，可以采用不同的成本计算方法。比如，企业的基本生产车间和辅助生产车间的生产类型不同，基本生产车间可能是大批、多步骤生产某种产品，而辅助生产车间生产是大批量、单步骤生产（水、

电、气等），这种情况下对基本生产车间可以采用分步法计算产品成本，而对辅助生产车间则可以采用品种法计算产品成本。

即使同为基本生产车间，若生产类型不同，也可以采用不同的成本计算方法。比如，第一车间大量、大批、单步骤生产甲产品，第二车间小批量、单件生产乙产品，这种情况下，第一车间可以用品种法计算甲产品成本，而第二车间则采用分批法计算乙产品成本。

第二，企业各个生产车间类型相同，但管理上的要求不同，可以采用不同的成本计算方法。比如，第一车间和第二车间分别大量、多步骤生产甲、乙两种产品，企业的甲半成品对外销售，管理上要求分步计算甲产品的成本，而对乙产品则并不要求分步计算成本，这种情况下，第一车间应采用分步法计算甲产品成本，而第二车间则可以采用品种法计算乙产品成本。

第三，一个车间生产多种产品，由于各种产品的生产类型或管理上的要求不同，可以采用不同的成本计算方法。比如，企业一个基本生产车间生产甲、乙两种产品，甲产品已经定型，大批量进行生产，而乙产品正处于小批试制阶段，在这种情况下，甲产品可以采用品种法计算产品成本，乙产品则采用分批法计算产品成本。

二、几种产品成本计算方法结合应用

计算一种产品的成本，在下列情况下，往往结合几种成本计算方法：

第一，一种产品的不同生产步骤，由于生产特点和管理要求不同，可以采用不同的成本计算方法。例如，在小批、单件生产的机械厂，最终产品是经过铸造、机械加工、装配等相互关联的生产阶段完成的。就其最终产品来看，产品成本的计算应采用分批法，但从其产品生产的各阶段来看，铸造车间可以采用品种法计算铸件的成本；加工、装配车间则可以采用分批法计算各批产品的成本；而铸造和加工、装配车间之间，则可采用逐步结转分步法结转铸件的成本；如果在加工和装配车间之间要求分步骤计算成本，但加工车间所产半成品种类较多，又不对外销售，不需要计算半成品成本，则在加工和装配车间之间可以采用平行结转分步法结转成本。这样该厂就在分批法的基础上，结合采用了品种法和分步法，在分步法中还结合采用了平行结转的方法。

第二，一种产品的不同零部件之间，由于管理上的要求不同，也可以采用不同的成本计算方法。比如，某产品由若干种不同的零部件组成，有些零部件对外销售，需要计算其成本；而有些零部件不对外销售，管理上可能也不要求计算其成本。这种情况下，可以根据零部件各自的生产特点和管理要求，区别对待，分别采用适当的成本计算方法。

第三，一种产品的不同成本项目，可以采用不同的成本计算方法。比如，大量、大批、多步骤生产某种产品，该产品原材料费用比重较大的情况下，则原材料费用可以采用逐步结转分步法，分步骤计算该产品的原材料费用；而其他成本项目的比重较小，则可以采用品种法等适当的成本计算方法，不分步计算该产品的其他成本项目的费用。

另外，分类法和定额法，是为了简化成本计算工作和加强定额管理而采用的两种辅助方法，它们与生产类型的特点没有直接联系，在各种类型的生产中都可以应用，但必须与产品成本计算的基本方法（品种法、分批法、分步法）结合起来应用。

总之，在实务工作中，企业财务人员和管理人员应该根据企业的实际生产特点和管理要求，选用最适合企业、最能正确披露成本信息的方法进行成本核算，而且，企业经常需要定期（1年或2年）进行成本计算方法的检验和测评，修正不适于企业成本核算的方法，以达到正确披露企业成本信息的要求。

三、各种产品成本计算方法的实际应用

有些工业企业，由于其行业的特殊性及生产工艺本身的特点，往往使用同一种原材料，经过同一生产过程，生产出多种产品；或者由于加工操作等方面的原因，产生了不同产品或是同一种产品的不同等级。这些产品可以根据各自不同的情况，分为联产品、副产品和等级产品。

（一）联产品成本的计算

联产品是指使用同种原材料，经过同一加工过程，同时生产出的各种主要产品。例如，炼油企业通过对原油的生产加工提炼出汽油、煤油、柴油等多种产品，煤气厂在煤气生产过程中，可以同时产生煤气、焦炭、煤焦油等产品，这些产品虽然在性质上或者用途上不同，但在经济上都有同等重要的意义，它们都是企业生产的主要目的。因此，企业一般将这些产品归为一类，适宜采用分类法计算产品成本。

联产品所经过的同一加工过程称为联产过程，在联产过程中所发生的成本称为"联合成本"，有些联产品在经过联产过程分离出来后，需要进一步加工才能出售，这样会发生分离后的加工成本。

联产品的计算分为两个阶段：首先，企业应采用分类法计算归集联产品的总联合成本，然后根据联产品的生产特点，采用适当的方法将联合成本在各种联合产品之间进行分配，计算各种联产品应分摊的联合成本；其次，对分离后

还需要进一步加工的联产品,还需要采用适当方法分配计算其由于继续加工而应负担的成本,从而计算出其全部成本(分摊的联合成本加上分离后的加工成本)。

联合成本可以根据联产品产量比例、售价比例或定额成本比例等进行分配,也可以将这些分配标准预先折算成为系数,按系数进行分配。

【例6-9】某公司生产甲、乙、丙三种联产品,这三种联产品经过同一生产过程加工后即可出售。3月份实际产量:甲产品500吨,乙产品800吨、丙产品700吨;分离前联合成本为:直接材料费用200 000元,直接人工费用150 000元,制造费用120 000元。联产品的联合成本按照各种联产品的产量比例进行分配。

根据上述资料编制联合成本分配计算表,见表6-10。

表6-10 联合成本分配计算表

201×年×月　　　　　　　　　　单位:元

产品名称	产量(吨)	直接材料 分配率:100%	直接人工 分配率:75%	制造费用 分配率:60%	合计
甲产品	500	50 000	37 500	30 000	117 500
乙产品	800	80 000	60 000	48 000	188 000
丙产品	700	70 000	52 500	42 000	164 500
合计	2 000	200 000	150 000	120 000	470 000

表6-10中,各项费用分配率计算如下:

$$直接材料分配率 = \frac{200\ 000}{2\ 000} = 100$$

$$直接人工分配率 = \frac{150\ 000}{2\ 000} = 75$$

$$制造费用分配率 = \frac{120\ 000}{2\ 000} = 60$$

然后再将各项费用分配率乘以各种联产品的产量就可以计算出其应分摊的费用。

【例6-10】祥瑞公司采用同一种原材料,在同一个生产工艺过程中生产出G、H、I三种联产品。公司采用系数法分配这三种产品的联合成本,以G产品为标准产品,以售价作为折算标准。G、H、I三种分离后均可对外直接出售,其中I产品也可以作为本企业自制半成品,进一步加工成为甲产品。I产品通过半成品库收发,采用综合结转法(按照全月一次加权平均计算)。3月份有关产品产量、单价和成本资料见表6-11和表6-12。

表6-11 产品产量和单价资料

201×年3月

产品名称	产量(件)	单价(元)
G产品	800	500
H产品	500	600
I产品	600	250

表6-12 联合成本分配计算表

201×年3月 单位:元

项目	直接材料	直接人工	制造费用	合计
G、H、I产品联合成本	85 000	59 500	51 000	195 500
甲产品月初在产品成本(定额成本)	20 000	15 000	10 000	45 000
甲产品本月应负担的加工费用		22 000	18 000	40 000

表6-12中G、H、I产品联合成本是指分离前的联合成本,应由本月完工的G、H、I三种产品共同负担;而甲产品本月应负担的加工费用应由本月甲产品承担。

根据上述资料,应该分为三个步骤:首先,计算各种联产品的折算系数,并根据系数将各种产品的实际产量折合为标准产量;其次,按标准产量将联合成本在G、H、I三种联合产品之间进行分配,并编制联合成本分配计算表;最后,计算甲产品成本,并编制甲产品成本明细账。

(1)将各种产品的实际产量按照折算系数折合成为标准产量,见表6-13。

表6-13 系数和标准产量计算表

201×年3月

产品名称	产量(件)	单价(元)	折算系数	标准产量
G产品	800	500	1	800
H产品	500	600	1.2	600
I产品	600	250	0.5	300
合计	1 900			1 700

（2）将联合成本在 G、H、I 三种联产品之间进行分配，并编制联合成本分配计算表，见表 6-14。

表 6-14 联合成本分配计算表

201×年×月　　　　　　　　　　　　　　　　　单位：元

产品名称	标准产量（件）	直接材料 分配率：50%	直接人工 分配率：35%	制造费用 分配率：30%	合计
G 产品	800	40 000	28 000	24 000	92 000
H 产品	600	30 000	21 000	18 000	69 000
I 产品	300	15 000	10 500	9 000	34 500
合计	1 700	85 000	59 500	51 000	195 500

表 6-14 中，各项费用分配率计算如下：

$$直接材料分配率 = \frac{85\,000}{1\,700} = 50$$

$$直接人工分配率 = \frac{59\,500}{1\,700} = 35$$

$$制造费用分配率 = \frac{51\,000}{1\,700} = 30$$

根据产品的验收入库单和表 6-14，编制会计分录：

借：库存商品——G　　　　　　　　92 000
　　　　　　——H　　　　　　　　69 000
　　自制半成品——I　　　　　　　 34 500
　　贷：生产成本——基本生产成本　　195 500

（3）根据产品入库单登记自制半成品（I 半成品）明细账，见表 6-15。

表 6-15 自制半成品明细账

产品名称：I 半成品　　　　　　　　　　　　　　单位：元

月份	月初余额		本月增加		合计			本月减少	
	数量（件）	实际成本	数量（件）	实际成本	数量（件）	实际成本	单位成本	数量（件）	实际成本
3	200	11 900	600	34 500	800	46 400	58	500	29 000
4	300	17 400							

根据 I 半成品领用单（生产甲产品耗用）和自制半成品明细账所列半成品单位成本，编制会计分录如下：

借：生产成本——基本生产成本——甲产品　29 000
　　贷：自制半成品——I　　　　　　　　　　　　29 000

根据以上有关资料的计算结果登记甲产品成本明细账，见表6-16。

表 6-16　产品成本明细账

201×年3月　　　　　　　　　　　　　　　　本月完工：600 件

产品名称：甲产品　　　　　　　　　　　　　　　　　　　　单位：元

项目	直接材料	直接人工	制造费用	合计
月初在产品成本（定额成本）	20 000	15 000	10 000	45 000
本月生产费用	29 000	22 000	18 000	69 000
合计	49 000	37 000	28 000	114 000
完工产品（产成品）成本	39 000	30 000	24 000	93 000
单位成本	65	50	40	155
月末在产品成本（定额成本）	10 000	7 000	4 000	21 000

根据甲产品成本明细账中的完工产成品成本和产成品入库单，编制会计分录如下：

借：库存商品——甲产品　　　　　　　　　　　93 000
　　贷：生产成本——基本生产成本——甲产品　　93 000

（二）副产品成本的计算

副产品是指企业在生产主要产品过程中附带生产出的非主要产品。例如，在原油的加工过程中产生的油渣、石油焦；在制皂过程中产出的甘油、炼钢过程中附带生产出的炉渣等。

副产品是企业的次要产品，不是企业生产活动的主要目标，其销售价格较低，销售收入大大低于主要产品，在企业总销售收入中所占的比重相对很小，对企业经济效益影响不大。虽然如此，它也有一定的经济价值，因此也应该加强管理和核算。为了简化核算工作，对副产品可不单独计算成本，而采用与分类法相似的方法计算成本，即将副产品与主要产品合为一类开设成本明细账，归集所发生的各项生产费用，计算该类产品的联合成本；然后，将副产品按照一定的方法计价，从联合成本中扣除（一般情况下，副产品的计价额是从联合成本的直接材料项目中扣除），从而得到主要产品的成本。

副产品成本可以按照售价减去税金和按正常利润率计算的销售利润后的

余额计价；也可以在此基础上确定固定的或计划的单价，以固定的或计划的单价计价；当副产品价值极微小时，假定其分配的联合成本为 0，即副产品可以不计价，联合成本全部由主要产品负担。因此，副产品的科学计价，对正确计算主副产品的成本很重要。

如果副产品与主产品分离以后，还需要进一步加工，才能形成市场所需的产品。在这种情况下，还应根据副产品加工生产的特点和管理要求，采用适当的方法单独计算副产品的成本。

需要注意的是，主副产品的区分并不是绝对的，甚至可以相互转化。原来的副产品，由于新的用途而提高售价，就可能从副产品上升为主产品。例如，焦炭与煤气就取决于企业的生产目标，以生产煤气为主的企业，煤气为主产品，焦炭为副产品；以生产焦炭为主的企业，则反之。

【例 6-11】某企业在生产主要产品甲的过程中，还生产出可以制造副产品乙的原材料。这种原材料经过加工处理后，即成为乙产品。甲产品和乙产品的生产都在同一车间内进行，且甲、乙产品都是单步骤大量生产。乙产品的原材料按固定单价每千克 3 元计价，并从甲产品的直接材料费用中扣减，甲、乙产品月初、月末在产品均按原材料的定额费用计价。3 月份生产出甲产成品 2 000 千克，乙产成品 1 000 千克。当月甲产品生产过程中产生的乙产品原料 1 000 千克全部被乙产品耗用。

甲、乙两种产品的成本计算程序如下：

（1）分配各种生产费用。原材料属于直接计入费用，直接计入各产品成本明细账。直接人工、制造费用按生产工时比例在甲、乙两种产品之间进行分配，分配结果见表 6-17。

表 6-17　直接人工费用和制造费用分配表

201×年 3 月　　　　　　　　　　　单位：元

项目	工时（小时）	直接人工	制造费用
本月生产费用	2 000	10 000	8 000
费用分配率		5	4
甲产品应分配	1 800	9 000	7 200
乙产品应分配	200	1 000	800
合计	2 000	10 000	8 000

（2）根据有关费用分配表、产品产量，以及在产品定额资料，登记甲产品成本明细账，见表 6-18。

表 6-18　甲产品成本明细账

201×年 3 月　　　　　　　　　　本月完工：2 000 件

产品名称：甲产品（主产品）　　　　　　　　　　　　　　单位：元

项目	直接材料	直接人工	制造费用	合计
月初在产品成本（定额成本）	24 000			24 000
本月生产费用	96 000	97 500	78 000	271 500
扣减副产品（乙产品原料）	−3 000			−3 000
合计	117 000	97 500	78 000	292 500
完工产品（产成品）成本	101 000	97 500	78 000	276 500
单位成本	50.5	48.75	39	138.25
月末在产品成本（定额成本）	16 000			16 000

注：扣减副产品的成本按照"当月产出副产品乙的原料的数量"与"乙产品原料的固定单价"的乘积计算得出。

（3）根据甲产品成本明细账、有关费用分配表、产品产量，以及在产品定额资料，登记乙产品成本明细账，见表 6-19。

表 6-19　乙产品成本明细账

201×年 3 月　　　　　　　　　　本月完工：1 000 件

产品名称：乙产品（副产品）　　　　　　　　　　　　　　单位：元

项目	直接材料	直接人工	制造费用	合计
月初在产品成本（定额成本）	600			600
本月生产费用	3 000	2 500	2 000	7 500
合计	3 600	2 500	2 000	8 100
完工产品（产成品）成本	3 200	2 500	2 000	7 700
单位成本	3.2	2.5	2	7.7
月末在产品成本（定额成本）	400			400

如果副产品的加工处理时间不长，费用不多，为了简化计算工作，副产品也可以按照计划单位成本计价，而不计算其实际成本。从主产品、副产品的生产费用总额中，扣除按计划单位成本计算的副产品成本后的余额，即为主产品的成本，成本差异由主产品负担。

【例 6-12】假定例 6-11 中副产品乙的计划单位成本为 8 元，其中直接材料 3.3 元，直接人工 2.6 元，制造费用 2.1 元。

乙产品按计划单位成本计算时，登记甲产品成本明细账，见表6-20。

表6-20 甲产品成本明细账

201×年3月　　　　　　　　　　本月完工：2 000件

产品名称：甲产品（主产品）　　　　　　　　　　　　　　单位：元

项目	直接材料	直接人工	制造费用	合计
月初在产品成本（定额成本）	24 000			24 000
本月生产费用	96 000	97 500	78 000	271 500
扣减副产品（乙产品原料）	-3 300	-2 600	-2 100	-8 000
合计	116 700	94 900	75 900	287 500
完工产品（产成品）成本	100 700	94 900	75 900	271 500
单位成本	50.35	47.45	37.95	135.75
月末在产品成本（定额成本）	16 000			16 000

注：扣减副产品的成本按照"当月产出副产品乙的数量"与"乙产品各项费用计划单位成本"的乘积计算得出。

有些企业，在生产过程中会产生废气、废液和废渣，可以通过综合利用，将其转化为具有一定用途的副产品或某种产品的原材料，"三废"一经利用产生副产品，也应按副产品的成本计算方法计算其成本。另外，工业企业除生产主要产品外，还为其他单位提供少量加工、修理等作业。为简化核算，也可比照副产品的成本计算方法计算其成本。

（三）等级产品成本的计算

等级产品是指使用同种原材料，产出品种、规格相同，但质量等级不同的产品。例如，纺织品生产中经常会出现一等品、二等品、三等品和等外品等。各等级品由于质量高低不同，单价也不同。

产生不同等级品的原因是多方面的，比如，原材料质量或工艺要求不同等客观原因造成的；技术操作不当和管理不善等主观原因造成的。

1. 客观原因造成的等级产品

由于所用原材料质量不同或工艺技术要求不同等客观原因而形成的等级产品，这种情况下，不同等级产品应负担不同的成本，一般可应用分类法的原理进行各等级产品成本的计算，如果各等级产品的售价相差很大，可按单位售价制定系数，按系数比例来分配计算各等级品的成本。

【例6-13】某纺织品厂201×年3月生产床上用品四件套50 000套，由于所用原材料质量有所不同，其中一等品1 500套、二等品3 000条、三等品500

套。以售价作为分配标准,以一等品作为标准产品,采用系数法分配共同成本。一、二、三等品的单位售价分别为 400 元、300 元、200 元,有关成本资料见表 6-21。

表 6-21 产品成本明细账

201×年 3 月 　　　　　　　　　　　　　　　　　　　单位:元

项目	直接材料	直接人工	制造费用	合计
本月完工产品成本	600 000	100 000	180 000	880 000

根据上述资料,分配各等级床上用品四件套的成本,编制等级产品成本计算表,见表 6-22。

表 6-22 等级产品成本计算表

201×年 3 月 　　　　　　　　　　　　　　　　　　　单位:元

等级	实际产量（套）	单价	系数	标准产量（总系数）	分配率	总成本	单位成本
一等品	1 500	400	1	1 500		330 000	220
二等品	3 000	300	0.75	2 250		495 000	165
三等品	500	200	0.5	250		55 000	110
合计	5 000			4 000	220	880 000	

2. 主观原因造成的等级产品

由于工人技术操作不当或管理不善等主观原因导致的不同等级的产品,其成本不应有区别,即不同等级产品应负担相同的成本,等级低的产品和等级高的产品单位成本相同。但等级产品的售价不同,从而导致的利润不同,正说明了企业生产、管理方面存在问题,需要加以改进。

【课堂测试 6-3】

1. 联产品在分离前计算出的总成本称为（　　）。
   A. 直接成本　　　　　　　　　B. 间接成本
   C. 联合成本　　　　　　　　　D. 分项成本
2. 副产品成本从联合成本中扣除的方法可以是（　　）。
   A. 从"直接材料"成本项目中扣除
   B. 从"直接人工"成本项目中扣除

C. 从"制造费用"成本项目中扣除

D. 由企业自行决定

3. （多选题）下列关于联产品的说法正确的是（　　）。

A. 利用同一种原材料加工生产

B. 经过同一个生产过程进行生产

C. 都是企业的主要产品

D. 生产成本都相同

E. 有的是主要产品，有的是非主要产品

4. （多选题）副产品是指企业在生产主要产品过程中附带生产出的非主要产品，副产品的计价方法有（　　）。

A. 按照售价减去税金和按正常利润率计算的销售利润后的余额计价

B. 按固定的单价计价

C. 按计划单位成本计价

D. 副产品不计价

5. "联产品的成本应该包括其所应负担的联合成本和分离后的继续加工成本。"这句话是否正确？如果错误，说明为什么。

本章小结

本章主要讲述了产品成本计算的辅助方法：分类法和定额法。

分类法以产品的类别作为成本计算对象，归集各类产品的生产费用，计算该类产品的成本，并可以掌握各类别产品成本费用的总体情况，便于进行成本控制和分析。分类法不是一种独立的成本计算方法，它要根据各类产品生产工艺特点和管理要求的不同，选择与品种法、分批法和分步法结合使用。

定额法是为了及时地反映和监督生产费用和产品成本脱离定额的差异，把产品成本的计划、控制、核算和分析结合在一起，以便加强成本管理而采用的一种成本计算方法。它与其他产品成本计算方法不同，它不是一种纯粹的成本核算方法，而是一种将成本核算与成本控制紧密结合的方法，它克服了其他产品成本计算方法无法及时反映实际成本与定额成本相脱离的弱点，强化了企业对产品的日常控制。

在各种成本计算方法的应用中，介绍了什么情况下，可以同时采用几种成本计算方法，什么情况下，计算一种产品成本可以结合采用几种不同的成本计算方法。并分别讲述了联产品、副产品和等级产品成本的计算。

章后案例　　　　**采用定额法计算产品成本**

2013年12月16日蒋龙上任鑫达公司财务经理,刚上任,他利用十多天的时间对公司的现状做了一些调查,经了解,公司目前存在的问题是产品加工的各项定额"水分"较大,因此,他提出自2014年1月1日起,对公司定额进行调整,将A产品直接材料消耗定额由每件120千克降为每件115千克,生产工时由原来的每件140小时降为每件130小时。

鑫达公司主要生产A产品,采用定额法计算产品成本,2014年1月初有甲产品10件正在加工,这10件在产品月初的有关资料见月初在产品的资料表。

月初在产品资料
2014年1月　　　　　　　　　　　　　　　单位:元

成本项目	产量	消耗定额	计划单价	定额成本	定额差异	定额变动差异
直接材料	10	120(千克)	4.50	5 400	800	150
直接人工	10	140(小时)	0.37	518	-120	—
制造费用	10	140(小时)	0.28	392	-80	—
合计	—	—	—	6 310	600	150

3月份鑫达公司A产品应分配的直接材料费用为24 050元,材料成本差异率为-1%,直接人工费用为2 350元,制造费用1 700元。3月投产50件,月末完工45件。

要求:蒋龙部长让公司成本会计王斌提交采用定额法计算的本公司A产品的实际成本。

资料来源:万寿义,任月君,李日昱.成本会计习题与案例[M].大连:东北财经大学出版社,2013.

核心概念

分类法(classification method)　定额法(quota method/normal method)　定额成本(quota cost/normal cost)　脱离定额差异(quota cost variance)　直接材料成本差异(direct material variance)　数量差异(quantity variance)　价格

差异（price variance） 定额变动差异（quota varied difference） 联产品（joint products） 联合成本（joint cost） 副产品（by-products）

思考题

1. 什么是分类法？分类法的适用范围是什么？
2. 简述分类法的计算程序。
3. 简述分类法的优缺点。
4. 什么是定额法？定额法的适用范围是什么？
5. 简述定额法的计算程序。
6. 简述定额法的优缺点。
7. 什么情况下，可以同时采用集中不同的成本计算方法？
8. 计算某一种产品的成本，在什么情况下，可以结合几种不同的成本计算方法？
9. 什么是联产品？联产品成本计算为什么要采用系数法？
10. 什么是副产品？副产品成本计算有什么特点？
11. 什么是等级品？等级品的成本计算与联产品的成本计算有什么不同？

练习题

（一）单项选择题

1. 分类法的成本计算对象是（　　）。
   A. 产品品种　　　　　　　B. 产品类别
   C. 产品型号　　　　　　　D. 产品生产步骤

2. 在计算类内各种产品成本时，分配标准应选择与产品成本高低有着直接联系的项目，通常可以采用的分配标准是（　　）。
   A. 约当产量　　　　　　　B. 标准产量
   C. 定额成本　　　　　　　D. 固定成本

3. 采用分类法按系数分配计算类内各种产品成本时，对于系数的确定方法是（　　）。
   A. 任意选择一种产品作为标准产品，将其分配标准数定为1
   B. 选择产量大的产品作为标准产品，将其分配标准数确定为1
   C. 选择产量大、生产稳定的产品作为标准产品，将其分配标准数确定为1
   D. 选择产量大、生产稳定或规格适中的产品作为标准产品，将分配标准数定为1

4. 在产品品种、规格繁多，又可按一定要求和标准划分为若干类别的企业或车间，产品成本计算一般可以采用（　　）。
   A. 品种法　　　　　　　　B. 分批法
   C. 分步法　　　　　　　　D. 分类法

5. 定额法适用于（　　）。
   A. 定额管理基础好，各项消耗定额比较准确且稳定的企业
   B. 小批、单件单步骤生产的企业
   C. 大量、大批多步骤生产的企业
   D. 可以按一定标准将所产产品进行分类的企业

6. 计算月初在产品的定额变动差异，其目的是（　　）。
   A. 正确计算本月产成品的定额成本
   B. 正确计算本月半成品的实际成本
   C. 调整本月发生的定额成本
   D. 调整月初在产品的定额成本

7. 直接材料的定额费用和脱离定额的差异是按照（　　）计算的。
   A. 实际成本　　　　　　　B. 计划成本
   C. 加权平均成本　　　　　D. 可变现净值

8. 采用定额法计算产品成本，产品实际成本的组成项目没有（　　）。
   A. 脱离定额差异　　　　　B. 材料成本差异
   C. 直接人工费用差异　　　D. 定额成本

9. 在定额成本法下，（　　）不影响产品的实际成本。
   A. 月初在产品定额成本　　B. 脱离定额的差异
   C. 定额变动差异　　　　　D. 月末在产品定额成本

10. 采用定额法计算产品成本时，月初在产品定额变动差异是正数，说明（　　）。
    A. 定额降低了
    B. 定额提高了
    C. 本月实际发生的生产成本增加了
    D. 本月定额管理和成本管理不顺利

11. 定额变动差异是指修复定额以后的，原定额成本与新的定额成本之间的差异，只有（　　）存在定额变动差异。
    A. 月初在产品　　　　　　B. 本月投入产品
    C. 本月完工产品　　　　　D. 月末在产品

12. 定额成本与计划成本（　　）。
   A. 完全一回事
   B. 毫无关系
   C. 可以互相替代
   D. 既有相同之处，也有不同之处，两者不能互相替代
13. 下列属于产品成本计算辅助方法的有（　　）。
   A. 品种法　　　　　　　　B. 分批法
   C. 分步法　　　　　　　　D. 分类法
14. 企业利用同种原材料，在同一生产过程中同时生产出的几种地位相同的主要产品，称为（　　）。
   A. 联产品　　　　　　　　B. 副产品
   C. 等级产品　　　　　　　D. 次品
15. 企业在生产主要产品的过程中，附带生产出来的一些非主要产品成为（　　）。
   A. 联产品　　　　　　　　B. 副产品
   C. 等级产品　　　　　　　D. 次品

（二）多项选择题

1. 直接材料脱离定额差异的计算方法有（　　）。
   A. 限额领料法　　　　　　B. 切割法
   C. 盘存法　　　　　　　　D. 先进先出法
2. 在分类法下，将每类产品总成本在类内各种产品之间进行分配时，所选择的分配标准通常可以是（　　）。
   A. 定额消耗量　　　　　　B. 定额成本
   C. 计划成本　　　　　　　D. 产品售价
   E. 产品的重量或体积
3. 采用系数法时，被选定作为标准的产品，应具备（　　）条件。
   A. 产量较小　　　　　　　B. 产量较大
   C. 生产比较稳定　　　　　D. 规格适中
4. 采用分类法计算产品成本时，关键是（　　）的确定是否恰当。
   A. 产品的分类　　　　　　B. 产品的售价
   C. 分配标准　　　　　　　D. 系数
5. 定额成本制度通常可以与以下成本计算方法结合使用（　　）。
   A. 品种法　　　　　　　　B. 分批法

C. 分步法　　　　　　　　D. 分类法

6. 定额法的优点有（　　）。

A. 有利于加强成本的日常控制

B. 便于对各项生产耗费和产品成本进行定期分析

C. 有利于提高成本的定额管理和计划管理工作的水平

D. 有利于进一步挖掘降低成本的潜力

7. 采用定额法计算产品成本的企业应当具备（　　）。

A. 定额管理制度比较健全

B. 定额管理基础工作较好

C. 产品生产已经定型

D. 各项消耗定额比较准确、稳定

8. 按定额比例法进行类内产品成本分配时的具体做法是（　　）。

A. 直接材料费用可以采用定额工时比例分配

B. 直接材料费用可以采用材料定额消耗量比例分配

C. 直接人工费用可以采用定额工时比例分配

D. 制造费用可以采用定额工时比例分配

9. 联产品分离前的联合成本，可以按照（　　）在各种联产品之间进行分配。

A. 计划产量　　　　　　　　B. 约当产量

C. 实际产量　　　　　　　　D. 销售价值

E. 标准产量

10. 可按分类法成本计算原理计算产品成本的等级品是（　　）。

A. 由于材料质量原因造成的等级品

B. 由于工艺过程本身原因造成的等级品

C. 由于操作实物造成的等级品

D. 由于生产管理不当造成的等级品

（三）判断题

1. 分类法是为了简化成本核算工作而采用的方法，因此只要能简化成本核算，产品可以随意进行分类。（　　）

2. 采用分类法计算产品成本，不论选择什么作为分配标准，其产品成本的计算结果都有不同程度的假定性。（　　）

3. 采用分类法计算产品成本，对类内产品成本的分配，各成本项目可采用相同的分配标准，也可以采用不同的分配标准。（　　）

4. 只要产品的品种、规格繁多，就可以采用分类法计算产品成本。（   ）

5. 分类法与品种法、分批法、分步法一起构成产品成本计算的基本方法。（   ）

6. 分类法是以成本项目为成本计算对象，归集生产费用，计算产品成本的一种方法。（   ）

7. 用分类法计算成本，不仅能简化成本计算工作量，还能在产品品种、规格繁多的情况下，分类掌握产品成本水平。（   ）

8. 定额法是为了加强成本管理，进行成本控制而采用的一种成本计算与成本管理相结合的方法。（   ）

9. 定额变动差异是指实际费用与定额费用之间的差额。（   ）

10. 在定额法下，退料单应视为差异凭证。（   ）

11. 联产品是企业在生产过程中，利用同一种原材料，经过同一个生产过程，同时生产出几种产品，这些产品有的是主要产品，有的则是非主要产品。（   ）

12. 联产品成本的计算，可以采用分类法。（   ）

13. 主产品、副产品在分离前应合为一类成本明细账，归集生产费用、计算成本。（   ）

14. 等级品与联产品和副产品一样，都采用分类法计算产品成本。（   ）

15. 各等级产品的成本应该是相同的。（   ）

（四）业务计算题

1. 某企业生产甲、乙、丙三种产品，这三种产品的原材料和生产工艺相近，因而归为 A 类产品，采用分类法计算成本，其中甲产品为标准产品。该类产品的消耗定额比较准确、稳定，各月在产品数量波动也不大，因而月末在产品按定额成本计价。类内产品成本分配的方法为：直接材料费用按材料费用定额系数为标准，其他加工费用按定额工时为标准。

本月月初、月末在产品的定额总成本和本月实际发生的生产费用如下：

习题表 1　A 类产品成本资料

单位：元

项目	直接材料	直接人工	制造费用	合计
月初在产品定额成本	8 000	7 800	4 200	20 000
月末在产品定额成本	5 750	800	1 600	8 150
本月生产费用	92 000	50 000	30 000	172 000

A类产品本月的产量和消耗定额如下：

习题表2　产量及定额资料

产品名称	产品产量（件）	单位产品材料消耗定额	单位产品工时消耗定额
甲产品	400	200	10
乙产品	300	150	16
丙产品	200	100	8

要求：在习题表3、习题表4和习题表5中填制A类产品成本明细账、A类产品直接材料费用系数计算表和A类产品成本计算表。

习题表3　A类产品成本明细账

项目	直接材料	直接人工	制造费用	合计
月初在产品定额成本				
本月生产费用				
合计				
本月完工产品成本				
月末在产品定额成本				

习题表4　A类产品直接材料费用系数计算表

产品名称	直接材料	
	单位产品定额	系数
甲产品		
乙产品		
丙产品		

习题表5　A类产品成本计算表

项目	产量（件）	直接材料费用系数	直接材料费用总系数	工时消耗定额（小时）	定额工时	直接材料	直接人工	制造费用	合计
分配率									
甲产品									
乙产品									
丙产品									
合计									

2. 某企业对甲产品采用定额法计算成本。本月有关甲产品直接材料的资料如下：

（1）月初在产品定额费用为 1 000 元，月初在产品脱离定额差异为节约 300 元，月初在产品定额费用调整后降低 200 元。定额变动差异全部由完工产品负担。

（2）本月定额费用为 9 600 元，本月脱离定额差异为节约 116 元。

（3）本月原材料成本差异为超支 2%，原材料成本差异全部由完工产品成本负担。

（4）本月完工产品的定额原材料费用为 8 800 元。

要求：（1）计算月末在产品的直接材料费用。

（2）计算完工产品和月末在产品的直接材料实际费用（脱离定额差异按定额费用比例在完工产品和月末在产品之间分配）。

第七章　作业成本法

在本章之前，我们学习了传统成本法下产品成本的计算，基本生产车间间接制造费用一般按照人工工时、机器工时等标准进行分配。通过本章学习，了解作业成本法产生的背景及发展；掌握作业、作业成本法及成本动因的概念；理解成本动因的分类；理解作业成本法与传统成本法的联系与区别；掌握作业成本法的基本原理和计算程序。

开篇案例　　　　　　自制或外购决策

新中公司生产甲产品需要使用一种主要零部件 A，零部件 A 的价格上涨到每件 6 元，这种零件每年需要 10 000 件，由于公司有多余的生产能力且无其他用途。公司管理人员对零件自制或外购进行了决策分析。

根据传统成本计算法提供的信息,这种零件的单位变动生产成本(包括直接材料、直接人工和变动性制造费用)为 5 元/件，与其他产品共同耗用的固定成本总额为 40 000 元。

经过作业成本计算，管理人员发现有一部分与其他产品共同耗用的固定成本应该归属到该种零部件上，具体为：

作业成本库	成本动因	单位作业成本	作业量
设备维修	机器小时（小时）	60	400
材料订单	订单份数（张）	50	120
物料处理	材料移动（次数）	30	240
机器调整准备	准备次数（次数）	4	10
质量检验	检验小时（小时）	11	200
产品包装	包装次数（次）	10	50

你认为在传统成本计算法和作业成本法下，对零部件自制还是外购决策是否有影响？

第一节 作业成本法的产生与发展

一、作业成本法的产生背景

20世纪70年代以来，科学技术有了日新月异的发展，高新技术得到了广泛应用，对社会生产的发展起到了极大的推动作用。随着物料需求计划（MRP）、计算机辅助设计（CAD）、计算机辅助制造（CAM）、管理信息系统（MIS）的广泛应用，计算机延伸到企业经营的各个方面，从产品订货开始，再到设计、制造、销售等阶段，所使用的各种自动化系统综合成一体，由计算机统一进行调控。这引发了管理观念和管理技术的巨大变革，准时制生产系统应运而生。准时制生产系统的实施，使传统成本计算与成本管理方法受到强烈的冲击，并直接导致了作业成本法的形成和发展。

20世纪80年代后期，高新技术在生产领域的广泛应用促进了社会经济的发展，人们的生活水平越来越高，消费需求越来越多样化，这就要求企业必须及时地向消费者提供更加多样化、更具个性、日新月异的产品和服务，否则企业很容易在市场竞争中被淘汰。在市场竞争的压力下，企业不得不放弃大量大批生产单一产品的传统做法，而改为能对客户多样化、日新月异的需求做出反应的柔性制造系统（FMS）。

随着制造企业资源计划（MRPII）、柔性制造系统（FMS）和计算机集成制造系统（CIMS）的兴起，技术上的变化使许多公司的生产制造环境发生了显著的改变，生产制造过程的自动化程度不断提高，产品技术含量增加，极大地改变了产品成本的结构，直接人工成本比例大大下降，制造费用比例上升。有资料表明，20世纪80年代制造费用在产品生产成本中所占比重，美国为35%，日本为26%，在日本电子和机器制造业，制造费用的比重高达50%～60%，而在美国则高达75%。在这种情况下，为了满足企业经营管理的需要，就要求把成本计算的重点放到制造费用上来，这样，传统的成本计算方法不能满足已经变化了的企业经营管理的需要。因为传统的成本计算法要求将直接材料、直接人工和制造费用全都追溯到产品中去，直接成本由于归属对象明确，可以做到准确分配，而间接成本的发生动因却比较多，笼统以单位水平（如人工工时或机器工时）动因来分配，在制造费用较多的情况下，将严重扭曲产品成本，不能满足决策及管理需要。因此，如何科学合理地分配制造费用，就成为一个重要问题。

正是在上述因素的综合作用下，以作业量为成本分配基础，以作业为成本计算的基本对象，旨在为企业作业管理提供更为相关、相对准确的成本信息的成本计算方法——作业成本法应运而生。

二、作业成本法的起源与发展

作业成本法（Activity-Based Costing，简称 ABC 法）的产生最早可以追溯到 20 世纪 30 年代末 40 年代初期，由美国杰出的会计大师埃里克·科勒提出，但对它的全面研究却是 20 世纪七八十年代的事，它在企业中的应用则始于 20 世纪 80 年代末期。作业成本法与其他理论与方法一样，产生与发展都不是偶然的，都有众多因素的影响。

1952 年科勒在他编著的《会计师词典》中系统地阐述了他的作业会计思想，首次提出了作业、作业账户、作业会计等概念。

1971 年，乔治·斯托布斯教授在《作业成本计算和投入产出会计》中对"作业""成本""作业会计""作业投入产出系统"等概念做出了全面系统的讨论。他提出，会计要揭示收益的本质，首先就必须解释报告的目标，这个目标表示托管责任或受托责任，主要是为投资者的决策提供信息，作业成本计算中的"成本"不是一种存量，而是一种流出量。会计若要较好地解决成本分配问题，成本计算的对象就应是作业，而不是完工产品，成本不应硬性分为直接材料、直接人工、间接费用，而是应该根据资源投入量，计算利用每种资源的完全成本。这是理论上研究作业会计的第一部宝贵著作，但是，当时却未能在理论界和实业界引起足够的重视。

20 世纪 80 年代，美国芝加哥大学的青年学者库伯和哈佛大学教授卡普兰撰写了一系列案例、论文和著作，作业成本法才引起西方会计界的普遍重视。他们发展了斯托布斯的思想，并相继发表了一系列关于作业成本法的论文，这些论文基本上对 ABC 的现实需要、运行程序、成本动因的选择、成本库的建立等方面做了较全方位的分析。库伯还和卡普兰合作在《哈佛商业评论》上发表了《计算成本的正确性：制定正确的决策》一文，这标志着作业成本法开始从理论走向应用。

20 世纪 80 年代，美国哈佛大学库伯和卡普兰两位教授相继发表了一系列关于作业成本法的论文，这些论文基本上对 ABC 的现实需要、运行程序、成本动因的选择、成本库的建立等方面做了较全方位的分析。库伯还和卡普兰合作在《哈佛商业评论》上发表了《计算成本的正确性：制定正确的决策》一文。这标志着作业成本法开始从理论走向应用。

20 世纪末，以美、英等国家为代表的西方会计界开始对 ABC 的理论和实践产生了广泛的研究兴趣，许多会计学者发表和出版了大量研究探讨作业成本法的论文和专著，作业成本法已成为人们广泛接受的一个概念和术语，ABC 的理论亦日趋完善，并在西方国家的一些企业中得到了推广应用，更促进了作业成本法的发展。

实际上，随着科学技术的飞速发展，生产方式的急剧变化，生产制造环境的变化使传统的成本会计提供的成本信息不能反映真实的产品成本，传统的成本会计系统受到越来越多的批判，而作业成本法则会受到越来越多企业界人士和学者的关注。

总的来说，作业成本法的产生与发展适应高新技术制造环境下正确计算产品成本的要求，它为改革间接费用的分配等问题提供了新的思路和方法。

【课堂测试 7-1】

1. 第一个提出"作业"观念的人是（　　　）。
   A. 科勒　　　　　　　　B. 库伯
   C. 卡普兰　　　　　　　D. 斯托布斯
2. "当企业间接费用占总比重比较大时，使用传统成本计算法就会扭曲成本。"这句话是否正确？如果错误，说明为什么。

第二节　作业成本法的基本概念

作业成本法指以作业为核算对象，通过对所有作业活动进行动态追踪，根据成本产生的原因（成本动因）来确认和计量作业量，进而以作业量为基础分配间接费用的成本计算方法，它是对传统成本计算方法的创新。它是将制造费用按作业归集到不同的成本库中，然后成本库分别采用各自的分配标准来分配制造费用。作业成本法的目标就是把所有为不同产品提供作业所耗费的资源价值测量和计算出来，并恰当地把它们分配给每种产品。

作业成本法有别于传统的成本法，因此，要了解作业成本法就需要先了解其所使用的一些特有概念，比如作业、作业链和价值链、成本动因等。

一、作业的概念

作业是企业提供产品或劳务过程中所消耗的人力、技术、原材料、方法和环境等资源的活动。通俗地讲，作业就是为了达到某种目的而消耗资源的各种活动或行为。作业贯穿产品生产经营的全过程，从产品设计开始，经过物料供应、生产工艺的各个环节，直至产品销售，在此过程中，每个环节、每道工序都可以视为一项作业，如产品设计、机器调整准备、订单处理、材料采购、储存、产品检验等。

执行任何一项作业都需要耗费一定的资源，资源是指作业耗费的人工、能源和资本资产（车床和厂房等），任何一项产品的形成都要消耗一定的作业，即作业成本。作业是连接资源和产品的纽带，它在消耗资源的同时生产出产品。因此，作业是成本分配的第一对象。

作业的类型和数量会随着企业的不同而不同，对作业进行科学分类是作业识别和作业分析的基础，从作业的层次上可以把作业分为以下四类：

一是单位作业（Unit Activity）。单位作业反映对每单位产品或劳务所进行的工作，此类作业是重复性的，每生产一单位产品或提供一单位劳务就需要作业一次，即单位作业所耗用的资源量（成本）与产品产量、劳务量成比例变动，如直接材料、直接人工、机器成本和直接能源消耗等。

单位作业成本是直接成本，可以追溯到每个单位产品上，即直接计入成本对象的成本计算单。

二是批别作业（Batch Activity）。批别作业反映的是对每批别产品所进行的工作，此类作业是由生产批别次数引起的。批别作业的成本通常与产品的批数成比例变动，与每批中产品的生产数量无关。如生产前机器调试、原材料处理、订单处理、成批产品转移下一工序的运输、对每批产品的检验等作业。

批次作业成本需要单独进行归集，计算每一批的成本，然后分配给不同批次（如某订单），最后根据产品的数量在单个产品之间进行分配。

三是产品作业（Product Activity）。产品作业是指服务于某种型号或样式产品的作业，即使某种产品的每个单位都受益的作业。如对某种产品的产品设计、产品生产工艺规程制定、工艺改造、产品更新等作业。这些作业的成本依赖于某一产品线的存在，而不是产品数量或生产批次，即这种作业的成本与产品产量及批数无关，但与产品种类数或产品线的数量成比例变动。

产品作业成本仅仅因为某个特定产品线存在而发生，随产品品种数而变化，不随产量、批次数变化。例如，维护某一产品的工程师的数量取决于产品的复杂程度，而生产的复杂程度是产品零件多少的函数，因此可以按零件数量为基础分配品种级成本至每一种产品，然后再分配给不同的批次（如某订单），最后根据产品的数量在单个产品之间进行分配。

四是维持性作业（Sustaining Activity）。维持性作业也称为能量作业或管理级作业，是指为了维持企业的总体生产经营能力而进行的作业，即使某个机构或某个部门受益的作业，属于企业一般维持性作业，如管理作业、厂房使用、人员培训等。它们是为了维持生产能力而进行的作业，不依赖于产品的数量、批次和种类。

无论追溯到单位产品，并且和产品批次、产品品种无明显关系的成本，都属于生产维持成本。这些成本首先被分派到不同产品品种，然后再分派到成本对象（如某订单），最后分派给单位产品。这种分配顺序不是唯一选择，也可以直接依据直接人工或机器工时分派给成本对象。

二、作业链和价值链

与作业相关联的概念是作业链和价值链。作业成本法认为，企业管理深入到作业层次后，现代企业实质上是一个为最终满足顾客需要而设计的一系列的集合体，这个有序的集合体就是作业链。在这条作业链上存在着这样一种关系："资源—作业—产品"，其含义为：作业耗用资源，产品耗用作业。

每完成一项作业要消耗一定量的资源，而作业的产出又形成一定的价值，转移给下一个作业，按此逐步推移，直至最终把产品提供给企业外部的顾客。最终产品作为企业内部各作业链的最后一环，凝结了各作业链所形成并最终提供给顾客的价值，作业耗费与作业产出配比的结果就是企业的盈利，因此，作业链同时也表现为价值链。价值链是从开发、生产、营销和向顾客交付产品或劳务所必需的一系列作业价值的集合，是伴随着作业转移的价值转移过程中全部价值的集合。实际上，价值在企业内部的逐步积累和转移，最后形成转移给外部顾客的总价值，这个总价值即是产品的成本。可以说，作业链的形成过程就是价值链的形成过程。

三、成本动因

成本动因是指作业成本或产品成本的驱动因素，它可以是一个事件、一项活动或作业。如前所述，作业是企业生产经营活动中消耗资源的某种活动。例如，产量增加时，直接材料成本就增加，产量是直接材料成本的驱动因素，即直接材料的成本动因。再例如，检验成本随着检验次数的增加而增加，检验次数就是检验成本的驱动因素，即检验成本的成本动因。在作业成本法中，成本动因分为资源成本动因和作业成本动因两类。

（一）资源成本动因

资源成本动因是引起作业成本增加的驱动因素，用来衡量一项作业的资源消耗量。作业量的多少决定着资源的耗用量，资源成本动因正是衡量资源耗用量与作业量关系的计量标准，它是资源被各种作业消耗的方式和原因，反映了作业中心对资源的消耗情况，是资源成本分配到作业中心的依据。

例如，产品质量检验工作（作业）需要有检验人员、专用的设备、并耗用一定的能源（电力）等。检验作业作为成本对象（亦称成本库），耗用的各项资源构成了检验作业的成本。其中，检验人员的工资、专用设备的折旧费等成本，一般可以直接归属于检验作业；而能源成本往往不能直接计入，需要根据设备额定功率（或根据历史资料统计的每小时平均耗电数量）和设备开动时间来分配。这里，"设备额定功率乘以开动时间"就是能源成本的动因，设备开动导致能源成本发生，设备的功率乘以开动时间的数值（即动因数量）越大，耗用的能源越多，按"设备额定功率乘以开动时间"这一动因作为能源成本的分配基础，可以将检验专用设备耗用的能源成本分配到检验作业当中。

（二）作业成本动因

作业成本动因是衡量一个成本对象（产品或劳务）需要的作业量，是产品成本增加的驱动因素。它是作业发生的原因，是将作业成本分配到最终产品或劳务的方式和原因，反映了产品耗用作业的情况，是沟通资源耗费与最终产品的中介因素。

作业成本动因计量各成本对象耗用作业的情况，并被用来作为作业成本的分配基础。例如，每批产品完工后都需进行质量检验，如果对任何产品的每一批次进行质量检验所发生的成本相同，则检验的"次数"就是检验作业的成本动因，它是引起产品检验成本增加的驱动因素。某一会计期间发生的检验作业总成本（包括检验人工成本、设备折旧、能源成本等）除以检验的次数，即为每次检验所发生的成本。某种产品应承担的检验作业成本，等于该种产品的批次乘以每次检验发生的成本。产品完成的批次越多，则需要进行检验的次数越多，应承担的检验作业成本越多；反之，则应承担的检验作业成本越少。

【课堂测试 7-2】

1. 成本动因可分为（　　）。
A. 直接动因和间接动因　　B. 资源动因和作业动因
C. 价值动因和资源动因　　D. 积极动因和消极动因
2. （多选题）从作业的层次上可以把作业分为（　　）。

A. 单位作业　　　　　　B. 批别作业
C. 维持性作业　　　　　D. 产品作业

第三节　作业成本法的基本原理和一般程序

一、作业成本法的基本原理

作业成本法的基本原理是"作业消耗资源，产品消耗作业"，在计算产品成本时，将着眼点从传统的"产品"转移到"作业"上，以作业为核算对象。根据这一指导思想，作业成本法把成本计算过程划分为两个阶段。第一阶段是将执行中耗费的资源分派（包括追溯和间接分配）到作业，计算作业的成本；第二阶段是根据第一阶段计算的作业成本分派（包括追溯和动因分配）到各有关成本对象（产品或服务）。

作业成本法对直接材料、直接人工等直接成本的核算与传统的成本方法计算并无不同，其特点主要体现在间接制造费用的核算上。传统成本计算方法与作业成本法在间接制造费用核算上的差别见图 7-1 和图 7-2。

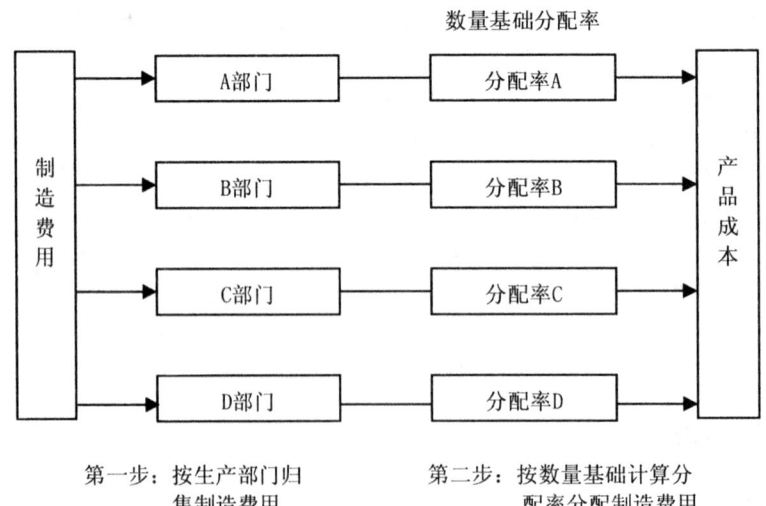

图 7-1　传统成本计算方法

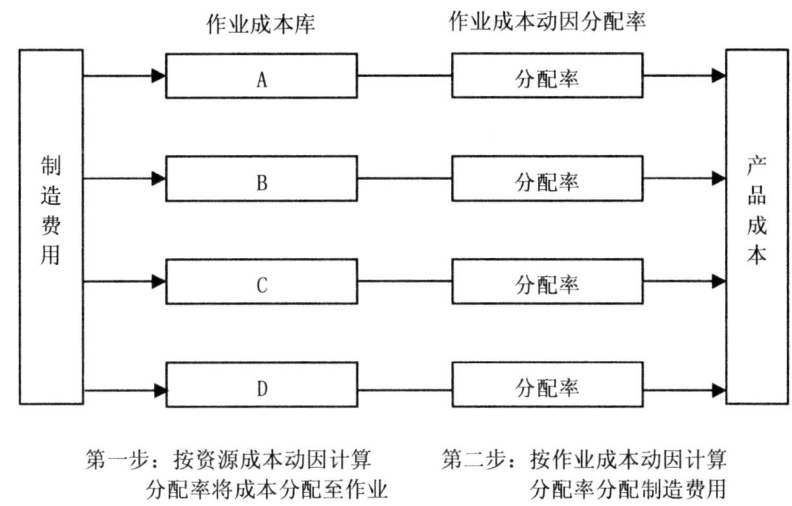

图 7-2 作业成本法

通过对比可以看出，在传统的成本计算方法下，对于间接制造费用，一般假设制造费用的发生和生产数量相联系，因而把直接人工工时、机器工时作为制造费用的分配标准，而且通常是在全企业范围内采用一个费用分配率进行一次性分配，或者是先将制造费用按生产部门归集，然后再按一系列的部门分配率进行分配。至于各生产部门制造费用分配率的标准，则根据各生产部门的生产特点选取。例如，劳动密集型的部门以人工工时作为制造费用的分配标准；自动化程度高的企业以机器工时作为制造费用的分配标准。

在作业成本法下，对制造费用的分配做了变革。具体表现为：首先，将制造费用由按全企业或按部门进行归集和分配，更改为由若干个作业成本库分别进行归集和分配；其次，增加了分配标准，由单一标准（人工工时或机器工时等）分配，更改为按引起制造费用发生的成本动因进行分配。

二、作业成本法的一般程序

根据上述作业成本法间接制造费用分配的原理，将作业成本法的一般程序描述如下，具体有三个步骤。

（一）确认作业

确认作业，就是将与企业间接费用发生有关的作业活动进行分配。不同类型的企业，不同产品的生产，其作业活动的领域不同。作业的区分，理论上是越细越好，但基于成本效益的考虑，企业常根据重要性和同质性来找出主要的作业。

作业确认有两种形式：一是根据企业总的生产流程，自上而下进行分解；另一种形式是通过员工和经理交谈，自下而上地确定他们所做的工作，并逐一认定各项作业。在实务中，自上而下和自下而上这两种方式往往需要结合起来运用，经过这样的程序，就可以把生产过程中的全部作业一一识别出来，并加以确认。

要实施作业成本法，应首先对企业生产经营的全过程进行作业分析，确认作业、主要作业，并以主要作业为主体，将同质作业合并建立作业中心，以便按作业中心建立作业成本库。例如，机器调整是一项作业，所有与作业调整有关的费用都归属到"机器调整"这一作业成本库中，在建立作业成本库时，应保证库内所归集的成本必须具有相同的成本动因，即所谓归集成本的同质性。

（二）资源耗费分配到作业

在作业成本库建立之后，如何将各类资源的价值耗费向各作业成本库进行分配，成为本步骤的重要内容。按照作业成本计算的规则，作业量的多少决定着资源的耗用量，资源耗用量的高低与最终产品的产出量没有直接关系，因此，如何正确地选择资源动因是正确地将各类资源耗费分配计入作业成本库的关键。

选择资源动因，就是根据追踪的资源，选择分配到各作业中心成本库的标准。资源动因和作业成本之间一定要存在因果关系。例如，人力资源的费用与各项作业的员工人数相关，那么就可以按各作业中心人数来分配人力资源的费用，这样，各项作业的人数就是人力资源的动因。在确认和计量各项资源耗费的基础上，根据各作业成本库的相关资源动因单位数，将各类资源耗费价值分配计入各作业成本库，计算各作业成本库的作业成本。

（三）作业成本分配到最终产品或劳务

当各作业成本库所耗费各种资源价值和作业动因单位数（作业量）已经确认，将各作业成本库的成本除以作业动因单位数，计算出单位作业成本，再根据最终产品或劳务所耗用的作业动因单位数（作业量）和单位作业成本，计算出最终产品或劳务应负担的作业成本。实际上，作业动因是将作业成本库成本分配到产品或劳务中去的标准，也是将作业耗费与最终产出相沟通的中介。

如传统成本计算法一样，作业成本分配时可以采用实际分配率或者预算分配率。采用预算分配率时，发生的成本差异可以直接结转至本期营业成本，也可以计算作业成本差异率并据以分配给有关产品。

【课堂测试 7-3】

1. （多选题）作业成本计算法的步骤是（　　）。
  A. 确认使用资源的作业，归集作业成本
  B. 选择成本动因
  C. 计算单位作业成本
  D. 将作业成本分配到产品或劳务中

2. "在作业成本计算法下，成本计算的对象首先应该是作业。"这句话是否正确？如果错误，说明为什么。

第四节　作业成本法与传统成本法的比较

一、作业成本法举例

为了说明问题，下面举例说明作业成本法与传统成本法的计算原理及差异。

【例 7-1】某企业生产甲、乙两种产品，甲产品小批量生产，属于高技术产品，技术工艺过程较为复杂,；乙产品大批量生产，其生产工艺较甲产品简单。

（1）成本资料

该企业本月产品产量和直接成本资料见表 7-1。

表 7-1　产销量及直接成本等资料

项目	甲产品	乙产品
产量（件）	4 000	20 000
机器调整（次）	40	20
原材料处理（次）	12	8
质量检验（次）	80	20
机器工时（小时）	8 000	12 000
直接材料成本（元）	250 000	300 000
直接人工成本（元）	120 000	180 000

本月制造费用项目发生额见表 7-2。

表 7-2 制造费用发生额

项目	金额
机器调整准备成本	108 000
原材料处理成本	356 000
质量检验成本	96 000
间接人工支出	90 000
设备日常维修费用	66 000
设备折旧费用	84 000
其他费用	81 000
合计	881 000

(2) 按传统成本法计算成本

采用传统成本法计算时,制造费用使用统一的分配标准,可按机器工时进行分配,制造费用分配率为:

$$制造费用分配率 = \frac{881\,000}{8\,000 + 12\,000} = 44.05$$

甲产品应分配的制造费用 = 8 000 × 44.05 = 352 400(元)

乙产品应分配的制造费用 = 12 000 × 44.05 = 528 600(元)

表 7-3 传统成本法下的成本计算表

单位:元

项目	甲产品	乙产品
直接材料成本	250 000	300 000
直接人工成本	120 000	180 000
制造费用	352 400	528 600
产品总成本	722 400	1 008 600
产量(件)	4 000	20 000
单位产品成本	180.6	50.43

(3) 按作业成本法计算成本

作业成本计算的关键在于对制造费用的处理不完全按机器工时进行分配,而是根据作业中心与成本动因,确定各类制造费用的分配标准。

①机器调整准备成本

对于机器调整准备成本,其成本动因是机器调整次数,因此,其分配率为:

$$\text{分配率} = \frac{108\,000}{40+20} = 1\,800$$

甲产品应分配的机器调整准备成本 = 40×1 800 = 72 000(元)

乙产品应分配的机器调整准备成本 = 20×1 800 = 36 000(元)

②原材料处理成本

对于原材料处理成本,其成本动因是原材料处理次数,因此,其分配率为:

$$\text{分配率} = \frac{356\,000}{12+8} = 17\,800$$

甲产品应分配的原材料处理成本 = 12×17 800 = 213 600(元)

乙产品应分配的原材料处理成本 = 8×17 800 = 142 400(元)

③质量检验成本

对于质量检验成本,其成本动因是质量检验次数,因此,其分配率为:

$$\text{分配率} = \frac{96\,000}{80+20} = 960$$

甲产品应分配的质量检验成本 = 80×960 = 76 800(元)

乙产品应分配的质量检验成本 = 20×960 = 19 200(元)

④间接人工支出

对于间接人工支出,其成本动因是直接人工成本,因此,其分配率为:

$$\text{分配率} = \frac{90\,000}{120\,000+180\,000} = 0.3$$

甲产品应分配的间接人工支出 = 120 000×0.3 = 36 000(元)

乙产品应分配的间接人工支出 = 180 000×0.3 = 54 000(元)

⑤设备日常维修费用和设备折旧费用

对于设备日常维修费用和设备折旧费用,这两项的成本动因都是机器工时,其共同的分配率为:

$$\text{分配率} = \frac{66\,000+84\,000}{8\,000+12\,000} = 7.5$$

甲产品应分配的两项费用 = 8 000×7.5 = 60 000(元)

乙产品应分配的两项费用 = 12 000×7.5 = 90 000(元)

⑥其他费用

对于其他费用,其成本动因不易确定,故采用上列各项费用分配给甲、乙两产品的数额作为分配,因此,其分配率为:

甲产品分配的费用 $= 72\,000 + 213\,600 + 76\,800 + 36\,000 + 60\,000 = 458\,400(元)$

乙产品分配的费用 $= 36\,000 + 142\,400 + 19\,200 + 54\,000 + 90\,000 = 341\,600(元)$

$$分配率 = \frac{81\,000}{458\,400 + 341\,600} = 0.101\,25$$

甲产品应分配的其他费用 $= 458\,400 \times 0.101\,25 = 46\,413(元)$

乙产品应分配的其他费用 $= 361\,600 \times 0.101\,25 = 34\,587(元)$

表 7-4　作业成本法下的成本计算表

单位：元

项目	甲产品	乙产品
直接材料成本	250 000	300 000
直接人工成本	120 000	180 000
制造费用	504 813	376 187
产品总成本	874 813	856 187
产量（件）	4 000	20 000
单位产品成本	218.70	42.81

比较表 7-3 和表 7-4 可见，按作业成本法计算产品成本，批量较小、技术上较为复杂的甲产品的单位成本由传统成本计算的 180.6 元提高到 218.70 元，提高幅度为 21%；批量大、技术上较为简单的乙产品的单位成本由传统成本计算的 50.43 元，下降到 42.81 元，下降幅度为 15%。这个幅度比较中，包括了直接材料成本和直接人工成本在内，如果我们扣除这两个因素，只剩下制造费用这一因素，问题会显得更为突出。

由本例可以看出，传统的成本计算法与作业成本计算法在制造费用分配结果上之所以会产生如此大的差距，其原因就在于两种成本在计算方法和分配基础的选择上有重大差异。也就是说，在传统成本计算法下，是以数量为基础（机器工时）来分配制造费用；而在作业成本计算法下，是以作业量为基础来分配制造费用，即不同的作业消耗选择相应的成本动因来向产品分配制造费用，从而使成本计算的准确性大大提高。

二、作业成本法与传统成本法的联系与区别

（一）作业成本法与传统成本法的联系

1. 最终目的相同

作业成本法和传统成本法的最终目的都是计算最终产品成本。传统成本法下成本计算的目的是各项费用按照成本计算对象（品种、批别或生产步骤）的分配，计算出产品的成本；而作业成本法下发生的间接费用首先在各项作业之间进行分配，然后再按各种产品耗用作业的数量，把作业成本分配计入产品成本。

2. 对直接费用的确认和分配相同

无论是传统成本法，还是作业成本法，对于发生的直接材料费用、直接人工费用等直接费用，都依据受益性原则，直接予以确认或分配后再予以确认。

（二）作业成本法与传统成本法的区别

1. 成本计算对象不同

传统成本法成本计算对象主要是企业最终产出的各种产品；而作业成本法不仅关注产品成本，还关注产品成本产生的原因及其形成过程，因此它的成本计算对象是多层次的，不但把最终产品作为成本计算对象，还把资源、作业、作业中心作为成本计算对象。

2. 成本计算的目的不同

传统成本法的计算目的仅仅是为了计算产品成本；作业成本法则把重点放在成本发生的前因后果上，成本是由作业引起的，对于成本动因的分析和资源成本的处理，可以促使企业提高作业水平和质量，减少浪费，降低资源的消耗水平。

3. 费用分配标准不同

传统成本法下，间接费用的分配通常采用人工工时、机器工时等标准，而且通常只采用一种标准进行分配；作业成本法下，首先要明确各生产部门的作业，计算各种作业耗用的资源成本，然后再从因果关系出发，计算产品所耗用的作业成本，因而作业成本法采用的分配基础是成本动因。

4. 信息的准确性不同

传统成本法中普遍采用与数量相关联的分配成本的方法，没有考虑生产中产品实际耗费与费用之间的配比关系，因而成本计算可能失真，导致成本信息的准确性较差；作业成本法分配间接费用时，将间接费用的分配和产生这些费用的原因紧密联系起来，选择多样化的分配标准，因而提高了成本信息的准确性。

三、作业成本法的优点和局限性

（一）作业成本法的优点

1. 可以获得更准确的产品成本

作业成本法的主要优点就是减少了传统成本信息对于决策的误导。一方面作业成本法扩大了追溯到个别产品的成本比例，减少了成本分配对于产品成本的扭曲；另一方面采用多种成本动因作为间接费用的分配基础，使得分配基础与被分配成本的相关性得到改善。准确的成本信息，可以提高经营决策的质量，包括定价决策、扩大生产规模等经营决策。

2. 有助于改进成本控制

作业成本法提供了了解产品作业过程的途径，使管理人员知道成本是如何发生的。成本动因的确定，使他们将注意力集中于成本动因的耗用上，而不仅仅是关心产量和直接人工。从成本动因上改进成本控制，包括改进产品设计和生产流程等，可以消除非增值作业、提高增值作业的效率，有助于持续降低成本和不断减少浪费。

3. 为战略管理提供信息支持

战略管理需要相应的信息支持。例如，价值链分析是指企业用于评估客户价值感知重要性的一个战略分析工具，它包括确定当前成本和绩效标准，并评估整个供应链中哪些环节可以增加客户价值、减少成本费用的一整套工具和程序。由于产品价值是由一系列作业创造的，企业的价值链也就是其作业链，价值链分析需要识别供应作业、生产作业和分销作业，并且识别每项作业的成本驱动因素，以及各项作业之间的关系。作业成本法与价值链分析概念一致，可以为其提供信息支持。再例如，成本领先战略是公司竞争战略的选择之一，实现成本领先战略，除了规模经济外，需要有低成本完成作业的资源和技能。这种有别于竞争对手的资源和技能，来源于技术创新和持续的作业管理，作业管理包括成本动因分析、作业分析和绩效衡量等，其主要数据来源于作业成本计算。

（二）作业成本法的缺点

1. 开发和维护费用较高

作业成本法的成本动因多于传统成本法，成本动因的数量越大，开发和维护费用就越高。即使有了计算机和数据库技术，采用作业成本法仍然是一件成本很高的事情，如果将作业成本法仅仅作为一项会计创举，不能通过作业成本数据的使用改善决策和作业管理，提高公司竞争力，则很可能得不偿失。

2. 不符合对外财务报告的需要

采用作业成本法的企业，为了使对外财务报表符合会计准则的要求，需要重新调整成本数据，这种调整与变动成本法的调整相比，不仅工作量大，而且技术难度大，有可能出现混乱。

3. 确定成本动因比较困难

并不是所有的间接成本都和特定的成本动因相联系，有时找不到与成本相关的驱动因素，或者几个假设的驱动因素与成本的相关程度都很低，或者取得驱动因素的数据成本很高。此时，就会出现武断分配，扭曲产品成本数据。

4. 不利于管理控制

传统成本法按部门建立成本中心，为实施责任会计和业绩评价提供了方便。作业成本系统的成本库与企业的组织结构不一致，不能有利于提供管理控制的信息，因此，许多管理人员和会计人员持反对态度。作业成本法倾向于以牺牲管理控制信息为代价，换取经营决策信息的改善，降低了会计数据对管理控制的有用性。

四、作业成本法的应用

无论从世界范围看还是仅从国内看，采用作业成本法的公司是少数，大多数公司没有采用。不采用作业成本法的主要理由是成本高、现有成本系统已经足够好、公司或部门经理反对，或者会计人员反对等。

在已经采用作业成本法的企业中，大多数是将作业成本法作为账簿系统之外的辅助分析系统，只有少数企业将其作为账簿系统的一部分。

采用作业成本法的公司大多具有以下特征：

第一，从成本结构看，这些公司的制造费用在产品成本中所占有的比重较大，若使用单一的分配率，成本信息的扭曲会比较严重。

第二，从产品品种看，这些公司的产品多样性程度高，多样性是指产品产量的多样性，规模的多样性，原材料的多样性和产品组装的多样性，产品的多样性是引起传统成本系统在计算产品成本时发生信息扭曲的原因之一。

第三，从外部环境看，这些公司面临的竞争比较激烈。传统成本法是在竞争较弱、产品多样性较低的背景下设计的，当竞争变得激烈，产品多样性增加时，传统成本法的缺点被放大了，实施作业成本法变得有利。

第四，从公司规模看，这些公司的规模比较大，由于大公司拥有更为强大的信息沟通渠道和完善的信息管理基础设施，并对信息的需求更为强烈，所以他们比小公司对作业成本法更感兴趣。

总之，作业成本法的价值对于不同公司是不一样的，在极易产生成本扭曲并且准确的成本信息具有较大价值时，适宜采用作业成本法。

【课堂测试 7-4】

1. 作业成本法与传统成本法最大的区别在于（　　）。
A. 计算方法更先进
B. 计算结果更准确
C. 确立成本计算对象
D. 引入了"作业"这一概念

2. "作业成本法与传统成本法两者虽然在整体框架上基本相同，制造费用也分为归集和分配两个过程，但其在分配方面存在显著的差别。"这句话是否正确？如果错误，说明为什么。

本章小结

本章阐述了作业成本的产生与发展，并将作业成本法与传统成本法进行了比较，进一步介绍了作业成本法相对于传统成本法的优点。

作业成本法能够比传统成本法提供更准确的成本信息，它在许多方面实现了对传统方法的改进：作业成本法从传统的以产品为中心，转移到以作业为中心上来；作业成本法将制造费用的分配由统一分配改为若干个具有同质成本动因的成本库分别进行分配，标准也由单一分配改为多标准分配；作业成本法能够提供更明细化的成本资料，帮助企业优化生产决策和定价决策等。

章后案例　　　　传统成本法与作业成本法的比较

东阳公司主要生产电热水器和燃气热水器两种产品，该公司在市场竞争中发现企业产品的定价与竞争对手之间存在一定的差距，公司准备通过降价促销，吸引顾客，提高市场份额，但是考虑到产品成本问题，难以确定下调哪种产品的市场价格。在此期间，通过中高层管理会议决定，准备将传统的成本计算制度改为作业成本制度。在实施公司范围的改革之前，想事先评价一下该方案对公司产品成本带来的影响。公司的财务部门为了配合完成这项工作任务，评价该项目改革方案的影响，收集了以下数据：

项目	电热水器	燃气热水器
产量（件）	500	400
直接材料成本（元）	200 000	120 000
直接人工成本（元）	100 000	90 000
材料转移次数（次）	8 000	4 000
生产准备次数（次）	200	50
机器工时（小时）	30 000	20 000

制造费用发生额

项目	金额	成本动因
材料转移成本（元）	240 000	材料转移次数
生产准备成本（元）	100 000	生产准备次数
设备日常维修成本（元）	90 000	机器工时
燃料和水电费用（元）	30 000	机器工时
合计	460 000	

在目前的传统成本制度下，材料转移成本、生产准备成本、设备日常维修成本、燃料和水电费用均按机器工时分配到各产品。

思考：（1）你认为该公司在传统成本计算法和作业成本法下，两种产品的单位成本会如何变化？

（2）根据作业成本法计算出的单位成本，判断该企业应该下调哪种产品的市场价格更为合适？

核心概念

作业成本法（activity-based costing） 作业（activity） 作业管理（activity-based management） 价值链（value chain） 作业链（activity chain） 成本动因（cost driver） 作业成本库（activity cost pool）

思考题

1. 什么是作业？可以分为哪几类？
2. 什么是成本动因？资源成本动因和作业成本动因有什么区别？
3. 简述作业成本法的基本原理。作业成本核算与传统成本核算有什么区别？

4. 简述作业成本法的一般程序。
5. 传统成本法与作业成本法的主要区别是什么。
6. 简述作业成本法的优缺点。

练习题

（一）单项选择题

1. 作业成本法解决企业（　　）分配问题。
   A. 间接成本　　　　　　B. 直接成本
   C. 生产成本　　　　　　D. 非生产成本
2. 作业成本法中"作业"的意思是（　　）。
   A. 生产过程中的一道工序
   B. 为达到某种目的而消耗资源的的活动或工作
   C. 未完成任务的一系列工序
   D. 消耗资源的生产活动
3. 作业成本计算的最基本对象是（　　）。
   A. 产品　　　　　　　　B. 生产过程
   C. 作业　　　　　　　　D. 资源
4. 作业成本法与传统成本法的区别，主要是分配（　　）费用不同。
   A. 全部成本　　　　　　B. 直接成本
   C. 间接成本　　　　　　D. 直接人工
5. 与传统成本计算采用的分配标准相比，作业成本法在分配制造费用时，采用的分配标准（　　）。
   A. 相同　　　　　　　　B. 少
   C. 多　　　　　　　　　D. 有时多，有时少
6. 作业成本法认为：（　　）消耗（　　），（　　）消耗（　　）。
   A. 作业、资源、产品、作业　　B. 生产、作业、作业、成本
   C. 生产、作业、作业、产品　　D. 产品、作业、资源、产品
7. 作业成本法主要适用于（　　）的情况。
   A. 直接材料和直接人工费用所占比重都大
   B. 制造费用所占比重大
   C. 制造费用所占比重小
   D. 生产过程简单
8. 选择作业中心间接成本的分配标准时，对自动化设备作业的作业衡量标

准应该选择（　　）。
A. 订单数量　　　　　　　B. 产品批量
C. 人工工时　　　　　　　D. 机器工时

9. 作业成本法下，分配费用的基础是（　　）。
A. 资源动因　　　　　　　B. 成本动因
C. 产品动因　　　　　　　D. 作业动因

10. 作业成本法下，作为分配作业成本标准的是（　　）。
A. 机器工时　　　　　　　B. 资源动因
C. 作业动因　　　　　　　D. 生产工人工资

（二）多项选择题

1. 成本动因是指作业成本或产品成本的驱动因素，它可以分为（　　）。
A. 资源动因　　　　　　　B. 价值动因
C. 产品动因　　　　　　　D. 作业动因

2. 传统成本法与作业成本法的区别在于（　　）。
A. 最终目的不同　　　　　B. 成本计算对象不同
C. 成本计算的目的不同　　D. 费用分配标准不同

3. 作业成本法的意义在于（　　）。
A. 可以获得更准确的产品
B. 成本信息的决策相关性强，为战略管理提供更好的信息支持
C. 费用分配过程更为简单
D. 有助于改进成本控制

4. 下列属于作业成本法的缺点的有（　　）。
A. 开发和维护费用较高　　B. 不符合对外财务报告的需要
C. 确定成本动因比较困难　D. 不利于管理控制

5. 作业成本法适用于以下类型的生产企业（　　）。
A. 间接生产费用比重较大　B. 企业规模大、产品品种多
C. 完善的信息管理基础设施　D. 公司外部竞争比较激烈
E. 作业环节多，且易辨认

（三）判断题

1. 作业成本法的产生是因为传统成本计算法已经完全不适应了。（　　）
2. 传统成本法的计算结果一定使成本扭曲。（　　）
3. 作业成本法的基本原理是"作业消耗资源、产品消耗作业"。（　　）
4. 采用作业成本法，作业分类越细越好。（　　）

5. 作业成本法是通过分析成本发生的动因，对构成产品成本的各种主要间接费用采用不同的间接费用分配率进行成本分配的成本计算方法。（ ）

6. 因为作业成本法提供的信息资料比传统成本法的详细，所以前者比后者好。（ ）

7. 在分配非产量相关的间接费用时，只采用参量基础的作业动因，可能产生扭曲的产品成本。（ ）

8. 作业成本法适用于间接成本比重较大，且与传统的人工工时、机器工时等传统分配方法基础关系不大的新兴高科技企业。（ ）

（四）业务计算题

某企业生产甲、乙两种产品，有关资料如下。

该企业本月产品产量和直接成本资料：

习题表 1　产销量及直接成本等资料

项目	甲产品	乙产品
产量（件）	1 500	2 500
订购次数（次）	10	5
设备维修工时（次）	80	120
生产协调（次）	6	2
机器工时（小时）	6 000	14 000
直接材料成本	180 000	220 000
直接人工成本	120 000	150 000

本月制造费用项目发生额：

习题表 2　制造费用发生额

项目	金额	成本动因
材料验收成本	42 000	订购次数
产品验收成本	54 000	订购次数
设备维修成本	40 000	设备维修工时
燃料和水电成本	48 000	机器工时
设备折旧费用	27 000	机器工时
厂房折旧费用	32 000	产量
车间管理人员工资	60 000	产量
材料储存成本	52 000	直接材料成本
合计	355 000	

(1）分别按照传统成本计算法与作业成本法求出甲、乙两种产品应负担的制造费用。

(2）分别按照传统成本计算法与作业成本法求出甲、乙两种产品的总成本和单位成本。

(3）比较两种方法计算结果的差异，并说明产生这种差异的原因。

第八章 成本性态分析与变动成本法

学习本章内容后要求熟练掌握成本性态分析、混合成本的分解的方法以及变动成本法的具体应用,能够结合企业实际,融会贯通地应用管理会计的专门方法。

> **开篇案例　　　华达工艺的分部业绩报告疑惑**
>
> 　　华达工艺制品优先公司于 20×0 年成立,该公司一贯"重质量、守信用",在同行中经营业绩及管理较好。当企业宣告业绩考核报告后,甲部门负责人却非常疑惑。甲部门 20×2 年销售不景气,资金频频告急。该部门在 20×3 年扩大销售,减少库存,但是业绩报告却显示利润 20×3 年比 20×2 年下降。作为一名管理会计人员,对于这种现象怎样解释,产生的原因又是什么?
> 　　资料来源:浦江华达工艺制品有限公司网站(http://www.mzzgift.com/news.asp)改写。

第一节　成本性态分析

一、成本性态的含义

成本性态又称成本习性,是指成本总额对业务总量(产量或销售量)的依存关系。这种依存关系是有规律性的并且这种依存关系是客观存在的。前述的业务总量是指企业在一定的生产经营周期内投入或完成的经营工作量的总称,该种业务量可以表现为实物量、价值量和时间量。这种依存关系对于从数量上掌握成本与业务量的关系具有重要的意义。

二、成本按性态的分类

成本按其性态分类，一般可以分为固定成本、变动成本和混合成本等三类。

（一）固定成本

1. 含义

固定成本是指在相关范围内即一定时间和一定业务量的范围内，其总额不随业务量的变动而变动的成本。例如，按照行政管理人员的工资、直线法计提折旧的机器设备的折旧费、不动产税、办公费、租金、职工教育培训费等。

2. 特征

（1）固定成本总额的不变性。即在相关范围内，固定成本总额不直接受业务量的变动而保持固定不变的成本。

（2）单位固定成本随业务量的增加成反比例变动。即在相关范围内，随业务量的增加，单位产品分摊的固定成本份额成反比例减少。

3. 种类

固定成本根据其支出是否受管理当局决策的影响而可以改变，进一步划分为约束性固定成本和酌量性固定成本。

（1）约束性固定成本。约束性固定成本是指管理者的决策无法改变其支出数额的固定成本。也被称为承诺性固定成本。例如，厂房和设备等固定资产按直线法计提的折旧费、行政管理人员月工资、房屋和设备等固定资产的租金、财产保险费、不动产税等。这些费用都是企业维持正常的生产经营活动的最低成本，因而又称"经营能力成本"。该种成本不会由于经营暂时的中断而改变。所以，要想降低产品的相对单位成本，应该充分利用企业生产能力。

（2）酌量性固定成本。酌量性固定成本又称选择性固定成本或任意性固定成本，是管理当局决策可以改变其支出数额的成本。如职工教育培训费、研发费、广告费等。这种成本是为完成特定活动而支出的成本，它并不是可有可无的，是可以直接关系到企业未来竞争能力大小的。

4. 固定成本的相关范围

在前述固定成本的含义中，有相关范围的前提即一定的时间和一定的业务量。

（1）一定的时间范围。它指在一定的时间范围内，企业的固定成本总额不随业务量的变化而变化。但是随着企业经营能力的变化，企业的固定资产总额会扩大，随之每期固定成本的折旧费等也会发生变化。所以，必须在此前提下，固定成本总额才具有不变性。

(2) 一定的业务量范围。它指一定的业务量范围内，企业的固定成本总额不随业务量的变化而变化。因为当企业的市场竞争力增强必定会扩大生产量，当业务量超过该特定的业务量范围，企业必然会增加机器设备等固定资产，从而增加固定成本总额。所以，固定成本总额的不变性必须在某一特定的业务量的范围内才成立。

（二）变动成本

1. 含义

变动成本是指在相关范围内即一定时间和一定业务量的范围内，其总额随业务量的变动而正比例变动的成本。例如，直接材料、直接人工、产品的包装费等。

2. 特征

（1）变动成本总额随业务量的增加而正比例变动。即在相关范围内，随业务量的增加变动成本总额成正比例增加。

（2）单位变动成本。即在相关范围内，单位变动成本的不变性，如每件产品耗费的直接材料费在一定的范围内是保持不变的。

3. 种类

（1）酌量性变动成本。它是指企业管理者的当前决策可以改变其支出数额的变动成本，如按销售收入的一定比例计算的销售费用。

（2）约束性变动成本。它是指企业管理者的当前决策无法改变其支出数额的变动成本，如直接材料费用。

4. 变动成本的相关范围

与固定成本一样，变动成本的变动性，即"随业务量的变动而正比例变动"也有其"相关范围"。即变动成本总额与业务量之间的这种正比例变动关系（即完全线性关系）只是在一定的业务量范围内存在的，超过这一业务量范围，两者就不一定存在正比例关系（即表现为非线性关系）。

例如，当一种产品产量较低时，单位产品的直接材料费和直接人工小时数的消耗可能会比较高，而当产量逐渐增加到一定程度时（即相关范围），由于可以更加合理有效地利用材料和人工小时，从而单位产品的材料和人工小时的消耗会相应降低，因此，在产量增长的初期，变动成本一般不会同产品的产量成正比例变化关系，成本的增长会小于产量的增长，因此其总成本线呈一定的向下弯曲状态；而在产量增长到一定限度后，如继续增长就会出现支付加班费过多等因素，从而会拉高单位产品的变动成本，这时总成本线会呈现一定的向上弯曲。在产量增长的中间阶段，有关指标会比较平稳，使产量与成本间呈现完全的线性关系。这一阶段就是变动成本的"相关范围"。

固定成本的相关范围的界限相对容易划分,而变动成本由于呈渐进性变化,相关范围划分起来要相对困难一些。在现实经济活动中,许多成本与业务量之间的关系,表现成一种非线性关系,但在某一特定的相关范围,则可以假定它们之间存在完全线性关系并进行成本性态分析,预测有关成本随业务量的变化而变化的水平。虽然这不是一种精确描述,但是,如果我们能够合理地确定上述关系,那么就可以将成本与业务量之间的非线性关系近似地确定为线性关系,为相关的预测和决策提供数据支持。

(三)混合成本

1. 含义

在实际工作中,往往有许多成本同时兼有变动成本和固定成本的性质,不能简单地将其全部归入变动成本或者固定成本,这类成本被称为"混合成本"。

2. 种类

根据成本项目发生的具体情况的不同,混合成本可以分为以下两种主要类型:

(1)半变动成本

此类成本的特征是当业务量为零时,成本是一个初始值(即基数),当业务量增加会随其呈正比例变动。该初始值一般不变,类似于固定成本,超出的部分随业务量的增加而增加,这部分又类似于变动成本。

这种类型的混合成本较为普遍,以销售人员的薪金为例,假设企业的销售人员的底薪为 1 500 元,在底薪基础上,销售出一件产品支付 3 元。如果用 Y 表示支付的销售人员的薪金总额,a 代表每月销售人员的底薪,b 代表单位产品的销售费用,x 代表销售产品的数量,则我们可以用 $Y=1\ 500+3x$ 的数学模型表示。

(2)半固定成本

此类混合成本在一定业务量的范围内其发生额是固定的,当业务量超过一定的限额时,其成本总额就升高到一个新的水平,然后在业务量增长的一定限度内,其发生额保持不变,直到实现到另一个新的水平为止。

例如,企业中质检人员的薪金,当产品的产量在一定范围内,若为 1 000 件需要一名质检人员,那么超过 1 000 件就需要增加一名质检人员,以此类推,以 1 000 的倍数递增。由此可知,业务量在 0—1 000 件时,质检人员的薪金固定不变,当业务量上升至 1 000—2 000 件时,质检人员的薪金上升到新的水平并且保持固定不变。

【课堂测试 8-1】

一、多选题

1. 下列项目中，属于固定成本的有（   ）。
   A. 定期支付的广告费　　　　B. 计件工资
   C. 按工作量法计提的折旧　　D. 管理人员的薪金
   E. 职工培训费

2. 成本按性态可分为（   ）。
   A. 制造成本　　　　　　　　B. 间接成本
   C. 混合成本　　　　　　　　D. 变动成本
   E. 相关成本

3. 混合成本包括（   ）。
   A. 固定成本　　　　　　　　B. 变动成本
   C. 阶梯式成本　　　　　　　D. 半变动成本

二、判断题

1. 固定成本总额和单位固定成本都不受业务量变动的影响而保持固定不变。（   ）

2. 单位固定成本随业务量的增减呈正比例增减。（   ）

3. 在一定时期内，使成本习性保持不变的业务量范围称为成本的相关范围。（   ）

三、简述成本习性定义及分类。

第二节　混合成本的分解

管理会计为了规划和控制企业的经济活动，首先必须把全部的成本划分为变动成本和固定成本两类。但是经济生活中成本多数以混合成本的形式存在，因此需要采用一定的方法将混合成本进一步划分为固定成本和变动成本。

混合成本的分解方法有很多，下面主要介绍高低点法、散布图法和回归直线法。

一、高低点法

高低点法是对混合成本进行分解的一种最简便的方法。这种方法的操作方法是，在一定时间和一定的业务量范围内的记录资料中，找到业务量最高和业务量最低的两点，并找到其对应的成本，然后将混合成本分解成固定成本和变动成本。

高低点法的具体操作步骤如下：

首先，找到业务量最高和业务量最低的两点，($x_高$，$y_高$)和($x_低$，$y_低$)并找到其对应的成本，即

$$\begin{cases} y_高 = a + bx_高 \\ y_低 = a + bx_低 \end{cases}$$

其次，用第一步骤中的（8-1）减（8-2），计算出单位变动成本 b，计算公式为：

$$b = \frac{y_高 - y_低}{x_高 - x_低}$$

再次，计算固定成本 a，计算公式为：

$a = y_高 - bx_高$ 或 $a = y_低 - bx_低$

最后，得到一般成本性态模型。

【例 8-1】已知祥瑞公司的维修成本在相关范围内的变动情况如表 8-1 所示。

表 8-1 维修成本的变动情况

直接人工（小时）	5 500	7 000	5 000	6 500	7 500	8 000	6 000
维修成本（元）	745	850	700	820	960	1 000	825

要求写出高低点的坐标，并用高低点法求出有关混合成本的分解式。

首先从表 8-1 中可以找到业务量最高点的坐标为（8 000，1 000），业务量最低点的坐标为（5 000，700）。代入成本公式

$$b = \frac{y_高 - y_低}{x_高 - x_低} = \frac{1\,000 - 700}{8\,000 - 5\,000} = 0.1（元/小时）$$

$a = y_低 - bx_低 = 700 - 0.1 \times 5\,000 = 200$（元）

所以，混合成本的分解式为：$y = 200 + 0.1x$。

二、散布图法

散布图法是一种目测法，就是将相关范围内的数据绘制到一个坐标轴上，一般横坐标轴代表业务量（x），纵坐标轴代表混合成本（y），通过目测，找到

一条尽可能通过所有点的直线，据此确定固定成本和变动成本。该种方法对于相关范围内业务量少的情况简便易操作，但是准确性相对较差。

【例 8-2】沿用表 8-1 的数据做散点图，如下图所示，具体操作步骤如下：

第一，将祥瑞公司的业务量及维修成本的坐标点绘制到坐标轴上。

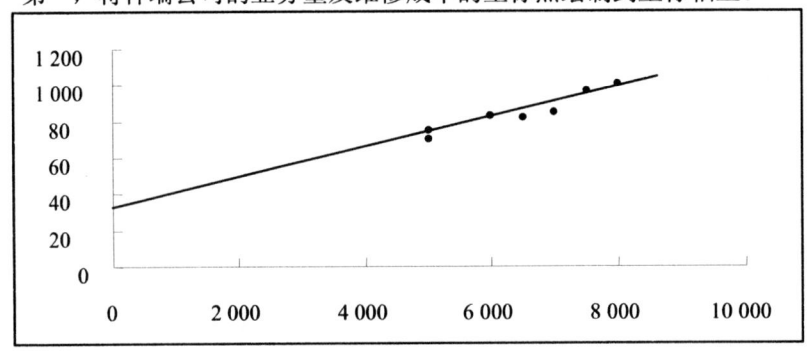

图 8-1　维修成本的散布图

第二，目测一条直线，尽可能穿过所有的坐标点。

第三，找到直线与纵轴的交点，交点即为固定成本 a。

第四，将 a 和直线上的任何一点代入成本方程，从而求出 b。

散布图法与高低点法的原理相似，都是求出单位变动成本 b 和固定成本 a，从而确定成本方程。但是，高低点法只是选择两点确定一条直线，有些片面，但是计算简便。然而散布图法虽然考虑了全部的历史数据资料，但是在确定成本直线时，采用直观判断，难免具有主观性，使得计算结果相对不准确。

三、回归直线法

前述散布图法是找到一条尽可能穿过所有点的成本直线，若采用数学中一元回归直线法则可以找到误差平方和最小的直线。该直线与 y 轴的交点即为 a，斜率即为 b。其具体计算公式如下：

$$a = \frac{\sum_{i=1}^{n} x_i^2 \sum_{i=1}^{n} y_i - \sum_{i=1}^{n} x_i \sum_{i=1}^{n} x_i y_i}{n \sum_{i=1}^{n} x_i^2 - \left(\sum_{i=1}^{n} x_i \right)^2}$$

$$b = \frac{n\sum_{i=1}^{n}x_i y_i - \sum_{i=1}^{n}x_i \sum_{i=1}^{n}y_i}{n\sum_{i=1}^{n}x_i^2 - \left(\sum_{i=1}^{n}x_i\right)^2}$$

【例 8-3】沿用例 8-1 资料来说明一元直线回归法的计算及成本分解过程。具体步骤：

第一，根据祥瑞公司的维修成本的数据表，计算出 n，$\sum_{i=1}^{n}x_i$，$\sum_{i=1}^{n}y_i$，$\sum_{i=1}^{n}x_i y_i$，$\sum_{i=1}^{n}x_i^2$，$\sum_{i=1}^{n}y_i^2$ 的数据的数值（见表 8-2）。

表 8-2 计算表

直接人工 x_i（小时数）	维修成本 y_i（元）	$x_i y_i$	x_i^2	y_i^2
5 000	745	3 725 000	25 000 000	555 025
7 000	850	5 950 000	49 000 000	722 500
5 000	700	3 500 000	25 000 000	490 000
6 500	820	5 330 000	42 250 000	672 400
7 500	960	7 200 000	56 250 000	921 600
8 000	1 000	8 000 000	64 000 000	1 000 000
6 000	825	4 950 000	36 000 000	680 625
$\sum_{i=1}^{n}x_i=$ 45 000	$\sum_{i=1}^{n}y_i=$ 5 900	$\sum_{i=1}^{n}x_i y_i=$ 38 655 000	$\sum_{i=1}^{n}x_i^2=$ 297 500 000	$\sum_{i=1}^{n}y_i^2=$ 5 042 150

第二，按照公式求出直线方程系数 a，b 值：

$$a = \frac{\sum_{i=1}^{n}x_i^2 \sum_{i=1}^{n}y_i - \sum_{i=1}^{n}x_i \sum_{i=1}^{n}x_i y_i}{n\sum_{i=1}^{n}x_i^2 - \left(\sum_{i=1}^{n}x_i\right)^2} = \frac{297\,500\,000 \times 5\,900 - 45\,000 \times 3\,865\,500}{7 \times 297\,500\,000 - 45\,000^2}$$

$$\approx 274.35$$

$$b = \frac{n\sum_{i=1}^{n}x_iy_i - \sum_{i=1}^{n}x_i\sum_{i=1}^{n}y_i}{n\sum_{i=1}^{n}x_i^2 - \left(\sum_{i=1}^{n}x_i\right)^2} = \frac{7\times38\,655\,000 - 45\,000\times5\,900}{7\times297\,500\,000 - 45\,000^2} = 0.09$$

第三，混合成本的分解式：$y=274.35+0.09x$。

该种方法的计算结果比高低点法和散布图法更准确。该种方法的缺陷是其计算工作量大，计算过程复杂。但是，随着计算机技术不断发展，该种方法的应用范围会更大。

【课堂测试 8-2】

1. 简述混合成本的分解方法。
2. 简述各种混合成本的分解方法的优缺点。
3. 简述各种混合成本的分解方法的适用范围。

第三节 变动成本法

一、变动成本法的含义和特点

（一）变动成本法的含义

变动成本法是指在成本性态分析基础下，在计算产品成本时，产品成本中只包括变动的生产成本即在生产过程中所消耗的直接材料、直接人工和变动性制造费用。对于固定性制造费用和非生产成本都作为当期成本，在本期收入中扣除。

（二）变动成本法的特点

变动成本法与传统的成本计算方法即完全成本法相比，有如下特点：

1. 应用前提不同

变动成本法是在成本性态分析基础上，即全部的成本划分为固定成本和变动成本两部分。而完全成本法是将全部的成本按照经济用途还分为产品生产成本和非生产成本。

2. 产品成本的构成内容不同

变动成本法产品成本构成是直接材料、直接人工、变动性制造费用。期间成本是由固定性制造费用、管理费用、销售费用、财务费用构成。完全成本法产品成本构成是直接材料、直接人工、制造费用。期间成本是由管理费用、销售费用、财务费用构成。

3. 存货成本和已销产品成本构成内容不同

由于两种成本计算的方法中，产品成本构成内容不同，导致期末存货成本及已销产品成本也就不同。变动成本法中，存货成本中不包含固定性制造费用，它是作为期间成本直接记入当期损益。而完全成本法中，产品成本中包含固定性制造费用，并在存货和已销产品中进行分配，所以一部分固定性制造费用作为存货成本递延至下期，另一部分则记入当期损益。

4. 各期损益的计算方法不同

变动成本法下，当期税前利润是由销售收入扣减已销产品的变动成本扣减固定成本得到的，并且销售收入扣减已销产品的变动成本是边际贡献。而完全成本法下，当期税前利润是由销售收入减去已销产品成本减去期间费用得到的，同理，销售收入减去已销产品成本是销售毛利。

二、变动成本法与完全成本法对分期损益的影响

【例 8-4】假设祥瑞公司生产的产品售价 20 元，生产成本其中单位变动成本 6 元/件，固定成本总额 120 000 元，销售及管理费用其中单位变动费用 2 元/件，固定成本 110 000 元。该公司近三年的生产量、销售量如下表 8-3。

表 8-3　企业近三年业务量资料

项目	第一年	第二年	第三年
期初存货量	0	10 000	10 000
本期生产量	60 000	50 000	40 000
本期销售量	50 000	50 000	50 000
期末存货量	10 000	10 000	0

采用完全成本法每年的单位生产成本分别为：

第一年单位生产成本 $= 6 + \dfrac{120\,000}{60\,000} = 8$ （元/件）

第二年单位生产成本 $= 6 + \dfrac{120\,000}{50\,000} = 8.4$ （元/件）

第三年单位生产成本 $= 6 + \dfrac{120\,000}{40\,000} = 9$ （元/件）

采用变动成本法每年的单位生产成本都为 6 元/件。

采用变动成本法三年的利润表如表 8-4 和表 8-5 所示：

表 8-4　利润表（完全成本法）

单位：元

项目	第一年	第二年	第三年	合计
营业收入	1 000 000	1 000 000	1 000 000	3 000 000
销售成本	400 000	416 000	444 000	1 260 000
销售毛利	600 000	584 000	556 000	1 740 000
期间成本	210 000	210 000	210 000	630 000
营业利润	390 000	374 000	346 000	1 110 000

表 8-5　利润表（变动成本法）

单位：元

项目	第一年	第二年	第三年	合计
营业收入	1 000 000	1 000 000	1 000 000	3 000 000
变动成本	400 000	400 000	400 000	1 200 000
边际贡献	600 000	600 000	600 000	1 800 000
固定成本	230 000	230 000	230 000	690 000
营业利润	370 000	370 000	370 000	1 110 000

同一营业期间，两种成本计算方法计算的营业利润不相同，根本原因在于：各期计入当期利润的固定性制造费用不同。两种方法的利润差异可以用以下公式表示：

利润差异 = 期末存货量 × 本期单位固定制造费用 −
　　　　　期初存货量 × 上期单位固定制造费用

三、对完全成本法和变动成本法的评价

（一）对完全成本法的评价

1. 完全成本法的优点

（1）完全成本法下的产品成本的概念符合传统的成本概念，并且也是会计准则要求采用的成本计算方法。

（2）完全成本法可以使人们重视生产环节，当产品供不应求时，产量越大，计算出来的单位固定性制造费用就越低，从而单位产品的成本也会降低。

2. 完全成本法的缺点

（1）完全成本法可能会促使企业片面追求高产量，造成盲目生产。因为完全成本法确认各期的损益与销售量不相关，但是企业一般不能理解。

（2）在完全成本法下，企业的成本没有按照成本性态划分，这样不利于企业进行相应的预测分析、短期决策等，从而不利于企业进行规划和控制经济活动。

（二）对变动成本法的评价

1. 变动成本法的优点

（1）能够为内部信息使用者提供决策有用的会计信息。变动成本下销量决定利润，这使得企业重视销售，注重扩展市场，防止盲目生产。

（2）有利于进行预测分析。变动成本法的信息、本量利分析的信息等都可以应用于企业短期经营预测和决策。

（3）简化成本核算程序。与完全成本法比较，变动成本法不必将固定性制造费用在已销商品和期末存货之间分配。所以，提高了会计资料的准确性。

2. 变动成本法的缺点

（1）变动成本法提供的信息适用于短期经营决策，不适用进行长期决策。因为变动成本法是建立在成本性态分析的基础上，成本性态分析有相关范围的前提，所以不适用于长期决策。

（2）变动成本的核算程序及成本概念不符合公认的会计准则。所以企业提供的成本信息只能供内部管理者使用，不能对外公布。

【课堂测试 8-3】

一、单选题

1. 在变动成本中，产品成本指的是（　　）。
   A．生产成本　　　　　　　B．变动生产成本
   C．制造费用　　　　　　　D．变动成本
2. 在变动成本中，固定性制造费用应当列为（　　）。
   A．产品成本　　　　　　　B．非生产成本
   C．期间成本　　　　　　　D．直接成本
3. 下列各项中，能反映变动成本法局限性的是（　　）。
   A．不利于短期决策　　　　B．不利于成本控制
   C．导致企业盲目生产　　　D．不符合传统成本观念

二、判断题

1. 采用变动成本法时，变动的管理费用也应在已销产品及存货之间进行分摊。（   ）

2. 无论生产量是多少，只要每期的销售量相同，按照变动成本法计算的各期利润都是相同的。（   ）

三、简述完全成本法和变动成本法的区别。

本章小结

成本性态又称成本习性，是指成本总额对业务总量（产量或销售量）的依存关系。

按照成本习性可以将成本最终划分为固定成本和变动成本。在此基础上，可以进行应用变动成本法进行本量利分析、计算边际贡献以及营业利润等指标。

章后案例　　　　变动成本法产生的背景

某企业生产一种产品，销售单价20元，单位变动成本8元，固定制造费用42 000元/年。最近连续3年的销售量均为6 000件，产量分别为6 000件、7 000件、5 000件。销售和管理费用10 000元/年。

如果采用完全成本法，固定成本要分摊到产品中去。因各年的产量不同，单位产品分摊的固定成本数额不同，由此引起单位产品成本不同，其计算结果为：

第一年单位产品成本=8+（42 000÷6 000）=15（元）

第二年单位产品成本=8+（42 000÷7 000）=14（元）

第三年单位产品成本=8+（42 000÷5 000）=16.4（元）

这三年的比较利润表如下表所示。从中可以看出，三年的销售量相同，但是，利润波动很大。

第八章 成本性态分析与变动成本法

项目	第一年	第二年	第三年	合计
产量（件）	6 000	7 000	5 000	18 000
生产成本（固定制造费用+产量×变动成本）	90 000	98 000	82 000	270 000
单位产品成本	15	14	16.4	
期初存货（件）	0	0	1 000	
期初存货成本	0	0	14 000	
期末存货（件）	0	1 000	0	
期末存货成本	0	14 000	0	
销售数量	6 000	6 000	6 000	18 000
销售收入	120 000	120 000	120 000	360 000
减：营业成本（期初存货成本+本期生产成本－期末存货成本）	90 000	84 000	96 000	270 000
营业毛利	30 000	36 000	24 000	90 000
减：销售与管理费用	10 000	10 000	10 000	30 000
税前利润	20 000	26 000	14 000	60 000

为什么每年销售量相同，利润却不同呢？各期销售单件未变，销售收入相同，利润波动显然是由于成本波动造成的。在成本支出水平稳定的情况下，销售量相同时，各年变动成本总额也应相同，不同的只是已销产品所负担的固定制造费用。按照完全成本法，固定制造费用要计入产品成本，其中已销产品的成本转为当期费用从销售收入中抵减，未销产品的成本作为存货成本列为资产。在本案例中，第一年发生的 42 000 元固定制造费用，全部随产品销售转化成了当期费用。第二年，产量大于销售，形成期末 1 000 件存货，当期发生的固定制造费用有 6 000 元（42 000÷7 000×1 000）滞留在存货中，随销售转化成当期费用的只有 36 000 元（42 000－6 000），由此导致第二年利润增加了 6 000 元。第三年，销量大于产量，不仅当年生产的产品全部销售，而且销售了年初的存货 1 000 件。这就是说，不仅当年进入产品成本的 42 000 元固定制造费用已全部转化成当期费用，而且，年初存货成本中的 6 000 元固定制造费用也已转化成当期费用。从第三期的销售收入中抵减的固定制造费用是 48 000 元（42 000+6 000），比第一年多 6 000 元，比第二年多 12 000 元。结论是：尽管三年每年的销售量相同，单位产品售价相同，每年固定制造费用总额相同，单位变动成

本相同，但是，由于每年从销售收入中抵减的固定制造费用不同，因此各年利润不同。

在完全成本法下，更让人难以理解的是：销售量增加，单价不变，利润却下降了。在本案例中，如果第一年生产6 000件产品，销售4 200件；第二年生产4 200件，销售6 000件，其他条件不变，每年实现销售收入和税前利润的情况如下表所示。

项目	第一年	第二年
产量（件）	6 000	4 200
生产成本（固定制造费用＋产量×变动成本）	9 000	75 600
单位产品成本	15	18
期初存货（件）	0	1 800
期初存货成本	0	27 000
期末存货（件）	1 800	0
期末存货成本	27 000	0
销售数量	4 200	6 000
销售收入	84 000	120 000
减：营业成本（期初存货成本＋本期生产成本－期末存货成本）	63 000	102 600
营业毛利	21 000	17 400
减：销售与管理费用	10 000	10 000
税前利润	11 000	7 400

上表的数据表明，虽然第二年销售量增加了1 800（6 000-4 200）件，但是利润比第一年降低了3 600（11 000-7 400）元。

为什么会出现这种情况呢？这是因为第一年生产6 000件，单位产品成本为15元，其中变动成本8元，单位固定制造费用7元。当年销售4 200件，期末库存1 800件。这就是说，当年发生的42 000元固定制造费用过只有29 400（4 200×7）元随产品销售转化成当期费用，从当年的销售收入中抵减了；另外12 600（1 800×7）元，作为期末存货成本的一部分转为资产了。第二年生产4 200件，销售6 000件，不仅销售了当年生产的4 200件，而且销售了期初存货1 800件。这就是说，随着当年销售转为费用的固定制造费用，不仅包括当年的42 000（54 600-29 400）元。销售增加了 1 800 元，边际贡献增加了 21 600 元（单价 20 元，变动成本 8 元，单位边际贡献 12 元，销售量增加了 1 800 件，边际贡献总额增加 21 600 元），结果全部被增加的固定制造费用抵消了，造成利润比上年减少 3 600 元，正好是 25 200 元与 21 600 元的差额。

按照完全成本法确定的利润不仅受销量和成本水平的影响，而且受产量的影响，这既不符合经济学原理，也不易被人们理解，尤其不易被销售人员理解。本案例充分说明了这一点。销售人员努力扩大产品销售市场，使销售量在上一年的基础上增长了 42.86%（1 800÷4 200×100%），结果却导致企业的利润下降了 3 600 元，的确令人费解。与此相似的情况是，企业为了完成或超额完成当年的利润目标，通过增加产量，也可以实现利润的增长，而无论销售量是否增加。

资料来源：刘运国．管理会计学［M］．北京：中国人民大学出版社，2011．

核心概念

成本习性（cost behavior） 固定成本（fixed cost） 变动成本（variable cost） 混合成本（mixed cost） 相关范围（relevant range） 总成本（total cost） 单位成本（unit cost） 生产成本（manufaturing cost） 完全成本法（full cost method） 变动成本法（variable cost method）

思考题

1. 什么是成本性态分析？
2. 什么是完全成本法？什么是变动成本法？
3. 完全成本法和变动成本法的区别与联系是什么？
4. 完全成本法和变动成本法的税前利润的计算程序分别是什么？
5. 如何理解不同成本方法下营业利润的差异？
6. 变动成本法的优点和缺点是什么？

练习题

（一）单项选择题

1. 按照（　　）将企业的全部成本划分为变动成本和固定成本。
   A. 成本对象　　　　　　　　B. 成本性态

C. 成本项目　　　　　　　　D. 成本经济能力

2. 在相关范围内，下列体现固定成本的特征的是（　　）。
A. 固定成本总额的不变性　　B. 单位固定成本的不变性
C. 变动成本总额的不变性　　D. 单位变动成本的不变性

3. 在相关范围内，当业务量增加时，固定成本总额一定会（　　）。
A. 减少　　　　　　　　　　B. 增加
C. 不一定　　　　　　　　　D. 保持不变

4. 在相关范围内，当业务量增加时，单位变动成本一定会（　　）。
A. 减少　　　　　　　　　　B. 增加
C. 不一定　　　　　　　　　D. 保持不变

5. 在变动成本法中，产品成本是指（　　）。
A. 制造费用　　　　　　　　B. 生产成本
C. 变动生产成本　　　　　　D. 变动成本

6. 在变动成本法下，销售收入减去变动成本等于（　　）。
A. 销售毛利　　　　　　　　B. 税后利润
C. 税前利润　　　　　　　　D. 边际贡献

7. 如果本期销售量比上期增加，则可断定按变动成本法计算的本期营业利润（　　）。
A. 本期一定等于上期　　　　B. 本期应当大于上期
C. 本期应当小于上期　　　　D. 本期可能等于上期

8. 如果完全成本法期末存货吸收的固定性制造费用大于期初存货释放的固定性制造费用，则两种方法营业利润的差额（　　）。
A. 一定等于 0　　　　　　　B. 可能等于 0
C. 一定大于 0　　　　　　　D. 一定小于 0

9. 在变动成本法下，固定性制造费用应当列为（　　）。
A. 非生产成本　　　　　　　B. 期间成本
C. 产品成本　　　　　　　　D. 直接成本

10. 下列项目中，不能列入变动成本法下产品成本的是（　　）。
A. 直接材料　　　　　　　　B. 直接工人
C. 变动性制造费用　　　　　D. 固定性制造费用

11. 已知 2006 年某企业按变动成本法计算的营业利润为 13 500 元，假定 2007 年销量与 2006 年相同，产品单价及成本水平都不变，但产量有所提高。

则该年按变动成本法计算的营业利润（　　）。
    A. 必然大于 13 500 元 B. 必然等于 13 500 元
    C. 必然小于 13 500 元 D. 可能等于 13 500 元

12. 如果某企业连续三年按变动成本法计算的营业利润分别为 10 000 元、12 000 元和 11 000 元，则下列表述中唯一正确的是（　　）。
    A. 第三年的销量最小 B. 第二年的销量最大
    C. 第一年的产量比第二年少 D. 第二年的产量比第三年多

13. 完全成本法和变动成本法在计算产品生产成本时主要差异是（　　）。
    A. 变动性销售及管理费用 B. 变动性制造费用
    C. 固定性销售及管理费用 D. 固定性制造费用

14. 从数额上看，广义营业利润差额应当等于按完全成本法计算的（　　）。
    A. 期末存货成本与期初存货成本中的固定生产成本之差
    B. 期末与期初的存货量之差
    C. 利润超过按变动成本法计算的利润的部分
    D. 生产成本与销货成本之差

15. 如果某期按变动成本法计算的营业利润为 5 000 元，该期产量为 2 000 件，销售量为 1 000 件，期初存货为 0，固定性制造费用总额为 2 000 元，则按完全成本法计算的营业利润为（　　）。
    A. 0 元 B. 1 000 元
    C. 5 000 元 D. 6 000 元

16. 如果完全成本法的期末存货成本比期初存货成本多 10 000 元，而变动成本法的期末存货成本比期初存货成本多 4 000 元，则可断定两种成本法的营业利润之差为（　　）。
    A. 14 000 元 B. 10 000 元
    C. 6 000 元 D. 4 000 元

17. 下列各项中能反映变动成本法局限性的说法是（　　）。
    A. 导致企业盲目生产 B. 不利于成本控制
    C. 不利于短期决策 D. 不符合传统的成本观念

18. 用变动成本法计算产品成本时，对固定性制造费用的处理是（　　）。
    A. 不将其作为费用
    B. 将其作为期间费用，全额列入利润表
    C. 将其作为期间费用，部分列入利润表
    D. 在每单位产品间分摊

(二) 多项选择题

1. 在完全成本法下，期间费用包括（　　）。
   A. 制造费用　　　　　　　　B. 变动制造费用
   C. 固定制造费用　　　　　　D. 推销成本
   E. 管理费用

2. 变动成本法下，期间成本包括（　　）。
   A. 管理费用　　　　　　　　B. 销售费用
   C. 制造费用　　　　　　　　D. 固定生产成本
   E. 非生产成本

3. 变动成本法与完全成本法的区别表现在（　　）。
   A. 产品成本的构成内容不同　　B. 存货成本水平不同
   C. 损益确定程序不同　　　　　D. 编制的损益表格式不同
   E. 计算出的营业利润不同

4. 成本按习性进行分类，变动成本包括（　　）。
   A. 变动生产成本　　　　　　B. 直接材料
   C. 变动制造费用　　　　　　D. 变动推销及管理费用
   E. 制造费用

5. 在变动成本法下，确定销售产品变动成本主要依据（　　）进行计算。
   A. 销售产品变动生产成本　　B. 期末存货成本
   C. 期初存货成本　　　　　　D. 销售收入总额
   E. 销售产品变动推销及管理费用

6. 根据成本按习性分类，（　　）不随产量的变化而变化。
   A. 固定制造费用总额　　　　B. 单位变动成本
   C. 单位销售成本　　　　　　D. 单位固定制造费用
   E. 变动生产成本总额

7. 如果两种方法营业利润差额不等于0，则完全成本法期末存货吸收的固定性制造费用与期初存货释放的固定性制造费用的数量关系可能是（　　）。
   A. 前者等于后者　　　　　　B. 前者大于后者
   C. 前者小于后者　　　　　　D. 两者为0
   E. 两者不为0

8. 在管理会计中，变动成本法也可称为（　　）。
   A. 直接成本法　　　　　　　B. 边际成本法

C. 吸收成本法 D. 制造成本法
E. 完全成本法

9. 下列各项中，不可能导致狭义营业利润差额发生的因素包括（　　）。
A. 单价 B. 销售量
C. 变动生产成本 D. 推销成本

10. 完全成本法计入当期利润表的期间成本包括（　　）。
A. 固定性制造费用 B. 变动性制造费用
C. 固定性销售和管理费用 D. 变动性销售和管理费用
E. 制造费用

（三）判断题

1. 由于固定生产成本的总额不变动，因而只能通过提高产品产量来降低单位成本。（　　）

2. 在变动成本总额与业务量的变动中，不存在相关范围的问题。（　　）

3. 在相关范围内，产量的增减之所以能够影响单位成本的升降，是由成本的升降所决定的。（　　）

4. 变动成本法既能对短期经营决策选择最优方案提供有关依据，又能适应长期决策的需要。（　　）

5. 由于固定成本总额不随业务量发生任何数额变化，因而某个月份的固定成本与该年度的固定成本水平应该是一致的。（　　）

6. 按产品成本期间成本的划分口径和损益确定程序的不同，可以将成本计算划分为完全成本计算和变动成本计算。（　　）

7. 全部成本最终都可以划分为固定成本和变动成本两大类。（　　）

8. 单位固定成本具有反比例变动性，因此，当业务量变动加大，反映在坐标图上是一条反比例直线。（　　）

9. 成本性态分析的结果，是将全部成本区分为变动成本、固定成本和混合成本三大类。（　　）

10. 两种成本法下分析营业净利润出现狭义差额的根本原因是对固定制造费用的处理方法不同。（　　）

11. 采用变动成本法时，变动的销售费用也应在已销产品及存货之间进行分摊。（　　）

12. 高低点法只有在相关范围内应用才有意义。（　　）

13. 从较长时间看，当任意两期销售量相同时，这两期按变动成本法确定的营业净利润相同。（　　）

14. 成本习性分析是相对的，在一定条件下，某一成本习性是可以转变的。（ ）

15. 无论生产量是多少，只要每期的销售量相同，按变动成本法计算的各期利润都是相同的。（ ）

(四) 计算题

1. 假设某公司只生产一种产品，2×11 到 2×13 年三年的销量均为 2 000 件，各年的产量分别为 2 100 件、2 200 件和 1 900 件。A 产品的单价为 450 元；管理费用和销售费用均为固定成本，两项费用之和各年均为 85 000 元；产品的单位变动成本（包括直接材料、直接人工和变动制造费用）为 250 元；固定制造费用为 30 000 元。存货的计价采用先进先出法。

要求：不考虑相关税费，请根据上述资料，分别采用完全成本法和变动成本法计算各年的营业利润。

2. 已知：某企业生产一种产品，第一年、第二年的生产量分别为 170 000 件和 140 000 件，销售量分别为 140 000 件和 160 000 件。每件产品的单价为 5 元，生产成本资料如下：每件产品变动生产成本为 3.20 元，其中包括直接材料 1.40 元，直接人工 1.60 元，变动制造费用 0.20 元；固定制造费用每年为 155 000 元。变动销售及管理费用总和为销售收入的 8%，固定销售与管理费用总和为 75 000 元，两年均未发生财务费用。存货的计价采用先进先出法。

要求：

(1) 分别按完全成本法和变动成本法计算并确定第一年和第二年的营业利润。

(2) 具体说明第一年和第二年分别按两种成本计算方法确定的营业利润产生差异的原因。

3. 已知：某公司按变动成本法核算的 2×13 年 9 月产品成本的资料如下（该公司采用先进先出法计价）：单位产品成本 50 元，本期固定制造费用 30 000 元，期初存货数量 500 件，本期完工产品 6 000 件，本期销售产品 5 500 件，销售价格 100 元/件，销售与管理费用之和为 45 000 元，已知上期产品单位固定生产成本为 5 元。

要求：

(1) 用完全成本法下计算期末存货成本。

(2) 用完全成本法下计算本期营业利润。

4. 某企业本期有关成本资料如下：单位直接材料成本为 12 元，单位直接人工成本为 7 元，单位变动性制造费用为 9 元，固定性制造费用总额为 6 000

元，单位变动性销售管理费用为 6 元，固定性销售管理费用为 1 000 元。期初存货量为零，本期产量为 2 000 件，销量 1 600 件，单位售价为 50 元。

要求：分别按两种成本法的有关公式计算下列指标：单位产品成本；期间成本；销货成本；营业利润。

第九章 本量利分析

本量利分析是建立在成本性态分析和变动成本法基础之上的一种管理会计专门的分析方法。它在管理会计中有广泛的应用。本章主要包括本量利分析概述和盈亏平衡分析等。通过本章学习，掌握本量利分析的基本公式，掌握盈亏平衡分析中的盈亏平衡点的含义和计算方法，理解边际贡献、安全边际等指标的含义及计算方法，掌握单一产品盈亏平衡点分析，理解多种产品盈亏平衡点分析。

> **开篇案例　　　　华达工艺的分部业绩报告疑惑**
>
> 华达工艺制品优先公司于 20×0 年成立，该公司一贯"重质量、守信用"，在同行中经营业绩及管理较好。当企业宣告业绩考核报告后，甲部门负责人却非常疑惑。甲部门 20×2 年销售不景气，资金频频告急。该部门在 20×3 年扩大销售，减少库存，但是业绩报告却显示利润 20×3 年比 20×2 年下降。作为一名管理会计人员，对于这种现象怎样解释？产生的原因又是什么？
>
> 资料来源：http://doC. mbaliB. com/view/d563ca09071e741e51c78fa35448 ed47. html.

第一节　本量利分析概述

一、本量利分析的含义及基本原理

（一）本量利分析的含义

本量利分析就是在成本性态分析的基础上，对成本、业务量、利润之间的相互关系进行分析的一种方法，也称为 CVP（cost-volume-prodit）分析。其中业务量指产量或销售量。

（二）本量利分析的基本原理

在本量利分析中主要是对成本、业务量和利润之间的相互依存关系进行研究，其基本表达式为：

营业利润＝销售收入－变动成本－固定成本
　　　　＝销量×单价－销量×单位变动成本－固定成本
　　　　＝(单价－单位变动成本)×销量－固定成本

即 $P=(SP-VC)\times Q-FC$

公式中，P 表示利润，SP 表示单价，VC 表示单位变动成本，Q 表示销量，FC 表示固定成本。

【例 9-1】祥瑞企业产销一种产品，单价为 100 元，单位变动成本为 80 元，当月固定成本总额 40 000 元，销量为 4 000 个。要求计算当期的营业利润。

$P=(SP-VC)\times Q-FC=(100-80)\times 4\,000-40\,000=40\,000$（元）

二、边际贡献及相关指标

（一）边际贡献

边际贡献又称为贡献边际、贡献毛益，就是产品的销售收入扣减其变动成本后的余额。其有两种表现形式，一种是边际贡献总额即产品的全部销售收入扣减全部变动成本后的余额，用 Tcm 表示。另一种是单位边际贡献即每种产品的单价扣减单位变动成本后的余额，用 cm 表示。具体的表达式如下：

边际贡献总额＝销售收入－变动成本

$Tcm=SP\times Q-VC\times Q$
　　　$=(SP-VC)\times Q$
　　　$=cm\times Q$

单位边际贡献＝单价－单位变动成本

$cm=SP-VC$

【例 9-2】沿用例 9-1 的资料，要求计算边际贡献总额和单位边际贡献。

$cm=SP-VC=100-80=20$（元）

$Tcm=cm\times Q=20\times 4\,000=80\,000$（元）

（二）边际贡献率

边际贡献率是指单位边际贡献占单价，或者边际贡献总额占销售收入的百分比，反映每百元销售额中能提供的贡献额，用 cmR 表示。具体的表达式如下：

$$边际贡献率 = \frac{单位边际贡献}{单价} \times 100\%$$

$$cmR = \frac{cm}{SP} \times 100\%$$

$$边际贡献率 = \frac{边际贡献总额}{销售收入} \times 100\%$$

$$cmR = \frac{Tcm}{SP \times Q} \times 100\%$$

【例 9-3】沿用例 9-1 的资料，要求计算边际贡献率。

$$cmR = \frac{cm}{SP} \times 100\% = \frac{20}{100} \times 100\% = 20\%$$

$$cmR = \frac{Tcm}{SP \times Q} \times 100\% = \frac{80\,000}{100 \times 4\,000} = 20\%$$

（三）变动成本率

变动成本率是指单位变动成本占单价，或者变动成本总额占销售收入的百分比，反映每百元销售额中变动成本所占的金额，用 VCR 表示。具体的表达式如下：

$$变动成本率 = \frac{单位变动成本}{单价} \times 100\%$$

$$VCR = \frac{VC}{SP} \times 100\%$$

$$变动成本率 = \frac{变动成本}{销售收入} \times 100\%$$

$$VCR = \frac{VC \times Q}{SP \times Q}$$

可以看出，边际贡献率与变动成本率之间的关系是，边际贡献率与变动成本率之和为 100%。具体表达式如下：

$$边际贡献率 + 变动成本率 = 1$$

$$cmR + VCR = 1$$

【例 9-4】沿用例 9-1 的资料，要求计算变动成本率。

$$VCR = \frac{VC}{SP} \times 100\% = \frac{80}{100} \times 100\% = 80\%$$

$$VCR = \frac{VC \times Q}{SP \times Q} = \frac{80 \times 4\,000}{100 \times 4\,000} = 80\%$$

$$VCR = 1 - cmR = 1 - 20\% = 80\%$$

【课堂测试 9-1】

某公司只生产销售一种产品，单价为 40 元，单位变动成本为 30 元，固定成本总额为 20 000 元，销量为 5 000 件。要求计算单位边际贡献、边际贡献总额、营业利润、边际贡献率及变动成本率。

第二节 盈亏平衡分析

一、盈亏平衡分析的含义

盈亏平衡分析是在本量利分析的基础上，分析当利润为零时的销售水平。即使得销售收入等于变动成本和固定成本之和的销售量或销售额，被称为盈亏平衡，也称为盈亏临界点、保本点、损益平衡点。

二、单一产品盈亏平衡点分析

单一产品盈亏平衡点分析是指企业在生产和销售一种产品的前提下的盈亏平衡分析。

本量利分析中利润的基本表达式为：

$$P = (SP - VC) \times Q - FC$$

当利润为零时，盈亏平衡点的销售量即

$$(SP - VC) \times Q_{BE} - FC = 0$$

$$Q_{BE} = \frac{FC}{SP - VC} = \frac{FC}{cm}$$

当利润为零时，盈亏平衡点的销售额即

$$Q_{BE} \times SP = \frac{FC}{SP - VC} \times SP = \frac{FC}{\frac{SP - VC}{SP}} = \frac{FC}{1 - \frac{VC}{SP}} = \frac{FC}{1 - VCR} = \frac{FC}{cmR}$$

【例 9-5】 沿用例 9-1 的资料，要求计算该公司盈亏平衡点的销售量和销售额。

$$Q_{BE} = \frac{FC}{cm} = \frac{40\,000}{100 - 80} = 2\,000 \text{（个）}$$

$$Q_{BE} \times SP = \frac{FC}{cmR} = \frac{40\,000}{\frac{20}{100} \times 100\%} = 200\,000 \text{（元）}$$

计算结果表示，该公司的销售量达到 2 000 个或销售额达到 200 000 元，企业才能不盈不亏。

与盈亏平衡点相关的指标有达到盈亏平衡点的作业率、安全边际、安全边际率及销售利润率。

盈亏平衡点的作业率（也称为"保本作业率"）是盈亏平衡点的销售量（额）占企业正常销售量（额）的百分比。那么企业正常销售量是指正常市场环境和企业正常开工情况下产品的销售量（额）。计算公式如下：

$$\text{盈亏平衡点作业率} = \frac{\text{盈亏平衡点销售量（额）}}{\text{正常开工的销售量（额）}} \times 100\%$$

安全边际是指正常销售量（额）超过盈亏平衡点销售量（额）。由此可见，安全边际有安全边际量和安全边际额两种表达方式。它表示超过盈亏平衡点的差距越大，那么企业实现的利润也就越多，经营就越安全。计算公式如下：

$$\text{安全边际量（额）} = \text{现有的销售量（额）} - \text{盈亏平衡点的销售量（额）}$$

安全边际还可以用相对数表示，即安全边际率，它是指安全边际量（额）占现有或预计可达到的销售量（额）的百分比。计算公式如下：

$$\text{安全边际率} = \frac{\text{安全边际量（额）}}{\text{现有或预计达到的销售量（额）}} \times 100\%$$

【例 9-6】 沿用例 9-1 的资料，要求计算该公司盈亏平衡点的作业率、安全边际、安全边际率。

$$\text{盈亏平衡点的作业率} = \frac{2\,000}{4\,000} \times 100\% = \frac{200\,000}{400\,000} \times 100\% = 50\%$$

$$\text{安全边际量} = 4\,000 - 2\,000 = 2\,000 \text{（个）}$$

$$\text{安全边际额} = 4\,000 \times 100 - 2\,000 \times 100 = 200\,000 \text{（元）}$$

$$\text{安全边际率} = \frac{2\,000}{4\,000} \times 100\% = \frac{200\,000}{4\,000 \times 100} \times 100\% = 50\%$$

三、多种产品盈亏平衡点分析

当企业生产多种产品时，不同产品的计量单位也可能不同，所以不能将不同实物量相加。并且由于每种产品的边际贡献率不同，所以应采用加权平均边际贡献率计算多种产品盈亏平衡点的销售额。具体的计算公式如下：

第九章 本量利分析

$$\text{加权平均边际贡献率} = \sum(\text{某种产品的个别边际贡献率} \times \text{该产品的销售额比重})$$

$$\text{综合盈亏平衡点销售额} = \frac{\text{固定成本总额}}{\text{加权平均边际贡献率}}$$

$$\text{某种产品盈亏平衡点销售额} = \text{综合盈亏平衡点销售额} \times \text{该种产品的销售额比重}$$

$$\text{某产品的盈亏平衡点销售量} = \frac{\text{该产品盈亏平衡点销售额}}{\text{该产品的单价}}$$

【例 9-7】若祥瑞公司生产 A、B、C 三种产品。这三种产品的单价分别为 12 元、10 元、10 元，单位变动成本价分别为 9 元，8 元，7 元，销售量分别为 500 件、400 件、350 件。固定成本总额为 20 000 元。要求：计算每一种产品的边际贡献率、加权平均边际贡献率、综合盈亏平衡点销售额、每种产品的盈亏平衡点的销售额。（计算结果若不能除尽则四舍五入取整数）

第一步，计算各种产品的边际贡献率。

$$A\text{产品的边际贡献率} = \frac{12-9}{12} \times 100\% = 25\%$$

$$B\text{产品的边际贡献率} = \frac{10-8}{10} \times 100\% = 20\%$$

$$C\text{产品的边际贡献率} = \frac{10-7}{10} \times 100\% = 30\%$$

第二步，计算所有产品的总销售额。

总销售额 $= 12 \times 500 + 10 \times 400 + 10 \times 350 = 13\ 500$（元）

第三步，计算每种产品的销售额占总销售额的比重。

$$A\text{产品的销售额占总销售额的比重} = \frac{12 \times 500}{13\ 500} \times 100\% = 44\%$$

$$B\text{产品的销售额占总销售额的比重} = \frac{10 \times 400}{13\ 500} \times 100\% = 30\%$$

$$C\text{产品的销售额占总销售额的比重} = \frac{10 \times 350}{13\ 500} \times 100\% = 26\%$$

第四步，计算加权平均边际贡献率。

加权平均边际贡献率 $= 25\% \times 44\% + 20\% \times 30\% + 30\% \times 26\% = 24.8\%$

第五步，计算综合盈亏平衡点销售额。

$$\text{综合盈亏平衡点销售额} = \frac{20\ 000}{24.8\%} = 80\ 645\ （\text{元}）$$

第六步，计算每种产品的盈亏平衡点的销售额。

A产品的盈亏平衡点的销售额 = 80 645×44% = 35 484（元）

B产品的盈亏平衡点的销售额 = 80 645×30% = 24 194（元）

C产品的盈亏平衡点的销售额 = 80 645 − 35 484 − 24 194 = 20 967（元）

【课堂测试 9-2】

1. 某公司只生产一种产品，单价 50 元，单位变动成本 30 元，固定成本总额为 4 000 元，要是安全边际率达到 60%，该企业的正常销量应达到（   ）。

　　A. 500　　　　　　　　　　　B. 400

　　C. 350　　　　　　　　　　　D. 300

2. 降低盈亏平衡点作业率的途径是（   ）。

　　A. 减少固定成本　　　　　　　B. 减少单位变动成本

　　C. 提高售价　　　　　　　　　D. 增加销售量

本章小结

本量利分析就是在成本性态分析的基础上，对成本、业务量、利润之间的相互关系进行分析的一种方法。本章介绍了边际贡献，边际贡献率、变动成本率等指标。在本量利分析基础上进行盈亏平衡分析，介绍了盈亏平衡点的作业率、安全边际、安全边际率等指标，最后还进行了多种产品盈亏平衡点分析。

章后案例　　本—量—利分析在书店经营中的运用

　　面临大型书城和在线图书销售网站的激烈竞争，中小书店早已没有了当年有书不愁卖、销售迅速增长的好时光。如何选择适销对路的图书品种；库存副本既保证不缺货又不过多地占压资金；销售折扣既要能吸引读者又要有利润。诸多经营中的问题，让书店老板费尽心机。如何精打细算在书店的经营活动中保持盈利，基于成本分析的"本量利分析法"可能是一个不错的经营决策依据。

　　王老板在苏州开有四家中小型书店，面积均在 200m² 左右，各自由四个店面经理负责其日常进销存相关店面管理。王老板负责资金中心，统一管理四个门市的经营资金并安排统一从批发市场和出版社进货、结算。下属书店实行经营利润考核。

　　现在王老板遇到的问题是：观前街分店的经营情况不理想。由于该分店上交现金较少,王老板能感觉出该店经营情况不佳,但他不知道如何判断其是否盈利?怎样科学地制定该店店长的利润目标?如何指导分店经理提高经营绩效?这些问题一直困扰着王老板的经营。王老板在中山大学读会计学的儿子王新给他出了主意。王新决定运用本—量—利分析的方法对书店的经营情况进行分析,找出改进书店经营的方法。于是让他下属几家门店的经理送来了书店的账本,A 书店的销售—成本一览表如下表所示:

A 书店销售—成本一览表

时间	销售额	销售册数	当月总成本	平均销售单价
2007 年 5 月	253 180	17 633	267 991	14.36
2007 年 6 月	414 493	31 161	420 808	13.30
2007 年 7 月	491 634	44 260	448 316	11.11
2007 年 8 月	195 205	16 695	270 059	11.69
2007 年 9 月	223 867	18 119	264 623	12.36
2007 年 10 月	252 321	18 357	290 757	13.75
2007 年 11 月	408 148	28 331	390 964	14.41
2007 年 12 月	362 314	27 282	366 462	13.28
2008 年 1 月	465 125	41 282	445 626	11.27
2008 年 2 月	340 431	27 038	349 188	12.59
2008 年 3 月	286 612	22 617	318 992	12.67
2008 年 4 月	316 830	23 914	354 481	13.25
2008 年 5 月	296 036	22 654	353 175	13.07
2008 年 6 月	614 974	53 824	549 629	11.43
2008 年 7 月	423 878	41 248	423 611	10.28
2008 年 8 月	263 021	21 067	323 688	12.48
2008 年 9 月	231 942	14 256	294 131	16.27
2008 年 10 月	259 518	20 287	303 664	12.79
2008 年 11 月	524 380	42 049	475 091	12.47
2008 年 12 月	425 908	37 603	416 903	11.33

拿到账本后,王新首先要做的是通过成本性态分析将所有成本分为固定成本和变动成本两大类。他首先想到账户分析法,一般来说,书店的变动成本包括进货成本、营业税等,固定成本则包括房租、货架、人员工资、水电费等。通过分类归集这两类成本,就可以得到准确的成本构成。

不过王新很快发现这一方法行不通,因为下属门店的账簿不规范、科目不齐全。虽然可以得到每月的总成本，却无法将它划分为固定成本和变动成本。王新又想到了另外一种方法：线性回归法。

由于书店在经营过程中销售的产品多种多样，图书定价不一，销售折扣也可能不同。但分析的目的是为了给未来的经营决策提供依据，因此为了在可比的基础上得出能有效指导书店经营的结论，王新需要修改平均销售单价数据并调整销售册数，保证数据前后一致。

通过运用 Excel 分析，王新对每个月销售图书的平均单价再次计算平均值，在平均销售单价的基础上调整销售册数（销售额/平均销售单价）得出下表中的销量—成本构成数据，并进行了总成本对销售量的线性回归，如下图所示。

A 书店销售—成本一览表（调整后）

时间	销售额	销售册数	当月总成本	平均销售单价
2007 年 5 月	253 180	19 924	267 991	12.71
2007 年 6 月	414 493	32 619	420 808	12.71
2007 年 7 月	491 634	38 690	448 316	12.71
2007 年 8 月	195 205	15 362	270 059	12.71
2007 年 9 月	223 867	17 618	264 623	12.71
2007 年 10 月	252 321	19 857	290 757	12.71
2007 年 11 月	408 148	32 120	390 964	12.71
2007 年 12 月	362 314	28 513	366 462	12.71
2008 年 1 月	465 125	36 604	445 626	12.71
2008 年 2 月	340 431	26 791	349 188	12.71
2008 年 3 月	286 612	22 555	318 992	12.71
2008 年 4 月	316 830	24 933	354 481	12.71
2008 年 5 月	296 036	23 297	353 175	12.71
2008 年 6 月	614 974	48 396	549 626	12.71
2008 年 7 月	423 878	33 358	423 611	12.71
2008 年 8 月	263 021	20 699	323 688	12.71
2008 年 9 月	231 942	18 253	294 131	12.71
2008 年 10 月	259 518	20 423	303 664	12.71
2008 年 11 月	524 380	41 267	475 091	12.71
2008 年 12 月	425 908	33 518	416 903	12.71

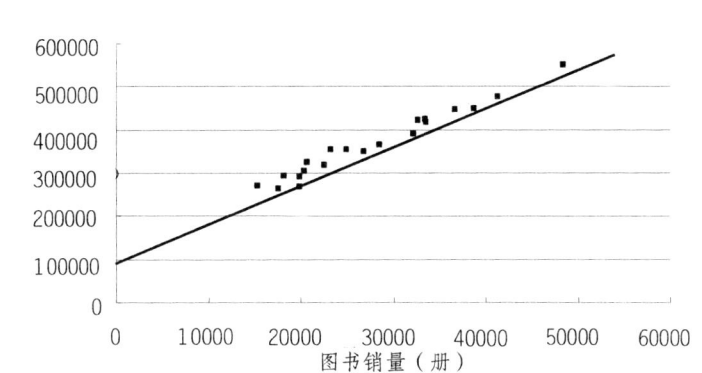

总成本对销售量的线性回归

根据以上数据，王新计算出，书店每月固定成本 128 754 元，单位变动成本为 8.567 2 元。

（1）盈亏平衡分析

由前面分析得到的成本构成和平均单价，根据本—量—利分析的基本公式，即

营业利润=销售收入-变动成本-固定成本
　　　　=（单价-单位变动成本）×销量-固定成本

设公式中的营业利润等于 0，王新算得盈亏平衡下的销售量为 31 101 册。

（2）保利分析

根据保本点的销售量分析 2008 年的销售历史数据，王新发现只有 1 月、6 月、7 月、11 月、12 月的销售实现了盈利，年度销售完成后净亏损 16 万元。在上网查了门店经营的相关资料后，王新和王老板都觉得下一年 1 月的目标利润应该定在 3 万元，令营业利润等于 3 万元，王新算得保利点的销售量为 38 320 册。

至此，王新完成了对书店的本量利分析，并把结果和建议交给了王老板。看过儿子的分析后，王老板觉得儿子王新的办法还是比较有道理的，于是决定在观前街分店予以试行。

试行三个月后核算，观前街分店的经营状况果然大为改善。从以前每月亏损 2 万多元转变为盈利 35 786 元，上交的现金也增加了很多。对此结果，王老板感到很满意。决定在其他分店也开始推行儿子王新的建议。

资料来源：刘运国. 管理会计学[M]. 北京：中国人民大学出版社. 全国会计学术领军后备人才组教材。

核心概念

本量利（cost volume profit） 变动成本（variable cost） 固定成本（fixed cost） 相关范围（relevant range） 盈亏平衡点（break-even point） 边际贡献（margin contribution）

思考题

1. 什么是本量利分析？进行本量利分析的意义是什么？
2. 什么是边际贡献？其经济意义是什么？
3. 什么是边际贡献率？
4. 什么是变动成本率？
5. 什么是盈亏平衡分析？进行盈亏平衡分析的意义是什么？
6. 什么是盈亏平衡点的作业率？
7. 什么是安全边际？其经济意义是什么？
8. 什么是加权平均边际贡献率？
9. 什么是综合盈亏平衡点？

练习题

（一）单项选择题

1. 在本—量—利方程中，边际贡献是（　　）。
   A. 销售收入与固定成本的差额
   B. 销售收入与变动成本的差额
   C. 营业利润
   D. 变动成本与固定成本之和
2. 边际贡献率与变动成本率二者之间的关系是（　　）。
   A. 变动成本率高，则边际贡献率也高
   B. 变动成本率低，则边际贡献率也低
   C. 二者之和为 1
   D. 二者无关系
3. 以下措施中不能增加边际贡献总额的是（　　）。
   A. 扩大销售量　　　　　　B. 降低变动成本
   C. 降低固定成本　　　　　D. 提高价格

4. 边际贡献率为 25%，销售收入总额为 200 万元，则边际贡献总额为（   ）。

A. 25 万元　　　　　　　　B. 50 万元
C. 75 万元　　　　　　　　D. 150 万元

5. 边际贡献总额 200 万元，安全边际率 25%，则利润为（   ）。

A. 25 万元　　　　　　　　B. 50 万元
C. 75 万元　　　　　　　　D. 150 万元

6. 进行本量利分析，如果可以通过增加销售额、降低固定成本、降低单位变动成本等途径实现目标利润，那么一般（   ）。

A. 首先需要分析确定销售额
B. 首先需要分析确定固定成本
C. 首先需分析确定单位变动成本
D. 不存在一定的分析顺序

7. 某企业只生产一种产品，单位变动成本 36 元，固定成本总额为 4 000 元，产品单价售价 56 元，要使安全边际率达到 50%，该企业的正常销售量应达到（   ）。

A. 143 件　　　　　　　　B. 222 件
C. 400 件　　　　　　　　D. 500 件

8. 以下公式中不正确的是（   ）。

A. 销售利润=安全边际量×边际贡献率
B. 保本销售额=固定成本总额÷（1-变动成本率）
C. 边际贡献率+变动成本率=1
D. 保本作业率+安全作业率=1

9. 根据本量利分析原理，只能提高安全边际而不会降低保本点的措施是（   ）。

A. 提高单价　　　　　　　B. 降低单位变动成本
C. 增加产销量　　　　　　D. 降低固定成本

10. 下列关于安全边际和边际贡献的表述中，错误的是（   ）。

A. 边际贡献的大小与固定成本支出的多少无关
B. 提高安全边际或提高边际贡献率可以提高利润
C. 边际贡献率反映产品给企业做出贡献的能力
D. 降低安全边际率或提高边际贡献率可以提高利润率

11. 某企业销售收入总额 40 万元，其中固定成本总额为 10 万元，变动成本总额为 20 万元，则当企业销售收入最少为（　　）时企业保本。

　　A. 10 万元　　　　　　　　　　B. 20 万元

　　C. 25 万元　　　　　　　　　　D. 30 万元

（二）多项选择题

1. 边际贡献等于（　　）

　　A. 收入减变动成本　　　　　　B. 收入减固定成本

　　C. 收入乘以贡献毛益率　　　　D. 利润加固定成本

　　E. 利润加变动成本

2. 边际贡献率等于（　　）

　　A. 1-变动成本率　　　　　　　B. 1-安全边际率

　　C. 1-固定成本率　　　　　　　D. 单位边际贡献比单价

　　E. 边际贡献比销售收入

3. 某企业生产一种产品，单价 12 元，单位变动成本 8 元，固定成本 30 000 元，销量 10 000 件，欲实现目标利润 20 000 元，可采取的措施有（　　）。

　　A. 单价提高至 13 元　　　　　B. 固定成本降低为 25 000 元

　　C. 单位变动成本降低为 7 元　　D. 销量增加至 12 000 件

4. 当企业处于盈亏平衡状态时，存在下列关系（　　）。

　　A. 销售收入总额=全部成本总额　B. 边际贡献等于固定成本

　　C. 安全边际率=0　　　　　　　D. 保本作业率=1

5. 边际公式本量利表达的意义有（　　）。

　　A. 直观地表示出边际贡献的数值

　　B. 销售收入随销售量的变动而呈正比例变动

　　C. 边际贡献随销售量的变动而呈正比例变动

　　D. 销售收入首先用于弥补产品自身的变动成本，剩余的是边际贡献

6. 在其他因素不变的情况下，产品售价上升会带来（　　）。

　　A. 安全边际率下降　　　　　　B. 保本作业率上升

　　C. 变动成本率下降　　　　　　D. 边际贡献率上升

7. 降低保本作业率的办法有（　　）。

　　A. 增加销售量　　　　　　　　B. 减少固定成本

　　C. 提高售价　　　　　　　　　D. 减少单位变动成本

8. 边际贡献的作用有（　　）。

　　A. 补偿固定成本　　　　　　　B. 补偿变动成本

　　C. 带来利润　　　　　　　　　D. 减少亏损

9. 下列说法中正确的是（　　）。
A. 超过保本点以后的收入是边际贡献
B. 超过保本点以后的边际贡献是利润
C. 超过保本点以后的固定成本全部得到了补偿
D. 超过保本点以后的变动成本全部得到了补偿

（三）判断题

1. 边际贡献率与变动成本率二者之间存在着密切关系，边际贡献率越大，变动成本率也就越大。（　　）
2. 在边际贡献率一定的条件下，安全边际率越高，则销售利润率越低。（　　）
3. 产品的边际贡献就是产品的毛利。（　　）
4. 产品的边际贡献是产品的销售收入在补偿了其所消耗的变动成本之后的余额。（　　）
5. 当产品的收入线与成本线均非直线时，产品的销售量越高，则其利润就越大。（　　）
6. 产品的变动成本率越高，则产品的边际贡献率越低。（　　）
7. 当边际收入等于边际成本时，产品的利润最大、价格最优。（　　）
8. 通常边际贡献是指产品边际贡献，即销售收入减去生产制造过程中的变动成本和销售、管理费用中的变动费用之后的差额。（　　）
9. 因为安全边际是正常销售额超过保本点销售额的差额，并表明销售额下降多少企业仍不至亏损，所以安全边际部分的销售额也是企业的利润。（　　）
10. 随着利润的增加，安全边际也会增加。（　　）
11. 若预计销售量既定不变，则安全边际与价格变动呈反向关系。（　　）

（四）计算题

1. 某公司在计划期内同时产销 A、B、C、D 四种产品，固定成本总额为 30 000 元，其他资料如下：

项目	产品甲	产品乙	产品丙	产品丁
销售量（件）	35	75	25	65
销售单价（元）	900	2 000	1 000	3 000
单位变动成本（元）	620	1 750	600	2 350

根据以上资料，预测该公司计划期内的保本点及每种产品的保本额。

2. 已知：甲产品单位售价为 30 元，单位变动成本为 21 元，固定成本为 450 元。

要求：（1）计算盈亏临界点的销售量。

（2）若要实现目标利润 180 元的销售量是多少？

（3）若销售利润率为 20%，计算销售量。

（4）若每单位产品变动成本增加 2 元，固定成本减少 170 元，计算此时盈亏临界点的销售量。

3. 某企业要投产新产品甲，预计其单位变动成本为 15 元，固定成本总额 15 000 元。如果要求该产品的销售利润率达到 8%，安全边际率达到 20%。

要求：

（1）该产品的售价应定为多少？

（2）计算该产品的盈亏平衡点销售量和盈亏平衡点的销售额。

（3）预计该产品的利润。

4. 某企业只生产销售单一产品，该产品售价 75 元，单位变动成本 45 元，固定成本总额 60 000 元，预计生产量和销售量均为 5 000 件。

要求：

（1）计算盈亏平衡点的销售量和盈亏平衡的作业率。

（2）计算安全边际及安全边际率。

第十章 预测分析

上两章介绍的是管理会计的成本形态分析、变动成本法和本量利分析，本章介绍管理会计的第一个职能即预测职能，通过本章的学习要求理解预测分析的含义、基本方法和基本程序，掌握目标利润的预测，掌握利润预测中的敏感分析。

开篇案例　　　　　华鸿科技的变革措施

华鸿科技有限公司（以下简称华鸿公司）的主营业务为生产销售 U 盘。该公司是 1999 年成立的高科技公司。截至 2006 年底，该公司 U 盘生产设备的最大年生产能力为 15 万件。该公司 2006 年实现销售量 13.26 万件。产品的销售价格为每件 150 元，单位变动成本为每个 50 元，固定成本为 400 000 元。

该公司 2002—2006 年的销售资料如下表所示。

华鸿公司历年销售量

项目	2002 年	2003 年	2004 年	2005 年	2006 年
销售量	8.58	9.36	11.25	13.48	13.26

2006 年底，该公司的经营发展大会上，经过全厂管理人员以及全体员工的充分讨论，公司对 U 盘的生产提出了几项变革措施：(1) 改变原材料的采购厂家，每件产品可节约 8 元的原材料费用；(2) 改进 U 盘的质量，估计每件产品需增加成本 20 元；(3) 精简工厂办公室人员 12 人，全年可减少开支 8.25 万元；(4) 采取技术革新，在现有设备条件下精简一线工人 20 人，全年可减少开支 4.5 万元。

提出变革措施后，华鸿公司开始预测 2007 年公司的利润情况，以便为下一步的生产经营做好准备。按照本—量—利分析原理进行利润预测计算，就必须先预测出 2007 年公司的预计销售量是多少。预计成本是多

> 少,从而得出预计利润。
>
> 资料来源:刘运国.管理会计学[M].北京:中国人民大学出版社,2011.

第一节 预测分析概述

一、预测分析的含义

预测是指根据过去和现在的已知因素,运用相关的知识、经验和科学方法,对未来进行预计,并推测事物未来的发展趋势。

在现代企业管理中,由于在预测中采用了一系列科学的程序与方法,并利用计算机作为工具,预测的结果相对比较客观。但是由于未来事项具有很大的不确定性,所以预测难免会出现误差。

二、预测分析的基本方法

预测分析的基本方法大致可以分为以下两种类型:

1. 定性分析法

定性分析法是指通过调查研究的结果,结合个人经验和综合分析能力,对未来经济活动状况进行预测的一类方法。如调查分析法、判断分析法。

2. 定量分析法

定量分析法是根据相关的历史数据,通过建立数学模型来预测未来经济活动状况的一类方法。如移动加权平均法、指数平滑法、回归分析法、投入产出法、本量利分析法。

三、预测分析的基本程序

预测分析应该遵循以下基本程序才能进行正确的预测。

第一,确定预测目标。根据企业的目标选择要进行预测的内容,即确定预测的内容,并且据此列出预测提纲。

第二,收集相关资料和信息。进行预测需要大量的相关资料和信息,所以收集全面的资料和大量的信息是必要前提条件。

第三,选择预测方法。预测分析过程应根据预测对象选择多种预测方法综合使用。

第四,进行实际预测。采用选定的预测方法,运用搜集的相关资料和信息,对预测对象提出客观的预测结果。

第五,对预测结果进行修正。为了提出更加准确的预测结果,应根据实际的变化对预测结果进行修正。

预测分析具体包括利润预测分析、销售预测分析、成本预测分析、资金预测分析等。

【课堂测试 10-1】

1. 预测分析的含义是什么?
2. 预测分析的基本方法是什么?
3. 预测分析的基本程序是什么?

第二节 利润预测分析

一、利润预测的含义

利润是企业一定会计期间的经营成果,是一定会计期间的收入与费用进行配比得到的结果。利润预测是指按照企业经营目标的要求,通过对影响利润变动的成本、业务量等因素综合分析,对企业未来一定会计期间可能达到的利润水平和变化趋势进行科学的预测。

二、目标利润预测

(一)目标利润的确定

目标利润是指企业在未来特定期间所要达到的最优化的利润指标。目标利润一般可以采用本量利分析法、销售额增长比率、资金利润率和利润增长率来测定。

1. 本量利分析法

采用本量利分析法按照前一章的内容,需要从产销一种产品和同时生产多种产品两方面对目标利润进行预测。

(1)产销一种产品。目标利润的具体公式如下:

目标利润 = 预计销量 × (预计单价 - 预计单位变动成本) - 固定成本

【例10-1】祥瑞公司产销一种产品，预计下月的产销量为4 400个，单价为120元，单位变动成本为80元，当月固定成本总额40 000元。要求计算祥瑞公司下月的目标利润。

目标利润 = 4 400×(120 − 80) − 40 000 = 136 000（元）

（2）生产多种产品。目标利润的具体公式如下：

目标利润 = 预计销售收入总额×综合边际贡献率 − 固定成本

【例10-2】若祥瑞公司生产甲、乙、丙三种产品，边际贡献率分别为20%、25%、30%，在总销售额中各种产品销售额比重分别是30%、20%、50%，预计下年度销售总额为100万元。当月固定成本总额12万元。要求计算祥瑞公司下月的目标利润。

目标利润 = 100×(20%×30% + 25%×20% + 30%×50%) − 12 = 14（万元）

2. 利润增长率

利润增长率是根据企业基期已经达到的利润，结合过去连续若干年利润增长率的变动趋势，以及影响利润的有关因素和企业的目标，确定一个相应的预计利润增长率，据此确定未来目标利润的一种方法。具体公式如下：

目标利润 = 基期利润×(1 + 预计利润增长率)

【例10-3】若祥瑞公司上年度实际利润总额为60万元，根据近三年的盈利情况分析，确定下一年度的利润增长率为15%。要求计算祥瑞公司下一年度的目标利润。

目标利润 = 60×(1 + 15%) = 69（万元）

（二）根据目标利润确定销售水平

盈亏平衡分析是在本量利分析的基础上，分析当利润为零时的销售水平，即目标利润为零时的销售水平。所以实现目标利润的本量利分析公式表示如下：

$$P_{目标} = (SP - VC)Q_{目标} - FC$$

其中 $P_{目标}$ 为目标利润，$Q_{目标}$ 为实现目标利润的销售量。

企业只生产和销售一种产品，实现目标利润的销售量和销售额的具体公式如下：

$$Q_{目标} = \frac{FC + P_{目标}}{SP - VC} = \frac{FC + P_{目标}}{cm}$$

$$SP \cdot Q_{目标} = \frac{FC + P_{目标}}{cmR}$$

三、经营杠杆在利润预测中的应用

经营杠杆是指当其他因素不变的情况下，企业存在固定成本，企业由于产销量的变动产生的利润的变动率高于产销量的变动率。经营杠杆效应的大小通常可以用经营杠杆系数来表示。具体公式为：

$$经营杠杆系数 = \frac{利润变化率}{销量变化率}$$

$$经营杠杆系数 = \frac{边际贡献总额}{利润总额}$$

上述公式表示，经营杠杆系数与边际贡献总额成正比，与利润总额成反比。经营杠杆系数越大，销售量的变动引起利润的变动幅度越大。下面举例说明：

【例10-4】某企业生产一种产品，产销量为4 500件，单价80元，单位变动成本35元，每年固定成本总额为180 000元。公司拟扩大规模，产销量预计提高到6 500件，单价降至75元，单位变动成本降低至30元，固定成本总额增加至200 000元，分别计算扩大规模前、后的经营杠杆系数。

$$扩大规模前经营杠杆系数 = \frac{边际贡献总额}{利润总额} = \frac{4\,500 \times (80-35)}{4\,500 \times (80-35) - 180\,000} = 9$$

$$扩大规模后经营杠杆系数 = \frac{边际贡献总额}{利润总额} = \frac{6\,500 \times (75-30)}{6\,500 \times (75-30) - 200\,000}$$
$$\approx 3.16$$

扩大规模前经营杠杆系数是9，表明如果将产销量在4 500件的基础上降低1%，会导致利润降低9%。扩大规模后经营杠杆系数是3.16，表明如果将产销量在6 500件的基础上降低1%，会导致利润降低3.16%。可以看出，扩大经营规模前的经营风险更高。

四、利润预测中的敏感分析

（一）有关参数发生多大变化使盈利转为亏损

企业要正常经营不亏损，就要掌握当企业盈利时，各有关参数如何变化才能使盈利转为亏损。各有关因素是指本量利分析中的销量、单价、单位变动成本、固定成本四个因素。

【例10-5】某企业生产一种产品，产销量为4 500件，单价80元，单位变动成本35元，每年固定成本总额为180 000元。销量、单价、单位变动成本、固定成本四个因素如何变动才能使得企业的利润为零？

若使目标利润为零，销量、单价、单位变动成本、固定成本四个因素如何变动？

(1) 单价的变动

$(SP_后 - 35) \times 4\,500 - 180\,000 = 0$

$SP_后 = \dfrac{FC}{Q} + VC = \dfrac{180000}{4500} + 35 = 75$（元）

单价降低 5 元即单价降低 6.25%（$\dfrac{80-75}{80} \times 100\%$），才会使利润为零。

(2) 销量的变动

$(80-35) \times Q_后 - 180\,000 = 0$

$Q_后 = \dfrac{FC}{SP-VC} = \dfrac{180\,000}{80-35} = 4\,000$（件）

销量降低 500 件即销量降低 11%（$\dfrac{4\,500-4\,000}{4\,500} \times 100\%$），会使利润为零。

(3) 单位变动成本的变动

$(80-VC_后) \times 4\,500 - 180\,000 = 0$

$VC_后 = SP - \dfrac{FC}{Q} = 80 - \dfrac{180\,000}{4\,500} = 40$（元）

单位变动成本增加 5 元，即单位变动成本增加 14.29%（$\dfrac{40-35}{35} \times 100\%$），会使利润为零。

(4) 固定成本的变动

$(80-35) \times 4\,500 - FC_后 = 0$

$FC_后 = (SP-VC) \times Q = (80-35) \times 4\,500 = 202\,500$（元）

固定成本总额上升 22 500 元即上升 12.5%（$\dfrac{202\,500-180\,000}{180\,000} \times 100\%$），会使利润为零。

(二) 各参数变化对利润的影响

利润的敏感性分析就是假设各参数单独变化且变化幅度相同。某参数变化对利润的敏感系数是利润变化率与该参数的变化率的百分比。具体计算公式如下：

$$某参数变化对利润的敏感系数 = \dfrac{利润变化率}{该参数变化率}$$

$$利润变化率 = \dfrac{P_1 - P_0}{P_0}$$

其中 P_0 表示基期利润，P_1 表示参数变化后的利润。

【例 10-6】 某企业生产一种产品,产销量为 350 件,单价 8 元,单位变动成本 5 元,每年固定成本总额为 550 元。假设各参数的变化率为 5%,计算各参数变动对利润的敏感系数。

$$P_0 = (SP - VC) \times Q - FC = (8-5) \times 350 - 550 = 500 \text{（元）}$$

当产销量上升 5% 时,

$$P_1 = (SP - VC) \times Q \times (1 + 5\%) - FC$$

$$= (8-5) \times 350 \times (1 + 5\%) - 550 = 552.5 \text{（元）}$$

$$\text{利润变化率} = \frac{P_1 - P_0}{P_0} = \frac{552.5 - 500}{500} = 10.5\%$$

$$\text{产销量变化对利润的敏感系数} = \frac{10.5\%}{5\%} = 2.1$$

当单价上升 5% 时,

$$P_1 = [SP \times (1 + 5\%) - VC] \times Q - FC$$

$$= [8 \times (1 + 5\%) - 5] \times 350 - 550 = 640 \text{（元）}$$

$$\text{利润变化率} = \frac{P_1 - P_0}{P_0} = \frac{640 - 500}{500} = 28\%$$

$$\text{单价变化对利润的敏感系数} = \frac{28\%}{5\%} = 5.6$$

当单位变动成本上升 5% 时,

$$P_1 = [SP - VC \times (1 + 5\%)] \times Q - FC$$

$$= [8 - 5 \times (1 + 5\%)] \times 350 - 550 = 412.5 \text{（元）}$$

$$\text{利润变化率} = \frac{P_1 - P_0}{P_0} = \frac{412.5 - 500}{500} = -17.5\%$$

$$\text{单位变动成本变化对利润的敏感系数} = \frac{-17.5\%}{5\%} = -3.5$$

当固定成本上升 5% 时,

$$P_1 = (SP - VC) \times Q - FC \times (1 + 5\%)$$

$$= (8-5) \times 350 - 550 \times (1 + 5\%) = 472.5 \text{（元）}$$

$$\text{利润变化率} = \frac{P_1 - P_0}{P_0} = \frac{472.5 - 500}{500} = -5.5\%$$

固定成本变化对利润的敏感系数 $= \dfrac{-5.5\%}{5\%} = -1.1$

从例 10-6 的计算结果可以看出，敏感系数的正负表示该参数变动对利润的影响方向。产销量和单价上升对利润的影响是正方向的，而单位变动成本和固定成本上升对利润的影响是反方向的。若不考虑影响的方向，那么敏感系数存在一定的规律，即单价变化对利润的敏感系数最高（5.6）；单价变化对利润的敏感系数与单位变动成本变化对利润的敏感系数之差等于产销量变化对利润的敏感系数（5.6-3.5=2.1）；产销量变化对利润的敏感系数与固定成本变化对利润的敏感系数之差为 1（2.1-1.1=1）。

【课堂测试 10-2】

1. 什么是利润预测？
2. 敏感性分析得出的规律是什么？

第三节 销售预测分析

一、销售预测的含义

销售预测是指采用科学的预测方法，根据产品的相关资料和数据，对预测期的销售量做出预测，确定该种产品的销售量的方法。

二、销售预测的方法

销售预测方法分为定性预测方法和定量预测方法。

（一）定性预测方法

定性分析法这里主要介绍判断分析法。

判断分析法是根据专业人员对产品销售量预测，然后汇总出企业总的销售预测的一种方法。专业人员是指企业的销售人员和企业的销售经理等。但是，在预测过程中有多种因素影响，需要专业人员对预测的结果进行修正。

【例 10-7】某企业有一名销售经理和两名销售人员，每个销售者预测的销售量及发生的概率如表 10-1 所示，计算出每个销售者预测的期望值，采用加权平均法加以综合。

表 10-1　销售量预测及发生的概率表

项目	销售量（个）	概率	销售量×概率
销售经理预测：			
最高	600	0.2	120
最可能	550	0.5	275
最低	450	0.3	135
期望值			530
销售人员 1 预测：			
最高	550	0.2	110
最可能	500	0.5	250
最低	400	0.3	120
期望值			480
销售人员 2 预测：			
最高	650	0.3	195
最可能	450	0.6	270
最低	300	0.1	30
期望值			495

加权平均的预测销售量需要有权重，假设销售人员的权重都为 1，销售经理的权重为 2，那么加权平均的预测销售量为：

$$\text{加权平均的预测销售量} = \frac{530 \times 2 + 480 \times 1 + 495 \times 1}{2+1+1} = 508.75 \text{（个）}$$

（二）定量预测方法

采用定量预测方法进行销售预测，主要是运用数学的方法，通过建立数学模型来揭示销售量及有关变量的关系并得出预测销售量的结论。具体分为趋势预测分析法和因果预测分析法。

1. 趋势预测分析法

（1）算术平均法。该种方法是指对某种产品的历史时期的实际销售量计算出简单平均数，该平均数作为未来期间销售量的预测值。具体公式为：

$$\bar{x} = \frac{\sum_{i=1}^{n} x_i}{n}$$

上述公式中，$\bar{x}$ 为平均数；n 为期数；x_i 为第 i 期销售量。

该种方法如果在历史时期的销售量呈现递增或者递减的趋势，则不能采用该种方法。

【例 10-8】某企业 7 月到 12 月电视的销售量情况如表 10-2 所示：

表 10-2　销售量情况表

月份	7	8	9	10	11	12
销售量（台）	540	600	660	650	700	750

$$\bar{x} = \frac{\sum_{i=1}^{n} x_i}{n} = \frac{540+600+660+650+700+750}{6} = 650 \text{（台）}$$

（2）加权平均预测法。该种方法也是采用某种产品的历史时期的实际销售量或者销售额与各自的权重相乘再求和，然后除以权重的合计数，据此作为销售量的预测值。为了使预测值更加准确，在确定权重时，需要将近期的销售量数据的权重确定得大一些，将远期的销售数据的权重确定得小一些。具体公式为：

$$\bar{y} = \frac{\sum_{i=1}^{n} w_i x_i}{\sum_{i=1}^{n} w_i} \quad (i=1, 2, \cdots, n)$$

其中可以取 $\sum_{i=1}^{n} w_i = 1$，则 $\bar{y} = \sum_{i=1}^{n} w_i x_i \quad (i=1, 2, \cdots, n)$

【例 10-9】沿用例 10-8 的资料，假设各月的权重分别为 0.1、0.1、0.1、0.2、0.2、0.3，则次年一月份预测的销售量为：

$$\bar{y} = \sum_{i=1}^{n} w_i x_i$$
$$= 540 \times 0.1 + 600 \times 0.1 + 660 \times 0.1 + 650 \times 0.2 + 700 \times 0.2 + 750 \times 0.3$$
$$= 675 \text{（台）}$$

（3）指数平滑法。该种方法计算的是指数平均数，是变化的加权平均法。具体公式为：

$$S_n = a x_{n-1} + (1-a) S_{n-1}$$

其中，S_n 为第 n 期的销售预测值，S_{n-1} 为第 $n-1$ 期的销售预测值，x_{n-1} 为第 $n-1$ 期的销售实际值，a 为满足 $0<a<1$ 条件的常数，也称为平滑系数。

【例10-10】沿用例10-7的资料,假设 a 为 0.4,6 月份的销售量的预测值为 520 台,则 8 月到次年 1 月的销售量预测值如表 10-3 所示。

表 10-3　销售量预测值

月份	ax_{n-1}	$(1-a)S_{n-1}$	S_n
7			520
8	0.4×540	(1-0.4)×520	528
9	0.4×600	(1-0.4)×528	557
10	0.4×660	(1-0.4)×557	598
11	0.4×650	(1-0.4)×598	619
12	0.4×700	(1-0.4)×619	651
1	0.4×750	(1-0.4)×651	691

注:结果取整数。

2. 因果预测分析法

影响产品的销售量的因素有很多,因素分析中将这些因素看作"因",把销售量看作"果",可以找到销售量和相关因素之间的函数关系,这种自变量和因变量的函数关系就是因素分析法对销售量进行预测的关键。

因素分析法最常用的方法就是回归分析法,而一元回归直线法是回归分析法的一种,以下我们主要介绍这种方法。

一元回归直线法就是指在过去一定时期的销售量的历史资料。假定影响销售量的因素只有一个,根据 $y=a+bx$ 直线方程,按照数学上的最小二乘法来确定一条误差最小,能够预测某产品销售量的直线。常数项 a 和系数 b 的计算公式如下:

$$a = \frac{\sum y - b\sum x}{n}$$

$$b = \frac{n\sum xy - \sum x \sum y}{n\sum x^2 - (\sum x)^2}$$

【例10-11】沿用例10-8的资料,现在用一元回归直线法预测该产品次年 1 月份的销售量。

根据给定的资料编制计算表如表 10-4 所示。

表 10-4　一元回归直线法下的产品销售量

月份	x	y	$x \cdot y$	x^2
7	1	540	540	1
8	2	600	1 200	4
9	3	660	1 980	9
10	4	650	2 600	16
11	5	700	3 500	25
12	6	750	4 500	36
$n=6$	$\sum x = 28$	$\sum y = 3\,900$	$\sum xy = 14\,320$	$\sum x^2 = 91$

据此，可以计算出 a 和 b。

$$b = \frac{n\sum xy - \sum x \sum y}{n\sum x^2 - (\sum x)^2} = \frac{6 \times 14\,320 - 28 \times 3\,900}{6 \times 91 - 28^2} \approx 97.82$$

$$a = \frac{\sum y - b\sum x}{n} = \frac{3\,900 - 97.82 \times 28}{6} = 193.51$$

可以得到一元回归直线方程：$y=193.51+97.82x$

次年 1 月份的销售量即当 $x=7$，根据一直线回归直线方程可以求出预测销售量即为：$y=193.51+97.82\times7=878.25$（台）

【课堂测试 10-3】

1. 销售预测的方法有哪些？
2. 销售预测的程序是什么？

第四节　成本预测分析

一、成本预测的含义

成本预测是企业成本管理的重要环节，是企业在编制成本预算之前，根据企业的总目标和近期的经营目标，考虑各种影响因素，采用科学的方法，对目标成本、预计成本水平和变动趋势确定的一种管理活动。

二、成本预测的方法

（一）目标成本的预测

目标成本是企业为实现目标利润，所应控制的成本水平。其计算方法一般有如下几种：

（1）根据目标利润制定目标成本

　　目标成本 = 预计销售收入 − 目标利润

（2）根据资金利润率制定目标成本

　　目标成本 = 预计销售收入 − 预计资金利润率 × 平均资金占用额

（3）根据销售利润率制定目标成本

　　目标成本 = 预计销售收入 × (1 − 销售利润率)

（4）以同行业先进的成本水平作为目标成本

（二）成本变动趋势预测

成本变动趋势预测可以采用因果预测法。可以使用一元回归直线法，搜集过去一定时期的成本资料，找到影响成本的因素，根据 $y=a+bx$ 直线方程，按照数学上的最小二乘法来确定一条误差最小，能够预测某产品成本的直线。常数项 a 和系数 b 的计算公式如下：

$$a = \frac{\sum y - b \sum x}{n}$$

$$b = \frac{n \sum xy - \sum x \sum y}{n \sum x^2 - (\sum x)^2}$$

三、成本预测的程序

成本预测的程序具体有以下步骤：

第一，根据企业经营总目标，确定企业成本预测的对象和期限。

第二，收集和预测成本的相关历史数据。

第三，建立成本预测模型。

第四，分析并评价模型，对模型的预测数据进行修正，并确定目标成本。

【课堂测试10-4】

1. 什么是成本预测？
2. 成本预测的方法有哪些？

第五节　资金预测分析

一、资金预测的含义

资金预测具体指资金需要量的预测，即企业利用相关历史资料和科学的方法，对未来某一时期的企业所需的资金量的预计和测算。资金预测是编制资金预算的必要步骤，而且可以提高企业资金效益，达到为企业经营决策服务的目的。

二、资金追加需要量预测

资金追加需要量预测是指根据相关的销售量和资金量的历史资料，以及未来期间销售收入的预计增长趋势，计算出为实现销售目标所需要的资金量。

销售百分比法是根据销售增长与资产增长之间的关系，预测未来资金需要量的方法。该种方法要建立在企业的部分资产和负债与销售额存在正比例变化的规律，并且企业的各项资产、负债和所有者权益的结构不变已经达到最优。

销售百分比法具体的操作程序如下：

第一，预计销售额增长率。

第二，确定随销售额变动而变动的资产和负债项目。

第三，确定需要增加的资金数额。

第四，根据有关财务指标的约束确定对外筹集数额。

【课堂测试10-5】

1. 资金预测的含义是什么？
2. 采用销售百分比法进行资金预测的具体程序是什么？

本章小结

预测是指根据过去和现在的已知因素，运用相关的知识、经验和科学方法，对未来进行预计，并推测事物未来的发展趋势。利润预测是指按照企业经营目标的要求，通过对影响利润变动的成本、业务量等因素综合分析，对企业未来一定会计期间可能达到的利润水平和变化趋势进行科学的预测。利润预测的基本方法有本量利分析法和利润增长率法。销售预测是指采用科学的预测方法，根据产品的相关资料和数据,对预测期的销售量做出预测,确定该种产品的销售量的方法。成本预测是企业在编制成本预算之前,根据企业的总目标和近期的经营目标,采用科学的方法,对目标成本、预计成本水平和变动趋势确定的一种管理活动。资金预测具体指资金需要量的预测,即企业利用相关历史资料和科学的方法,对未来某一时期的企业所需的资金量的预计和测算。

章后案例　　　　　长鸿公司的经营预测

一、案例背景

长鸿公司是一家以生产某一品种的汽车零配件为主的股份有限公司。2005年以来,公司财务经理发现。公司对资金需要总量的实际值与公司根据销售额预测的数据十分接近,具体数据如下表所示。

长鸿公司销售额与资金需求量

项目	2005年	2006年	2007年	2008年	2009年
销售额	506.32	526.82	534.85	560.89	580.93
资金需要量(预测)	321.06	330.89	340.65	345.02	360.54
资金需要量(实际)	318.09	333.78	324.59	350.69	355.68

公司2009年的财务报表如下表所示。

长鸿公司 2009 年资产负债表

资产	金额	负债及所有者权益	金额
流动资产:		流动负债:	
货币资金	17.58	短期借款	8.35
短期投资净额	34.83	应付票据	59.21
应收股利	10.56	应付账款	1120.07
应收票据	40.58	应付职工薪酬	0.64
应收利息	8.39	应交税金	1.02
应收账款	55.68	应付股利	4.57
减:坏账准备	6.08	预收账款	0.17
应收账款净额	49.6	其他应付款	1.62
预付账款	0.67	一年内到期的长期负债	38.27
其他应收款	17.66	其他流动负债	25.17
存货	110.39	流动负债合计	259.09

续表

资产	金额	负债及所有者权益	金额
减：存货跌价准备	8.2	长期负债：	
存货净额	102.19	长期借款	185.34
一年内到期的长期投资	1.08	应付债券	6.24
其他流动资产	7.24	长期应付款	50.26
流动资产合计	290.47	其他长期负债	14.14
长期投资：		长期负债合计	255.98
长期股权投资	150.65	负债合计	515.07
长期债权投资	35	所有者权益：	
长期投资合计	185.65	股本	500
减：长期投资减值准备	5.3	资本公积	12.04
长期投资净额	180.35	盈余公积	124.95
固定资产：		未分配利润	5.63
固定资产原价	600.39	所有者权益合计	642.62
减：累计折旧	180.67		
固定资产净值	419.72		
固定资产清理	9.32		
在建工程	138.32		
工程物资	30.25		
待处理固定资产净损失	7.7		
固定资产合计	605.31		
无形资产：			
无形资产	59.34		
其他资产：			
递延资产	14.5		
其他长期资产	7.72		
其他资产合计	22.22		
资产合计	1 157.69	负债及所有者权益合计	1 157.69

公司产品的销售价格自 2005 年以来没有变化。公司并未计划在 2010 年改变产品销售价格，销售单价 450 元/件。且公司预计 2010 年的产品成本结构以及其他费用等并无重大变化，因此可认为 2010 年公司的销售净利润率与 2009 年大致持平，2010 年公司预计提取固定资产折旧 190 万元，固定资产建设投资额为 800 万元，并预计零星支出所需要的资金量为 10 万

元。公司的留存收益率为50%。

长鸿公司 2009 年利润表

项目	金额
一、主营业务利润	560.93
减：销售折让	15.58
主营业务收入净额	565.35
减：主营业务成本	428.04
主营业务税金及附加	61.08
二、主营业务利润	76.23
加：其他业务利润	15.34
减：存货跌价准备	5.27
营业费用	3.48
管理费用	36.29
财务费用	6.28
三、营业利润	40.25
加：投资收益	9.24
营业外收入	6.65
减：营业外支出	3.01
四、利润总额	53.13
减：所得税费用	24.82
五、净利润	28.31

二、经营预测分析

（1）销售预测分析。由于公司销售价格已被假定从2005年至2009年未变，则可把预计销售量的方法运用到销售额的预计工作中。从下表中可以看出，公司的销售额随时间推移表现出一定的变化趋势，因此采用直线法趋势法进行销售预测。

销售预测回归分析计算表

项目	2005年	2006年	2007年	2008年	2009年	Σ
x	-2	-1	0	1	2	0
y	506.32	526.82	534.85	560.89	580.93	2 709.81
xy	-1 012.64	-526.82	0	560.89	1 161.86	183.29
x^2	4	1	0	1	4	10

根据直线趋势法线性回归方程组计算的结果如下:

$$b=\frac{5\times 183.29-0}{5\times 10-0}=18.329$$

$$a=\frac{2\,709.81-0}{5}=541.962$$

即可得预测模型为:

$$y=541.962+18.329x$$

最后按该模型可求出预测值为:

$$y=541.962+18.329\times 3=596.95（万元）$$

即2010年预计的销售额为596.95万元。

（2）利润预测分析。由于2010年预计公司的销售净利润率与2009年大致持平，可用此指标进行2010年利润预测。

$$2009年销售净利润率=\frac{净利润}{销售收入总额}\times 100\%$$

$$=\frac{28.31}{580.93}\times 100\%$$

$$=4.87\%$$

预计2010年公司净利润=596.95×4.87%=29.07（万元）

（3）目标成本预测

目标成本=预计销售收入×（1-销售净利润率）
     =596.95×（1-4.78%）
     =567.88（万元）

$$预计销售量=\frac{预计销售收入}{单价}=\frac{596.95}{450}=1.326（万件）$$

$$单位产品目标成本=单价-\frac{目标利润}{预计销售量}=450-\frac{596.95}{450}=428（元）$$

（4）资金需要量预测分析。按销售百分比反映的资产负债表（敏感项目）如下表所示。

按销售百分比反映的资产负债表

资产	销售百分比	负债及所有者权益	销售百分比
流动资产：		流动负债：	
货币资金	3.03%	短期借款	—
短期投资净额	—	应付票据	10.19%

续表

应收股利	—	应付账款	20.67%
应收票据	6.99%	应付职工薪酬	—
应收利息	—	应交税金	0.18%
应收账款	9.58%	应付股利	—
减：坏账准备	1.05%	预收账款	0.03%
应收账款净额	8.54%	其他应付款	—
预付账款	0.12%	一年到期的长期负债	—
其他应收款	—	其他流动负债：	—
存货	19.00%	流动负债合计	31.07%
减：存货跌价准备	1.41%		
存货净额	17.59%	负债合计	31.07%
一年内到期的长期投资	—		
其他流动资产	—		
流动资产合计	36.26%		
资产合计	36.26%	负债及所有者权益合计	31.07%

计划期间预计需追加的资金额

$$= \left(\frac{A}{S_0} - \frac{L}{S_0}\right)(S_1 - S_0) - D - S_1 \cdot R \cdot (1-d) + M$$

= (36.26% − 31.07%) × (596.95 − 580.93) −
190 + 800 − 596.95 × 4.87% × 50% + 10

= 606.30（万元）

资料来源：刘运国. 管理会计学［M］. 北京：中国人民大学出版社，2011.

核心概念

预测分析（predictive parsing） 经营杠杆（operating leverage） 敏感分析（sensitivity analysis） 目标利润预测（target profit forecasts） 销售预测（sales forecasting） 成本预测（sales forecasting） 资金预测（cash forecast）

思考题

1. 什么是预测分析？

2. 预测分析的基本方法有哪些？
3. 预测分析的基本程序是什么？
4. 利润预测的含义是什么？
5. 销售预测的含义是什么？
6. 销售预测的方法有哪些？
7. 销售预测的程序是什么？
8. 成本预测的含义是什么？
9. 成本预测的方法有哪些？
10. 成本预测的程序是什么？
11. 资金预测的含义是什么？

练习题

（一）单项选择题

1. 利润敏感性分析是研究当制约利润的有关因素发生某种变化的时候对利润所产生影响的一种（　　）。
   A．判断分析法　　　　　　B．趋势外推法
   C．定量分析法　　　　　　D．定性分析法

2. 某企业每月固定成本 2 000 元，单价 20 元，计划销售产品 500 件，欲实现目标利润 1 000 元，其单位变动成本应为（　　）。
   A．12 元 / 件　　　　　　B．13 元 / 件
   C．14 元 / 件　　　　　　D．15 元 / 件

3. 在管理会计中，按目标利润预测的目标成本应当等于（　　）。
   A．预计总产值与目标利润之差
   B．预计销售收入与目标利润之差
   C．预计销售收入与预计总成本之差
   D．变动成本总额与固定成本总额之和

（二）多项选择题

1. 下列各项中，可用于销售预测的定量分析方法有（　　）。
   A．判断分析法　　　　　　B．趋势外推分析法
   C．本量利分析法　　　　　D．因果预测分析法
   E．产品寿命周期推断法

2. 下列各项中，属于预测分析内容的有（　　）。
   A．销售预测　　　　　　　B．利润预测

C. 成本预测　　　　　　　　D. 资金预测
E. 定性预测

3. 下列各项中，属于预测分析特征的有（　　）。
A. 客观性　　　　　　　　　B. 不确定性
C. 相对性　　　　　　　　　D. 可检验性
E. 灵活性

4. 下列各项中，属于企业为实现目标利润应采取措施的有（　　）。
A. 在其他因素不变的情况下，提高单价
B. 在其他因素不变的情况下，增加销售量
C. 在其他因素不变的情况下，降低固定成本
D. 在其他因素不变的情况下，降低单位变动成本
E. 采取综合措施

5. 下列各项中，能揭示利润灵敏度指标排列规律的内容有（　　）。
A. 单价的灵敏度指标总是最高
B. 单价和单位变动成本的灵敏度指标之差等于销售量灵敏度指标
C. 销售量的灵敏度指标也可能是最低的
D. 销售量的灵敏度指标和固定成本的灵敏度指标之差可能小于1%
E. 单价的灵敏度指标总不是最高

（三）判断题

1. 预测就是对不确定的或不知道的事件做出叙述和描述。（　　）
2. 预测是为决策服务的，有时候也可以代替决策。（　　）
3. 定性分析法与定量分析法在实际应用中是相互排斥的。（　　）
4. 趋势平均法对历史上各期资料同等对待，权数相同。（　　）
5. 在利润敏感性分析中，灵敏度指标的中间变量的变动率必须等于因素的变动率。（　　）
6. 对利润灵敏度指标进行排列时，单价的灵敏度指标总是最高。（　　）

（四）计算题

已知某企业只生产一种产品，本年销售量为20 000件，固定成本为25 000元，利润为10 000元，预计下一年销售量为25 000件。（假设成本、单价水平不变）

要求：预测下一年的利润额。

第十一章　短期经营决策

上一章介绍了管理会计的预测职能即预测分析，本章介绍管理会计中体现决策职能的短期经营决策。决策是利用预测取得的信息，根据企业的经营目标编制备选的决策备选方案，采用科学的方法对备选方案进行分析与评价，选择出最优的决策方案。

学习本章内容后需要熟练掌握短期经营决策基本方法的原理和具体应用，能够结合企业实际融会贯通地应用短期经营决策的相关理论。

开篇案例　　　适时生产模式的短期经营决策问题

1953 年，日本丰田公司的副总裁大野耐一综合了单件生产和批量生产的特点和优点，创造了一种在多品种小批量混合生产条件下高质量、低消耗的生产方式即准时生产（Just In Time，简称 JIT）。JIT 生产方式的基本思想是"只在需要的时候，按需要的量，生产所需的产品"，也就是追求一种无库存，或库存达到最小的生产系统。JIT 的基本思想是生产的计划和控制及库存的管理。想要达到各个环节零库存，短期经营决策变得非常重要，本章将学习短期经营决策的相关的方法和理论。

资料来源：根据丰田汽车的有关资料改写

（http://baikE. baidu.com/link?url=SO--F12q8zpJDWrNDv3XbHTBCd20qBWhFJR1bQFwVU--7SgutEJPm3GkIpuEnjeC8h1NdyzKLqaH-ZlwJdYZG_）。

第一节 短期经营决策概述

一、决策的含义和分类

（一）决策的含义

在企业管理中，决策是为达到一定经营目标而在两个或两个以上的备选方案中，应用科学的决策方法和经验选择一个最优的方案的过程。决策在企业中至关重要，它贯穿着企业经营的始终，决策技术已经在多个领域得到应用。

（二）决策的分类

1. 按照决策所涉及的时间跨度划分为短期决策和长期决策

短期决策一般是指涉及一个会计年度或一个正常营业周期以内的经济事项。长期决策是指在对超过一个会计年度或一个正常营业周期都会产生影响的决策。

2. 按照决策对象之间的关系划分为互斥型决策、独立型决策和组合方案决策

互斥型决策是指在企业资源有限制的条件下，在备选方案中只能选择一个最优方案，即必须放弃其他备选方案。

独立型决策是指在企业资源没有限制的情况下，选择任何一个备选方案对其他备选方案的取舍没有影响。

组合方案决策是指在多个备选方案中选择一组最优的组合方案的决策。

3. 按照决策条件的肯定程度划分为确定性决策、风险性决策和不确定性决策

确定性决策是指各备选方案的条件都是已知的，每个决策方案只能产生一种确定的结果，根据决策目标可以做出肯定的选择。

风险性决策是指每一个备选方案都会出现两种或两种以上的不同结果，但是可以根据相关数据预测每种结果发生的概率，所以该种决策结果并不唯一，是存在一定风险的。

不确定性决策与风险性决策不同的是，只能根据主观经验来预测每种结果发生的概率，所以这种类型的决策需要决策者具有较丰富的经验和理论水平。

4. 按照决策的重要程度划分为战略性决策和战术性决策

战略性决策是指涉及企业未来的发展方向和大政方针的整体发展战略的

决策。战术性决策是为了实现战略目标，而作出的带有局部性的具体决策。例如，企业经营目标的制定、生产能力的扩大、新市场的开拓和新产品的开发等问题的决策，其正确与否，对企业的经营成败具有决定性的意义。

二、短期经营决策的含义及内容

（一）短期经营决策的含义

短期经营决策一般是指涉及一个会计年度或一个正常营业周期以内的经济事项，主要侧重如何充分利用企业的各种资源，从而获得最大的经济效益。具体来说是侧重企业日常经营活动的收入、成本、利润、产品生产等方面。

（二）短期经营决策的内容

短期经营决策主要包括生产决策和定价决策。生产决策主要是围绕生产何种产品、是否开发新产品、亏损产品是否停产等问题展开，最终达到企业经济效益最大化的决策。定价决策主要是采用一定的方法来确定产品的最佳售价的决策。

三、短期经营决策的基本方法

短期经营决策分析根据决策内容不同而采用不同方法。

（一）差量分析法

差量分析法是通过比较备选方案之间的差量收入和差量成本，根据差量利润进行生产决策的方法。具体公式如下：

差量利润 = 差量收入 − 差量成本

其中差量收入是两个备选方案的相关收入的差额，差量成本是两个备选方案的相关成本的差额。相关收入和相关成本是指在决策中考虑和收入相关的因素带来的收入和产生的成本。

如果两个备选方案为互斥方案，当某备选方案相对于另一个备选方案的差额利润是正数，那么选择第一个备选方案为最优方案，否则选择第二个备选方案。具体可以用表11-1来解释。

表 11-1 差量分析表

项目	比较方案	被比较方案	差量
相关收入	R1	R2	△R
相关成本	C1	C2	△C
差量利润	-	-	△P

其中 R1 为比较方案的相关收入，R2 为被比较方案的相关收入，△R 为两个备选方案的相关收入的差量。C1 为比较方案的相关成本，C2 为被比较方案的相关成本，△C 为两个备选方案的相关成本的差量。△P 是差量收入与差量成本的差量。当差量利润大于零时，选择比较方案，当差量利润小于零时，选择被比较方案。

如果备选方案超过两个，则需要两两进行比较，计算出差量损益，然后进行排序，选择差量损益最大的那个比较方案。

在短期经营决策中，差量分析法可以应用于生产何种产品的决策、新产品开发的决策、接受追加订货的决策、半成品进一步加工或出售的决策等具体决策。

【例 11-1】祥瑞公司有一条生产线，可以生产甲产品也可以生产乙产品，销售单价分别为 15 元和 20 元，销售量分别为 25 000 件和 20 000 件，假设两种产品的变动成本分别为 10 元和 15 元。采用差量分析法做出生产哪种产品的决策。

生产甲产品的相关收入 = 15×25 000 = 375 000（元）
生产乙产品的相关收入 = 20×20 000 = 400 000（元）
生产甲产品的相关成本 = 10×25 000 = 250 000（元）
生产乙产品的相关成本 = 15×20 000 = 300 000（元）
差量收入 = 375 000 − 400 000 = −25 000（元）
差量成本 = 250 000 − 300 000 = −50 000（元）
差量利润 = −25 000 −（−50 000）= 25 000（元）

从上述计算过程可以看出，差量利润大于零，因此生产甲产品比生产乙产品多获得利润 25 000 元，所以选择生产甲产品。

（二）边际贡献法

边际贡献法是通过分析各备选方案的边际贡献总额，选择边际贡献总额最大的方案为最优方案。应用该种方法时，固定成本往往不变，所以视其为无关成本。如果涉及专属成本则不能直接应用该种方法。专属成本是指可以明确归属于某种产品、某批产品或某个部门的成本。该种方法主要适用于不改变生产能力和经营规模条件下的决策分析，例如，生产何种产品的决策，是否接受追加订货的决策，亏损产品是否停产，是否进行转产的决策等。

当企业的资源如原材料、人工工时或机器工时等因素有限时，也可以采用单位资源边际贡献法进行决策，该种方法是通过计算单位资源边际贡献，从备

选方案中选择该指标最大的为最优方案。具体公式如下:

$$单位资源边际贡献 = \frac{某产品的单位边际贡献}{该单位产品资源的消耗量}$$

【例 11-2】祥瑞公司的某车间现有剩余生产能力 4 200 机器台时,现决定将之用于生产新产品 A、B、C,假设原材料成本大致相同,且供应不成问题。如果只能生产其中一种产品,应如何决策?新产品的预测资料如表 11-2 所示。

表 11-2　新产品成本资料

项目	A 产品	B 产品	C 产品
每件定额（台时）	4	6	7
单件售价（元）	45	66	84
单位变动成本（元）	40	60	72

要计算边际贡献总额需要产品的生产数量,即首先计算可生产数量。

$$A产品可生产数量 = \frac{4\,200}{4} = 1\,050（件）$$

$$B产品可生产数量 = \frac{4\,200}{6} = 700（件）$$

$$C产品可生产数量 = \frac{4\,200}{7} = 600（件）$$

A产品边际贡献 $= 1\,050 \times (45 - 40) = 5\,250$（元）

B产品边际贡献 $= 700 \times (66 - 60) = 4\,200$（元）

C产品边际贡献 $= 600 \times (84 - 72) = 7\,200$（元）

生产 C 产品的边际贡献最大,所以选择生产 C 产品。

由于生产能力有限,只有 4 200 机器台时,所以可以采用单位资源边际贡献法。

$$A产品单位资源边际贡献 = \frac{45 - 40}{4} = 1.25$$

$$B产品单位资源边际贡献 = \frac{66 - 60}{6} = 1$$

$$C产品单位资源边际贡献 = \frac{84 - 72}{7} \approx 1.71$$

从计算结果中可以看出,C 产品的单位资源边际贡献最高,所以选择生产 C 产品。

（三）本量利分析法

短期经营决策中的本量利分析法，就是利用业务量、成本和利润三者内在数量关系来分析特定情况下哪个方案最优的一种决策方法。

1. 本量分析法

如果各备选方案的相关收入均为零，该法就简化为本量分析法。即选择特定情况下备选方案成本最低的为最优方案。

2. 成本无差别点法

如果业务量不确定的情况下，各备选方案的相关收入为零，且方案间的相关固定成本水平和单位变动成本水平恰好相互矛盾（即第一方案的相关固定成本大于第二方案的相关固定成本时，而第二方案的单位变动成本水平大于第一方案的单位变动成本水平），此时可以应用成本无差别点法进行短期经营决策。成本无差别点是指两个备选方案的预期成本相等时对应的业务量。其具体公式如下：

$$x_0 = \frac{a_1 - a_2}{b_2 - b_1}$$

其中 x_0 表示成本无差别点业务量，a_1 表示第一方案的固定成本，a_2 表示第二方案的固定成本，b_1 表示第一方案的单位变动成本，b_2 表示第二方案的单位变动成本。满足 $a_1 > a_2$，$b_1 < b_2$。其关系可以用图 11-1 来说明。

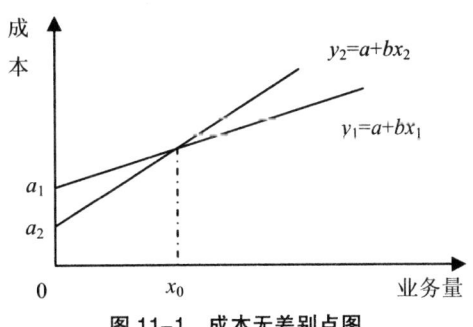

图 11-1 成本无差别点图

当业务量小于成本无差别点业务量 x_0 时，第二方案较优。
当业务量大于成本无差别点业务量 x_0 时，第一方案较优。
当业务量等于成本无差别点业务量 x_0 时，两方案成本相等，无差别。

本量利分析方法主要应用于零部件是自制还是外购的决策、生产工艺设备的选择、固定资产选择外购还是租赁。下面举例说明成本无差别点法的应用。

【例11-3】祥瑞公司每年需要某种零件5 000个，以前一直外购，购买单价14元。现在企业有无法转移做他用的多余生产能力可以用来生产该零件，但每年将增加专属固定成本24 000元，如果自制单位变动生产成本10元。分析该零件是自制还是外购。

采用成本无差别点法，首先计算成本无差别点：

$$x_0 = \frac{a_1 - a_2}{b_2 - b_1} = \frac{24\,000 - 0}{14 - 10} = 6\,000 \text{（个）}$$

可以看出零件的需要量小于成本无差别点，应选择外购。

【课堂测试11-1】

1. 决策的含义及分类是什么？
2. 短期经营决策的基本方法分别是什么？各种方法的应用前提分别是什么？

第二节 生产决策分析

一、生产何种产品的决策分析

当企业的资源如原材料、人工工时或机器工时等因素有明显限制时，应采用单位资源边际贡献法进行决策，选择单位资源边际贡献最高的产品进行优先生产，从而企业能获得总利润最大。下面举例说明。

【例11-4】假设祥瑞公司生产A、B、C三种产品，需要用到两种零件a和b，其中a零件库存4 000个，b零件库存3 000个，假设未来期间公司没有采购这两种零件的计划，假定这三种产品在市场是供不应求的。A、B、C三种产品的单位产品边际贡献和单位产品定额消耗零件如下表所示。问该企业应优先生产何种产品？

表11-3 产品生产所需原材料

项目	A产品	B产品	C产品
单位产品边际贡献（元）	55	60	81
单位产品定额消耗a零件（个）	3	4	5
单位产品定额消耗b零件（个）	8	10	12

从表 11-3 可知，三种产品生产需要较多的 b 零件，所以 b 零件为限制资源。分别计算 A、B、C 三种产品的单位资源边际贡献。

$$A产品单位资源边际贡献 = \frac{55}{8} = 6.875$$

$$B产品单位资源边际贡献 = \frac{60}{10} = 6$$

$$C产品单位资源边际贡献 = \frac{81}{12} = 6.75$$

从上述计算可以看出，A 产品的单位资源边际贡献最高，因为不需要考虑销售问题，所以祥瑞公司应优先选择生产 A 产品。

二、新产品开发的品种决策分析

企业中的每种产品都有其生命周期，随着市场竞争的加剧，都会被市场淘汰，此时企业就应开发新产品来维持和扩大市场占有率。当不考虑进行大规模投资的前提下，新产品开发是利用剩余生产能力来开发新产品的决策。该种决策按照是否追加专属成本分为不追加专属成本的方案和追加专属成本的方案。

（一）不追加专属成本的方案

在新产品开发的品种决策中，如果不涉及追加专属成本，则新产品的设备折旧等固定成本就是与决策无关的成本，可以采用边际贡献法进行决策。

【例 11-5】假设祥瑞公司现在准备投产一种新产品，有两种产品甲产品和乙产品，企业可利用的机器台时为 50 000，只能从两种产品中选择一种进行生产，请做出选择新产品的决策。有关甲产品和乙产品的资料如表 11-4。

表 11-4　新产品生产资料

项目	甲产品	乙产品
单件机器台时（机时）	1	0.5
单位售价	50	30
单位变动生产成本	30	16
固定生产成本	400 000	400 000
单位变动非生产成本	6	6
固定非生产成本	10 000	10 000

要计算边际贡献总额需要产品的生产数量，即首先计算可生产数量。

$$甲产品可生产数量 = \frac{50\,000}{1} = 50\,000（件）$$

$$乙产品可生产数量 = \frac{50\,000}{0.5} = 100\,000\text{（件）}$$

由于固定成本为不相关成本，所以通过计算两种产品的边际贡献总额来决策生产何种新产品。

甲产品边际贡献总额 $= (50 - 30 - 6) \times 50\,000 = 700\,000$（元）

乙产品边际贡献总额 $= (30 - 16 - 6) \times 100\,000 = 800\,000$（元）

计算结果表明，生产乙产品比生产甲产品多获得 100 000 元的利润，所以选择生产乙产品。

从资料中可以看出，该企业只有 50 000 机器台时的生产能力，所以机器台时为有限制的资源，对于该种问题还可以采用单位资源边际贡献法进行决策。计算过程如下：

$$甲产品单位资源边际贡献 = \frac{50 - 30 - 6}{1} = 14\text{（元/机时）}$$

$$乙产品单位资源边际贡献 = \frac{30 - 16 - 6}{0.5} = 16\text{（元/机时）}$$

从计算结果中可以看出，生产乙产品比生产甲产品一个机器工时可以多获得 2 元的边际贡献，该企业的剩余生产能力有 50 000 机器台时，所以一共可以多获得 100 000 元（2×50 000）的边际贡献。

（二）追加专属成本的方案

当投入新产品需要追加专属成本时，专属成本属于与决策的相关成本，

所以通过计算边际贡献总额扣除专属成本后的余额即剩余边际贡献，来进行决策，该种方法就是剩余边际贡献法。该指标是个正指标，选择各备选方案中剩余边际贡献最高的。

【例 11-6】假设新产品甲乙的生产资料同例 11-5，但是需要分别追加专属成本分别为 8 000 元 15 000 元，如何进行决策？

计算两种新产品的剩余边际贡献：

甲产品的剩余边际贡献 $= (50 - 30 - 6) \times 50\,000 - 8\,000 = 692\,000$（元）

乙产品的剩余边际贡献 $= (30 - 16 - 6) \times 100\,000 - 15\,000 = 785\,000$（元）

乙产品的剩余边际贡献大于甲产品的，所以选择生产乙产品。

除了可以采用剩余边际贡献法，还可以采用差量分析法进行决策。举例说明。

【例 11-7】假设资料同例 11-6，如何进行决策？

生产甲产品的相关收入 $= 50 \times 50\,000 = 2\,500\,000$（元）

生产乙产品的相关收入 $= 30 \times 100\,000 = 3\,000\,000$（元）

生产甲产品的相关成本 $= (30+6) \times 50\,000 + 8\,000 = 1\,808\,000$ （元）
生产乙产品的相关成本 $= (16+6) \times 100\,000 + 15\,000 = 2\,215\,000$ （元）
差量收入 $= 2\,500\,000 - 3\,000\,000 = -500\,000$ （元）
差量成本 $= 1\,808\,000 - 2\,215\,000 = -407\,000$ （元）
差量利润 $= -500\,000 - (-407\,000) = -93\,000$ （元）

生产甲产品方案为比较方案，生产乙产品方案为被比较方案，由于差额利润小于零，所以选择生产乙产品。

三、是否停止亏损产品生产的决策分析

在传统的财务会计理论来看，企业生产亏损产品就会给企业带来损失，企业需要做出停产的决策。但是从管理会计的角度来看，停产不一定是正确的决策。

（一）生产能力无法转移

亏损产品的生产能力无法转移是指亏损产品停产后，闲置的生产能力不能生产其他产品，有关设备也不能对外出租。如果亏损产品产生的边际贡献大于零，亏损产品就不能停产。这说明亏损产品产生的销售收入不仅能弥补全部的变动成本而且还能弥补部分固定成本，使得企业的亏损减少，所以不但不应停产，如果市场允许的情况下，还要加大生产亏损产品，使其扭亏为盈。相反，如果亏损产品产生的边际贡献小于零，亏损产品应该停产，从而减少企业产生的亏损。

除了通过对亏损产品的边际贡献是否大于零进行判断，还可以通过亏损产品产生的销售收入是否大于变动成本总额；亏损产品的单位售价是否大于单位变动成本；亏损产品的单位边际贡献是否大于零进行判断。

【例 11-8】 假设祥瑞公司目前生产 A 产品、B 产品、C 产品，其中 B 产品为亏损产品，假设停产后剩余的生产能力不能转作他用。问亏损产品是否应该停产，有关产品资料如下表 11-5 所示。

表 11-5 产品相关资料

单位：元

项目	A 产品	B 产品	C 产品	合计
销售收入	19 000	10 000	23 000	52 000
变动成本	12 000	4 000	15 000	31 000
边际贡献	7 000	6 000	8 000	21 000
固定成本	5 000	7 000	6 500	18 500
利润	2 000	（1 000）	1 500	2 500

从产品相关资料中可以看出，亏损产品 B 产生边际贡献 6 000 元大于零，可以弥补 6 000 元的固定成本，不应停产。若停产，企业的固定成本不会减少 7 000 元，仍然是 18 500 元，若停产 B 产品有关计算过程如下表 11-6 所示。

表 11-6　停产 B 产品的相关计算过程

单位：元

项目	A 产品	B 产品	C 产品	合计
销售收入	19 000		23 000	42 000
变动成本	12 000		15 000	27 000
边际贡献	7 000		8 000	15 000
固定成本	5 000	7 000	6 500	18 500
利润	2 000		1 500	（3 500）

从停产 B 产品的计算过程可以看出，停产 B 产品企业是亏损 3 500 元，而不停产是获得利润 2 500 元，也就是停产 B 产品不能弥补 6 000 元的固定成本，导致企业整体亏损 3 500 元，所以不应停产，应继续生产 B 产品。

（二）生产能力可以转移

（1）如果亏损产品停产后，剩余的生产能力可以转产，转而生产其他产品需要考虑是否需要追加专属成本。

①若转产不需要追加专属成本，此时可视为两个独立的方案进行决策。可以采用边际贡献法，通过比较亏损产品的边际贡献和转而生产其他产品的边际贡献，选择边际贡献高的方案。

【例 11-9】沿用例 11-8 的资料，如果停产 B 产品可以转而生产 D 产品，D 产品的销售收入为 13 000 元，变动成本为 5 000 元。此时是继续生产 B 产品还是转而生产 D 产品？

　　D 产品的边际贡献=13 000-5 000=8 000（元）

由于 B 产品的边际贡献为 6 000 元，所以选择边际贡献高的即选择生产 D 产品。

②若转产需要追加专属成本，此时可以选择剩余边际贡献法或者差量分析法。

【例 11-10】沿用例 11-9 的资料，但是生产 D 产品需要追加 3 000 元的固定资产，此时是继续生产 B 产品还是转而生产 D 产品？

方法一：剩余边际贡献法

　　D 产品的剩余边际贡献=13 000-5 000-3 000=5 000（元）

由于 B 产品的边际贡献为 6 000 元,所以选择边际贡献高的即选择继续生产 B 产品。

方法二:差量分析法

生产 D 产品需要追加 3 000 元的固定资产,属于选择生产 D 产品的专属成本是相关成本,而固定成本 7 000 元则属于决策的无关成本。

生产 B 产品的相关收入 = 10 000(元)
生产 D 产品的相关收入 = 13 000(元)
生产 B 产品的相关成本 = 4 000(元)
生产 D 产品的相关成本 = 5 000 + 3 000 = 8 000(元)
差量收入 = 10 000 - 13 000 = -3 000(元)
差量成本 = 4 000 - 8 000 = -4 000(元)
差量利润 = -3 000 - (-4 000) = 1 000(元)

从计算结果可以看出,差量利润大于零,所以选择比较方案即继续生产 B 产品。

(2)如果亏损产品停产后,剩余的生产能力涉及的设备可以对外出租,此时可视为两个独立的方案进行决策,采用差量分析法进行决策。对外出租的收入视为相关收入。

【例 11-11】沿用例 11-8 的资料,如果停产 B 产品可以将剩余的生产能力对外出租,可获得租金收入 7 000 元,此时是继续生产 B 产品还是对外出租?

生产 B 产品的相关收入 = 10 000(元)
对外出租的相关收入 = 7 000(元)
生产 B 产品的相关成本 = 4 000(元)
对外出租的相关成本 = 0(元)
差量收入 = 10 000 - 7 000 = 3 000(元)
差量成本 = 4 000 - 0 = 4 000(元)
差量利润 = 3 000 - 4 000 = -1 000(元)

从计算结果可以看出,差量利润小于零,所以选择被比较方案即停产 B 产品进行对外出租。

四、是否接受追加订货的决策分析

企业完成正常的产销任务后,若有不能转作他用的剩余生产能力,当有追加订货的情况,只要追加订货的有关产品的定价高于单位变动成本,即追加订货的有关产品的边际贡献大于零，此时就可以接受追加订货。

【例 11-12】假设祥瑞公司目前只生产和销售一种产品 35 000 件，还有剩余生产能力，还能生产该产品 2 000 件，已知该产品单位售价 12.5 元，单位变动成本 5 元，固定成本 70 000 元。假设现有一客户订购该产品 1 000 件，欲出价 6 元/件，企业是否应该接受该批订货？

在订货前，

单位产品分摊的固定成本 = $\dfrac{70\,000}{35\,000}$ = 2（元）

单位产品总成本 = 5 + 2 = 7（元）
产品的销售收入 = 35 000 × 12.5 = 437 500（元）
产品的变动成本 = 35 000 × 5 = 175 000（元）
产品的利润 = 437 500 − 175 000 − 70 000 = 192 500（元）

该批订货出价 6 元，低于单位售价 12.5 元，甚至低于单位产品总成本 7 元，但是高于单位变动成本 5 元，并且订货数量并没有超出企业的生产能力，所以可以接受该批订货，订货后产品盈利情况如下：

产品的销售收入 = 12.5 × 35 000 + 6 × 1 000 = 443 500（元）
产品的变动成本 = 5 × (35 000 + 1 000) = 180 000（元）
产品的利润 = 443 500 − 180 000 − 70 000 = 193 500（元）

根据计算结果可以看出，接受订货企业利润增加了 1 000 元，所以应接受该批订货。

五、半产品进一步加工还是出售的决策分析

某些企业的产品深加工前是半产品、联产品或副产品，这些产品既可以进一步加工然后出售，也可以直接出售。所以这些企业就面临着半产品是进一步加工还是出售的决策。

在此类决策中，进一步加工前的成本包括固定成本和变动成本都属于决策的无关成本，都不需要考虑。进一步加工的成本属于相关成本，产品进一步加工然后出售或直接出售的收入属于相关收入，采用差量分析法进行决策。

【例 11-13】某公司生产甲半成品，单位售价 100 元/件，单位成本为 75 元/件，产销量 1 500 件。对甲半成品进一步加工形成乙产品，乙产品单位售价 220 元/件，进一步加工的单位变动成本为 85 元，需要追加专属成本 10 000 元。该公司做出甲半成品是进一步加工成乙产品还是直接出售的决策。

差量收入 = $220 \times 1\,500 - 100 \times 1\,500 = 180\,000$ （元）
差量成本 = $(85 \times 1\,500 + 10\,000) - 0 = 137\,500$ （元）
差量利润 = $180\,000 - 137\,500 = 42\,500$ （元）

从计算结果可以看出，差量利润大于零，所以选择比较方案即进一步加工成乙产品，企业可以多获得 42 500 元的利润。

六、零部件自制还是外购的决策分析

企业生产经营过程所需要的零部件，有些是既可以自行生产也可以在市场上购买，从企业降低成本的角度出发，企业面临零部件是自制还是外购的决策。决策中不涉及相关收入，因为不论是自制还是外购的零部件生产出来的产品的售价都相同。决策中考虑相关成本包括自制零部件的机会成本即当生产能力可以转移有关的机会成本和自制零部件需要追加的专属成本。

（一）零部件的需要量是确定的

由于相关收入为零，此时可以采用简化的本量利分析法即量利分析法进行决策，通过计算备选方案的相关成本，选择成本较低的方案。也可以采用差量分析法，通过计算差量利润来进行决策。

【例 11-14】某公司每年需要 A 零部件 100 000 个，若外购买价为 5.5 元/个。该企业有剩余的生产能力可以自制 A 零部件，A 零部件的有关成本资料如下：直接材料 2.5 元/个，直接人工 3 元/个，变动制造费用 0.5 元/个，固定制造费用 0.1 元/个。单位零部件成本 6.1 元/个。企业的剩余生产能力还可以对外出租，预计可以获得月租金收入 1 000 元。该公司应做出外购零部件还是自制零部件的决策。

方法一：采用本量利分析法
自制零部件的相关成本 = $(2.5 + 3 + 0.5) \times 100\,000 + 1\,000 \times 12 = 612\,000$ （元）
外购零部件的相关成本 = $5.5 \times 100\,000 = 550\,000$ （元）

计算结果表明，外购零部件的成本低于自制零部件的成本，所以公司应选择外购零部件。

方法二：采用差量分析法
差量收入 = $0 - 0 = 0$ （元）
差量成本 = $612\,000 - 550\,000 = 62\,000$ （元）
差量利润 = $0 - 62\,000 = -62\,000$ （元）

计算结果表明，差量利润小于零，所以选择被比较方案即选择外购零部件。

（二）零部件的需要量是不确定的

当零部件的需要量是不确定的情况，可以采用成本无差别点法进行决策。

【例 11-15】某企业每年需要 B 零部件，既可以自制又可以外购，如果外购，购买单价为 40 元，如果自制，自制需要追加专属成本 90 000 元，单位变动成本 25 元。计算两方案的成本无差别点，若该企业每年需要 B 零部件 5 500 个，企业应自制零部件还是外购零部件？

自制 B 零部件的成本方程为：$Y_1 = 90\,000 + 25X_1$

外购 B 零部件的成本方程为：$Y_2 = 40X_2$

所以，$X_0 = \dfrac{a_1 - a_2}{b_2 - b_1} = \dfrac{90\,000 - 0}{40 - 25} = 6\,000$（个）

成本无差别点业务量用图 11-2 表示：

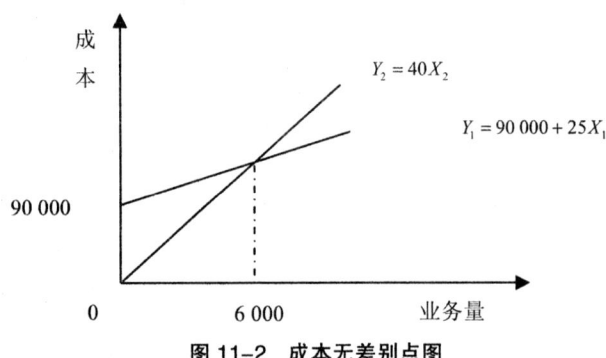

图 11-2　成本无差别点图

当 B 零部件年需要量小于 6 000 个，外购 B 零部件的成本低于自制 B 零部件的成本，所以应选择外购 B 零部件。当 B 零部件年需要量大于 6 000 个，自制 B 零部件的成本低于外购 B 零部件的成本，所以应选择自制 B 零部件。当 B 零部件年需要量恰好等于 6 000 个，自制 B 零部件的成本等于外购 B 零部件的成本，两个方案均可。

所以，当企业每年需要 B 零部件 5 500 个时，企业应选择外购 B 零部件。

七、如何选择设备的决策分析

企业进行产品生产时可以采用不同技术水平的设备。如果采用技术先进的设备，则采购设备的成本较高，单位产品负担的固定成本就较高。相反采用技术水平较差的设备进行生产产品时，采购设备的成本较低，单位产品负担的固定成本也较低。但是在选择何种设备的决策时,应考虑产品的生产量,这样才能做出正确的决策。对于该种决策可以采用成本无差别点法进行分析。

【例 11-16】某企业生产 A 产品,可以采用机械化设备,也可以采用自动化设备。采用机械化设备每年的固定成本总额为 60 000 元,单位变动成本为 25 元/件。采用自动化设备生产时,年固定成本总额为 115 000 元,单位变动成本为 15 元/件。问该企业应做出怎样的决策?

解:采用机械化设备生产的成本方程为:$Y_1 = 60\,000 + 25X_1$

采用自动化设备生产的成本方程为:$Y_2 = 115\,000 + 15X_2$

所以,$X_0 = \dfrac{a_1 - a_2}{b_2 - b_1} = \dfrac{60\,000 - 115\,000}{15 - 25} = 5\,500$(件)

成本无差别点业务量用图 11-3 表示:

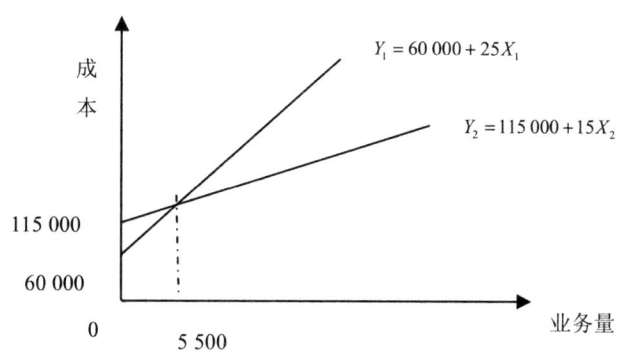

图 11-3 成本无差别点图

当 A 产品生产量大于 5 500 件,自动化生产设备的成本低于机械化生产设备的成本,所以应选择自动化生产设备;当 A 产品生产量小于 5 500 件,机械化生产设备的成本低于自动化生产设备的成本,所以应选择机械化生产设备;当 A 产品生产量恰好等于 5 500 件,自动化生产设备的成本等于机械化生产设备的成本,两个方案均可。但是如果 A 产品处于发展期,未来会提高市场占有率,扩大生产规模,此时则应选择自动化生产设备。

【课堂测试 11-2】

1. 生产决策的具体应用类型及决策方法是什么?

第三节 定价决策分析

一、定价决策概述

企业在一定条件下可以自主决定产品的价格，如果产品价格制定合理，在其他因素不变的情况下，价格的高低直接决定着企业实现利润的多少。所以管理者必须制定合理的价格，保证企业实现尽可能多的利润。

企业在定价时一般需要考虑产品成本、市场需求、市场结构、国家政策、产品所处的生命周期、产品价格弹性等因素。

二、产品定价决策方法

（一）成本加成定价法

成本加成定价法是产品定价决策中最常用的方法，它是以单位产品成本为基数，在此基础上加上加成额来确定目标价格的一种方法，其基本公式为：

$$价格 = 单位产品成本 \times (1 + 成本加成率)$$

单位产品成本的计算方法有完全成本法和变动成本法，所以成本加成定价法又分为完全成本加成定价法和变动成本加成定价法。

1. 完全成本加成定价法

此时，单位产品成本是指单位产品的制造成本即单位产品生产成本，计算公式为：

$$价格 = 单位产品生产成本 \times (1 + 成本加成率)$$

2. 变动成本加成定价法

此时，单位产品成本是指单位产品变动生产成本，计算公式为：

$$价格 = 单位产品变动成本 \times (1 + 成本加成率)$$

【例 11-17】某企业生产 A 产品的变动生产成本为 120 元，单位产品固定生产成本为 30 元。完全成本法下加成率为 60%，变动成本法下加成率为 100%。现在分别用两种方法计算 A 产品的价格。

完全成本法：$A产品价格 = (120 + 30) \times (1 + 60\%) = 240 (元)$

变动成本法：$A产品价格 = 120 \times (1 + 100\%) = 240 (元)$

（二）保本、保利定价法

保本、保利定价法是根据损益平衡原理建立的以保利、保本为目标的定价法。这种方法通常并不提供特定的价格水平，而是在一系列不同的销售量下，企业为实现保本或一定的目标利润产品应有的销售价格。其基本计算公式如下：

$$保本价格 = \frac{固定成本 + 变动成本}{预计销售量}$$

$$保利价格 = \frac{目标利润 + 固定成本 + 变动成本}{预计销售量}$$

【例 11-18】某企业生产一种产品，固定成本为 15 000 元，目标利润 25 000 元，单位变动成本为 10 元，若预计该产品的销量为 4 000 件、5 000 件、5 500 件、6 000 件，如何制定保本价格、保利价格？

当销量为 4 000 件时，

$$保本价格 = \frac{15\,000 + 4\,000 \times 10}{4\,000} = 13.75\ （元）$$

$$保利价格 = \frac{25\,000 + 15\,000 + 4\,000 \times 10}{4\,000} = 20\ （元）$$

当销量为 5 000 件时，

$$保本价格 = \frac{15\,000 + 5\,000 \times 10}{5\,000} = 13\ （元）$$

$$保利价格 = \frac{25\,000 + 15\,000 + 5\,000 \times 10}{5\,000} = 18\ （元）$$

当销量为 5 500 件时，

$$保本价格 = \frac{15\,000 + 5\,500 \times 10}{5\,500} = 12.72\ （元）$$

$$保利价格 = \frac{25\,000 + 15\,000 + 5\,500 \times 10}{5\,500} = 17.72\ （元）$$

当销量为 6 000 件时，

$$保本价格 = \frac{15\,000 + 6\,000 \times 10}{6\,000} = 12.5\ （元）$$

$$保利价格 = \frac{25\,000 + 15\,000 + 6\,000 \times 10}{6\,000} = 16.67\ （元）$$

该种方法计算比较简便，通常在企业参加订货会、贸易洽谈会或投标活动时方便企业迅速报价。

【课堂测试 11-3】

1. 以成本为基础的定价决策方法是什么？

本章小结

短期经营决策一般是指涉及一个会计年度或一个正常营业周期以内的经济事项，主要侧重如何充分利用企业的各种资源，从而获得最大的经济效益。短期经营决策分析根据决策内容不同而采用不同方法。差量分析法是通过比较备选方案之间的差量收入和差量成本，根据差量利润进行生产决策的方法。边际贡献法是通过分析各备选方案的边际贡献总额，选择边际贡献总额最大的方案为最优方案。短期经营决策中的本量利分析法，就是利用业务量、成本和利润三者内在数量关系来分析特定情况下哪个方案最优的一种决策方法。生产决策包括生产何种产品的决策、新产品开发的品种决策、是否停止亏损产品生产的决策、是否接受追加订货的决策、半产品进一步加工还是出售的决策、零部件自制还是外购的决策、如何选择设备的决策。产品定价决策方法包括成本加成定价法和保本、保利定价法。

章后案例　　　泰馨服装公司总经理顾凯的忧心事

泰馨服装公司的总经理顾凯最近正因为公司面临的生产能力局限问题而忧心忡忡。

泰馨服装公司是一家专门从事服装生产的公司，生产的产品主要卖给沃尔玛、家乐福等大型折扣店。公司在这个行业已经经营了五年，在广东的东莞有一个专门的服装厂。由于近期市场需求的快速上升，订货量急剧增长。为了满足订货需求，顾凯不得不要求工人"三班倒"，这就不可避免地大大提升了产品成本。同时，公司原有的仓库离工厂较远而且存储量不大。加大生产后，常常因为库存原材料告罄、新的原材料又没有及时送到而使生产流程中断，这也增加了总生产成本。于是，一年下来，尽管公司的销售额提升了40%多，净利润反而比去年减少了15%。为了解决这个问题，顾凯决定要求市场副经理赵龙和财务副经理杨菲分别给出一份关于解决目前公司经营困境的方案。很快，两份方案摆在了顾凯的面前。

财务副经理杨菲在方案中首先给出了公司的生产成本数据,杨菲的提议内容如下:

一是自建工厂扩充产能。不过顾凯觉得这个提议不好,因为自建工厂投产至少需要三年的时间,对解决当前的生产能力瓶颈问题没有帮助,而且现在订单增加更像是一种短期现象,三年后的市场情况究竟怎样又很难预测,所以现在自建工厂是"远水解不了近渴"。

二是在工厂附近另租一处场地作为仓库,专门存放产成品。根据杨菲的计算,由于节约了运费以及增加的库存量消除了生产中断和脱销的可能,每件服装的每期储备成本将由以往的6元降低到3元,而租用仓库在每期内需要增加固定成本2 000元。从前几年的数据来看,每批服装生产的调整准备成本为500元,一期生产量为50 000件左右,工厂平均每天生产1 000件,卖出640件。根据这些数据,顾凯利用最优生产批量的决定公式 $Q=\sqrt{2DK/1-d/P}$ 确定出最优生产批量为6 804件,此时每期生产花费总成本为7 348.5元,而之前同样在最优生产批量下,每期生产花费总成本为10 392.3元。若租用新仓库,则每期产生的成本节约为3 043.8元,超过了2 000元的租金。"看上去这是个不错的提议。"顾凯想,"而且即使将来订单量下降,我们也可以把仓库转租出去从而节约成本。"

三是停止生产纽扣。泰馨一直自己生产服装上的小部件,现在外购可能比自制更好,因为最近市场上纽扣的价格降幅很大,外购空出的生产能力可以转移到主产品的生产中。根据杨菲提供的数据,自己生产纽扣的单位成本计算结果如下表所示。

单个纽扣的生产成本

单位:元

直接材料	直接工人	变动制造费用	固定制造费用	合计
0.06	0.04	0.02	0.02	0.14

外购成本为每个0.15元,公司每期需纽扣30万个,因此外购的增量成本为300 000×(0.15−0.14)=3 000(元)。由于空出的生产能力用于服装的生产,预计可增加利润1万元。因此,增量收益为7 000元(10 000−3 000)。"这个方案也不错。"顾凯想,"不过外购就意味着

要承担更多价格变动的风险,还要再多加考虑。"

最后,杨菲为顾凯提供了一份公司各种服装的成本构成表(如下表所示)。

服装成本构成表

单位:元

项目	男士衬衫	套裙	短裙	女式衬衫	长裤
直接材料					
纺织品	14.40	48.00	32.00	16.00	36.00
其他消耗品	1.60	7.20	4.80	3.20	4.80
合计	16.00	55.20	36.8	19.20	40.80
直接工人	0.00	0.00	0.00	0.00	0.00
裁剪	8.00	12.00	8.00	8.00	8.00
缝纫	6.40	14.40	8.00	6.40	8.00
检查	1.20	1.20	1.20	1.20	1.20
包装	0.40	0.40	0.40	0.40	0.40
合计	16.00	28.00	17.60	16.00	17.60
固定成本					
公共支出	0.24	0.24	0.24	0.24	0.24
工厂管理费	0.32	0.32	0.32	0.32	0.32
机器运转	0.16	0.16	0.16	0.16	0.16
机器折旧	0.32	0.32	0.32	0.32	0.32
设备运转	0.32	0.32	0.32	0.32	0.32
设备折旧	0.24	0.24	0.24	0.24	0.24
合计	1.60	1.60	1.60	1.60	1.60
总计	33.60	84.80	56.00	36.80	60.00

说明:公司计划期内计划生产服装5万件,预计发生固定成本8万元,平均分摊在每件服装上,所以每件服装分担固定成本1.6元。

身为销售经理的赵龙则在方案中向顾凯建议重新安排计划期的产销量。在此之前,公司五种服装的生产比例一直没有变过,赵龙觉得这已经不能再适应当前行业环境的变化。在方案中,赵龙向顾凯提供了公司产品的详细数据,如下表所示。

各服装生产量数据

单位：件

品种	本期计划产量	最小生产量	最大生产量
女士衬衫	15 000	5 000	15 000
长裤	8 000	4 000	9 000
套裙	5 000	2 000	8 000
短裙	10 000	6 000	16 000
男士衬衫	12 000	6 000	14 000
合计	50 000	23 000	62 000

各服装的生产成本

单位：元

项目	男士衬衫	套裙	短裙	女士衬衫	长裤
单位	40	121.6	72	64	88
单位变动成本					
纺织品	14.4	48	32	16	36
其他消耗品	1.6	7.2	4.8	3.2	4.8
剪裁	8	12	8	8	8
缝纫	6.4	14.4	8	6.4	8
检查	1.2	1.2	1.2	1.2	1.2
包装	0.4	0.4	0.4	0.4	0.4
变动成本合计	32	83.2	54.4	35.2	58.4
单位边际贡献	8	38.4	17.6	28.8	29.6

因为公司与沃尔玛有长期的供货合同，每期必须为沃尔玛生产一定数量的五种服装，所以这部分生产构成了公司的最小生产量。最大生产量则是销售部门在此基础上预测的，计划期内五种商品的最大销售量。

根据上述数据，赵龙认为男士衬衫的边际贡献最低，而本期的计划产销量中男士衬衫的产量却是公司生产的五种服装中第二高的，很不合理，所以建议公司减少男士衬衫的生产而增加套裙的生产。这个建议看上去是合理的，不过顾凯记得生产一件套裙要花费的机器工时数是所有产品中最高的。目前的情况是，工厂在东莞可以很容易地雇到工人，而且在采纳杨菲的意见租赁仓库后,材料供应不及时对公司生产造成的威胁也就不存在了,但生产用的机器短期内却无法增加。因此,机器工时正是限制公司生产的瓶颈。"既然机器工时是瓶颈,那么转产机器工时需要量高的套裙可能不是什么好主意。"顾凯想,"不过,是时候重新制定一下我们的生产计划了。"

确定了机器工时是瓶颈,顾凯让生产部门送来了五种服装的相关资料,资料显示,公司当期能用的总机器工时为23 800小时,已经全部按计划分配到了五种服装上,具体分配数据如下表所示。

各服装生产分配工时

单位:小时

品种	单位产品机器工时	计划产量(件)	总机器工时
女士衬衫	0.4	15 000	6 000
长裤	0.5	8 000	4 000
套裙	0.8	5 000	4 000
短裙	0.5	10 000	5 000
男士衬衫	0.4	12 000	4 800
合计		50 000	23 800

结合赵龙之前提供的材料,顾凯算出了每件产品的单位限制资源边际贡献,其结果如下表所示。

各产品的单位限制资源边际贡献

项目	男士衬衫	套裙	短裙	女士衬衫	长裤
单位边际贡献(元)	8	38.4	17.6	28.8	29.6
单位机器工时(小时)	0.4	0.8	0.5	0.4	0.5
单位限制资源边际贡献(元/小时)	20	48	35.2	72	59.2

根据单位限制资源边际贡献的大小,顾凯给五种产品的生产排出了优先级,依次是女士衬衫、长裤、套裙、短裙、男士衬衫。据此,顾凯重新规划了五种产品的生产量,各产品的分配的生产工时如下表所示。

各产品的分配的生产工时

单位：小时

品种	必须生产量（件）	必需机器工时	额外生产量（件）	额外生产所需机器工时	总机器工时
女士衬衫	5 000	2 000	10 000	4 000	6 000
长裤	4 000	2 000	5 000	2 500	4 500
套裙	2 000	1 600	6 000	4 800	6 400
短裙	6 000	3 000	3 000	1 500	4 500
男士衬衫	6 000	2 400	0	0	2 400
合计	23 000	11 000	24 000	12 800	23 800

经过顾凯计算，五种产品按原计划生产所能获得的总利润为 228 万元，若按新计划生产能获得的总利润为 241.48 万元，每期增加了 13.48 万元。"立刻就这么办。"顾凯想。

看过两位副总经理的方案，顾凯心里已经对公司下一期的经营有了初步的打算。下一步，他将召开一次专门会议，把心中的想法付诸实践。

核心概念

差量分析法（differential analysis method） 边际贡献法（contribution margin method） 本量利分析法（cost-volume-profit analysis） 生产决策（production decision） 定价决策（pricing decision） 成本加成定价法（cost-plus pricing method） 保本定价法（the brcak-cven pricing） 保利定价法（poly pricing）

思考题

1. 短期经营决策中的基本方法有什么？
2. 生产决策分析的具体内容有哪些？
3. 定价决策的具体方法有什么？
4. 决策的含义和分类是什么？

练习题

（一）单项选择题

1. 将决策分析区分为短期决策与长期决策所依据的分类标志是（　　）。
   A. 决策的重要程度　　　　　　B. 决策条件的肯定程度

C. 决策规划时期的长短　　D. 决策解决的问题

2. 在经济决策中应由选中的最优方案负担的、按所放弃的次优方案潜在受益计算的那部分资源损失，就是所谓（　　）。

A. 增量成本　　B. 机会成本　　C. 专属成本　　D. 沉没成本

3. 会计上计算出来的亏损产品是指（　　）。

A. 能提供边际贡献的亏损产品　　B. 不能提供边际贡献的亏损产品
C. 不减少企业损失的亏损产品　　D. 给企业带来亏损的亏损产品

4. 在自制还是外购的决策中，（　　）是无关成本。

A. 外购成本　　B. 变动成本　　C. 专属固定成本　　D. 分配固定成本

5. 从某种意义上说，管理的重心在经营，经营的重心在（　　）。

A. 投资　　B. 决策　　C. 生产　　D. 销售

6. 是否接受追加订货的决策应看（　　）

A. 售价是否高于产品的机会成本
B. 售价是否高于产品的单位变动成本
C. 售价是否高于产品的单位变动成本，并能补偿专属的固定成本
D. 售价是否高于产品的全部成本

7. 经营决策一般不涉及（　　）的投资。

A. 存货　　B. 短期决策　　C. 固定资产　　D. 原材料

8. 在对几种方案的收入、成本分别进行比较，产生差别的基础上选出最优方案的方法是（　　）

A. 平衡分析法　　B. 差量分析法　　C. 数学模型法　　D. 边际贡献法

9. 某企业同时生产甲、乙、丙三种产品，其中甲产品亏损而乙和丙种产品盈利，那么甲产品（　　）。

A. 应立即停产
B. 如果边际贡献大于变动成本就应停产
C. 如果边际贡献大于零就应停产
D. 如果边际贡献小于其可避免的固定成本就应停产

10. 在零部件自制或外购的决策中，如果零部件的需用量尚不确定，应当采用的决策方法是（　　）。

A. 相关损益分析法　　B. 差别损益分析法
C. 相关成本分析法　　D. 成本无差别点法

11. 某企业需一种零部件，外购单价比自制单位变动成本高出 1.5 元，另外自制每年需追加固定成本 3 000 元，则企业每年该零部件需求量为 3 000 件

时，应（　　）。
　　A．外购　　　　　　　　　B．自制
　　C．两者均可　　　　　　　D．不能确定
12．对亏损产品B产品是否停产，应根据下面方法来决策（　　）。
　　A．看B产品亏损数是否能由盈利产品来弥补，如能弥补，继续生产
　　B．B产品的亏损数如能由盈利产品来弥补，也停止生产
　　C．B产品的贡献毛益如为正数，不应停止生产
　　D．B产品的贡献毛益如为正数，应停止生产
13．某企业打算将一台闲置机器用于生产新产品，该机器购买时成本为48万元，已提折旧36万元，账面净值12万元。现若出售该机器，可获得10万元收入，则该项决策的相关成本为（　　）。
　　A．48万元　　　B．12万元　　　C．10万元　　　D．36万元
14．在有关产品是否进一步深加工的决策中，进一步加工前的半成品成本属于（　　）。
　　A．沉没成本　　B．机会成本　　C．重置成本　　D．专属成本
15．方案甲的固定生产成本总额为10 000元，单位产品变动成本10元；方案乙的固定生产成本总额为8 000元，单位产品变动成本12元，则产量（　　）时选择方案甲进行生产。
　　A．大于200件　B．大于500件　C．大于700件　D．大于1 000件

（二）多项选择题

1．按照决策条件的肯定程度，可将决策划分为以下类型，即（　　）。
　　A．战略决策　　　　　　　B．战术决策
　　C．确定型决策　　　　　　D．风险型决策
　　E．不确定型决策
2．下列各项中，属于生产经营决策相关成本的有（　　）。
　　A．增量成本　　　　　　　B．机会成本
　　C．专属成本　　　　　　　D．沉没成本
　　E．不可避免成本
3．下列属于经营决策的是（　　）。
　　A．特殊订货决策　　　　　B．长期投资决策
　　C．联产品生产决策　　　　D．固定资产投资决策
　　E．开发新产品决策

4. 下列关于经营决策的说法，正确的是（　　）。

A. 经营决策一般是指一年以内能实现其目标的决策

B. 经营决策一般不涉及大量资金的投入，且见效快

C. 经营决策的特点是决策承担的风险较小，一旦失误仅影响当年损益

D. 经营决策的决策者对未来情况所掌握的信息都是肯定的数据，不存在任何不确定性

E. 经营决策通常由中层经营管理人员拍板决定

5. 经营决策的程序包括（　　）。

A. 明确决策目标　　　　　B. 提出备选方案

C. 收集相关资料　　　　　D. 确定最优方案

E. 评价决策效果

6. 某公司一分厂在决定是否将一亏损产品停产时，下面的成本项目中属于相关成本的是（　　）。

A. 该产品的变动制造费用　　B. 分配给该产品的厂房折旧费

C. 公司总部分配的成本　　　D. 该产品的直接材料

E. 该产品的直接人工成本

7. 以变动成本为基础的成本加成法，其成本基础为单位产品的（　　）。

A. 直接材料成本　　　　　B. 直接人工成本

C. 变动制造费用　　　　　D. 变动销售费用

E. 变动管理费用

8. 在基于相关成本的短期决策中，常用的决策方法主要包括（　　）。

A. 差量分析法　　　　　　B. 边际贡献法

C. 变动成本法　　　　　　D. 成本性态分析法

E. 成本无差别法

9. 下述关于目标成本法下目标售价的论述，正确的有（　　）。

A. 目标售价是基于生产成本制定的

B. 目标售价是企业根据目标利润确定的

C. 目标成本是通过目标售价与目标利润确定的

D. 目标售价往往难以被销售者接受

E. 所制定的目标售价有利于避免盲目生产所产生的不良影响

（三）判断题

1. 会计上计算的亏损产品都应该停产。（　　）
2. 生产决策中，应用边际贡献分析法就是通过比较各备选方案所提供的边际贡献总额的大小来决定最优方案。（　　）
3. 机会成本并不包含在企业成本核算范围内，因此在决策时不应考虑。（　　）
4. 若亏损产品提供的边际贡献大于0就不应该停产。（　　）
5. 在短期经营决策中，所有的固定成本或折旧费都属于沉没成本。（　　）
6. 对于那些应当停止生产的亏损产品来说，不存在是否应当增产的问题。（　　）
7. 在进行差量分析时，只要差量收入大于差量成本，就以第一个方案为优。（　　）
8. 在半成品是否进一步加工的决策中，进一步加工前的成本是决策的相关成本。（　　）
9. 在两个备选方案中，相同的成本属于决策非相关成本，因而在决策过程中无须考虑。（　　）
10. 边际贡献法既可以用单位资源边际贡献又可以用单位产品边际贡献作为经营决策的依据。（　　）
11. 相关业务量通常是通过对相关收入和相关成本的影响而实现对决策方案影响的。（　　）
12. 在"是否接受低价追加订货的决策"中，如果追加订货量大于剩余生产能力，必然会出现与冲击正常生产任务相联系的机会成本。（　　）
13. "薄利多销"是市场经济的一般原则，不受商品的价格弹性大小的制约。（　　）
14. 当边际收入等于边际成本、边际利润为零时，并不意味着可找到最优售价，而仅仅表明继续降价已经没有意义。（　　）
15. 决策分析的实质就是要从各种备选方案中作出选择，并一定要选出未来活动的最优方案。（　　）

（四）计算题

1. 某企业剩余生产能力，机器工时30 000小时，现在企业只能生产甲、乙、丙三种商品之一，三种产品情况如下：

项目	甲产品	乙产品	丙产品
机器工时	3	5	6
售价	25	35	45
变动成本	15	25	35

要求：指出企业哪种资源为限制资源，并通过计算做出企业应生产何种产品的决策。

2. ABC 公司生产甲、乙、丙三种产品，它们的收益情况如下：

单位：元

项目	甲产品	乙产品	丙产品
销售收入	6 000	7 000	9 000
生产成本			
直接材料	1 050	900	1 950
直接工人	900	800	1 250
变动制造费用	700	700	950
固定制造费用	1 800	1 200	1 850
非生产成本			
变动管理费用	950	1 050	1 700
固定管理费用	1 300	600	900
营业利润	-700	1 750	400

要求：

（1）假设甲产品的生产设备不能转为他用，请做出甲产品是否停产的决策。

（2）假设甲产品停产后，其生产设备可全部转移生产丁产品，丁产品能提供销售收入 8 000 元，产生变动成本 4 000 元，但须追加 1 500 元专属成本，请做出甲产品是否停产的决策。

（3）若甲产品停产后，其生产设备可以转租给其他工厂，预计每年可获租金收入 2 600 元，请做出甲产品是否停产的决策。

3. 某公司生产三种产品，并由同一套生产设备生产。该流程发生的成本为 450 000 元，公司将此部分成本按销售额分配到各个产品。三种产品可以直接出售，也可以分别做进一步深加工。三种产品的数据如下：

项目	生产量（件）	分离点处的销售价格	深加工后的销售价格	深加工的追加成本
甲产品	4 000	16	21	15 000
乙产品	7 000	12.6	17.2	17 000
丙产品	3 000	20.4	22.6	10 000

要求：

（1）分析进行深加工之前的成本 450 000 元是否为相关成本？

（2）判断三种产品中哪种应进行深加工？哪种则应立即销售？

4. 某企业生产甲产品的总生产能力为 12 000 件，目前正常订货量为 9 000 件，销售单价为 15 元，单位产品成本为 12 元，成本构成如下：

单位：元

项目	单位产品成本构成
直接材料	4
直接人工	3
变动制造费用	2
固定制造费用	3
单位产品成本	12

现有一客户向该企业追加订货，但只愿出价每件 10 元。

要求：

（1）分析若订货量为 3 000 件，且追加订货无专属成本，是否应接受订货？

（2）分析若订货量为 3 500 件，且追加订货无专属成本，是否应接受订货？

（3）分析若订货量为 3 500 件，且需追加 2 000 元专属成本，是否应接受订货？

5. 某企业常年生产需要某部件，以前一直从市场上采购。采购量在 8 000 件以下时，单价为 9 元，达到或超过 8 000 件时，单价为 10 元。如果追加投入 15 000 元专属成本就可以自行制造该部件，预计单位变动成本为 5 元。

要求：采用成本无差别点法为企业做出自制或外购该部件的决策。

第十二章　长期投资决策

前面我们学习了短期经营决策、生产决策分析、定价决策分析。本章将要介绍资本预算的内容。学习本章内容后，了解长期投资决策的含义、特点、风险调整折现率法、风险调整现金流量法；理解长期投资决策分析的基本因素、基本原则和一般方法，复利终值和现值、年金终值和现值的计算；掌握长期投资静态评价方法，包括回收期法、获利指数法等；长期投资动态评价方法，包括净现值法、内部收益率法等。

> **开篇案例　　　　设备投资决策**
>
> 　　王经理正在对购买一批新测试设备的可行性展开调查。这批设备所需要的初始投资额为 3 000 000 元。为了筹集这笔资金，公司打算发行价值 2 000 000 元的股票（这些股票每年将支付 24 000 元的股利）。并借入 1 000 000 元，借款利率为 6%。他的加权资本成本率为 10%[(2/3*0.12)+(1/3*0.06)]。这一加权资本成本率将作为他进行资本投资决策的利率。
>
> 　　李经理估计这台新的测试设备每年能够带来 500 000 元的现金流入量，预计这台设备可以使用 20 年。
>
> 　　要求：
> 　　（1）计算这个投资项目的投资回收期。
> 　　（2）计算这个投资项目的净现值。
> 　　（3）李经理应该购买这台设备吗？请做出分析说明。

第一节 长期投资决策概述

一、长期投资决策的含义

长期投资决策是指拟定长期投资方案，用科学的方法对长期投资方案进行分析、评价，选择最佳长期投资方案的过程。长期投资决策是涉及企业生产经营全面性和战略性问题的决策，其最终目的是为了提高企业总体经营能力和获利能力。因此，长期投资决策的正确进行，有助于企业生产经营长远规划的实现。

二、长期投资决策的特点

在企业中，固定资产的扩建、改建、更新，资源的开发利用，新产品的试制，老产品的改造等方面的支出，都是属于长期投资。长期投资决策又称资本支出决策或资本预算。与其他形式投资相比，长期投资主要有如下特点：

第一，长期投资决策占用资金庞大。购买生产设备、建造配套的厂房及各项与之配套的设备等，都需要企业投入大量物资资源。不仅如此，为论证投资项目的可行性，为了组织投资项目的实施，企业不但要投入大量的内部人力资源，而且由于要指派其他外部专业部门进行具体实施，从而还要大量消耗企业外部的人力资源。资源的大量消耗意味着需要投入大量资金。

第二，从内容方面来看，长期投资决策主要是对企业固定资产方面进行的投资决策，变现能力较差。固定资产专用性较强，当企业因某种原因需要将其出售获取现金时，很难以合理价格及时售出。相比之下，流动资产具有较强的变现能力，当企业打算卖掉多余的钢材、煤炭等原材料时，由于其通用性较强，所以较容易以合理价格转让出去，实现物尽其用。

第三，长期投资决策的效用是长期的。长期投资进行后，将会在今后相当长的时间里为企业创造经济效益。长期投资有效期少则几年，多则十几年，有时甚至几十年。相比之下，流动资产的周转期很短，通常在一年以内能够周转数次，并且流动资产的增值是在企业员工的组织与控制下，通过流动资产与固定资产的结合实现的。

第四，长期投资决策影响企业的长远发展方向。长期投资是企业经营的基础，从而决定企业经营战略和市场定位。当企业选择了现代化程度较高的设备进行投资时，自然就会排除了利用低劳动力成本的生产经营方式。当企业建造了一条大众化低成本产品生产线时，企业的目标市场自然是定位在普通家庭消费者。如果打算将目标市场转向少数高薪阶层，则需要对现有固定资产进行较大改造。

【课堂测试 12-1】

1. 试述长期投资决策的含义。
2. 试述长期投资决策的特点。

第二节　长期投资决策评价的基础

一、货币时间价值

所谓货币的时间价值，一般是指货币随着时间的推移而发生的增殖。

（一）货币时间价值的计算

1. 复利终值与复利现值

货币的时间价值通常是按照复利的方式进行计算的。所谓复利，就是不仅要计算本金的利息，而且还要计算利息的利息，也就是说，利息可转化为本金，同原来本金一起作为下期计算利息的根据。因货币的时间价值计算上的不同需要，复利又可分为复利终值和复利现值两种。所谓复利终值，是指一定量的本金按复利计算的若干期后的本利和。其计算公式是：

上式中：F 为复利终值，P 为本金，i 为利率，n 为期数。

$(1+i)^n$ 为复利系数，为简化计算手续，可以直接查阅一元的复利终值表。表中的横栏为利率，纵栏是期数，纵横交叉所列的数字，便是一元的复利终值数。

复利现值是复利终值的逆运算。它是指在今后某一规定时间收到或支付的一笔款项，按规定折现率所计算的货币的现值。其计算公式是：

$$P = F \times \frac{1}{(1+i)^n}$$

上式中，P 为现值，$\dfrac{1}{(1+i)^n}$ 的值，可以直接查阅复利现值表，不必自行计算。

2. 年金终值与年金现值

所谓年金是指在若干期内,每隔相同的间隔期收到(或支付)相等的金额,此种金额称为年金。年金与复利是相联系的,年金也要计算终值和现值。

年金终值是指按复利计算的定期等额收入或支出的终值。其计算公式是:

$$F = A \times \frac{(1+i)^n - 1}{i}$$

上式中,F 为年金终值,A 为年金,i 为利率,n 为期数。

$\frac{(1+i)^n - 1}{i}$ 则为年金 1 元,利率为 i,经过 n 期的年金终值,也称为年金终值系数,以 $(F/A, i, n)$ 表示。可以此编制"年金终值表",以供计算查阅。

年金现值是指按复利计算的定期等额收入或支出的现值。其计算公式是:

$$P = A \times \frac{1-(1+i)^{-n}}{i}$$

上式中的 $\frac{1-(1+i)^{-n}}{i}$ 则为普通年金 1 元,利率为 i,n 期的年金现值,称为年金现值系数,以 $(P/A, i, n)$ 表示,可以此编制年金现值表,以供计算查阅。

(二)增强货币时间价值观念,提高投资效益

长期以来,在我国的经济建设中存在着资金大量浪费的现象。有的企业争投资、争项目,一旦投资到手,就可不负任何经济责任,也不大重视资金的使用效果,结果造成了投资项目工期长、投资回收慢、经济效益差的局面,给我国经济建设带来了巨大的损失。这种情况的出现,同在理论上不敢提出和不敢承认资金的时间价值有很大的关系。既然在社会主义条件下,资金同样是有时间价值,这就要求人们在长期投资决策中,增强资金的时间价值观念,就是要用"动"的观点去看待资金的使用和占用,也就是在分析资金使用效果时,要把资金占用的时间价值计算进去,才能正确评价投资方案的经济效果,做出正确的决策。比如,在计算投资总额时,要将利息这一因素考虑进去,因为长期投资的特点,不仅表现为投资总额大,而且投资期比较长,短则三五年,长则七八年,有的甚至十年以上。因此,投资期间的投资利息是一项可观的支出,不可忽视。否则会无形中缩小了投资支出总额。

二、现金流量分析

进行长期投资决策，要重视衡量各个可供选择方案的经济效益。为此，就要对各个可供选择方案的现金流入量和现金流出量进行估计，并确定两者之间的差额，以便据以衡量其经济效益。

（一）现金流出量的内容

一个投资项目的现金流出量主要包括以下内容：

（1）固定资产的投资（如外购的，其投资应包括购置费、运输费、安装费等）；

（2）为保持有关投资项目的有效运用而投入的各项流动资金；

（3）开发资源所发生的现金支出；

（4）革新产品等方面发生的现金支出。

（二）现金流入量的内容

一个投资项目的现金流入量，主要包括以下内容：

（1）营业的净收益；

（2）固定资产投产后，每年计提的折旧。因为该项折旧计入产品成本后，即随产品出售而转化为现金流入；

（3）固定资产报废的残值收入。

现金流出量和现金流入量的差额，称为现金净流量。现金流入与流出，往往不是一次发生的，而是在较长的时间内逐年反映出来。从一个企业来说，对一个投资方案进行决策时，必须具体估算各个投资方案形成的现金流出和流入将在什么时候发生，未来的现金流入量有多少，能否补偿现金的流出量，是否能够有较大数额的现金净流入量。这些都是正确评价不同投资方案经济效益大小应当考虑的重要因素。

【课堂测试 12-2】

1. 试述货币时间价值的概念。
2. 试述现金流入流出量的内容。

第三节 长期投资决策的基本方法

一、长期投资决策基本方法的概述

在对各个备选方案的现金流量进行分析之后,就要对项目进行评价选择。分析方法包括静态分析法和动态分析法。

(一)静态分析法

静态分析法也称非折现分析法。在该方法下对于长期投资方案的分析不考虑货币时间价值,直接计算投资项目未来的现金流量、投资回收期和投资收益率,借以评价投资经济效益。

(二)动态分析法

动态分析法也称折现分析法。在该方法下,在对长期投资方案的现金流量进行折现计算的基础上,对投资方案未来经济效益进行评价。主要包括净现值法、获利指数法(现值指数法)、内含报酬率法等。

二、非折现的方法

(一)投资利润率

投资收益率反映单位投资一年给企业所创造的全部收益。其计算方法是:

$$按投资原始总额计算的投资利润率 = \frac{税后利润}{原投资总额}$$

然后,我们将所计算出来的投资利润率与预定要求达到的投资利润率进行比较,如大于后者,说明项目可以考虑接受;如小于后者,则不宜接受。当有两个以上方案进行比较时,宜选用投资利润率较大的方案。

(二)投资回收期

投资回收期,亦称投资偿还期。这是对投资项目进行经济评价常用的方法之一。它是对一个项目偿还全部投资所需的时间进行粗略估算。在确定投资回收期时应以现金净流量即净收益加年折旧额作为年偿还金额。

这一方法是以重新回收某项投资金额所需的时间长短来作为判断方案是否可行的依据。一般说来,回收期越短,表明该项投资的效果越好,所需冒的风险也越小。

回收期计算的基本公式如下：

$$回收期 = \frac{投资金额}{平均每年现金净流量}$$

如果每年的现金净流量相差较大，其回收期则可按各年年末累计现金净流量进行计算。

【例12-1】祥瑞公司欲进行一项投资，初始投资额10 000元，项目为期5年，每年净现金流量有关资料详见表12-1，试计算该方案的投资回收期。

表12-1 祥瑞公司投资回收期的计算表

单位：元

年份	每年净现金流量	年末尚未回收的投资额
1	3 000	7 000
2	3 000	4 000
3	3 000	1 000
4	3 000	0
5	3 000	/

从表12-1中可以看出，由于该项目每年的净现金流量均为3 000元，因此该项目的投资回收期为：

3+1 000/3 000=3.33（年）

用回收期这个指标来全面衡量投资效果，虽然易于计算和理解，并可促使企业千方百计地加速资金的周转，缩短周转期，尽快收回投资，但该指标也有不足之处，一是未考虑货币的时间价值；二是不计算偿还投资后还可能获得的收益，也就是不能完全反映投资的盈利程度。所以，在实际工作中，这种方法通常同其他方法结合使用。

为了克服这种方法存在的第一个问题，即没有考虑货币时间价值的不足，可以改按现值计算。

三、折现的方法

（一）净现值法

把与某投资项目有关的现金流入量都按现值系数贴现成现值，然后同原始投资额比较，就能求得净现值。其计算公式如下：

$$NPV = \sum_{k=1}^{n} A_k (1+i)^{-k} - A_0$$

上式中，NPV 代表净现值，i 代表贴现率，A_0 代表原始投资额，A_k 代表 k 期的现金流量。

如果得到的净现值是正值，说明该投资项目所得大于所失，该投资项目为可行；反之，如果得到的净现值为负数，说明该投资项目所得小于所失，即发生了投资亏损，投资项目不可行。

【例 12-2】祥瑞公司欲进行一项投资，初始投资额 10 000 元，项目为期 5 年，已知资本成本率为 10%，每年净现金流量有关资料详见表 12-2，试计算该方案的净现值。

表 12-2　祥瑞公司投资回收期的计算表

单位：元

年份	每年净现金流量
1	3 000
2	3 000
3	3 000
4	3 000
5	3 000

该方案净现值为：

3 000×（1+10%）$^{-1}$+3 000（1+10%）$^{-2}$+3 000（1+10%）$^{-3}$+3 000（1+10%）$^{-4}$+3 000（1+10%）$^{-5}$-10 000=1 373（元）

由于此方案的净现值大于零，因此这个方案可以接受。

（二）获利指数法

获利指数法是用获利指数的大小作为取舍投资方案的一种方法。它与净现值法一样，都反映了货币的时间价值。获利指数是指投资方案的未来现金流入量的现值和原始投资金额之间的比率。用公式表示如下：

$$PI = \frac{\sum_{k=1}^{n} A_k (1+i)^{-k}}{A_0}$$

上式中 PI 代表获利指数，i 代表贴现率，n 表示期数，A_0 代表原始投资额，A_k 代表 k 期的现金流量。

如果只有一个备选方案：大于 1 采纳，小于 1 拒绝。如有多个互斥方案：

选择超过 1 最多者。

【例 12-3】现仍以前面所举祥瑞公司的资料为例（详见表 12-2），来说明获利指数的计算。假设资本成本为 10%。

获利指数为[3 000×（1+10%）$^{-1}$+3 000×（1+10%）$^{-2}$+3 000×（1+10%）$^{-3}$+3 000×（1+10%）$^{-4}$+3 000×（1+10%）$^{-5}$]/10 000=1.14

此方案获利指数大于 1，因此此方案可行。

通过获利指数指标的计算，虽然能够知道投资方案的报酬率是高于或低于所用的折现率，但是无法确定各方案本身能达到多大的报酬率，因而使管理人员不能明确肯定地指出每个方案的投资利润率可达到多少，以便选取以最少的投资能获得最大的投资报酬的方案。基于上述原因，在进行长期投资项目经济效益的评价时，还需采用内部收益率法。

（三）内部收益率法

内部收益率是指一个投资项目的逐期现金净流入量换算为现值之总和将正好等于原始投资金额时的利息率。用公式表示：

$$\sum_{k=1}^{n} A_k (1+i)^{-k} - A_0 = 0$$

上式中的 i 即为内部收益率。一个投资方案未来的现金流入量的数量和时间都可通过 i 的换算表现出来。所以，在实际工作中，以这个指标作为评价投资方案经济效果的依据更具有实质性的内容。

怎样确定内部收益率 i 的计算方法，因每期现金净流量是否相等而有所差别。

1. 在每期现金流入量不相等的情况下，内部收益率要通过"逐次测试"来确定。其计算方法是：

（1）先估计一个折现率，并以此率计算各年现金流入量的现值，然后把加计的总数减去投资额，如差额即净现值为正数，则表示估计的折现率小于该方案可能达到的内部收益率，这时应提高估计的折现率再进行测算，直到测算的净现值正数下降到接近于零为止；如果差额即净现值为负数，则表示估计的折现率大于该方案可能达到的内部收益率，这时，应降低估计的折现率，再进行测算。如此经过逐次测算，即可求出由正到负的两个相邻的折现率。

（2）依据正负相邻的折现率，采用内插法计算出方案的内部收益率。

2. 如果每期现金流入量相等，也就是表现为年金形式。内部收益率的计算方法是：

（1）以原始投资额除以年金金额，计算其现值系数。其计算公式为：

$$现值系数 = \frac{原始投资额}{年金金额}$$

（2）从年金现值表中找出，在相同期数里与上述现值系数相邻的折现率。

（3）依据两个相邻的折现率和已计算的现值系数，采用内插法计算出投资方案的内部收益率。

篇中案例　　　　　　甲公司的投资失误

甲公司的产品在当地市场上占有一席之地。由于市场需求逐步扩大，该厂打算购置一套新的生产设备。经初步论证后，得出结论是，该设备投资额约1 000万元，每年可收回资金不超过100万元，设备的投资回收期在10年以上。该厂认为回收期超过5年的项目不可接受，最终放弃了该方案。乙公司是甲公司的主要竞争对手，对购置新设备有不同的观点，并不惜重金购买了当初甲公司放弃购买的设备。新设备投产后使得产品在用料、人工方面的成本大大节约，而且产品的次品率也显著降低。更重要的是，新设备的投入使产品质量显著提高，投产仅仅一年就收回300万资金。按此速度，用不了5年就可以收回全部投资。

【课堂测试12-3】

1. 试述长期投资决策的方法。
2. 试述用净现值法判定项目是否可行的规则。

第四节　长期投资决策的风险分析

一、风险调整折现率法

风险调整折现率法是将与特定投资项目有关的风险报酬，加入到资本成本或公司要求达到的报酬率中，构成按风险调整的折现率，并据以进行投资决策分析的方法。

（一）用资本资产定价模型来调整折现率

引入与证券总风险模型大致相同的模型——企业总资产风险模型，总资产风险＝不可分散风险＋可分散风险，这时，特定投资项目按风险调整的折现率可按下式来计算：

$$K_j = R_f + \beta_j \times (R_m - R_f)$$

K_j 表示项目 j 按风险调整的折现率或项目的必要报酬率；R_f 表示无风险折现率；β_j 表示项目 j 的不可分散风险的 β 系数；R_m 表示所有项目平均的折现率或必要报酬率。

（二）按投资项目的风险等级来调整折现率

对影响投资项目风险的各因素进行评分，根据评分来确定风险等级，再根据风险等级来调整折现率的一种方法，具体如表 12-3 所示。

表 12-3 影响投资项目风险因素的分析

相关因素	投资项目的风险状况及得分									
	A		B		C		D		E	
	状况	得分	状况	得分	状况	得分	状况	得分	状况	得分
市场竞争	无	1	较弱	3	一般	5	较强	8	很强	12
战略上的协调	很好	1	较好	3	一般	5	较差	8	很差	12
投资回收期	1.5年	4	1年	1	2.5年	7	3年	10	4年	15
资源供应	一般	8	很好	1	较好	5	很差	15	较差	10
总分	/	14	/	8	/	22	/	41	/	49

总分	风险等级	调整后的折现率
0—8	很低	7%
8—16	较低	9%
16—24	一般	12%
24—32	较高	15%
32—40	很高	17%
40 分以上	最高	25%以上

KA=9%　　KB=7%　　KC=12%　　KD=25%　　KE≥25%

二、风险调整现金流量法

由于风险的存在，使得各年的现金流量变得不确定，为此，就需要按风险情况对各年的现金流量进行调整。这种先按风险调整现金流量，然后进行长期投资决策的评价方法,称为按风险调整现金流量法。

(一)肯定当量法

把不确定的各年现金流量,按照一定的系数(通常称为约当系数)折算为大约相当于确定的现金流量的数量,然后,利用无风险折现率来评价风险投资项目的决策分析方法。

肯定的现金流量=期望现金流量×约当系数

约当系数一般用 d 表示,d 的确定方法有两种:标准离差率、不同分析人员给出的约当系数加权平均。在进行评价时,可根据各年现金流量风险的大小,选取不同的约当系数,当现金流量为确定时,可取 $d=1.00$,当现金流量的风险很小时,可取 $1.00>d\geq0.80$;当风险一般时,可取 $0.80>d\geq0.40$;当现金流量风险很大时,可取 $0.40>d>0$。

(二)概率法

概率法是指通过发生概率来调整各期的现金流量,并计算投资项目的年期望现金流量和期望净现值,进而对风险投资做出评价的一种方法。适用于各期的现金流量相互独立的投资项目。运用概率法时,各年的期望现金流量计算公式为:

$$\overline{NCF_t} = \sum_{i=1}^{n} NCF_{ti} P_{ti}$$

$\overline{NCF_t}$ 指 t 年的期望净现金流量,NCF_{ti} 指第 t 年的第 i 种结果的净现金流量,P_{ti} 指第 t 年的第 i 种结果的发生概率,n 指第 t 年可能结果的数量。

投资的期望净现值可以按下式计算:

$$\overline{NPV} = \sum_{t=0}^{m} \overline{NCF_t} \times PVIF_{k,t}$$

$\overline{NPV}$ 指投资项目的期望净现值,$PVIF_{k,t}$ 指折现率为 k,t 年的复利现值系数,m 指未来现金流量的期数。此方法只适于分析各期现金流量相互独立的投资项目。

【课堂测试12-4】

1. 试述如何让用资本资产定价模型来调整折现率。

本章小结

长期投资决策是指对一年以上的收支盈亏产生重要影响的投资活动的决策。正确的长期投资决策对每个企业的生存发展都是至关重要的。货币时间价值是长期投资决策的重要影响因素,是指同一货币量在不同时间的价值量的差额。长期投资决策方法可以分为两大类：一类是不考虑货币时间价值的非折现法，包括投资回收期法、投资利润率法，另一类是考虑货币时间价值的折现法，包括净现值法、内部收益率法、获利指数法。不同决策方法各有其特点，企业应根据具体情况选择不同的决策方法。

章后案例　　　　部门经理采购电脑的决策

　　一家公司的部门经理想要获得一套电脑系统。当时的电脑系统价格远远高于现在的价格，其支出额超过公司规定的资本支出报批限额，因而部门无权自主决定购买。该部门经理觉得，如果按正常的程序购买，获得批准的可能性不大，于是采用了这样一种方法：不直接购买整机，而是分别购买散件，等到散件购买齐全后，再组装起来。这样一方面个人的目的实现了，另一方面又没有违反公司的任何制度，因为电脑散件的成本远远低于资本支出的报批限额。

　　资料来源：[美]唐·R. 汉森、玛利安·M. 莫文. 管理会计[M]，北京大学出版社，2000：第778页.

核心概念

现金流量（cash flow）　　净现金流量（net cash flow）　　营业收入（operating income）　　货币时间价值（time value of money）　　现值（present value）　　年金（annuity）

思考题

1. 怎样估算现金流量的具体项目？
2. 项目计算期不同阶段上的净现金流量各有什么特征？
3. 货币时间价值具有什么特点？
4. 年金与年金现值、年金终值的关系是什么？

练习题

（一）单项选择题

1. 在单纯固定资产投资项目中，计算某年经营净现金流量的简化公式中不应当包括的是（　　）。

A. 该年净利润 B. 该年折旧
C. 该年利息 D. 该年回收额

2. 已知某单纯固定资产投资项目经营期某年的总成本费用为 100 万元，当年与该项目有关的固定资产折旧为 30 万元，计入财务费用的利息支出为 10 万元，上缴所得税 20 万元，则该年的经营成本等于（　　）。

A. 40 万元 B. 50 万元
C. 60 万元 D. 70 万元

3. 已知某更新改造项目中，新设备的年折旧为 4 500 元；旧设备改造前每年计提折旧 3 000 元，尚可用 5 年。当前变价收入为 13 000 元，清理费用为 2 000 元，营业税率为 5%，预计 5 年后的净残值为 1 000 元。则该项目在经营期内每年因更新改造而增加的折旧为（　　）。

A. 2 500 元 B. 2 070 元
C. 1 870 元 D. 1 500 元

4. 在项目投资决策的现金流量分析中使用的"经营成本"是指（　　）。

A. 变动成本 B. 付现成本
C. 全部成本 D. 固定成本

5. 已知某投资项目的某年营业收入为 140 万元，该年经营成本为 70 万元，该年折旧为 30 万元，所得税率为 40%。据此计算的该年经营净现金流量为（　　）。

A. 100 万元 B. 70 万元
C. 54 万元 D. 24 万元

6. 某企业每年末将 100 000 元资金划拨为技术改造资金，专户存储，假定 10 年，10% 的年金现值系数为 6.144 57，年金终值系数为 15.937 4。到第 10 年末，企业可用于技术改造的资金总量为（　　）。

A. 1 593 740 元 B. 1 000 000 元
C. 614 457 元 D. 385 543 元

7. 在管理会计中，(P/F, i, n) 项所代表的是（　　）。

A. 复利终值系数 B. 复利现值系数
C. 年金终值系数 D. 年金现值系数

8. 利用已知的零存数求整取的过程，实际上就是计算（　　）。

A. 复利终值 B. 复利现值
C. 年金终值 D. 年金现值

9. 下列各项中，既属于非折现指标又属于反指标的是（　　）。

A. 投资利润率　　　　　　B. 静态投资回收期
C. 内部收益率　　　　　　D. 原始投资回收率

10. 已知某投资项目原始投资为 500 万元，建设期资本化利息为 50 万元。预计项目投产后每年净现金流量为 88 万元，年平均利润为 66 万元，则该项目的投资利润率等于（　　）。

A. 12%　　　　　　　　　B. 13.2%
C. 16%　　　　　　　　　D. 17.6%

11. 已知某投资项目的原始投资额为 100 万元，建设期为 2 年，投产后第 1—8 年每年 NCF=25 万元，第 9—10 年每年 NCF=20 万元。则该项目包括建设期的静态投资回收期为（　　）。

A. 4 年　　　　　　　　　B. 5 年
C. 6 年　　　　　　　　　D. 7 年

12. 下列各项中，既属于折现指标，又属于绝对量正指标的是（　　）。

A. 投资利润率　　　　　　B. 静态投资回收期
C. 内部收益率　　　　　　D. 净现值

13. 下列指标中，其分母为时期平均指标的是（　　）。

A. 投资利润率　　　　　　B. 年平均投资报酬率
C. 原始投资回收率　　　　D. 静态投资回收期

14. 下列指标中，既考虑一定期间经营净现金流量因素，又受建设期影响的是（　　）。

A. 投资利润率　　　　　　B. 年平均投资报酬率
C. 原始投资回收率　　　　D. 静态投资回收期

（二）多项选择题

1. 下列各项中，属于揭示现金流量指标优点的说法有（　　）。

A. 可以序时动态地反映项目的投入产出关系
B. 便于完整、准确、全面地评价项目的效益
C. 能克服利润信息相关性差的缺点
D. 能简化投资决策评价指标计算
E. 便于采用货币时间价值

2. 下列各项中，属于管理会计为了克服确定现金流量所遇到的困难和简化现金流量的计算过程所做假定的有（　　）。

A. 财务可行性分析假设　　B. 时点指标假定
C. 投资项目类型假设　　　D. 因素的确定性假设

E. 经营期与折旧年限一致假设

3. 下列各项中,可能构成完整工业投资项目终结点净现金流量组成内容的有( )。

A. 第 n 年归还的借款本金
B. 第 n 年固定资产的折旧额
C. 第 n 年回收的流动资金
D. 第 n 年固定资产的净残值
E. 第 n 年的净利润

4. 在单纯固定资产投资项目中,不可能发生的现金流量有( )。

A. 流动资金投资
B. 回收固定资产余值
C. 回收流动资金
D. 经营成本
E. 资本化利息

5. 下列各项中,属于可能导致某投资项目的固定资产投资与固定资产原值相等的原因有( )。

A. 建设期为零
B. 全部投资均为自有资金
C. 全部投资均于建设起点一次投入
D. 未发生资本化利息
E. 未发生流动资金投资

6. 如果某完整工业投资项目的建设期不为零,则该项目建设期内有关时点的净现金流量( )。

A. 一定小于零
B. 一定大于零
C. 可能等于零
D. 可能大于零
E. 可能小于零

7. 如果某项目分两次投入流动资金,第一次投入 100 万元,第二次投入 180 万元,经营期内没有发生提前回收流动资金的现象。则下列说法中正确的有( )。

A. 该项目流动资金投资合计为 280 万元
B. 第一次投资时的流动资金需用额为 100 万元
C. 第二次投资时的流动资金需用额为 280 万元
D. 第二次投资时的流动资金需用额为 180 万元
E. 终结点回收的流动资金为 380 万元

8. 下列项目中,属于完整工业投资项目现金流入量的有( )。

A. 营业收入
B. 建设投资
C. 回收流动资金
D. 经营成本节约额

E. 回收固定资产余值

9. 下列各项中，与年金流量现值系数等价的有（　　）。

A. $\dfrac{(1+i)n-1}{i}$ B. $\dfrac{1-(1+i)-n}{i}$

C. （FA/A，i，n）   D. （PA/A，i，n）

E. $\dfrac{(1+i)n-1}{i(1+i)n}$

10. 年金是一种特殊的等额系列收付款项，其特点包括（　　）。

A. 连续性   B. 等额性

C. 同方向性   D. 一次性

E. 递减性

11. 下列项目中，属于年金的有（　　）。

A. 按直线法计提的折旧   B. 按产量法计提的折旧

C. 定期支付的租金   D. 定期上交的保险费

E. 开办费的每年摊销额

12. 长期投资决策评价指标的主要作用包括（　　）。

A. 衡量比较投资项目可行性   B. 衡量企业的财务状况

C. 反映项目的投入产出关系   D. 反映长期投资的效益

E. 反映企业的经营成果

13. 在应用公式法计算静态投资回收期时，必须具备的条件包括（　　）。

A. 建设期为零

B. 全部投资均在建设期发生

C. 投产后每年的经营净现金流量相等

D. 投产后若干年内经营净现金流量相等

E. M年内累计的经营净现金流量大于或等于原始投资额

14. 下列指标中，可以直接依据项目净现金流量信息计算出来的有（　　）。

A. 投资利润率   B. 静态投资回收期

C. 内部收益率   D. 净现值率

E. 净现值

15. 下列指标中，其计算公式以经营期年利润或年均利润为分子的有（　　）。

A. 投资利润率   B. 年平均投资报酬率

C. 原始投资回收率   D. 包括建设期的投资回收期

E. 不包括建设期的投资回收期

(三) 判断题

1. 在项目投资的现金流量表上，节约的经营成本应当列作现金流入项目处理。（　）
2. 只有在经营期才存在净现金流量。（　）
3. 终结点净现金流量等于终结点那一年的经营净现金流量与该期回收额之和，其回收额必须大于零。
4. 在全投资假设条件下，无论是计入财务费用的经营期利息费用，还是计入固定资产原值的建设期资本化利息，都不属于现金流出量的内容。（　）
5. 在更新改造项目中，因旧设备提前报废发生处理固定资产净损失而引起的抵减所得税不但不会减少当期净现金流量，相反会增加净现金流量。（　）
6. 计算递延年金现值，应当考虑递延年金持续发生时间、发生数额、递延时间和折现率等因素。（　）
7. 因为货币时间价值原理违背马克思的劳动价值论，所以不适用于社会主义社会。（　）
8. 虽然复利现值系数与复利终值系数之间是倒数关系，但年金现值系数与年金终值系数之间并不存在倒数。（　）
9. 非折现指标又称为动态评价指标，包括：净现值、净现值率、获利指数和内部收益率等。（　）
10. 如果某期累计的净现金流量等于零，则该期所对应的期间值就是包括建设期的投资回收期。（　）
11. 无论在什么情况下，都可以采用列表法直接求得不包括建设期的投资回收期。（　）
12. 从企业全投资主体立场出发设计的长期投资决策评价指标中，不应当包括从债权人的立场出发的反映偿债能力的借款偿还期指标、体现国家投资主体立场的投资利税率指标。（　）
13. 净现值是指项目投产后各年报酬的现值合计与投资现值合计之间的差额。（　）
14. 内插法是一种近似计算的方法，它假定当自变量在一个比较小的区间范围内，自变量与因变量之间存在着线性关系；只有在按逐次测试逼近法计算内部收益率时，才有应用内插法的必要。（　）
15. 在互斥方案的选优分析中，若差额内部收益率指标大于基准折现率或设定的折现率时，则原始投资额较小的方案为较优方案。（　）

（四）业务题

1. 已知企业分别于第 1 年初、第 1 年末和第 2 年末各投资 100 万元用于建造同一项固定资产，年利率为 10%。

   要求：计算各年投资折合为第 1 年初的现值。

2. 已知企业分别于第 1 年初、第 1 年末和第 2 年末各投资 100 万元用于建造同一项固定资产，资金来源均为银行借款，借款利率为 10%。

   要求计算该固定资产投资项目的下列指标：

   （1）原始投资额；（2）投资总额；（3）固定资产的造价（原值）；（4）原始投资的现值。

3. 已知：某企业准备添置一条生产线，共需要投资 202 万元。建设期为一年，全部资金于建设起点一次投入。该项目预计可使用 10 年，期满有净残值 2 万元。生产线投入使用后不要求追加投入流动资金，每年可使企业增加净利润 15 万元。企业按直线法计提固定资产折旧。

   要求：用简单法计算该项目的净现金流量。

4. 已知某更新改造项目中，购置新设备需要投资 500 000 元；旧设备的变价净收入为 10 000 元，预计其 5 年后的净残值与新设备的净残值相等。与处理旧设备有关固定资产清理损益为 0 元。该项目不影响企业的正常经营，投入使用后不会增加收入，但每年会降低经营成本 100 000 元。假定不考虑所得税因素。

   要求：计算该更新改造项目的净现金流量。

5. 企业一台旧设备，尚可继续使用 4 年，预计 4 年后残值为 2 400 元，目前变价出售可获 20 000 元。使用该设备每年获营业收入 500 000 元，经营成本 350 000 元。市场上有一新型号设备，价值 90 000 元，预计 4 年后残值为 5 000 元。使用新设备不会增加收入，但可使每年经营成本降低 25 000 元。如果企业所得税率为 33%。

   要求：

   （1）分别确定新旧设备的原始投资差额；

   （2）分别计算新旧设备的每年折旧差额；

   （3）分别计算新旧设备的每年净利润差额；

   （4）计算新旧设备残值的差额。

第十三章　全面预算

上一章介绍的是管理会计的决策职能，主要是长期经营决策基本方法的原理和具体应用。本章介绍的是管理会计的规划职能，通过编制预算，有利于管理人员对未来的经营目标和任务确定。学习本章内容后需要熟练掌握编制全面预算的方法及编制程序，理解其他编制预算的方法。

> **开篇案例　　　　　中化集团的预算管控**
>
> 中国中化集团公司（以下简称中化集团）为国有大型骨干企业，自1989年开始入选《财富》500强，是中国最早进入这一排行榜的企业之一。中化集团主业分布在农业、能源、化工、地产、金融领域，是中国最大的农业投入品（化肥、农药、种子）一体化经营企业、中国第四大石油公司、领先的化工产品综合服务商，并在高端商业地产和非银行金融业务领域具有广泛影响。
>
> 1998年底，受亚洲金融危机和广东国际信托投资公司事件的影响，中化集团的信用额度大幅下降，并发生了公司成立以来最严重的支付危机。在初步摆脱支付危机后，中化集团聘请麦肯锡公司对公司的经营管理状况进行了深入诊断，得出的结论是：公司不但没有增加股东价值，反而在破坏股东价值。在对危机产生的根源进行深入思考后，公司认识到支付危机表面上是外部金融危机引起的，实质原因则是企业缺乏先进管理理念和有效的管控能力和方式，致使企业内控机制薄弱、抵御风险的能力较弱。1999年，中化集团启动了以提高企业管理水平为目的的管理改善工程，经过多年的持续改进，目前中化集团已经形成了一套基于价值创造，以全面预算管理为核心的"点、线、面"相结合的内部控制体系。该体系优化了集团资源配置，帮助管理者更合理地将资金、薪酬等资源重点配置到投入产出比高、模式新颖、符合公司发展战略的重点业务领域；加快了集团整体战略的推进，进一步增强了市场控制力；增

> 强了企业持续盈利能力。
> 　　2008年，中化集团营业收入3 064亿元，利润总额87.2亿元。2009年，中化集团第19次入选《财富》500强，名列第170位，在贸易类企业中名列第3位。
> 　　资料来源：刘运国. 管理会计学[M]. 北京：中国人民大学出版社，2011.

第一节　全面预算概述

一、全面预算的含义

预算是指企业根据未来一定期间的经营决策，为控制生产经营活动而对目标规划的数量说明和具体化，它是决策的具体化。

全面预算是对企业总体生产经营的数量说明，以货币为主要计量单位，对未来一定期间的产品销售数量、产品生产量、存货的采购量、存货成本、预计税金、销售费用、管理费用、财务费用、预计资本性支出、现金支出的计划。

二、全面预算的内容

一个完整的全面预算一般包括日常业务预算、专门决策预算和财务预算三个组成部分。

（一）日常业务预算

日常业务预算是指企业在预算期内日常发生的基本业务活动的预算。日常业务预算通常包括销售预算、生产预算、直接材料预算、直接人工预算、制造费用预算、生产成本预算、销售及管理费用预算等。

（二）专门决策预算

专门决策预算是指企业不经常发生的一次性业务预算。专门决策预算通常包括资本支出预算和一次性专门业务预算。如企业根据长期投资决策编制的资本支出预算，根据融资决策编制的筹资预算，根据股利政策编制的股利分配预算等。

（三）财务预算

财务预算是指反映企业预算期现金收支、经营成果和财务状况的预算。财务预算包括现金预算、预计利润表、预计资产负债表等。它是以日常业务预算和专门决策预算为基础编制而成的。

三、全面预算编制的程序

全面预算与下达程序一般是采取自上而下与自下而上相结合的编制方法，通常是先"自上而下"，又"自下而上"，再"自上而下"。其中"上"指上级单位，"下"指下级单位。具体程序如下：

（1）提出企业预算总目标和预算具体目标。最高管理层根据企业的经营目标和经营方针，提出企业一定时期内的预算总目标和预算具体目标。

（2）各部门编制业务预算。各业务部门的成本控制人员根据预算具体目标和实际情况草编业务预算。各业务部门汇总并协调本部门的预算，编制出销售、生产等业务预算。

（3）汇总企业的总预算。预算管理委员会审查、平衡各部门编制的预算，汇总编制出企业的总预算。

（4）上报预算。预算管理委员会经总预算上报给最高管理层，结果可能通过或驳回修改预算。若驳回修改预算，将修改后的预算再上报，直到通过为止。

（5）下达并执行批准后的预算。最高管理层批准上报的预算后，下达到各预算执行部门进行执行。

【课堂测试 13-1】

1. 全面预算的含义是什么？为什么要编制全面预算？

第二节 全面预算的编制

一、日常业务预算的编制

（一）销售预算的编制

销售预算是全面预算编制的起点，根据"以销定产"的原则，其他预算都以销售预算为基础，编制销售预算的主要内容有预计销售量、销售单价和销售收入。销售预算中通常还包括预计的现金收入的计算，作为编制现金预算的基础。

预计销售量是根据销售量的预测决定，销售单价由定价决策决定。预计销售收入的计算公式如下：

预计销售收入 = 预计销售量 × 销售单价

【例 13-1】假设 A 企业只生产和销售一种甲产品，其 2013 年度的预计销售量如下表 13-1 所示。该公司使用的增值税税率为 17%。其中，在各季含税销售收入中，当季收到 60%，其余 40% 在下季度收到。上年度应收账款 85 000 元，将于 2013 年度第一季度全部收回。

表 13-1 销售预测表（2013 年度）

项目/时间	一季度	二季度	三季度	四季度	全年合计
预计销售量（件）	1 000	1 500	2 000	1 800	6 300
销售单价（元/件）	80	80	80	80	80

要求：根据资料编制 A 企业 2013 年度的销售预算。

根据资料编制销售预算（含预计现金收入），如表 13-2 所示。

表 13-2 销售预算（2013 年度）

单位：元

项目/时间	一季度	二季度	三季度	四季度	全年合计
预计销售量（件）	1 000	1 500	2 000	1 800	6 300
销售单价（元/件）	80	80	80	80	80
预计销售收入	80 000	120 000	160 000	144 000	504 000
增值税销项税额	13 600	20 400	27 200	24 480	85 680
含税销售收入	93 600	140 400	187 200	168 480	589 680
年初应收账款	85 000				85 000
第一季度销售收入	56 160	37 440			93 600
第二季度销售收入		84 240	56 160		140 400
第三季度销售收入			112 320	74 880	187 200
第四季度销售收入				101 088	101 088
现金收入合计	141 160	121 680	168 480	175 968	607 288

$$\text{每季度预计现金流入} = \text{上季度含税销售收入} \times 40\% + \text{本季度含税销售收入} \times 60\%$$

所以，

第一季度预计现金流入 = 85 000 + 93 600 × 60% = 141 160（元）

第二季度预计现金流入 = 93 600 × 40% + 140 400 × 60% = 121 680（元）

第三季度预计现金流入 = 140 400 × 40% + 187 200 × 60% = 168 480（元）

第四季度预计现金流入 = 187 200×40% + 168 480×60% = 175 968（元）

(二) 生产预算的编制

生产预算是在销售预算的基础上编制的，用来安排预算期内的产品生产。其主要包括预计期初存货量、预计生产量、预计销售量及预计期末存货量。计算预计期内预计生产量的具体公式如下：

预计生产量 = 预计销售量 + 预计期末存货量 − 预计期初存货量

【例 13-2】续例 13-1，假设 2013 年甲产品年初存货 150 件，期末存货量按照下期销量的 10% 计算，2013 年年末留存数为 225 件。要求编制 A 公司 2013 年度甲产品的生产预算。

根据资料编制生产预算如表 13-3 所示。

表 13-3　生产预算 2013 年

单位：件

项目/时间	一季度	二季度	三季度	四季度	全年合计
预计销售量	1 000	1 500	2 000	1 800	6 300
加：预计期末存货量	150	200	180	225	225
减：预计期初存货量	150	150	200	180	150
预计生产量	1 000	1 550	1 980	1 845	6 375

其中，每季度生产数量 = 本季度产品销售数量 + 下季度销售数量×10% − 预计期初存货量

第一季度生产数量 = 1 000 + 1 500×10% − 150 = 1 000（件）
第二季度生产数量 = 1 500 + 2 000×10% − 150 = 1 550（件）
第三季度生产数量 = 2 000 + 1 800×10% − 200 = 1 980（件）
第四季度生产数量 = 1 800 + 225 − 180 = 1 845（件）

本季度期末存货量即为下季度期初存货量，其一季度预计期初存货量是全年的期初存货量，第四季度期末存货量是全年的期末存货量。

(三) 直接材料预算的编制

直接材料预算也称为直接材料采购预算，是用来确定预算期内的材料的采购数量和采购成本的。其主要根据是产品的预计生产量、单位产品材料耗用量、期初及期末材料量、单位材料价格和当期支付的材料购货款等。预计材料采购量与预计产品生产量相同，也要考虑期初、期末存货水平。编制材料预算时，还要包括现金支出的内容，作为编制现金预算的基础。预计材料采购量的具体

计算公式如下:

预计材料采购量=预计材料需要量+期末材料库存量-期初材料库存量

【例13-3】 续例13-2,年初年末预计材料库存量分别为1 355、1 450公斤。其余各期末材料库存量为下期生产需要量的20%。单位A产品耗用量4公斤,计划单价为5元/公斤,每季度购料款当季度支付40%,其余在下一季度支付。年初应付账款余额11 000元在预算年度第一季度支付。适用的增值税税率为17%。要求编制A公司2013年度甲产品的直接材料预算(含预计现金支出)。

根据资料编制直接材料预算如表13-4所示。

表13-4 直接材料预算(2013年度)

项目/时间	一季度	二季度	三季度	四季度	全年合计
预计生产量(件)	1 000	1 550	1 980	1 845	6 375
单位产品材料耗用量(公斤)	4	4	4	4	4
预计材料需要量(公斤)	4 000	6 200	7 920	7 380	25 500
加:期末库存量(公斤)	1 240	1 584	1 476	1 450	1 450
预计材料需要量合计(公斤)	5 240	7 784	9 396	8 830	31 250
减:期初库存量(公斤)	1 355	1 240	1 584	1 476	1 355
预计材料采购量(公斤)	3 885	6 544	7 812	7 354	25 595
单位材料价格(元/公斤)	5	5	5	5	5
预计材料采购成本(元)	19 425	32 720	39 060	36 770	127 975
增值税进项税额(元)	3 302.25	5 562.4	6 640.2	6 250.9	21 755.75
预计采购金额合计(元)	22 727.25	38 282.4	45 700.2	43 020.9	149 730.75
期初应付账款金额(元)	11 000				11 000
第一季度购料款(元)	9 090.9	13 636.35			22 727.25
第二季度购料款(元)		15 312.96	22 969.44		38 282.4
第三季度购料款(元)			18 280.08	27 420.12	45 700.2
第四季度购料款(元)				17 208.36	17 208.36
现金支出合计(元)	20 090.9	28 949.31	41 249.52	44 628.48	134 918.21

其中,本季度材料采购量=本季度产品生产量×单位产品材料消耗量+下季度生产需要量×20%-期初材料存量

第一季度预计材料采购量 =1 000×4+1 550×4×20%-1 355=3 885(公斤)

第二季度预计材料采购量 =1 550×4+1 980×4×20%-1 240=6 544(公斤)

第三季度预计材料采购量 = 1 980×4 + 1 845×4×20% − 1 584 = 7 812（公斤）
第四季度预计材料采购量 = 1 845×4 + 1 450 − 1 476 = 7 354（公斤）

本季度期末材料存量即为下季度期初材料存量，第一季度预计期初材料存量即为全年的期初材料存量，第四季度末材料存量即为全年的期末材料存量。

本季度预计现金流出 = 上季度材料采购金额×60% +
　　　　　　　　　 本季度材料采购金额×40%

第一季度预计现金流出 = 11 000 + 22 727.25×40% = 20 090.9（元）
第二季度预计现金流出 = 22 727.25×60% + 38 282.4×40% = 28 949.31（元）
第三季度预计现金流出 = 38 282.4×60% + 45 700.2×40% = 41 249.52（元）
第四季度预计现金流出 = 45 700.2×60% + 43 020.9×40% = 44 628.48（元）

（四）应缴税金及附加预算的编制

应缴税金及附加预算主要是对预算期内的应缴增值税、营业税、消费税、资源税、城市建设维护税及教育费附加等编制的预算，其中不包括预缴的所得税。为简化预算，可以假设当期应交税金及附加当期均以现金形式支付。

【例 13-4】续例 13-3，假设 A 公司流通环节只涉及增值税，并于当期用现金完税。附加税率为 10%。要求根据上述资料编制 A 公司 2013 年度应缴税金及附加预算。

根据资料编制应缴税金及附加预算如表 13-5 所示。

表 13-5　应缴税金及附加预算 2013 年度

单位：元

项目/时间	一季度	二季度	三季度	四季度	全年合计
增值税销项税额	13 600	20 400	27 200	24 480	85 680
增值税进项税额	3 302.25	5 562.4	6 640.2	6 250.9	21 755.75
应缴增值税	10 297.75	14 837.6	20 559.8	18 229.1	63 924.25
销售税金及附加	1 029.78	1 483.76	2 055.98	1 822.91	6 392.43
现金支出合计	11 327.53	16 321.36	22 615.78	20 052.01	70 316.68

其中，

当期应缴纳增值税 = 当期增值税销项税额 − 当期增值税进项税额
当期销售税金及附加 = 当期应缴纳增值税×10%

（五）直接人工预算的编制

直接人工预算是为生产产品的人工成本水平而编制的预算。其主要根据是预计生产量、单位产品直接人工小时和小时工资率。由于直接人工成本一般在当期全部用现金支付，所以不必再预计现金支出。

【例13-5】续例13-4，假设A企业单位产品耗费直接人工4小时，小时工资率为4元/小时。要求编制A企业2013年度的直接人工预算。

根据资料编制直接人工预算如表13-6所示。

表13-6 直接人工预算（2013年度）

项目/时间	一季度	二季度	三季度	四季度	全年合计
预计生产量（件）	1 000	1 550	1 980	1 845	6 375
单位产品直接人工小时（小时）	4	4	4	4	4
人工总工时（小时）	4 000	6 200	7 920	7 380	25 500
小时工资率（元/小时）	4	4	4	4	4
直接人工成本（元）	16 000	24 800	31 680	29 520	102 000

（六）制造费用预算的编制

制造费用预算包括固定性制造费用预算和变动性制造费用预算。编制制造费用主要依据预计生产量、变动性制造费用和固定性制造费用。由于制造费用大部分需要用现金支付，所以在编制制造费用预算时也要编制现金支出的部分。但制造费用中一些项目不需要用现金支付如固定资产折旧费，所以在编制现金支出预算时应将折旧费扣除。

【例13-6】续例13-5，假设A企业的相关资料如表13-7和表13-8所示，要求编制A企业2013年度的制造费用预算。

表13-7 变动性制造费用预算（2013年度）

单位：元

成本项目		小时费用分配率	单位产品费用分配额	全年费用金额
变动性制造费用	间接人工	0.5	2	12 750
	间接材料	0.25	1	6 375
	维修费	0.15	0.6	3 825
	水电费	0.15	0.6	3 825
	其他	0.25	1	6 375
	合计	1.3	5.2	33 150

表 13-8 固定性制造费用预算（2013 年度）

单位：元

成本项目		全年费用金额
固定制造费用	管理人员工资	8 300
	折旧费	16 800
	保险费	4 250
	维修费	6 350
	合计	35 700

表 13-9 制造费用预计现金支出预算（2013 年度）

项目/时间	一季度	二季度	三季度	四季度	全年合计
预计生产量（件）	1 000	1 550	1 980	1 845	6 375
人工总工时（小时）	4 000	6 200	7 920	7 380	25 500
小时费用分配率	1.3	1.3	1.3	1.3	1.3
小计	5 200	8 060	10 296	9 594	33 150
固定制造费用	8 925	8 925	8 925	8 925	35 700
减：折旧	4 200	4 200	4 200	4 200	16 800
小计	4 725	4 725	4 725	4 725	18 900
现金支出合计	9 925	12 785	15 021	14 319	52 050

（七）产品成本预算的编制

产品成本预算是根据直接材料预算、直接人工预算、制造费用预算编制，是编制财务预算中预计利润表和预计资产负债表的基础。

【例 13-7】续例 13-6，要求编制 A 公司 2013 年度产品成本预算。

表 13-10 产品成本预算（2013 年度）

项目	单位成本			生产成本	期末存货成本	销货成本
	单价（元）	耗用量	成本（元）			
产品数量				6 375	225	6 300
直接材料	5	4 千克	20	127 500	4 500	126 000
直接人工	4	4 小时	16	102 000	3 600	100 800
变动性制造费用	1.3	4 小时	5.2	33 150	1 170	32 760
固定性制造费用	1.4	4 小时	5.6	35 700	1 260	35 280
合计	-	-	46.8	298 350	10 530	294 840

（八）期末存货成本预算的编制

期末存货成本预算是指对预算期末产成品、在产品、原材料的成本预计。为简化处理，假设预算期产品全部完工，无在产品。

【例13-8】续例13-7，要求编制A公司2013年末存货成本预算。

根据资料编制期末存货预算如表13-11所示。

表13-11 期末存货预算（2013年度）

项目	单位成本（元）	期末存货量	期末存货成本
在产品存货	0	0	0
产成品存货	46.8	225	10 530
材料存货	5	1 450	7 250
期末存货合计	-	-	17 780

（九）销售与管理费用预算的编制

销售及管理费用预算是产品在销售过程中发生的费用的预算。销售及管理费用也有固定性和变动性之分，编制相关的现金支出预算时需要扣除固定性销售及管理费用中非付现的项目。

【例13-9】续例13-8，A公司单位产品的变动性销售及管理费用为2.25元，固定性制造费用每季度均匀发生，各项目如表13-12和表13-13所示。要求编制A公司2013年度销售及管理费用预算和现金支出预算。

表13-12 变动性销售及管理费用预算（2013年）

单位：元

项目	单位产品应分配费用额	全年费用额
销售人员工资	0.5	3 150
销售佣金	0.7	4 410
运输费	0.6	3 780
其他	0.45	2 835
合计	2.25	14 175

表 13-13　固定性销售及管理费用预算（2013 年）

单位：元

项目	全年费用额
行政管理人员工资	14 500
广告费	11 000
保险费	6 275
其他	375
合计	32 150

表 13-14　销售及管理费用现金支出预算（2013 年）

单位：元

项目/时间	一季度	二季度	三季度	四季度	全年合计
销售量（件）	1 000	1 500	2 000	1 800	6 300
变动性销售及管理费用现金支出	2 250	3 375	4 500	4 050	14 175
固定性销售及管理费用现金支出	8 037.5	8 037.5	8 037.5	8 037.5	32 150
现金支出合计	10 287.5	11 413	12 538	12 087.5	46 325

二、专门决策预算的编制

（一）资本支出预算的编制

资本支出预算是为购置固定资产、无形资产等编制的预算。编制资本支出预算是根据批准的长期经营决策编制的。

【例 13-10】续例 13-9，A 公司预计在 2013 年的第一季度购入一台设备 20 000 元，第二季度购入一条生产线 80 000 元，配套设备共计 10 000 元，第四季度购入一台设备 15 000 元。要求编制 A 公司 2013 年度的资本支出预算。

根据资料编制资本支出预算如表 13-15 所示。

表 13-15　资本支出预算（2013 年度）

单位：元

项目/时间	一季度	二季度	三季度	四季度	全年合计
设备 1	20 000				8 000
生产线		80 000			10 000
配套设备		10 000			15 000
设备 2				15 000	15 000
合计	20 000	90 000	0	15 000	125 000

（二）一次性专门业务预算的编制

企业为保证正常的生产经营，企业需要筹集资金、发放股利等活动，为此做出的预算即为一次性专门业务预算。

【例 13-11】续例 13-10，A 公司根据现金收支情况，预计第二季度初将向银行借款 40 000 元，年利率 10%，期限一年。第三季度末归还银行贷款 25 000 元，第四季度末归还银行贷款 15 000 元。根据股东大会的决定，2013 年度预交所得税 60 000 元发放股利 20 000 元。要求编制 A 公司 2013 年度的一次性专门预算。

根据资料编制一次性专门预算如表 13-16 和表 13-17 所示。

表 13-16　融资预算（2013 年度）

单位：元

项目/时间	一季度	二季度	三季度	四季度	全年合计
借入现金		40 000			40 000
归还本金			25 000	15 000	40 000
支付利息		1 000	1 000	375	2 375

表 13-17　缴纳所得税、发放股利预算（2013 年度）

单位：元

项目/时间	一季度	二季度	三季度	四季度	全年合计
预缴所得税	15 000	15 000	15 000	15 000	60 000
发放股利	5 000	5 000	5 000	5 000	20 000

三、财务预算的编制

（一）现金预算的编制

现金预算是用来反映企业预算期内的现金流转状况的预算。现金是指库存现金、银行存款等货币资金。具体包括以下内容：

（1）现金收入。具体包括期初现金结存数和本期现金收入。

（2）现金支出。具体包括预算期内发生的现金支出。

（3）现金的多余或不足。具体指现金收入与现金支出的差额。当现金收入大于现金支出，则是现金多余，多余的现金可以用来归还借款、进行投资。当现金收入小于现金支出，则是现金不足，此时需要进行筹集资金。

（4）不足资金的筹集和运用。根据现金不足的情况，可通过向银行借款、发行短期企业债券来弥补以及还本付息。

【例 13-12】续例 13-11，A 公司预算期内最低余额为 4 000 元，要求根据上文中的有关资料编制 A 公司 2013 年的现金预算。

根据资料编制现金预算如表 13-18 所示。

表 13-18 现金预算（2013 年度）

单位：元

项目/时间	一季度	二季度	三季度	四季度	全年合计
期初现金余额	15 000	48 529.07	4 940.9	4 317.1	15 000
加：本期现金收入	141 160	121 680	168 480	175 968	607 288
可动用现金合计	156 160	170 209.07	173 420.9	180 285.1	622 288
减：现金支出					
直接材料	20 090.9	28 949.31	41 249.52	44 628.48	134 918.21
直接人工	16 000	24 800	31 680	29 520	102 000
制造费用	9 925	12 785	15 021	14 319	52 050
销售及管理费用	10 287.5	11 412.5	12 537.5	12 087.5	46 325
支付应缴税金及附加	11 327.53	16 321.36	22 615.78	20 052.01	70 316.68
资本性现金支出	20 000	90 000	0	15 000	125 000
预缴所得税	15 000	15 000	15 000	15 000	60 000
预分股利	5 000	5 000	5 000	5 000	20 000
现金支出合计	107 630.93	204 268.17	143 103.8	155 606.99	610 609.885
现金多余或不足	48 529.07	−34 059.1	30 317.1	24 678.11	11 678.115
资金的筹集与运用					
加：借入现金		40 000			40 000
减：归还借款			25 000	15 000	40 000
支付利息		1 000	1 000	375	2 375
期末现金余额	48 529.07	4 940.9	4 317.1	9 303.11	9 303.11

（二）预计利润表的编制

预计利润表是反映预算期内的经营成果的计划。它主要是根据销售预算、产品成本预算、制造费用预算、销售及管理费用预算等编制的。

【例 13-13】续例 13-12，要求根据 A 公司上文中的有关资料采用完全成本法编制 A 公司 2013 年的预计利润表。

根据资料编制预计利润表，如表 13-19 所示。

表 13-19 预计利润表（2013 年度）

单位：元

项目	金额
销售收入	504 000
销货成本	294 840
销售毛利	209 160
营业税金及附加	6 392.43
销售及管理费用	46 325
财务费用	2 375
利润总额	154 067.575
所得税费用	60 000
税后利润	94 067.575

（三）预计资产负债表的编制

预计资产负债表是反映企业在预算期内财务状况的预算表。它是根据预算期期初的财务状况及预算期内的有关业务预算及专门预算编制而成的。

【例 13-14】续例 13-13，要求根据 A 公司 2013 年初有关项目的期初数（见表 13-20）及上文中的有关资料编制 A 公司 2013 年的预计资产负债表。

表 13-20 资产负债表有关资料

项目	期初数	项目	期初数
库存现金	15 000	短期借款	0
应收账款	85 000	应付账款	11 000
原材料	6 775	普通股	249 520
产成品	7 020	未分配利润	35 275
固定资产	185 000		
累计折旧	3 000		
固定资产净值	182 000		

根据资料编制预计资产负债表，如表 13-21 所示。

表 13-21　预计资产负债表（2013 年度）

单位：元

资产	期初	期末	负债及所有者权益	期初	期末
库存现金	15 000	9 303.11	短期借款	0	0
应收账款	85 000	67 392	应付账款	11 000	25 812.54
原材料	6 775	7 250	普通股	249 520	249 520
产成品	7 020	10 530	未分配利润	35 275	109 342.57
固定资产	185 000	310 000			
累计折旧	3 000	19 800			
固定资产净值	182 000	290 200			
资产总额	295 795	384 675.11	负债及所有者权益总额	295 795	384 675.11

【课堂测试 13-2】

1. 为什么编制全面预算要以销售预算为起点？编制销售预算的依据是什么？
2. 现金预算包括哪几个组成部分？
3. 专门决策预算包括哪些内容？

第三节　预算控制的形式

一、固定预算与弹性预算

固定预算是传统的预算编制方法，是根据预算期内的一定业务量水平而编制的预算。在介绍全面预算时采用的就是固定预算编制方法。该种方法优点在于计算简便，缺点在于当实际业务量与预算业务量相差很大时，预算数不能作为规划、控制和评价企业的经营活动的标准。

弹性预算是根据预算期内不同的业务量水平而编制的预算。这种预算弥补了固定预算的缺陷，扩大了预算的活动空间，具有一定弹性。以下举例说明弹性预算的编制。

【例 13-15】某公司只生产和销售一种产品，预算期内单位变动成本 50 元，销售单价 80 元，固定成本 20 000 元。分别编制该公司 2013 年销售量为 1 000 件、1 200 件、1 400 件和 1 600 件时的弹性利润表。

该公司编制 2013 年弹性预算表如表 13-22 所示。

表 13-22 2013 年弹性预算利润预算表

单位：元

项目/销售量	1 000（件）	1 100（件）	1 200（件）	1 300（件）
销售收入	80 000	88 000	96 000	104 000
减：变动成本	50 000	55 000	60 000	65 000
边际贡献	30 000	33 000	36 000	39 000
减：固定成本	20 000	20 000	20 000	20 000
营业利润	10 000	13 000	16 000	19 000

二、增量预算与零基预算

增量预算与零基预算主要是应用于成本费用预算的编制，两者的差别在于编制预算的基础不同。

增量预算是传统的预算编制方法，是在基期的费用水平基础上，考虑预算期业务量的变动，对基期的费用水平进行调整，从而得到预算期的成本费用预算。增量预算法是假设现有的业务活动是企业必需的和原有各项业务是合理的基础上的。该种方法的缺点是当预算期情况发生变化时，预算数额受以前不合理因素影响，可能导致预算结果不准确。

零基预算是指在编制预算时不考虑以前会计期间的费用水平，一切以零为基础，来确定预算期内的费用水平。该方法的优点是弥补增量预算的不足，提高了资金使用效率，删减掉不必要开支；缺点是工作量大且各部门容易产生分歧。编制零基预算的步骤如下：

（1）根据企业预算年度总目标和各部门具体目标，确定费用的开支项目，并对其用途、性质、必要性进行说明，确定费用的开支金额。

（2）对每项费用项目进行成本效益分析，从而确定出各项目的重要程度和开支的先后顺序。

（3）根据预算期内实际可支配的金额，按照各项目的重要程度和开支先后顺序进行合理分配。

【例 13-16】某公司采用零基预算法编制 2013 年度的管理费用预算。根据管理部门认真讨论，确定以下费用项目：业务招待费 20 000 元，办公用品费 2 000 元，差旅费 8 000 元，管理部门的租金 6 000 元。预算期内可支配的金额为 35 000 元。其中业务招待费和管理部门的租金属于约束性固定成本。要求确定该公司 2013 年度的管理费用预算。

根据历史资料对办公用品费和差旅费进行成本效益分析，结果为办公用品费投入 1 元，可获得收益 10 元；差旅费投入 1 元，可获得收益 20 元。现在安排管理费用的先后顺序：

业务招待费　20 000 元
管理部门的租金　6 000 元
差旅费　8 000 元
办公用品费　2 000 元

其中，业务招待费和管理部门的租金共计 26 000 元，必须保证将剩余的资金 9 000 元在后两项费用中分配。

$$差旅费可分配的金额 = 9\,000 \times \frac{20}{20+10} = 6\,000（元）$$

$$办公用品费可分配的金额 = 9\,000 \times \frac{10}{20+10} = 3\,000（元）$$

综上所述，管理费用的预算可确定为：

业务招待费　20 000 元
管理部门的租金　6 000 元
差旅费　6 000 元
办公用品费　3 000 元

三、定期预算与滚动预算

定期预算通常以一个会计年度作为预算编制的期间，前面介绍的全面预算采用的就是此法。定期预算的优点在于预算期与会计年度一致，便于实际数与预算数的比较，有利于预算的执行、分析和评价。定期预算也存在一些缺陷，如不能适应发生的变化，导致原有预算滞后；可能会导致管理决策人员着眼于短期利益，而忽视企业长期利益。

滚动预算可以弥补定期预算的缺陷，该预算方法随着时间的推移，预算期自动向后延续或滚动，使年度预算始终包括 12 个月或 4 个季度。

编制滚动预算时，对于近期预算要编制得尽可能详细，远期可以粗略些，随着时间的推移，及时对预算进行适当的调整和修订，并补充新的预算。滚动预算的优点在于保持了预算的连续性和灵活性，不足之处在于工作量繁重。实际工作中可以简化预算的编制工作，根据企业实际需要采用按季度滚动或是按月滚动。

【课堂测试 13-3】

1. 固定预算与弹性预算的区别和联系是什么？
2. 增量预算与零基预算的区别和联系是什么？
3. 定基预算与滚动预算的区别和联系是什么？

本章小结

全面预算是对企业总体生产经营的数量说明，以货币为主要计量单位，对未来一定期间的产品销售数量、产品生产量、存货的采购量、存货成本、预计税金、销售费用、管理费用、财务费用、预计资本性支出、现金支出的计划。一个完整的全面预算一般包括日常业务预算、专门决策预算和财务预算三个组成部分。弹性预算是根据预算期内不同的业务量水平而编制的预算。固定预算是传统的预算编制方法，是根据预算期内的一定业务量水平而编制的预算。增量预算与零基预算主要是应用于成本费用预算的编制，两者的差别在于编制预算的基础不同。零基预算是指在编制预算时不考虑以前会计期间的费用水平，一切以零为基础，来确定预算期内的费用水平。定期预算通常以一个会计年度作为预算编制的期间。滚动预算可以弥补定期预算的缺陷，该预算方法随着时间的推移，预算期自动向后延续或滚动，使年度预算始终包括 12 个月或 4 个季度。

章后案例　　　　杭州钢铁集团公司的全面预算管理

一、公司概况

杭州钢铁集团公司（以下简称杭钢公司）创建于 1957 年。经过 51 年的发展，已经成为一家以钢铁为主业，房地产、贸易流通、环境保护、酒店餐饮、高等职业教育、科研设计等多元产业协调发展的大型企业集团。2007 年，杭钢集团实现销售收入 412.87 亿元、利税 32.93 亿元、利润 21.51 亿元。目前，杭钢集团拥有全资及控股子公司 35 家，其中，杭州钢铁股份有限公司为上市公司。从2004年起，杭钢集团连续5年进入全国百强企业排行榜，2008年排名第82位。

二、内部管理制度的沿革

杭钢集团的经营管理体制经历了两次质的转变：

（1）第一次质的转变。随着计划经济体制向生产经营型体制的转变，企业管理制度实现了由生产计划型管理模式向目标管理为主体的经济责任制管理模式的转变。在这一转变过程中，杭钢集团严格遵循市场经济规律，着眼于内部改革，建立和完善了一套适合企业实际的管理制度，如以成本控制为突破口的目标成本管理制度、以资金集中管理为核心的投资项目集中管理和以费用控制为重点的"定额控制，分项核定"的费用管理制度等。这些制度为进一步完善企业经营管理和财务管理奠定了良好的基础，也为财务管理部门全面参与企业经营管理提供了条件。

（2）第二次质的转变。随着生产经营型体制向资产经营型体制的转变，企业管理制度又实现了由经济责任制管理模式向全面预算管理模式的转变。内部经济体制改革的不断深化和现代企业制为主体的单一管理模式已不能完全适应需要。为了更好地配置经济资源，促进工艺结构和产品品种结构的调整，提高企业的核心竞争力，增强企业的可持续发展能力，需要有一种更为先进、能对企业生产经营活动实行全方位控制的管理模式。为此，杭钢集团引进全面预算管理体制，并在1996年开始实施。

实施预算管理的第一年处于探索阶段。杭钢集团采用经济责任制和全面预算管理双轨制的运行办法，不仅给日常管理和具体操作带来了很大的不便，而且各二级管理单位难以接受，无法达到对经营管理活动进行全面控制的预期效果，也给预算管理模式的深层次运行带来了较大的阻力。针对双轨制运行办法存在的问题，杭钢集团对这两种管理模式的异同点进行了仔细的比较分析，以会计核算体系为突破口，探索两者结合的途径。经过半年多的实践，逐步理顺了思路，总结出了一套较为成熟的结合方式。预算管理办公室对两者结合的具体方式进行了规范，自1997年开始实施。

三、全面预算管理的基本框架

（1）预算控制组织体系。为了确保预算的权威性以及杭钢集团整体目标与局部目标的协调统一，根据全面预算管理的特点，结合生产经营管理的要求，成立了集团预算管理委员会，由集团主要领导及各主管部门领导组成,下设办公室;各二级单位根据集团的有关规定设立相应的组织机构,由集团赋予其相应的权限和职责。

(2) 授权批准制度。为保证各级组织机构认真履行职责,对生产经营活动进行有效控制,集团严格遵循不相容职务相分离和授权批准控制的原则。主要体现在:集团预算管理委员会由董事会领导,其成员由董事会任免;集团董事会授权预算管理委员会组织财务部编制公司全面预算方案,协调预算编制中出现的问题,并对方案进行平衡、审核后上报集团董事会审批;预算的最终审批权属于集团董事会,批准后的预算方案由预算管理委员会负责组织实施;预算的整个编制过程按照"自上而下、自下而上"、"谁花钱、谁编预算、谁控制、谁负责"等原则逐级编制上报;各主管部门只能在授权的职责范围内,对预算编制过程中或经批准实施的相关预算指标进行审核或批准;集团预算的调整必须按预算编制程序的规定逐级上报,除涉及集团重大经营方针、政策、技改及投资项目的调整由集团董事会批准外,其他项目的调整由董事会授权预算管理委员会审核批准。除上述授权批准以外,任何单位和个人均无权对预算作出调整。

(3) 预算管理的内容。杭钢集团全面预算管理的主要内容包括经营预算、现金流量预算和投资预算。

经营预算包括销售预算、生产预算、物资采购预算、工人费用预算、制造及期间费用预算及其他项目预算。经营预算以销售预算为起点,按集团确定的利润目标倒算出产品销售成本,然后以经济责任制形式分解、落实,下达到生产经营活动的各过程,以保证集团总体目标的实现。

现金流量预算的主要内容包括现金流入、现金流出、现金多余或不足的计算,以及对现金不足部分的筹措或多余部分的运用方案等。现金流量控制是集团预算管理的核心内容,资金集中管理为编制现金流量预算奠定了基础,"收支两条线,量入为出,确保重点,略有结余"是现金流量预算编制的原则。

投资预算是根据集团中长期发展规划的要求确定预算期投资项目所需的现金流出量。投资项目所需的现金流量是集团整个现金流量预算的一部分,纳入集团预算综合平衡后最终确定。

(4) 预算编制的程序。集团预算的编制一般安排在第四季度进行,具体操作程序如下图所示。在整个预算编制过程中,主要做好以下几个方面的平衡工作:

1）销售预算与生产预算的综合平衡。

预算编制的操作程序

时间	管理要点	具体内容
10月上旬	召开预算管理委员会专题会议	分析当前市场及生产经营情况； 剖析预算管理中存在的问题； 预算管理委员会提出预算编制的重点和要求。
10月中旬	销售及生产预算的编制与平衡，技术经济指标预算的编制	公司营销部门编制销售数量及收入预算； 生产主管部门编制生产预算； 技术、质量部门编制技术及质量指标预算； 预算管理委员会或总经理专题会议协调平衡； 修订未达标预算。
10月下旬	销售收入、成本及利润目标的预测	财务部编制预计利润表，提出经营目标报预算管理委员会审核； 预算管理委员会确定经营目标； 财务部修订未达标预算； 布置各预算责任单位编制分项预算。
11月上中旬	汇总分项预算，编制总预算	11月上旬各预算责任单位编制分项预算并报预算成本科； 11月中旬财务部审核、汇总编制总预算； 预算责任单位修订未达标分项预算； 财务部进一步平衡后，将总预算报预算管理委员会审核。
11月下旬	预算管理委员会审核总预算	审核后返回财务部进一步修订未达标预算，再报预算管理委员会审核； 预算管理委员会审核同意后报公司董事会审批。
12月上旬	公司董事会审核批准	公司董事会召开预算管理专题会议讨论预算方案，作出批准或返回修改。
12月中旬	预算指标分解落实	财务部将经公司董事会批准的预算方案，按指标分解程序，分解、落实到各预算责任单位。

第一步，集团营销部门在对市场形势进行预测的前提下，通过分析集团生产经营的实际情况，以市场为导向对下一年度产品销售进行预测，编制集团销售预算（要求分品种、规格、数量、售价、销售额等）。

第二步，集团生产管理部门根据营销部门编制的销售预算，结合集团产品生产能力及资源的配置情况，对销售预算中的品种、规格、数量进行细致的分析，编制生产预算，并对目前集团产品实际生产能力与市场需求之间存在的矛盾提出解决的措施。

第三步，集团总经理召开办公会议，对销售与生产之间存在的不一致进行协调、平衡，对解决矛盾的具体措施作出安排，保证生产适应市场的需求。

第四步，销售及生产管理部门根据集团总经理办公会议精神，重新编制销售与生产预算，报财务部。

2）分项预算与总预算之间的平衡。总预算应该是集团经营目标的具体化，但它又是由分项预算汇总编制得到的。虽然集团制定了预算编制的要求和方法，但分项预算编制的结果与集团的经营目标之间肯定存在差距。因此，总预算与分项预算之间需要进行平衡。平衡的重点是：集团生产预算确定的产品生产量、品种、规格与分项预算中的具体产品生产量、品种、规格之间的平衡；集团总预算的资源配置安排与分项预算中预计资源需要之间的平衡；总预算中的技术经济指标预算与分项预算中预计可达到的技术经济指标之间的平衡。具体的平衡步骤是：

第一步，财务部以集团销售及生产预算为依据，按预计售价编制公司销售收入预算；再按产品成本的经济用途分类项目，依据预计的下一年度物资采购价格、各项技术经济指标及费用控制目标对产品销售成本进行预测，同时编制物资采购及其他预算，并编制出集团下一年度的预计利润表，提出集团预计经营目标及物资采购总量和所需采购资金及资源平衡等情况的初步方案，报预算管理委员会审核。

第二步，财务部根据预算管理委员会的审核意见修订未达标预算，并结合销售及生产预算制定集团预算编制的总体要求，以书面形式布置各预算责任单位编制下一年度的分项预算。

第三步，各预算责任单位按集团预算编制要求，结合本部门实际，编制分项预算，经所在单位预算管理机构批准后报财务部。

第四步，财务部汇总各预算责任单位上报的分项预算，根据集团经营总目标进行总体平衡后，编制集团下一年度的全面预算方案，报预算管理委员会审核；预算管理委员会审核后提出修改意见返回财务部；财务部将再次修改后的预算方案报预算管理委员会，审核同意后，上报集团董事会审批。

第五步，财务部将经董事会批准的预算方案分解，落实到各预算责任单位。

通过上述平衡后，使各分项预算与总预算之间协调一致，保证集团经营总目标的实现。

3) 现金流量预算各项目之间的综合平衡。现金流量预算各项目之间的平衡，主要是处理好现金流入总量与现金流出总量之间的平衡关系。

现金流入总量的控制重点是产品销售收入贷款回笼总额。由于公司坚持款到发货的营销策略，以有效地减少应收账款，保证贷款的及时回笼，因此公司要求营销部门销售贷款回笼率达到100%来平衡现金流入总量，其计算公式如下：

销售回笼现金总额＝产品销售收入总额×（1＋增值税税率）

当年现金流出总量与现金流入总量之间的平衡，采用"量入为出，确保重点，略有结余"方法，主要解决物资采购所需资金与预计可支付的现金总量之间的平衡、投资项目所需资金与预计可支付的现金总量之间的平衡、税金及员工工资福利预计需支付的现金总量等。上述重点项目的年度预计现金流出总量要根据公司年度预计现金流入总量进行综合平衡来确定，以保证公司对现金流量的统筹安排，有效控制。

4) 预算的调整。为不影响预算管理的严肃性和权威性，集团强调预算调整除严格执行预算管理制度的有关规定及自下而上逐级上报审批的程序外，原则上不对集团年度经营总目标做出调整，只对分项预算中不适应市场需求而影响集团总目标实现的部分进行调整。

5) 现金流量的集中控制。随着企业内部体制改革的深入，传统的资金管理模式已限制了资金管理的深层次发展。杭钢集团实行全面预算管理后，资金集中管理模式已转化为以现金流量控制为核心的集中管理模式，促使资金管理的目标更加明确，措施更加有效，资金的调控能力更强。具体方法是：由全面预算确定现金流量年度控制总额，通过指标分解确定各预算部门的现金流量，实行年度总额控制；根据集团生产经营的实际情况，进行月度现金流量的总体平衡，核定各预算部门月度总额控制指标；将各预算部门的现金流量月度控制指标通过资金结算中心实行按日控制，对超过月度控制目标的，除影响公司产品质量、环保或生产经营而急需的技术改造等例外情况外，一律停止对外支付。

6) 信息反馈系统和预算的动态控制。杭钢集团通过建立有效的信息反馈系统，将预算实施过程中的有关信息及时反馈传递到预算控制中心，及时掌握预算控制的态势，进而通过对信息的比较分析，判断差异产生的原因，采取有效的措施，纠正实际脱离预算的差异，实行预算的动态管理。通过及时反馈预算控制信息及掌握实际结果，使预算委员会集中精力分析研究重大经营决策及处理例外事项，促使预算管理方式和方法的不断创新。

预算信息的反馈是通过定期（或不定期）的业绩报告实行的。财务部通过对各预算部门预算执行结果的比较分析，根据集团制定的预算考核管理办法，按月对各预算部门实行考核。同时对预算执行的动态情况，每旬在集团早会上汇总通报销售收入、目标成本、销售货款回笼等主要指标的完成情况，并根据实际情况研究解决预算执行中存在的问题。

公司还建立和健全了以"公司、厂部、车间、班组"等控制体系为主体的预算指标执行结果月度分析例会制度，有效地完善了实施预算管理的监督控制体系。

附录　杭钢集团2009年全面预算实施办法

为了有效控制集团生产经营活动，提高资产的运营效率，全面完成各项指标，现根据集团第1号文件提出的总体思路及2009年全面预算方案，制定本实施办法。

1.2009年全面预算总目标：实现销售收入×亿元，其中钢铁主业×亿元；实现利润×亿元，其中钢铁主业×亿元；年度现金收支基本保持平衡。

2.分项预算指标

（1）钢铁主业预算指标

①生产预算。预算钢坯耗用总量×万吨，其中，当年自产×万吨、外购×万吨、库存×万吨。

2009年预算钢材生产总量×万吨，其中，中型材×万吨、矽板坯×万吨、小型材×万吨、高速线材×万吨、薄板×万吨、钢管×万吨。

2009年预算钢材品种结构如下表所示。

项目	预算产量（万吨）	所占比例（%）
1.优碳材		
2.合结材		
3.普碳材		
合计		

②销售预算。2009年预算钢材销售总量×万吨,实现销售收入×亿元,其中,钢材、钢坯销售收入×亿元,其他销售收入×万元。

2009年销售预算如下表所示。(应按照产品品种分别编制具体的销售预算)

	第一季度	第二季度	第三季度	第四季度	全年
销售数量(吨)					
销售单价(元/吨)					
销售收入(元)					

③成本预算。与去年同期预算相比降低成本×亿元以上,其中,通过实施新的成本考核模式要求降低生产成本×亿元以上;降低原材料采购成本×亿元、备件采购成本×万元。全年计提固定资产折旧预算×万元。大修理费用全年预算×万元,其中,生产运输设备大修理费用×万元、环境治理费用×万元、其他×万元。

2009年成本预算如下表所示。

	单位成本			生产成本	期末存货	销售成本
	单价	耗用量	成本			
产品数量(吨)						
材料采购						
备件采购						
变动制造费用						
固定制造费用						
合计						

④现金流量预算。年度现金收支基本保持平衡,其中,预算原材料采购资金支出总额×亿元、备件采购支出总额×亿元,技改项目资金支出控制在×亿元以内。

(2)非钢产业预算指标

贸易收入×亿元,实现利润×万元。

房地产销售收入×亿元,实现利润×万元。

科研、设计收入×亿元,实现利润×万元。

环保、信息等新兴产业收入×亿元,实现利润×万元。

餐饮、旅游服务收入×万元,实现利润×万元。

矿产品销售收入×万元，实现利润×万元。

其他销售收入×万元，实现利润×万元。

上述产业预算销售收入合计×亿元，扣除集团内部交易额×亿元后，实际对外销售收入×亿元；上述产业预算利润合计×万元。

2009年非钢产业预算如下表所示。

项目	销售收入	利润
贸易		
房地产		
科研、设计		
新兴产业		
餐饮、旅游		
矿产品		
其他		
减：集团内部交易额		
合计		

（3）各单位预算指标（具体见集团有关文件）

3. 预算编制依据

（1）钢铁主业预算的编制依据

①2009年预算产量按钢铁主业生产计划及实际生产能力分析。

②钢材销售价格以钢铁主业2008年12月出厂价为依据，并适当考虑预算年度降价因素。

③原材料采购价格，考虑了洗精煤、电煤，白煤及国内精矿粉提价因素，要求其他品种采购价比2008年实际水平下降×%，即采购成本降低×亿元。

④各项消耗指标原则上以2008年最后三个月指标的平均值为依据，并结合内部计改等因素确定。

⑤可控费用在2008年实际水平上下降×%～×%。

⑥现金流量主要以上述分项预算指标为依据，并按照"收支两条线、收付实现制"的原则计算确定。

（2）非钢产业预算的编制依据

非钢产业销售收入和利润指标以2008年业绩为依据，并考虑市场及各单位预算年度实际情况平衡确定。

四、预算考核

各项预算指标,通过目标责任制、资产经营责任制等方式进行考核。

1. 目标责任制

(1) 炼铁厂、转炉厂、焦化厂、中轧厂、热带厂、薄板厂、小轧公司、电炉公司、高线公司等单位以目标成本为主体指标;供应分公司以目标采购成本为主体指标;钢管厂、动力公司、储运公司、建安公司、设备分公司等单位以目标利润为主体指标。上述单位实行目标责任制考核,工资总额(不含与加压指标挂钩的工资数)与各单位主体指标挂钩,工资总额挂钩比例为×%~×%。(具体详见集团经济责任制方案。)

主体指标按月累计考核,完成主体指标的,得实际工资总额;完不成主体指标的,扣减工资总额。

①供应分公司按以下公式扣减工资总额:

应扣工资总额=(采购成本目标降低额—采购成本实际降低额)×3%

②实行目标成本指标考核的,按其成本上升额的×%扣减工资总额。

③实行目标利润指标考核的,按其利润下降或亏损额的×%扣减工资总额。

为调动上述单位"降成本、增效益"的积极性,公司还设置了激励奖,按月考核,累计清算。在成本(利润)目标值的基础上,按下降(上升)额的×%~×%予以奖励,超过一定额度的需计征×%的工资调节税(具体另定)。

除主体指标以外,还根据二级生产厂、独立子(分)公司、钢管模拟市场等不同性质,为上述单位设置了相应的辅助考核指标,如下表所示。

辅助考核指标	扣减比例
定额储备资金	
销售收入	
贷款回笼率	
产销率	
采购资金(限物资采购部门)	
对外创收	
管理费用	
现金流量	

未完成指标的，按下列比例扣减工资总额：

①供应分公司、设备分公司未完成定额储备资金指标的，扣减工资总额的×%，其他单位按×%扣减。

②计量处、职工医院、培训中心、物业分公司，实行全额收支与工资总额包干，未完成指标的，按照未完成额的×%扣减挂钩工资总额，按季累计考核，年终清算。

③机关各处、室未完成费用定额指标的，按目标责任制方案进行考核，并与主体生产单位同步挂钩。（具体详见机关目标责任制考核方案。）

（2）各分项预算指标的考核以各单位当年财务实现数为依据。

2. 资产经营责任制

冶金物资公司、工贸公司、外贸公司，遂昌金矿、杭钢文化中心、新事业公司、冷带公司等单位的预算指标，按照资产经营责任书或招标经营管理责任书的有关规定考核。

黄金公司、浙江富春公司、冶金研究院、工业设计院、新世纪大酒店、银星公司、德清萤石矿、五金炉料公司、国贸公司（销售处）、紫光环保公司、蓝贝斯公司等单位预算指标的考核，按照浙冶杭钢发字（2008）第7号文执行。

五、预算调整

预算在执行过程中发生外部市场变化、公司生产经营思路调整、重大生产设备事故及其他重大事项，经集团预算管理委员会同意可以调整预算外，任何人不得调整预算指标。对必须进行的预算调整，由预算单位提出预算调整意见，详细说明理由，交集团财务审查，并报经集团预算管理委员会批准后方可调整预算指标。对预算总目标进行较大调整的，必须报经集团董事会批准。

钢铁主业技改、大修理的投资调整纳入预算范围。对超计划的项目，实施单位必须详细说明原因并报集团基建技改部（设备处），由主管部门提出意见，经集团规定程序审批后予以追加投资计划。无追加投资计划的，财务部门一律不予付款。

六、预算分析、监督

各单位应按月、季、年对预算执行情况进行预测和分析，预算分析要反映实际与预算，以及与上年度的对比情况，着重分析发生偏差的原因，并提出整改意见，落实具体措施，务必将执行结果置于预算

> 控制之中。
> 　　季度、半年度分析资料应于期末的次月7日前上报集团财务部，年度分析资料的上报时间另行通知。预算分析应做到数据准确、内容完整、报送及时。
> 　　集团财务部负责全面预算的日常管理，有权就预算执行情况组织调查，有关单位应如实反映情况，提供必要的资料。
> 　　各单位未经批准，擅自变更预算，将追究该单位主要领导和直接责任者的责任。
> 　　七、其他事项
> 　　本实施办法适用于集团所属各单位。各单位行政一把手必须亲自分管全面预算工作，切实做好预算方案制定、指标分解、措施落实和预算执行情况考核等工作。
> 　　各单位应结合实际情况，制定相应的全面预算实施办法，必须在2009年1月底前将本单位全面预算实施办法上报集团财务部。
> 　　本实施办法由集团财务部负责解释。本实施办法自2009年1月1日起执行。
> 　　资料来源：杭州钢铁集团公司财务部．杭钢推行全面预算管理的探索与实践[J]．浙江财税与会计，1999（7）．

核心概念

全面预算（comprehensive budget）　财务预算（financial budget）　日常业务预算（daily business budget）　专门决策预算（special decision budget）　现金预算（cash budget）　固定预算（fixed budget）　弹性预算（flexible budget）　增量预算（incremental budget）　零基预算（zero-base budget）　定期预算（regular budget）　滚动预算（rolling budget）

思考题

1. 全面预算的含义是什么？
2. 全面预算的内容是什么？
3. 全面预算的编制程序是什么？
4. 全面预算的编制起点是什么？如何编制？
5. 各种财务预算的编制原理是什么？

6. 什么是固定预算、弹性预算、增量预算、零基预算、定基预算和滚动预算？它们各自的优缺点是什么？应如何编制？

练习题

（一）单项选择题

1. 全面预算的编制起点是（　　）。
   A. 销售预算　　　　　　　B. 生产预算
   C. 现金预算　　　　　　　D. 生产成本预算

2. 销售预算的基础是（　　）。
   A. 利润预测　　　　　　　B. 收入预测
   C. 成本预测　　　　　　　D. 销售预测

3. 根据预算期内可预见的多种经营活动水平确定相应数据所编制的预算是（　　）。
   A. 零基预算　　　　　　　B. 固定预算
   C. 弹性预算　　　　　　　D. 滚动预算

4. （　　）作为控制间接费用的有效方法而被广泛采用。
   A. 弹性预算　　　　　　　B. 零基预算
   C. 滚动预算　　　　　　　D. 增量预算

5. 生产预算是在销售预算的基础上编制的，预计产量等于（　　）。
   A. 预计期末存货+预计期初存货+预计销售量
   B. 预计期末存货-预计期初存货+预计销售量
   C. 预计期末存货-预计期初存货-预计销售量
   D. 预计期末存货+预计期初存货-预计销售量

6. 财务预算分为（　　）。
   A. 销售预算　　　　　　　B. 销售及管理费用预算
   C. 生产成本预算　　　　　D. 预计资产负债表

7. 现金预算中不能反映（　　）。
   A. 经营性现金收入　　　　B. 资金的筹措及运用
   C. 损益情况　　　　　　　D. 资本性现金支出

8. 某企业编制"销售预算"，上期销售收入为 500 万元，预计预算期销售收入为 400 万元，销售收入的 70% 会在本期收到，30% 将在下期收到，则预算期的经营现金收入为（　　）万元。

A. 470 B. 430
C. 530 D. 550

9. 某企业编制"直接材料预算",预计第四季度期初存量 500 吨,该季度生产需用量 600 吨,预计期末存量为 200 吨,材料单价为 1 000 元/吨,若材料采购货款有 60%在本季度内付清,另外 40%在下季度付清,假设不考虑其他因素,则该企业预计资产负债表年末"应付账款"项目为( )元。

A. 100 000 B. 120 000
C. 150 000 D. 170 000

10. 预计资产负债表中除上年期末数已知外,其余项目均应在( )和特种决策预算的基础上分析填列。

A. 现金预算 B. 预计利润表
C. 财务预算 D. 日常业务预算

11. 特种决策预算中往往被纳入业务预算体系的是( )。

A. 短期决策预算 B. 长期决策预算
C. 资本支出预算 D. 制造费用预算

(二) 多项选择题

1. 下列各项中,属于日常业务预算的是( )。

A. 现金预算 B. 销售预算
C. 生产预算 D. 预计资产负债表

2. 下列各项中,属于财务预算的是( )。

A. 现金预算 B. 产成品成本预算
C. 制造费用预算 D. 预计资产负债表

3. 与生产预算有直接联系的预算是( )。

A. 直接材料预算 B. 直接人工预算
C. 变动制造费用预算 D. 销售及管理费用预算

4. 全面预算包括( )。

A. 日常业务预算 B. 财务预算
C. 专门决策预算 D. 滚动预算

5. 关于增量预算和零基预算的说法正确的是( )。

A. 增量预算受原有费用水平的限制,可能导致保护落后
B. 零基预算使用于产出较难辨认的服务性部门费用预算
C. 增量预算必须假设原有各项开支都是必要的

D. 零基预算能调动企业各部门降低费用的积极性

6. 下列各项中属于现金预算的编制依据的是（   ）。

A. 销售预算　　　　　　　　B. 直接材料预算

C. 直接人工预算　　　　　　D. 生产成本预算

7. 下列关于本期采购付现金额的计算公式中，正确的是（   ）。

A. 本期采购付现金额=本期采购金额（含进项税）+期初应收账款-期末应收账款

B. 本期采购付现金额=本期采购金额（含进项税）+期初应付账款-期末应付账款

C. 本期采购付现金额=本期采购金额（含进项税）-期初应付账款+期末应付账款

D. 本期采购付现金额=本期采购本期付现部分（含进项税）+以前期赊购本期付现的部分

8. 预计利润表的编制基础包括（   ）。

A. 销售预算　　　　　　　　B. 应缴税金及附加预算

C. 产品成本预算　　　　　　D. 销售及管理费用预算

9. 下列各项中，属于滚动预算优点的有（   ）。

A. 完整性　　　　　　　　　B. 连续性

C. 灵活性　　　　　　　　　D. 远期指导性

10. 在编制预计资产负债表时，下列计算公式正确的有（   ）。

A. 期末现金余额=库存现金+银行存款

B. 期末应收账款=本期销售额×（1-本期收现率）

C. 期末应付账款=本期采购额×（1-本期付现率）

D. 期末未分配利润=期初未分配利润+本期利润-本期股利

11. 下列各项中，能够在销售预算中找到的内容有（   ）。

A. 预计生产预算　　　　　　B. 预计单位售价

C. 预计销售量　　　　　　　D. 收回应收账款

（三）判断题

1. 全面预算是指根据企业目标所编制的经营、资本、财务等年度收支总体计划，包括专门决策预算、日常业务预算与财务预算三大类内容。（   ）

2. 弹性预算是基于预算期多种业务量水平编制的。（   ）

3. 生产预算是整个预算编制的起点，其他预算的编制都以生产预算作为基础。（   ）

4. 连续预算将预算期与会计年度结合在一起，便于预算的考核评价。（   ）

5. 销售预算是全面预算的起点。（   ）

6. 对于固定性销售费用只需要按项目反映全年预计水平。（   ）

7. 短期借款不会影响到现金预算。（   ）

8. 按照定期预算方法编制的预算具有滞后性、盲目性、间断性。（   ）

9. 在编制零基预算时，应以企业现有的费用水平为基础。（   ）

10. 编制弹性预算所用的业务量可以是产量、销售量、材料消耗量。（   ）

（四）计算题

A 企业 2014 年的有关预算资料如下：

（1）预计该企业 2—6 月的销售收入分别为 30 000 元、40 000 元、50 000 元、60 000 元、70 000 元，每月销售收入中，当月收到现金 70%，下月收到现金 30%。

（2）各月直接材料采购成本按下一个月销售收入的 60% 计算。所购材料款于当月支付现金 40%，下月支付现金 60%。

（3）预计该企业 3—5 月的制造费用分别为 3 500 元、4 500 元、5 500 元，每月制造费用中包括折旧费 1 000 元。

（4）预计该企业 3 月份购置固定资产，需要现金 12 000 元。

（5）预计该企业在现金不足时，向银行借款（为 10 000 元的倍数），现金有多余时归还银行借款（为 10 000 元的倍数）。借款的年利率为 12%。

（6）预计该企业期末现金余额最低为 9 000 元。其他资料见现金预算。

要求：根据以上资料，完成下列 3—5 月现金预算的编制工作。

现金预算表

单位：元

项目/时间	3 月	4 月	5 月
期初现金余额	20 000		
加：本期现金收入			
可动用现金合计			
减：现金支出			
直接材料			
直接人工	2 000	3 000	4 000
制造费用			
资本性现金支出			

续表

项目/时间	3月	4月	5月
预缴所得税	0	0	0
现金支出合计			
现金多余或不足			
资金的筹集与运用			
加：借入现金			
减：归还借款			
支付利息			
期末现金余额			

第十四章 标准成本系统

上一章介绍了全面预算是管理会计的规划职能，本章介绍管理会计的控制职能。通过本章的学习，要求熟悉标准成本的含义、标准成本系统的含义、标准成本系统的种类，要求掌握标准成本的构成、成本差异的计算与分析、成本差异的账务处理。

> **开篇案例　　标准成本制度在广东某合资制造企业的运用**
>
> 　　A公司是生产、销售冰淇淋食品的企业，1986年由广州某食品厂、香港牛奶有限公司、广东某食品有限公司三方合资经营。A公司生产的著名品牌"五羊牌"冰淇淋系列产品荣获轻工业部、广东省、广州市优质产品等三十多项荣誉称号，形成了甜筒、脆皮、杯装、罐装、糯米糍及批条等六大系列，六十多个品种的冰淇淋产品。"五羊牌"冰淇淋在全国多个大城市推广销售，并出口港澳地区，是我国目前唯一的冰淇淋出口产品，A公司也连续多年被广东省人民政府评为"省级先进企业"。
>
> 　　1999年9月前，A公司在生产管理上最主要的工作是如何尽可能地增加产销量，没有过多地考虑成本核算与成本管理问题，并且主要采用传统成本法进行核算。
>
> 　　从1996年开始，由于同行业竞争者的增多，如瑞士的雀巢公司、美国的联合利华公司、香港的和黄公司等世界或地区知名食品企业的加入，令在中国还是一种季节性消费品的冰淇淋市场竞争越来越激烈。A公司原来采用传统的制造成本法核算；另一方面，企业的非生产性活动大大增加，由此而发生的成本在总成本中所占的比重也不断提高。由于企业内部管理尤其是成本管理跟不上，应收账款管理不善，导致该企业1998年出现了亏损。
>
> 　　1999年2月，某跨国公司（该跨国公司是全球最大的食品制造商之一，几十年来它在成本管理方面采用标准成本制度，使成本控制取得了

> 令人满意的效果）收购了 A 公司。出于该跨国公司全球一体化管理的要求，A 公司在同年 9 月开始进行全方位的管理改革，其中最重要的一项就是成本管理的改革。在公司管理层的积极倡导下，按照母公司的管理体制标准，花费三个月的时间，A 公司初步建立了以标准成本制度为基础的成本管理体系。
>
> 采用了标准成本制度后的 A 公司，在成本计划、计算、控制和分析方面有了非常显著的改变。具体来说，由于标准成本的核算细化到了每一个生产环节，对产品成本的构成有更加明细的描述，有效地减少了不应该发生的"浪费"。
>
> 经过三年多的努力，面对激烈的市场竞争，A 公司采取了较为灵活的销售策略，加快了新产品的开发速度，以满足不同消费者的口味。从 2000 年起，冰淇淋的销售状况有了好转，2001 年的销售额比 2000 年增长了 13.6%。同时，公司管理层不断加强管理改革，严格控制成本，与 2000 年对比，公司的销售费用、管理费用和财务费用合计下降了 27.7%，生产成本下降了 17.5%。2001 年当年亏损额合计比 2000 年减少了 30.1%。这一成果的取得是与公司管理层重视成本控制、采用标准成本制度进行全方位成本管理分不开的。
>
> 资料来源：刘运国，谢丽红，黄越．标准成本制度在广州某合资制造企业的应用研究[J]．广东财会，2002（6）．

第一节　标准成本系统概述

一、标准成本系统的含义

标准成本系统又称标准成本制度或标准成本会计，是指以标准成本为核心，通过标准成本的制定、执行、核算、控制、差异分析等一系列有机结合的环节，将成本的核算、控制、考核、分析融为一体，实现成本管理目的的一种成本管理制度。

标准成本系统与一般的成本计算方法不同，主要表现在：以标准成本为基础，将实际成本与标准成本进行比较，计算出成本差异，将差异进一步分析，找到形成差异的原因与责任，并据此采取奖优罚劣，以实现有效的激励，促使员工巩固成绩，克服缺点，从而实现对成本的有效控制。

二、标准成本的含义

标准成本是指在有效经营及当前的生产技术条件下，经过努力可以达到的目标成本。标准成本有具体有两层含义，包括单位产品的标准成本和标准成本总额。

（一）单位产品的标准成本

单位产品的标准成本实质是单位产品的生产成本预算，是根据单位产品的标准消耗量和标准单价计算的。其具体计算式为：

单位产品的标准成本＝单位产品标准消耗量×标准单价

（二）标准成本总额

标准成本总额是根据实际产量和单位标准成本计算出来的。其具体计算式为：

标准成本总额＝实际产量×单位产品标准成本

三、标准成本的种类

标准成本有以下三种具有代表性的分类，企业应从自己角度出发选择适当的标准成本进行成本控制。

（一）理想标准成本

理想标准成本是以现有的生产技术和经营管理条件均处于最佳的理想状态为基础所制定的一种标准成本。该种标准成本是在排除机器故障、工作停顿等一切失误、浪费和耽搁的基础上，只有技术最熟练、工作效率最高的工作人员在最佳状态下尽最大努力才能实现的生产成本。这种标准成本是一种理想状态的目标成本，没有考虑到实际的情况。对于企业员工来说，目标成本过高，不利于调动员工的积极性；对于企业管理者来说，成本没有改进的空间，不利于工作的开展。所以，该种标准成本很少被采用。

（二）基本标准成本

基本标准成本是以某一会计期间发生的实际成本为基础制定的标准成本，该种标准成本一经确定，在未来较长时间内将不会改变，它可以使各个会计期间的实际成本与标准成本进行比较，以反映成本的变化进而进行成本控制。但是随着企业内外部环境的变化，原有的标准成本会过时，无法发挥成本控制的作用。所以，在实际工作中该种标准成本也很少被采用。

（三）正常标准成本

正常的标准成本是在正常生产经营条件下应该达到的成本水平。该种标准成本制定时是根据正常的耗费水平、正常的价格和正常的生产经营能力利用程度以及剔除掉所发生的异常因素。因此对于企业的管理者和职工来说，是可以通过努力达到的，调动了他们的积极性。在成本管理工作中也能发挥其应有的作用，在实际工作中被广泛采用。

四、标准成本系统的作用

（一）有利于加强成本控制

企业通过执行标准成本，通过将实际成本与标准成本对比，计算成本差异。对于有利差异，进行对责任人鼓励；对于不利的差异进行分析，找到原因，采取有效的调整措施，消除不利差异，提高成本管理水平。

（二）有利于简化成本计算及账务处理工作

标准成本系统是传统成本计算的一大变革，将标准成本和成本差异分别列示，材料、在产品、产成品和销售成本都可直接按照标准成本入账，所以大大简化了日常成本计算及账务处理工作。

（三）为正确进行经营决策提供有用数据

企业进行短期经营决策时经常采用差异分析法，而差量成本分析占重要地位。在评价有关备选方法的经济效益时，利用标准成本进行具体、科学的差量成本分析。在定价决策中，产品成本可以采用标准成本作为定价的基础。

（四）有利于责任会计的全面推行

由于标准成本的每个成本项目都采用相应的数量标准和价格标准，企业管理者可以及时掌握各成本项目的实际成本同标准成本之间差异的责任归属，从而可以分清各部门的责任。

【课堂测试 14-1】

1. 什么标准成本？
2. 标准成本分为几大类？
3. 标准成本系统的作用是什么？

第二节 标准成本的制定

一、标准成本的构成

产品成本一般由直接材料、直接人工和制造费用这三个成本项目构成,因而标准成本由直接材料标准成本、直接人工标准成本和制造费用标准成本构成。前面介绍单位产品的标准成本是单位产品标准消耗量和标准单价两个因素的乘积,所以可以将其分为"数量标准"和"价格标准"两个因素。因此在制定各个成本项目的标准成本时分别确定这两个因素即可。单位产品的标准成本的计算式如下:

$$\text{单位产品标准成本} = \text{直接材料标准成本} + \text{直接人工标准成本} + \text{制造费用标准成本}$$

二、直接材料标准成本的制定

直接材料标准成本由单位产品耗用材料数量标准和直接材料价格标准两部分构成。其中,单位产品耗用材料数量标准是指在现有生产技术条件下,考虑损耗和废品损失及材料利用率等因素,按照单位产品耗用的各种材料分别确定。直接材料价格标准是指获取某种材料应支付的单位材料价格,包括买价和采购费用。

直接材料标准成本的计算式如下:

$$\text{某产品直接材料标准成本} = \sum \left(\begin{array}{l} \text{单位产品耗用某种材料的数量标准} \times \\ \text{该种材料的价格标准} \end{array} \right)$$

三、直接人工标准成本的制定

直接人工标准成本由单位产品的标准工时和标准工资率组成。其中单位产品的标准工时相当于数量标准,在实际中通过对零部件及经过的工序、车间分别计算,然后再按产品加以汇总得到;标准工资率即为直接人工价格标准,如为计件工资制,标准工资率是单位产品应支付的计件单价,若为计时工资制即为每一标准工时应分配的工资。

直接人工标准成本的计算式如下:

$$\frac{\text{某产品直接工资}}{\text{标准成本}} = \text{单位产品标准工时} \times \text{直接人工工资率标准}$$

四、制造费用标准成本的制定

制造费用按照成本性态可以划分为变动性制造费用和固定性制造费用，所以制造费用标准成本需要分别确定。某产品的制造费用的标准成本可以根据标准工时和制造费用分配率标准来计算。具体计算式如下：

$$\frac{\text{固定性制造费用}}{\text{标准成本}} = \frac{\text{单位产品直接}}{\text{人工标准工时}} \times \frac{\text{固定性制造费用}}{\text{分配率标准}}$$

$$\frac{\text{变动性制造费用}}{\text{标准成本}} = \frac{\text{单位产品直接}}{\text{人工标准工时}} \times \frac{\text{变动性制造费}}{\text{用分配率标准}}$$

其中制造费用分配率标准的计算式如下：

$$\frac{\text{固定性制造费用}}{\text{分配率标准}} = \frac{\text{固定性制造费用预算}}{\text{标准总工时}}$$

$$\frac{\text{变动性制造费用}}{\text{分配率标准}} = \frac{\text{变动性制造费用预算}}{\text{标准总工时}}$$

【课堂测试 14-2】

1. 单位产品标准成本由什么构成？

第三节 成本差异的计算与分析

一、变动成本差异的计算与分析

（一）直接材料成本差异的计算与分析

1. 直接材料成本差异的计算

直接材料差异包括材料数量差异和材料价格差异，具体计算式如下：

直接材料数量差异 = 实际数量×价格标准 − 数量标准×价格标准
直接材料价格差异 = 实际数量×实际价格 − 实际数量×标准价格
直接材料成本差异 = 直接材料数量差异 + 直接材料价格差异

【例 14-1】某公司有关数据如表 14-1 所示。

表 14-1 某公司单位产品标准成本和实际成本

单位：元

项目	标准成本			实际成本		
	数量	价格	金额	数量	价格	金额
直接材料	350（千克）	2	700	420（千克）	1.5	630
直接人工	15（工时）	10	150	18（工时）	12	216
变动性制造费用	15（工时）	1.5	22.5	18（工时）	1.2	21.6
固定性制造费用	15（工时）	1	15	18（工时）	1.2	21.6
单位产品成本	-	-	887.5	-	-	889.2

根据例 14-1 的资料，可计算直接材料差异：

材料数量差异 $=(420-350)\times 2=140$（元）

材料价格差异 $=420\times(1.5-2)=-210$（元）

直接材料成本差异合计 $=140-210=-70$（元）

2. 直接材料差异的分析

进行直接材料差异分析，首先判断差异是否是重大的，如果是不重大的就不必进行深入分析。若为重大差异，则要分析产生的原因。直接材料的数量差异为正数表明是不利差异，可能是由于生产工作缺乏训练或是经验、工作上粗心大意造成的过量耗费或是其他原因。直接材料的价格差异为正数表示不利差异，可能是由于没有享受商业折扣、材料价格的异常变化、运费的变化或是其他原因。

（二）直接人工成本差异的计算与分析

1. 直接人工成本差异的计算

直接人工成本差异由直接人工工资效率差异（即为数量差异）和直接人工工资率差异（即为价格差异）组成。其计算方法与直接材料差异的计算方法相同，具体计算式如下：

直接人工效率差异=实际工时×工资率标准-工时标准×工资率标准

直接人工工资率差异=实际工时×实际工资率-实际工时×工资率标准

直接人工成本差异 = 直接人工工资率差异 + 直接人工效率差异

【例 14-2】续例 14-1 的资料，要求计算直接人工成本差异。

直接人工工资率差异 $=(18-15)\times 10=-54$（元）

直接人工效率差异 $=18\times(12-15)\times 10=-54$（元）

直接人工成本差异 $=-54+30=-24$（元）

2. 直接人工差异的分析

直接人工工资率差异产生可能是公司没有按标准成本来进行工资支付，或者是没有按照标准成本要求来进行使用相同技能的工人。若产生不利差异应追究人力资源部门的责任。影响直接人工效率差异有多方面的因素，如加工设备的保养及完好程度、工人技术的数量程度和态度、作业计划安排的周密程度、能源供应的程度等。

（三）变动性制造费用成本差异的计算与分析

1. 变动性制造费用成本差异的计算

变动性制造费用成本差异是由变动性制造费用效率差异（即为数量差异）和变动性制造费用耗费差异（即为价格差异）构成。其计算方法与直接材料成本差异、直接人工成本差异的计算方法相同，具体计算式如下：

变动性制造费用效率差异 ＝实际工时×分配率标准 − 工时标准×分配率标准

变动性制造费用耗费差异 ＝实际工时×实际分配率 − 实际工时×分配率标准

变动性制造费用成本差异 ＝变动性制造费用效率差异 + 变动性制造费用耗费差异

【例 14-3】续例 14-1 的资料，要求计算变动性制造费用成本差异。

变动性制造费用效率差异 $= (18-15) \times 1.5 = 4.5$

变动性制造费用耗费差异 $= 18 \times (1.2 - 1.5) = -5.4$

变动性制造费用成本差异 $= 4.5 - 5.4 = -0.9$

2. 变动性制造费用差异的分析

变动性制造费用是一个综合性费用项目，在实际中通过编制变动性制造费用弹性预算，与实际发生数额进行对比，从而找到差异的产生原因及责任的归属。

二、固定性制造费用成本差异的计算与分析

（一）固定性制造费用成本差异的计算

1. 二差异计算法

二差异计算法中将固定性制造费用成本差异分为固定性制造费用耗费差异和固定性制造费用能量差异。耗费差异是指固定性制造费用实际总额与制造费用预算数之间的差异；能量差异是指实际产量的标准工时脱离设计生产能力而产生的差异。其具体计算式为：

$$\text{固定性制造费用耗费差异} = \text{固定性制造费用实际总额} - \text{固定性制造费用预算数}$$

$$\text{固定性制造费用能量差异} = \text{固定性制造费用分配率标准} \times (\text{标准总工时} - \text{实际产量应耗费标准工时})$$

固定性制造费用成本差异 = 固定性制造费用耗费差异 + 固定性制造费用能量差异

2. 三差异分析法

三差异计算法中固定性制造费用成本差异分为固定性制造费用耗费差异、固定性制造费用生产能量利用差异和固定性制造费用效率差异三部分。耗费差异是指实际固定性制造费用总额与制造费用预算数之间的差异；生产能量利用差异是在标准分配率下，实际工时脱离产能标准总工时而产生的成本差异；效率差异是指在分配率标准下，实际工时脱离工时标准产生的成本差异。具体计算式为：

$$\text{固定性制造费用耗费差异} = \text{固定性制造费用实际总额} - \text{固定性制造费用预算数}$$

$$\text{固定性制造费用生产能力利用差异} = \text{固定性制造费用分配率标准} \times (\text{标准总工时} - \text{实际耗费总工时})$$

$$\text{固定性制造费用效率差异} = \text{固定性制造费用分配率标准} \times (\text{实际耗用工时} - \text{实际产量应耗标准工时})$$

$$\text{固定性制造费用成本差异} = \text{固定性制造费用耗费差异} + \text{固定性制造费用生产能力利用} + \text{固定性制造费用效率差异}$$

【例 14-4】续例 14-1 的资料，假定企业本月预计生产量 1 500 件，本月实际生产数量 1 400 件。固定性制造费用预算总额为 45 000 元，实际支付的固定性制造费用为 45 800 元，标准总工时为 22 500 小时，实际耗用工时为 25 200 小时，实际产量应耗标准工时为 21 000 小时，计算过程如下：

采用二差异计算法：
固定性制造费用分配率标准 = 45 000 ÷ 22 500 = 2（元/小时）
固定性制造费用耗费差异 = 45 800 − 45 000 = 800（元）
固定性制造费用能量差异 = 2×(22 500 − 21 000) = 3 000（元）
固定性制造费用成本差异 = 800 + 3 000 = 3 800（元）

采用三差异计算法：
固定性制造费用分配率标准 = 45 000 ÷ 22 500 = 2（元/小时）
固定性制造费用耗费差异 = 45 800 − 45 000 = 800（元）

固定性制造费用效率差异 = $2\times(25\,200 - 21\,000) = 8\,400$ （元）
固定性制造费用生产能力利用差异 = $2\times(22\,500 - 25\,200) = -5\,400$ （元）
固定性制造费用成本差异 = $800 + 8\,400 - 5\,400 = 3\,800$ （元）

（二）固定性制造费用成本差异的分析

固定性制造费用同样是一个综合性的费用项目，在实际中通过对实际和预算固定性制造费用进行逐个项目比较，来找到更多耗费差异的信息，从而找到差异的产生原因及责任的归属。

【课堂测试 14-3】

1. 成本差异的通用计算模式是什么？
2. 如何进行成本差异的分析？

第四节 成本差异的账务处理

一、标准成本系统的账户设置

标准成本系统需要设置两大类账户，一类是账务处理的基本账户，如"原材料""生产成本""库存商品""主营业务成本"等。另一类是根据不同的成本项目设置的成本差异账户，如直接材料数量差异、直接材料价格差异、直接人工工资效率差异、直接人工工资率差异、变动性制造费用效率差异、变动性制造费用耗费差异、固定性制造费用耗费差异、固定性制造费用能量差异（如果采用三因素分析法，固定性制造费用耗费差异、固定性制造费用生产能量利用差异和固定性制造费用效率差异）和成本差异净额等账户。

二、成本差异的账务处理

（一）成本差异处理方法

（1）将成本差异净额直接计入当期损益。这种方法资产负债表中存货的构成内容库存商品就以标准成本列示。该种方法简化了账务处理工作，是实行标准成本系统的企业普遍采用的方法。

（2）将成本差异净额按标准成本比例分配给在产品、完工产品和已销商品。这种方法资产负债表中存货的内容中库存商品以实际成本反映。该种方法的缺陷在于当存在超支差异时会虚增企业的资产,反之会虚减资产的价值;应用该种处理方法会增大核算的工作量。

(二)账务处理举例

【例14-5】假设某企业月初购入A材料35 000千克,实际单价1.5元,标准单价2元。实际总成本为52 500元。货款已用银行存款支付。

借:原材料——A材料　　70 000
　　贷:银行存款　　　　　　　　52 500
　　　　材料价格差异　　　　　　17 500

【例14-6】假设某企业本月生产A产品1 400件,单位A产品实际耗用A材料420千克,单位A产品消耗A材料标准数量为350千克,材料标准单价2元。

材料数量差异=(1 400×420-1 400×350)×2=196 000(元)

借:生产成本　　　　　　980 000
　　材料数量差异　　　　196 000
　　贷:原材料——A材料　　　　1 176 000

【例14-7】假设某企业生产A产品1 400件,应耗直接人工标准成本1 500 000元,实际耗用直接人工成本1 450 000元,实际与标准的总差异为50 000元,为有利差异。其中直接人工工资率差异为6 000元的不利差异,直接人工效率差异为56 000元有利差异。

借:生产成本　　　　　　　　1 500 000
　　直接人工资产差异　　　　　　6 000
　　贷:直接人工效率差异　　　　　　56 000
　　　　应付职工薪酬　　　　　　　1 450 000

【例14-8】假设某企业生产A产品1 400件,变动性制造费用支出的标准成本总额为350 000元,实际支出总额为320 000元,实际与计划的总差异为30 000元,为有利差异。其中变动性制造费用耗费差异为33 000元的有利差异,变动性制造费用效率差异为3 000元的不利差异。

借:生产成本　　　　　　　　　　350 000
　　变动性制造费用效率差异　　　　3 000
　　贷:变动性制造费用耗费差异　　　　33 000
　　　　应付职工薪酬　　　　　　　　320 000

【例14-9】假设某企业生产A产品1 400件,固定性制造费用支出的标准成本总额为250 000元,实际发生的固定性制造费用总额为258 000元,实际与标准之间的总差异为 8 000 元的不利差异。其中固定性制造费用耗费差异为 3 000 元的不利差异，固定性制造费用生产能力利用差异为 2 000 元不利差异，固定性制造费用效率差异为 3 000 元的不利差异。

借：生产成本　　　　　　　　　　　　250 000
　　固定性制造费用耗费差异　　　　　　3 000
　　固定性制造费用生产能力利用差异　　2 000
　　固定性制造费用效率差异　　　　　　3 000
　贷：固定性制造费用　　　　　　　　　　　　258 000

假设该公司采用完全成本法，那么固定性制造费用计入生产成本；在变动成本法中，其应计入期间成本。

【例14-10】续上例，假设某企业生产 A 产品 1 400 件，全部完工，并且没有期初在产品，进行完工产品成本结转。

A 产品成本=0+（980 000+1 500 000+350 000+250 000）+0=3 080 000（元）

借：库存商品　　3 080 000
　贷：生产成本　　3 080 000

【例14-11】续上例，假设某企业本月出售 A 产品 1 000 件，A 产品单位售价 3 000 元，销售收入为 3 000 000 元，货款收到存入银行。

借：银行存款　　3 000 000
　贷：主营业务收入　　3 000 000

【例14-12】续上例，结转已销 A 产品的生产成本。

单位 A 产品的生产成本=3 080 000÷1 400=2 200（元）
已销 A 产品的生产成本=2 200×1 000=2 200 000（元）

借：主营业务成本　　2 200 000
　贷：库存商品　　　　2 200 000

【例14-13】续例 14-5 到例 14-12，计算成本差异净额。

借：成本差异净额　　　　　　　　　156 500
　　直接材料价格差异　　　　　　　　17 500
　　直接人工工资率差异　　　　　　　56 000
　　变动性制造费用耗费差异　　　　　33 000
　贷：直接材料数量差异　　　　　　　　　　196 000
　　　直接人工效率差异　　　　　　　　　　56 000
　　　变动性制造费用效率差异　　　　　　　3 000
　　　固定性制造费用耗费差异　　　　　　　3 000

固定性制造费用生产能力利用差异　　　　2 000
固定性制造费用效率差异　　　　　　　　3 000

【例 14-14】续上例，假设该企业结转成本差异净额时采用直接转入当期损益的方式。

借：主营业务成本　156 500
　　贷：成本差异净额　　156 500

【课堂测试 14-4】

1. 标准成本系统为什么能够简化账务处理工作？
2. 成本差异账户包括哪些？
3. 成本差异的处理方法有什么？

本章小结

标准成本系统又称标准成本制度或标准成本会计，是指以标准成本为核心，通过标准成本的制定、执行、核算、控制、差异分析等一系列有机结合的环节，将成本的核算、控制、考核、分析融为一体，实现成本管理目的的一种成本管理制度。标准成本是指在有效经营及当前的生产技术条件下，经过努力可以达到的目标成本。标准成本有理想标准成本、基本标准成本和正常标准成本三种类型。标准成本由直接材料标准成本、直接人工标准成本和制造费用标准成本构成。成本差异的计算与分析包括变动成本差异的计算与分析和固定性制造费用成本差异的计算与分析。标准成本系统需要设置两大类账户。一类是账务处理的基本账户，如"原材料""生产成本""库存商品""主营业务成本"等。另一类是根据不同的成本项目设置的成本差异账户，如直接材料数量差异、直接材料价格差异、直接人工工资效率差异、直接人工工资率差异、变动性制造费用效率差异、变动性制造费用耗费差异、固定性制造费用耗费差异、固定性制造费用能量差异（如果采用三因素分析法，固定性制造费用耗费差异、固定性制造费用生产能量利用差异和固定性制造费用效率差异）和成本差异净额等账户。

章后案例　　标准成本制度在山西某化工企业的应用

HZ 市 MD 集团下属的玻纤厂以玻璃纤维为主要原料，通过拉丝、织布、炼胶、涂覆等工艺制作终端产品导风筒。导风筒是煤矿井下以及其他矿井作业必不可少的通风设备之一。20×1 年，公司经过多方考察、论证，年中立项，年底建成投产。20×2 年产值达 600 万元，安置员工 258 人，当年实现了安置与效益并举的目标，这一成果的取得主要得益于厂内推行的标准化成本管理，主要经历了以下几个阶段：

1. 认识标准成本制度

玻纤厂建成投产之初，尽管投入了相当多的人力和物力，结果却收益甚微。这一方面反映在管理不到位，管理人员的成本意识淡薄；另一方面反映在工人对复杂的工艺流程比较生疏，操作技能不熟练，造成"投入大、产出小"的结果，产品在质量和成本上均没有优势。鉴于此种形势，公司领导审时度势，及时引进标准成本制度。

2. 制定单位产品标准成本

为了使制定的成本指标尽量科学、合理，该公司成立了以财务部门为核心，工程技术、劳资、供应等部门有关人员参加的标准成本制定小组。公司在制定标准成本时运用的是正常标准成本，即在效率良好的条件下，根据下一期一般应该发生的生产要素消耗量、预计价格和预计生产经营能力利用程度，制定出来的标准成本，这种成本大于理想标准成本，但小于历史平均水平。具体做法如下：

（1）确定标准成本预算的基础。标准成本的制定是以一定的生产能力为基础的，所以必须以现有的设备和技术，参考同行业现金水平确定该厂的生产能力。标准成本测算的基础是该厂现有生产能力，按国家同行业先进水平年生产风筒布 80 万米，年销售额 600 万元。

（2）确定成本中心。玻纤厂按工艺流程分为拉丝、织布、炼胶、涂覆、制筒 5 个环节，且每道环节生产出来的产品既可以用于下一道工序的再生产，又可以作为产品直接对外销售。结合"某种产品在其生产过程中所经过的并且有投入、产出的单元都成为成本中心"的理论，公司将成本中心按生产环节定为 5 个核算单位，每一种产品按规格、型号制定单位产品标准成本，成本中心的划定确定了责任区域，也明确了经济责任。

将所有成本和费用项目分为直接材料、直接人工、制造费用及期间费用，实行完全成本下的标准成本。将制造费用和期间费用又分为变动制造费用和固定制造费用，这项工作由工程技术部门配合财务部门完成。

（3）确定用量标准。其中包括单位产品材料消耗量、单位产品直接人工工时等，主要由技术部门负责制定，并吸收执行标准的车间负责人和有经验的员工参加。

（4）确定价格标准。其中包括原材料单价、小时工资率、小时制造费用分配率等，由财务部门和有关的供应、劳资部门共同研究确定。采购部门是价格的责任部门，劳资部门和生产部门对小时工资率负有责任，各生产车间对小时制造费用分配率承担责任。

（5）套用公式计算。运用公式"单位产品标准成本＝单位产品标准消耗量×标准单价"分别求出直接材料标准成本、直接人工标准成本、变动制造费用标准成本、固定制造费用标准成本。

（6）分产品制定单位产品标准成本卡，并以此为基础作为对各成本中心的考核指标。需要强调的是，标准成本中心的考核指标是既定产品质量和数量条件下的标准成本，因此，标准成本中心必须按规定的质量、时间标准、计划产量来进行生产，这个要求是"硬性"的，缺乏弹性。完不成上述要求，成本中心就要受到批评甚至惩罚。

3. 对各成本中心实施考核

根据财务部门提供的信息，对各成本中心实施考核，奖优罚劣。每月初公司的生产作业计划下达后，考核部门按生产计划和成本标准，制定出月度成本消耗量，各成本中心负责人安排当月生产进度，然后，领料员、成本员按此月度成本控制计划领料，以达到控制成本的目的。月末财务部门对全月的原料、电力、人工等消耗进行归集、分配，这种归集、分配及核算不纳入该厂对外提供的会计报表系统，只编制内部考核报表，列示实际成本与标准成本的差异额，并组织召开专门的成本分析会，成本差异的揭示及分析主要由各车间及标准成本中心来完成。

各车间成本中心是材料（或半成品）和人工消耗的部门，对主管的成本项目，就产品的消耗差异负责分析原因，找出差距，采取相应的改进措施；供应部门负责分析价格差异形成的原因。这是由于车间成本中心只对标准价格下的消耗负责。

由专职的考核部门根据成本差异进行考核，奖、罚与各中心的奖金挂钩，各责任中心再根据内部考核细则，层层分解到个人，真正做到了人人头上有指标，最大限度地减少不必要的浪费。

4. 加强标准成本的过程控制

标准成本是一种手段，其主要目的是通过管理排除不必要的"浪费"，使企业全面提升产品的质量和成本竞争力，进而产生最大效益。但标准成本管理是一项全员系统工程，原材料供应、消耗、人工、机器使用效率涉及整个企业的各部门，而不单纯是成本中心的责任。值得强调的是，标准成本中心不对生产能力的利用程度和原材料的采购价格负责，而只对既定的产量的投入量承担责任，所以调动全体员工进行成本控制的积极性是很必要的，该厂为此制定了如下一系列的配套措施，通过实施取得了良好的效果：

（1）明确厂长是标准成本管理的第一责任者。在实施管理的过程中，必须做到以下几点：一是把成本标准与计划有机结合，按成本标准和计划值控制各项消耗；二是在保证质量的前提下制定降低消耗的计划，并把指标分解到岗位；三是在月末成本分析会上对全厂形成的成本差异做总结分析，并提出改进措施。

（2）厂内各生产车间及各半成品之间以标准成本作为参照价格，实行内部转移。以单位标准成本为基础实施内部转移价格。第一道工序对由供应部门提供的原材料质量、数量严格把关，下一道工序依据产品质量要求对上一道工序的不合格产品可拒收或降价接受，当出现纠纷时由厂领导协商解决。这种针对质量而实行的内部机制，很好地保证了产品的质量。

（3）厂部对各车间实施目标成本考核，并制定"目标成本考核管理办法"，重点对产量和质量两大项进行考核。车间负责人参与标准成本的制定过程，月初按当月生产作业计划安排生产进度，并结合成本消耗标准在材料或半成品领用上严格把关，做到心中有数；月末根据当月的内部报表反映的差异进行事后分析。

（4）各车间对各岗位实施内部考核，并制定"各岗位竞赛考核办法"，规定车间人员工资分计时和计件两种，计时工资与全厂效率和质量挂钩，计件工资与产量、质量挂钩。厂内设专职的质检员负责全厂的质量考核。

（5）财务部门是最终的信息提供者，必须保证信息的及时、准确、完整。财务人员应对成本进行事前预测、事中控制、事后分析。根据生产技术部门下达的作业计划，配合标准成本，预测当月的成本发生情况，以"单位产品标准成本卡"的形式下发至各成本中心，并按此控制成本，特别对供应部门所供原材料发生的背离标准价格的情况，要及时将信息反馈给相关职能部门，以便及时得到改进。每月一次的成本分析会正常召开，由财务部门组织并负责汇总，将各车间的业绩及存在的问题报告相关领导，同时负责不断修正标准成本。

面对国内外的市场竞争和加入世界贸易组织的严峻挑战，众多企业越来越重视成本控制。MD集团公司运用标准成本管理法建立完善的标准成本控制体系，取得了较好的效果。

资料来源：刘运国. 管理会计学［M］. 北京：中国人民大学出版社，2011.

核心概念

标准成本（standard costs）　成本差异（cost variance）　价格差异（price variance）　数量差异（quantity variance）　差异分析（variation analysis）

思考题

1. 什么是标准成本系统？
2. 怎样制定标准成本？
3. 如何进行成本差异的计算与分析？
4. 如何进行成本差异的账务处理？
5. 理性标准成本与现实标准成本的差异是什么？

练习题

（一）单项选择题

1. 下列（　　）应用的最为广泛。
   A. 基本的标准成本　　　　B. 理想的标准成本
   C. 正常的标准成本　　　　D. 历史的标准成本
2. 标准成本的"数量"标准主要由企业的（　　）制定。
   A. 工程技术部门　　　　　B. 劳动部门
   C. 采购部门　　　　　　　D. 会计部门
3. 耗用人工的成本是由单位产品耗用人工的工时数乘上（　　）组成。
   A. 每小时工资率　　　　　B. 材料的标准价格
   C. 每小时变动性制造费用分配率　D. 每小时固定性制造费用分配率
4. 变动性制造费用的价格差异即（　　）。
   A. 预算差异　　　　　　　B. 能力差异
   C. 耗用差异　　　　　　　D. 效率差异

5. 变动性制造费用的数量差异即（　　）。
   A. 能力差异　　　　　　　　B. 人工差异
   C. 耗费差异　　　　　　　　D. 效率差异

6. 固定性制造费用生产能力差异等于（　　）。
   A. 实际固定性制造费用-固定性制造费用预算数
   B. 固定性制造费用标准分配率×（实际工时-标准工时）
   C. 固定性制造费用标准分配率×（预计应完成的总工时-实际工时）
   D. 固定性制造费用标准分配率×（标准工时-实际工时）

7. 如果所制定标准成本符合企业实际情况，成本差异数字不大，则（　　）。
   A. 可到年底将累计的差异一次结转
   B. 将差异在期末存货和本期销售间分配
   C. 将差异全部结转到当期销售成本中
   D. 将差异全部结转到期末存货

8. 固定性制造费用通常根据事先编制的（　　）来控制其费用总额。
   A. 固定预算　　　　　　　　B. 弹性预算
   C. 零基预算　　　　　　　　D. 定期预算

9. 标准成本等于（　　）。
   A. 标准价格×标准数量　　　B. 实际价格×标准数量
   C. 实际价格×实际数量　　　D. 实际价格×实际数量

10. 根据正常的生产水平，尽力提高劳动生产率，在正常的价格条件下，用预期能达到的标准来制定的成本称为（　　）。
    A. 基本标准成本　　　　　　B. 生产成本
    C. 目标成本　　　　　　　　D. 正常的标准成本

11. 固定性制造费用成本差异是（　　）的差异。
    A. 在实际产量下，实际固定制造费用与标准固定性制造费用
    B. 在标准产量下，实际固定制造费用与标准固定性制造费用
    C. 在实际产量下的固定制造费用与标准产量下的标准固定性制造费用
    D. 在标准产量下的标准固定性制造费用与标准产量下的实际固定性制造费用

12. 产品的直接材料标准成本是 3 公斤/件、10 元/公斤，实际生产了 100 件产品，耗用材料 320 公斤，材料实际价格为 9 元/公斤，则直接材料用量差异为（　　）。
    A. -120 元　　　　　　　　B. 200 元

C. 180 元　　　　　　　　D. 320 元

13. 在成本差异账务处理中，当材料节约时应（　　）。
   A. 借记有关差异账户　　　B. 贷记有关原材料账户
   C. 贷记有关成本账户　　　D. 贷记有关差异账户

14. 计算直接材料价格差异的公式是（　　）。
   A. 价格差×实际产量下的实际用量
   B. 价格差×预算产量下的预算用量
   C. 价格差×实际产量下的标准用量
   D. 价格差×预算产量下的标准用量

15. 直接材料数量差异的计算公式是（　　）。
   A. 材料用量差×标准价格
   B. 材料用量差×实际价格
   C. 材料用量差×预算价格
   D. 价格差×标准用量

（二）多项选择题

1. 标准成本的种类主要有（　　）。
   A. 基本标准成本　　　　　B. 理想标准成本
   C. 正常标准成本　　　　　D. 历史标准成本
   E. 期望标准成本

2. 标准成本的制定可以分别根据（　　）制定。
   A. 直接材料标准用量和标准价格
   B. 直接工资标准工时和标准工资率
   C. 直接工资标准工时和制造费用的分配率
   D. 直接材料标准用量和标准工资率
   E. 直接工资标准工时和材料价格

3. 标准成本的"价格"标准由（　　）共同制定。
   A. 会计部门　　　　　　　B. 采购部门
   C. 劳动部门　　　　　　　D. 工程技术部门
   E. 生产部门

4. 单位产品的标准工时是在现有条件下生产单位产品需用的人工时间，包括（　　）。
   A. 对产品直接加工的时间　B. 必要的间歇时间
   C. 必要的停工时间　　　　D. 不可避免的废品所用的时间

E. 可避免的废品所用的时间

5. 直接工资的标准工时是确定（　　）标准成本时应考虑的因素。
   A. 直接材料　　　　　　　B. 直接工资
   C. 变动性制造费用　　　　D. 固定性制造费用
   E. 管理费用

6. 产品成本的数量差异包括（　　）。
   A. 原材料的消耗量差异　　B. 工资成本人工效率差异
   C. 变动性制造费用耗用差异　D. 变动性制造费用效率差异

7. 产品成本的价格差异包括（　　）。
   A. 原材料的价格差异　　　B. 工资成本工资率差异
   C. 变动性制造费用耗用差异　D. 固定性制造费用耗用差异
   E. 生产能力利用差异

8. 成本差异分析包括（　　）。
   A. 原材料成本差异分析　　B. 工资成本差异分析
   C. 制造费用差异分析　　　D. 管理费用差异分析
   E. 销售费用差异分析

9. 影响材料实际价格变动的因素很多，除国家及供应单位调整价格外，还包括（　　）等因素。
   A. 采购数量　　　　　　　B. 运输方式
   C. 可利用的数量折扣　　　D. 紧急订货
   E. 材料的质量

10. 固定性制造费用差异包括（　　）。
    A. 效率差异　　　　　　　B. 耗费差异
    C. 生产能力利用差异　　　D. 工资率差异
    E. 价格差异

11. 标准成本在企业管理中的主要作用是（　　）。
    A. 加强成本控制　　　　　B. 为决策提供资料
    C. 促进管理工作的改进　　D. 为编制会计报表提供资料
    E. 为进行实际成本核算提供资料

12. 产品的标准成本制定主要是产品（　　）的制定。
    A. 单位成本　　　　　　　B. 单位变动成本
    C. 直接材料成本　　　　　D. 直接人工成本
    E. 制造费用成本

13. 固定性制造费用由（　　）构成。
A. 固定性制造费用的耗费差异
B. 固定性制造费用的能力差异
C. 固定性制造费用的人工差异
D. 固定性制造费用的耗费差异、能力差异和效率差异

14. 下列说法正确的是（　　）。
A. 实际成本小于标准成本贷记有关差异账户
B. 实际成本大于标准成本贷记有关差异账户
C. 实际成本小于标准成本借记有关差异账户
D. 实际成本大于标准成本借记有关差异账户
E. 总的说，当节约时贷记有关差异账户，当超支时借记有关差异账户

15. 若变动制造费用的效率差异大于零，则其为（　　）。
A. 数量差异　　　　　　　B. 价格差异
C. 有利差异　　　　　　　D. 不利差异
E. 混合差异

（三）判断题

1. 理想的标准成本是实际工作中应用较为广泛的一种。（　　）
2. 单位产品的标准成本是按完全成本法制定的。（　　）
3. 产品标准成本的制定主要是产品的直接材料成本、直接人工成本和固定制造费用三个成本的制定。（　　）
4. 管理会计对产品成本的控制主要通过成本差异分析的手段来实现。（　　）
5. 直接人工的标准成本由单位产品的标准工时及标准工资率共同决定。（　　）
6. 直接人工的标准成本由单位产品的标准工时决定。（　　）
7. 固定制造费用差异由耗费差异、能力差异和效率差异组成。（　　）
8. 当实际成本大于标准成本时，其差异表现为正数；反之，则表现为负数。在进行账务处理时，节约时贷记有关差异账户，超支时借记有关差异账户。（　　）
9. 固定制造费用的能量差异是由生产能力利用差异和效益差异决定的。（　　）
10. 若固定制造费用的能量差异为有利差异，那么其效率差异也一定为有利差异。（　　）

11. 在进行固定制造费用差异分析时，实际工时脱离标准工时而形成的差异称为闲置能力差异。（　　）

12. 建立在材料采购量的基础上进行材料成本的价格差异分析，能够有利于分清责任。（　　）

（四）计算题

1. 产品的标准成本资料如下表：

	直接材料	直接人工	变动制造费用
数量	2公斤	3工时	3工时
价格	5元/公斤	10元/工时	2元/工时

生产产品100件，实际耗费如下表：

	直接材料	直接人工	变动制造费用
数量	220公斤	250工时	250工时
成本总额	880元	2 800元	500元

分别进行产品直接材料、直接人工及变动制造费用的价格差异、数量差异及总差异的分析，并分析全部变动生产成本的总差异是否为有利差异。

2. 某公司本年度固定性制造费用及相关资料如下，固定性制造费用预算数为120 000元，固定性制造费用实际支付数为123 400元，预计产能标准总工时为40 000工时，本年度实际耗用总工时为35 000工时，本年度实际产量应耗标准工时为32 000工时。

要求：分别采用二因素分析法和三因素分析法计算固定性制造费用的成本差异。

第十五章　责任会计

责任会计是在 20 世纪 20 年代产生并逐渐发展起来的。责任会计是以企业内部建立的各级责任中心为主体，以责、权、利的协调统一为目标，利用责任预算为控制的依据，通过编制责任报告进行业绩考核评价的一种内部会计制度。本章介绍责任成本会计的基本原理，成本中心、利润中心、投资中心的业绩评价与考核。通过本章学习了解责任成本中心、责任成本的特点；理解责任成本与产品成本的关系、责任成本的内容、责任成本的管理要求和程序；掌握责任成本核算方法、控制和考核。

开篇案例　　　冠华科技公司如何实现目标利润

冠华科技公司只生产"冠华 MP3"一种产品，该公司是 1999 年成立的高新科技公司，成立以来，一直遵循科技和质量并抓的思路，销售量成逐年稳定上升的良好势头，加上 2004 年国内 MP3 市场非常好，冠华公司实现销售量 10 000 个。产品的市场单价为每个 200 元，生产的单位变动成本为每个 150 元，固定成本为 400 000 元。

2004 年年底，冠华科技公司开始预测 2005 年该公司的利润情况，以便为下一步的生产经营做好准备。经过讨论，公司财务总监张为之决定按同行业先进的资金利润率预测 2005 年该公司的目标利润基数。并且通过行业的一些基础资料得知行业内先进的资金利润率为 20%，预计公司的资金占用额为 600 000 元。

假如你是冠华科技公司外聘的财务顾问，请你利用灵敏度指标进行测算，并给出你的咨询方案，即企业若要实现目标利润，应该采取哪些单项措施？

资料来源：http://www.docin.com/p-502564353.html.

第一节　责任会计概述

一、集权管理与分权管理

集权是指决策权在组织系统中较高层次的一定程度的集中。集权和分权主要是一个相对的概念。集权管理是通过"控制权"参数的设置，在集团不同层级上合理地设置"控制权"，实现"集权"与"分权"的统一，只是在集权范围内的事项处置权在集权部门。集权管理是指企业集团母子公司的财务管理决策权，包括融资决策权、投资决策权、资产处置权、资本运营权、资金管理权、成本费用管理权和收益分配权等一系列关系到财务管理的权限，绝大部分集中于集团母公司。集团母公司集中控制和管理集团内部的经营和财务，做出财务决策，而所有子公司必须严格执行集团公司的决议，各子公司仅仅进行短期财务规划和日常财务管理的一种财务管理模式。

分权，就是现代企业组织为发挥低层组织的主动性和创造性，而把生产管理决策权分给下属组织，最高领导层只集中少数关系全局利益和重大问题的决策权。分权管理通常适用于规模较大、产品品种多、市场变化快、地区分布较分散的产业。与分权相对应的是集权。集权是指决策权在组织系统中较高层次的一定程度的集中。集权和分权主要是一个相对的概念。

分权管理企业将一定的日常管理决策权下放给下属单位。在分权管理条件下，企业把生产经营决策权在不同层次的管理人员之间进行适当的划分，并将决策权随同相应的经济责任下放给不同层次的管理人员，使其能对日常的经营活动及时作出有效的决策，以迅速适应市场变化的需求。

二、分权管理与责任会计

随着国际经济的迅速发展和市场竞争的日益激烈，企业经营日趋复杂化和多样化，企业规模愈来愈大，管理层次繁多，组织机构复杂，分支机构遍及世界各地。在这种情况下，企业高层管理人员既不可能了解企业组织的所有生产经营活动，也不可能代替基层经理人员做出所有决策。因此，传统的集中管理模式因为已无法满足迅速变化的市场需求而逐渐被现代化分权管理模式所替代。

实行分权管理，就是将生产经营决策权在不同层次的管理人员之间进行适当的划分，并将决策权随同相应的经济责任下放给不同层次的管理人员，使其能对日常的经营活动及时做出有效的决策，以迅速适应市场变化的需求。

采用分权管理模式的优点是：首先，基层经理可以迅速地对客观情况做出反应，从而可以做出更为有效的决策；其次，将日常管理问题交给基层经理处理，可以减轻高层经理的工作负担，让他们把工作重点放在制定长远战略规划上；再次，可以为基层经理提供培训和被选拔为高层经理的机会；最后，有利于激励基层经理发挥积极性和创造性，提高工作效率和工作质量。

实行分权管理的结果是：一方面使分权单位之间具有某种程度的相互依存性，如各分权单位之间相互提供产品或劳务；另一方面又允许各分权单位具有相对的独立性。因此，当分权单位被赋予决策自主权时，也会出现一些值得注意的问题：分权单位可能以牺牲企业的整体利益或长远利益为代价，使自己的业绩达到最大；各分权单位之间为了各自的利益相互冲突、摩擦和竞争；各分权机构的设置、各项管理信息的归集，会相应地增加各种行政费用的开支，造成浪费。

为了充分发挥分权管理的优点，克服其缺点，就必须加强企业内部控制。责任会计正是顺应这种管理要求而不断发展和完善起来的一种行之有效的控制制度。责任会计就是以企业内部各责任单位为主体，以责、权、利、效相统一的机制为基础，以责任为中心，以分权为前提，以利益为动力，通过信息的积累、加工和反馈，对经营活动过程和效果进行控制和评价而形成企业内部严密的控制体系。

三、责任会计的基本内容

责任会计是为了适应企业内部经济责任制的要求和分权管理的需要，在企业内部设置若干个责任中心，并对各责任中心分工负责的经济活动的内容、进程和成果进行规划、评价和控制的一种专门制度。它是一种把会计资料同有关责任中心紧密联系在一起的信息系统，也是强化企业内部管理所必须实施的一种内部控制制度。

虽然各单位在实行责任会计的具体做法上有所不同，但其基本内容主要包括以下几个方面：

（一）划分责任中心

为实行责任会计，首先应根据企业的行政管理体制和经营管理工作的实际需要，把企业所属各部门、各单位划分为若干个中心，并规定这些中心的责、权范围，使他们在企业授予的权力范围内独立、自主地履行职责。

责任中心是根据各责任层次能够进行严格控制的活动区域来划分的。划分责任中心,给企业内部各责任中心以相应的生产经营权力,是为了保证各责任中心有条件地承担经济责任。企业内部分级、分权管理,并不是在企业内部建立若干个相对独立的经营单位,而是建立起在保证统一领导、统一指挥下的分权,做到各环节权责分明的责任单位。

(二)权责范围

对于企业内部各责任中心,应根据权责统一的原则和生产技术特点,明确规定他们各自所应承担的经济责任和所拥有的经营权利,否则有关责任中心就难以充分发挥其生产经营的积极性和主动性,就不能完全落实经济责任和实现真正的管理和控制。权责范围的划分涉及面广、影响力大,在具体划分时必须从实际出发,经过反复分析研究,权衡利弊,处理好毗邻的各责任中心的相互关系,尽量减少矛盾和避免争执。

(三)编制责任预算

科学地分解企业生产经营的总目标,为各责任中心编制责任预算,通过指标分解,明确经济责任,能够做到局部与整体的统一,使各责任中心在实现企业总体目标的过程中,明确各自的目标和任务,并将其作为控制经济活动的主要依据。

在不同企业的内部,由于实际情况不同,需要分解的总指标项目不尽相同,不过,从保证落实企业所承担的全部经济责任的需要考虑,一般包括以下三方面的经济责任指标:第一,生产成果方面,如利润、产量等;第二,劳动消耗方面,如成本、劳动生产率等;第三,资金占用及利用方面,如资金周转率、资金利润率等。只有这三个方面的经济责任在企业内部得到落实,企业所承担的全部经济责任的落实才能得到保证。

具体地进行指标分解,落实经济责任,首先要从横向上将指标分解到有关部门和职能科室及其他后勤部门,然后从纵向自上而下地将指标分解到车间,再从车间分解到班组或个人。

(四)建立责任会计核算体系,编制责任报告

为了把经济责任同会计数据连接起来,实现经济责任的制度化和数量化,必须建立一套完整、严密的责任会计核算体系,以责任中心为核算对象。围绕责任中心的成本、收入、利润、资金进行信息的收集、整理、记录、计算,收集有关责任预算的执行情况,并根据责任核算要求各责任中心正确、及时地编制责任报告,以便及时了解各责任中心开展生产经营活动的情况和结果,控制其经营活动并督促其及时采取有效措施改进工作。

（五）进行分析与考评

为了充分调动各责任承担者的工作积极性，必须根据各责任中心的责任报告，经常分析实际数与预算数发生差异的原因，及时通过信息反馈，控制并调节它们的经济活动，督促有关单位及时采取切实、有效措施，改正缺点，巩固成绩，不断降低成本，减少资金占用，增加利润。

（六）落实物质利益分配

经济利益是责任者进行生产经营活动的动力。实际、严格的奖励制度，把企业各方面的经济责任与物质利益直接结合了起来，是实行经济责任制的关键内容。要制定适当的奖励制度，根据责任者的业绩，按照奖励制度的规定，计算每个责任者应得的利益，落实物质利益分配，奖励先进，激励落后。

【课堂测试 15-1】

1. 试述集权管理与分权管理的区别。
2. 试述责任会计的基本内容。

第二节　责任中心及其业绩评价

一、责任中心

责任中心是指具有一定的管理权限，并承担相应的经济责任的企业内部责任单位。划分责任中心的标准是：凡是可以划清管理范围，明确经济责任，能够单独进行业绩考核的内部单位，无论大小都可成为责任中心。责任中心按其责任权限范围及业务活动的特点不同，可分为成本中心、利润中心和投资中心三大类。

二、成本中心的业绩评价与报告

（一）成本中心的定义

成本中心是指只对成本负责的责任中心。这类责任中心大多是指不形成收入、只负责产品生产的生产部门、提供劳务的部门和被规定一定费用控制指标的企业管理部门。

成本中心是责任中心中应用最为广泛的一种责任中心形式。只要有费用支出的地方，就可以建立成本中心。上至企业，下至车间、工段、班组，甚至个人都可以划分为成本中心。

（二）成本中心的类型

狭义的成本中心有两种类型：一种是基本成本中心；一种是复合成本中心。前者是没有下属的成本中心，如一个班组是一个成本中心，如果该班组不再进一步分解，那么它就是一个基本成本中心；后者有若干个下属成本中心，如一个工段是一个成本中心，在它下面设有若干个班组，如果这些班组也被划定为成本中心，那么该工段即是一个复合成本中心。相比较而言，基本成本中心一般属于较低层次的成本中心，而复合成本中心一般属于较高层次的成本中心。广义的成本中心除了包括上述内容外，还包括只对有关费用负责的费用中心。企业机关的许多职能部门通常只发生费用，而不形成成本，在责任会计中往往被作为费用中心处理，并参照狭义的成本中心的管理办法进行规划、控制、考核与评价。

（三）责任成本与可控成本、产品成本的关系

在管理会计中，由成本中心承担相应责任的成本就是责任成本。构成一个成本中心责任成本的是该中心的全部可控成本之和。

可控成本是指责任单位可以预计、可以计量、可以施加影响和可以落实责任的那部分成本。从可控成本的定义可以看出，作为可控成本必须同时具备以下条件：

（1）责任中心能够通过一定的方式了解这些成本是否发生以及在何时发生；

（2）责任中心能够对这些成本进行精确的计量；

（3）责任中心能够通过自己的行为对这些成本加以调节和控制；

（4）责任中心可以将这些成本的责任分解落实。

凡不能同时满足上述条件的成本就是不可控成本。对于特定成本中心来说，它不应当承担不可控成本的相应责任。

需要注意的是，成本的可控性是相对的，由于它与责任中心所处管理层次的高低、管理权限及控制范围的大小，以及管理条件的变化有着直接的关系。因此，在一定空间和时间条件下，可控成本与不可控成本可以实现相互转化。

从空间上看，同一个成本项目，在上下级不同层次的成本中心中，其可控性不同。如对整个企业而言，大多数成本都可以被看作可控成本；而对于企业内部的各部门、车间、工段、班组和个人来讲，则既有其各自的可控成本，又有其各自的不可控成本。有些成本对于较高层次的责任中心来说属于可控成本，而对于其下属的较低层次的责任中心来讲，可能就是不可控成本；反之，属于

较低层次责任中心的可控成本则一定是其所属较高层次责任中心的可控成本。比如，生产车间发生的折旧费，对于生产车间这个成本中心来讲，是可控成本，但对其下属的班组成本中心来讲，却属于不可控成本。至于下级责任中心的某项不可控成本，对于上一级的责任中心来说，就有两种可能，要么仍然属于不可控成本，要么是可控成本。

成本的可控性不仅受到责任中心层次高低的影响，而且还受到管理权限的约束。有些成本项目对于某一责任中心来讲是可控成本，而对于处在同一层次的另一责任中心来讲却是不可控成本。比如广告费，对于销售部门是可控的，但对于生产部门却是不可控的；又如直接材料的价格差异对于采购部门来说是可控的，但对于生产耗用部门却是不可控的。

从时间上看，成本的可控性会受到管理条件变化的影响。对于同一个成本中心而言，有的成本项目在过去属于不可控成本，由于情况发生了变化，现在可能变为可控成本；同样由于条件发生了变化，过去的某些可控成本也可能现在变得不可控了。

责任成本与产品成本是既有区别又有联系的两个概念。两者的区别在以下几个方面：

（1）费用归集的对象不同。责任成本是以责任中心为归集对象；产品成本则是以产品为归集对象。

（2）遵循的原则不同。责任成本遵循"谁负责谁承担"的原则，承担责任成本的是"人"；产品成本则遵循"谁收益谁负担"的原则，负担产品成本的是"物"。

（3）核算的目的不同。核算责任成本的目的是为了实现责、权、利的协调统一，考核评价经营业绩，调动各个责任中心的积极性；核算产品成本的目的是为了反映生产经营过程的耗费，规定配比的补偿尺度，确定经营成果。

（4）所处的系统不同。责任成本是管理会计的责任会计子系统中最基本的考核指标；产品成本是财务会计和成本会计系统中的基本考核指标。

责任成本与产品成本之间虽有许多区别，但有一点是相同的，即构成它们内容的同为企业生产经营过程中的资金耗费。就一个企业而言，一定时期发生的广义产品成本总额应当等于同期发生的责任成本总额。

（四）成本中心的考核

成本中心控制和考核责任成本，是在事先编制的责任成本预算的基础上，通过提交责任报告将责任中心实际发生的责任成本与其责任成本预算进行比较而实现的。实际数大于预算数的差异是不利差异，用"＋"号表示；实际数小于预算数产生的差异叫有利差异，用"-"号表示。表 15-1 是一个复合成本中心的责任报告的标准样式。

【例 15-1】某成本中心有关项目的预算和实际指标如表 15-1 所示：

表 15-1 某复合中心责任报告

单位：元

项目	实际	预算	差异
下属责任中心转来的责任成本			
甲班组	22 400	22 000	+400
乙班组	26 700	27 000	-300
小计	49 100	49 000	+100
本成本中心的可控成本			
间接人工	3 080	3 000	+80
管理人员工资	5 450	5 500	-50
设备折旧费	4 880	4 840	+40
设备维修费	2 600	2 500	+100
小计	16 010	15 840	+170
本成本中心的责任成本合计	65 110	64 840	+270

由上表可知，由于本中心本身发生的可控成本超支 170 元（主要是因为设备维修费超支了 100 元），甲班组超支了 400 元。它们都没有完成责任预算。最终导致该中心责任成本超支了 270 元。乙班组节约了 300 元成本，超额完成了预算。

三、利润中心的业绩评价与报告

（一）利润中心的定义

利润中心是既能控制成本，又能控制收入的责任中心，它是处于比成本中心高一层次的责任中心。这类责任中心通常是那些具有产品或劳务生产经营决策权的部门。一个利润中心通常包含若干个不同层次的下属成本中心。

（二）利润中心的类型

利润中心分为自然利润中心和人为利润中心两种。自然利润中心是指能直接对外销售产品或提供劳务取得收入而给企业带来收益的利润中心。这类责任中心一般具有产品销售权、价格制定权、材料采购权和生产决策权，具有很大的独立性。

人为利润中心是指不能直接对外销售产品或提供劳务,只能在企业内部各责任中心之间按照内部转移价格相互提供产品或劳务而形成的利润中心。这类责任中心一般也应具有相对独立的经营管理权,即能够自主决定本利润中心的产品品种、产品产量、作业方法、人员调配和资金使用等。但这些部门提供的产品或劳务主要在企业内部转移,很少对外销售。

(三) 利润中心的考核

利润中心对利润负责,其实质是对收入和成本负责,其中成本是指责任成本,既包括利润中心本身发生的可控成本,也包括利润中心的下属成本中心转来的责任成本。因为利润中心既对其发生的成本负责,又对其发生的收入和实现的利润负责,所以,利润中心业绩评价和考核的重点是边际贡献和利润,但对于不同范围的利润中心来说,其指标的表现形式也不相同。其考核指标可采用以下几种形式:

部门边际贡献 = 部门销售额 − 部门变动成本 （1）
部门经理边际贡献 = 部门边际贡献 − 部门经理可控固定成本 （2）
部门贡献 = 部门经理边际贡献 − 部门经理不可控固定成本 （3）

（1）式可看作严格意义上的边际贡献在利润中心考核指标的自然延伸,是可控性原则的具体体现。（2）式主要用于评价利润中心负责人的经营业绩,因而必须就负责人可控成本进行评价和考核,即将各部门的固定成本进一步区分为可控成本和不可控成本,这是因为有些费用虽然可以追溯到有关部门,却不为部门经理所控制,如广告费、保险费等。因此,在考核部门经理业绩时,应将其不可控的业绩成本从中剔除。（3）式主要用于对利润中心的业绩评价和考核,用以反映有关部门补偿共同性固定成本后对企业利润所做的贡献。

【例 15-2】某企业的某部门（利润中心）的有关数据资料如下:

部门销售额 100 000 元;

部门销售产品变动成本和变动性营业费用 70 000 元;

部门可控固定成本 5 000 元;

部门不可控固定成本 6 000 元。

要求:计算该部门的各级利润考核指标。

部门边际贡献=100 000−70 000=30 000（元）

部门经理边际贡献=30 000−5 000=25 000（元）

部门贡献=25 000−6 000=19 000（元）

利润中心应定期提交责任报告,将实际销售成本、实际销售额及实际利润同销售成本预算、销售额预算及利润预算进行比较,集中反映利润预算的完成情况。如果实际数大于预算数,其差异是有利差异,用"+"号表示;如果实际数小于预算数,其差异是不利差异,用"-"号表示。

由于利润中心无法控制上级分配来的固定成本的数额,所以,在评价考核利润中心的经营业绩时,应将这部分固定成本的影响予以剔除。

【例 15-3】某利润中心的有关项目的实际数值和预算数值如表 15-2 所示:

表 15-2 某利润中心责任报告

单位:元

项 目	实 际	预 算	差 异
销售额	240 000	230 000	+10 000
变动成本			
变动生产成本	74 000	70 000	+4 000
变动营业费用	34 000	35 000	-1 000
变动成本合计	108 000	105 000	+3 000
边际贡献	132 000	125 000	+7 000
期间成本			
直接发生的固定成本	8 400	8 000	+400
上级分配的固定成本	6 300	6 500	-200
期间成本合计	14 700	14 500	+200
税前利润	117 300	110 500	+6 800

其中,"变动营业费用"和"直接发生的固定成本"项目属于该利润中心的可控成本;"上级分配的固定成本"是该利润中心的可控成本;其他成本均为下属成本中心转来的责任成本。

该利润中心实际获利超过预算 6 800 元,而上级分配的固定成本比预算少 200 元,若剔除这一因素,则该利润中心取得的成绩是超额 6 600 元。

四、投资中心的业绩评价与报告

(一)投资中心的定义

投资中心是既要对成本、利润负责,又要对投资效果负责的责任中心,它是比利润中心更高层次的责任中心。投资中心与利润中心的主要区别是:利润中心没有投资决策权,需要在企业确定投资方向后组织具体的经营;而投资中心则具有投资决策权,能够相对独立地运用其所掌握的资金,有权购置和处理固定资产,扩大或削减生产能力。

投资中心拥有投资决策权和经营决策权,同时各投资中心在资产和权益方面应划分清楚,以便准确地算出各投资中心的经济效益,对其进行正确的评价和考核。

(二)投资中心的考核

投资中心业绩评价与考核的内容是利润及投资效果,反映投资效果的指标主要是投资报酬率和剩余收益。

1. 投资报酬率

投资报酬率是投资中心所获得的利润占投资额的百分比指标。它可以反映投资中心的综合盈利能力,其计算公式如下:

$$投资报酬率 = \frac{利润}{投资额} \times 100\%$$

上式中,利润额是指营业利润或净利润;投资额是指自有资本或资产原价(投资额既可以采用原始投资额,也可以采用平均投资额,即用期初投资额与期末投资额的总额除以2求得)。

由于利润和投资额各有其不同的选择口径,因此,不同投资中心在使用投资报酬率指标时,应注意可比性。投资报酬率是个相对数正指标,数值越大越好。

【例15-4】某投资中心的有关资料如下:

期初资产原价 10 000 元;

期末资产原价 11 000 元;

本期营业净利 2 000 元。

要求:计算该投资中心的投资报酬率(假定本例采用平均投资额)。

$$平均投资额 = \frac{10\,000 + 11\,000}{2} = 10\,500(元)$$

$$投资报酬率 = \frac{2\,000}{10\,500} \times 100\% = 19.05\%$$

目前,有许多企业采用投资报酬率作为评价投资中心业绩的指标。该指标的优点是:投资报酬率能反映投资中心的综合盈利能力,且由于剔除了因投资额不同而导致的利润差异的不可比因素,因而具有横向可比性,有利于判断各投资中心经营业绩的优劣;此外,投资报酬率可以作为选择投资机会的依据,有利于优化资源配置。

这一评价指标的不足之处是缺乏全局观念。当一个投资项目的投资报酬率低于某投资中心的投资报酬率而高于整个企业的投资报酬率时,虽然企业希望接受这个投资项目,但该投资中心可能拒绝它;当一个投资项目的投资报酬率高于该投资中心的投资报酬率而低于整个企业的投资报酬率时,该投资中心可能只考虑自己的利益而接受它,而不顾企业整体利益是否受到损害。

因此,为了使投资中心的局部目标与企业的总体目标保持一致,弥补投资报酬率这一指标的不足,还可以采用剩余收益指标来评价和考核投资中心的业绩。

2. 剩余收益

剩余收益是指投资中心获得的利润扣减其投资额按预期最低投资报酬率计算的投资报酬后的余额。其计算公式如下:

剩余收益=利润-投资额×预期最低投资报酬率

剩余收益是个绝对数正指标,这个指标越大,说明投资效果越好。

【例 15-5】某企业有若干个投资中心,报告期整个企业的投资报酬率为 14%。其中甲投资中心的投资报酬率为 18%,该中心的经营资产平均余额为 200 000 元,利润为 36 000 元。预算期甲投资中心有一追加投资的机会,投资额 100 000 元,预计利润为 16 000 元,投资报酬率为 16%,甲投资中心预期最低投资报酬率为 14%。

要求:(1)假定预算期甲投资中心接受了上述投资项目,分别用投资报酬率和剩余收益指标来评价考核甲投资中心追加投资后的工作业绩。

(2)分别从整个企业和甲投资中心的角度,说明是否应当接受这一追加投资项目。

解:(1)甲投资中心接受投资后的评价指标分别如下:

$$投资回报率=\frac{36\,000+16\,000}{200\,000+100\,000}\times 100\%=17.33\%$$

剩余收益=16 000 − 100 000×14%=2 000(元)

从投资报酬率指标看,甲投资中心接受投资后的投资报酬率为 17.33%,低于该中心原有的投资报酬率 18%,追加投资使甲投资中心的投资报酬率指标降低了。

从剩余收益指标看,甲投资中心接受投资后可增加剩余收益 2 000 元,大于零,表明追加投资使甲投资中心有利可图。

(2)如果从整个企业的角度看,该追加投资项目的投资报酬率为 16%,高于企业的投资报酬率 14%,剩余收益为 2 000 元,大于零。结论是:无论从哪个指标看,企业都应当接受该项追加投资。

如果从甲投资中心看,该追加投资项目的投资报酬率为16%,低于该中心的投资报酬率18%。若仅用这个指标来考核投资中心的业绩,则甲投资中心不会愿意接受这项追加投资(因为这将导致甲投资中心的投资报酬率指标由18%降低为17.33%);但如果以剩余收益指标来考核投资中心的业绩,则甲投资中心可能因为剩余收益增加了2 000元,而愿意接受该项追加投资。

通过上例可以看出,利用剩余收益指标考核投资中心的工作业绩使企业整体利益和个别投资中心的局部利益达到一致,弥补了投资报酬率指标的不足。

需要注意的是,若以剩余收益作为评价指标,所采用的投资报酬率的高低对剩余收益的影响很大,通常应以整个企业的平均投资报酬率作为最低报酬率。

投资中心责任报告的结构与成本中心和利润中心的相类似。表15-3为投资中心的责任报告的标准格式样式。

【例15-6】某投资中心有关项目的实际数值和预算数值如表15-3所示:

表 15-3 某投资中心责任报告

单位:元

项 目	实 际	预 算	差 异
销售额	500 000	460 000	+40 000
营业成本与费用	470 000	440 000	+30 000
营业利润	30 000	20 000	+10 000
平均资产原价	150 000	125 000	+25 000
投资报酬率	20%	16%	+4%
按最低投资报酬率15%计算的报酬	22 500	18 750	+3 750
剩余收益	7 500	1 250	+6 250

该投资中心的投资报酬率和剩余收益指标都超额完成了预算,表明该中心的投资业绩比较好。

篇中案例　　美国通用电气公司的业绩计量方法

为了弥补单纯使用财务指标进行业绩评价的缺陷,美国通用电气公司使用包括财务指标及非财务指标在内的多种业绩计量方法。该公司使用以下八种业绩指标来衡量业绩：（1）获利能力；（2）市场地位；（3）生产力；（4）产品领先地位；（5）人员发展状况；（6）员工工作态度；（7）社会责任；（8）长期目标与短期目标之间的均衡。

资料来源：李宏健．现代管理会计[M]．北京：中国财政经济出版社．1998：440．

【课堂测试 15-2】

1. 某投资中心的有关资料如下：
期初资产原价 20 000 元；
期末资产原价 22 000 元；
本期营业净利 4 000 元。
要求：计算该投资中心的投资报酬率。

第三节　企业内部转移价格

一、内部转移价格的含义

内部转移价格是指企业内部各责任中心之间相互提供产品（或劳务），进行结算或责任成本相互转账时所选用的一种价格标准。这里所说的相互结算，是指企业内部各责任中心在提供产品（或劳务）时所需要进行的计价和清偿债权和债务的行为。此外，各责任中心之间由于责任成本发生的地点与应承担责任的地点不同，为了划清责任，需要进行责任成本相互转账。例如，生产车间耗用材料所产生的"数量差异"，是由于材料质量或规格不符合原定标准而产生的，虽然这种"数量差异"产生于生产车间，但应将其转给其责任承担者采购部门等。

内部转移价格采取了"价格"的形式，使两个责任中心作为交易的"买""卖"双方。一方面，它具有与外部市场价格相类似的作用。如在价格一定的情况下，要想获得较高的内部利润，卖方（提供产品或劳务方）必须不断改善经营管理，降低成本和费用，以其收入抵补支出；买方（接受产品或劳务方）则必须在一定的购置成本下，努力降低再加工的成本，提高产品质量，争取获得较高的经济效益。另一方面，内部转移价格与外部市场价格毕竟有不同之处。

内部转移价格所影响的"买""卖"双方都存在于同一企业,在其他条件不变的情况下,内部转移价格的变化,会使买卖双方的收入或内部利润呈相反的方向变化。也就是说,提高内部转移价格,"卖"方增加的收入或内部利润恰好等于"买"方减少的收入或内部利润。调低内部转移价格,买卖双方的内部转移价格无论怎样变动,企业的利润总额都是固定不变的,变动的只是利润或内部利润在各责任中心之间的分配情况。

二、内部转移价格的作用

（一）内部转移价格有利于分清责任中心的经济责任，充分调动各责任中心的积极性

责任会计的主要目的是要准确界定各责任中心的经济责任，调动责任中心的工作积极性、主观能动性，保证企业总体目标的顺利实现。因此，不同责任中心的职责范围和应承担的责任应该非常明确并且界限分明，应该尽量消除其他部门的原因对某一责任中心造成的影响，而内部转移价格的建立为此创造了有利条件。

首先，由于各责任中心之间相互提供产品或劳务是按事先确定的统一的内部转移价格结算的，可以避免和消除由于一个责任中心的工作质量和工作效率的高低对另一责任中心造成的影响。例如，在提供商品或者劳务的产品质量问题造成接受商品或者劳务的责任中心成本超支的情况下，利用内部转移价格可以避免提供商品和劳务一方的经济责任对接受一方的影响。其次，各责任中心之间发生的内部交易按照内部转移价格进行核实，可以使交易双方责任中心准确计算各自的收入和成本，并通过收入与成本的比较，及时发现工作中存在的问题，促使其采取措施增收节支，提高工作效率，从而有助于实现企业整体效益的最优化。因此，企业内部各责任中心之间采用合理的内部转移价格，可以明确各责任中心应该承担的经济责任，便于正确地评价各责任中心的业绩，充分发挥各责任中心的工作积极性和主动性。

（二）内部转移价格使责任中心的业绩评价建立在客观、公正和可比的基础上

责任会计的一个重要内容，就是通过对各责任中心的责任预算的执行情况的考核，来评价其经营业绩。但如果企业不能制定科学合理的内部转移价格，就会引起交易双方的浪费或无效劳动互相转嫁，从而对责任中心的业绩评价造成混乱，掩盖或夸大各责任中心的实际业绩，从而造成业绩评价不够客观和公

正。因此，合理制定内部转移价格，可以避免上述问题，使责任中心的业绩评价建立在客观、公正和可比的基础上。

（三）内部转移价格是扩充、收缩或停止某一责任中心的经营的重要依据

首先，在企业这个整体层次上，企业最高管理层可以根据内部转移价格计算各责任中心的利润实现和投资回收情况，做出对某一责任中心扩大或缩小投资规模，转移或停止某项业务经营等决策。其次，对于具体的责任中心而言，各责任中心根据内部转移价格可做出各自的经营和管理决策。例如，责任中心根据内部转移价格可以确定最佳的产品生产量、材料采购量，做出内销或者外销、从企业内部购买或者从企业外部市场购买等决策。需要注意的问题是，各责任中心所做的决策是否与企业整体利益一致，则取决于内部转移价格的合理程度。

（四）内部转移价格有助于引入市场竞争机制

由于内部转移价格经常以市场价格为基础，因此在一定程度上能够将市场竞争机制引入企业内部，可以避免管理上的主观因素的不利影响，在责任中心之间形成良好的竞争氛围，增强责任中心的竞争能力和经营活力。

三、内部转移价格的种类

内部转移价格的制定，在理论上应同时满足三个激励标准：首先是对经营业绩的评价提供合理的标准；其次是激励基层经理人员更好地经营；最后是促使分权单位与企业整体之间的目标相一致。但是，事实上，一组适合于评价责任中心业绩的内部转移价格可能会使责任中心损害企业整体利益；反之，一组能提供正确激励的内部转移价格可能会使长期对企业作出重大贡献的责任中心在他们的业绩报告中出现亏损。值得注意的是，由于不同的方法可以适用不同的情况和条件，而适用于某种情况和条件的方法又可能不适应某种使用目的，因此，没有一种适应各种使用目的的最佳的内部转移价格。所以，在同一企业组织，内部转移价格会因不同种类的产品和劳务而多样化。下面我们将就各种内部转移价格的适用范围、条件及其所引起的行为反应进行讨论。

（一）市场价格

市场价格是以产品或劳务的市场供应价格作为计价基础的。其理论基础是：对于独立的责任中心进行评价，就要看其在市场上的获利能力。以市场价格作为内部转移价格，最符合责任会计的原则和利润中心的概念，因为市场价格比较客观，对买卖双方无所偏袒，能够在企业内部形成一种竞争的市场态势。

利润（或投资）中心既然由企业授予供、产、销的决策权并为此承担相应

的责任,因此,为争取实现较多的利润,他们当然不会按低于市场价格的价格向其他责任中心提供产品,也不会按高于市场价格的价格接受其他责任中心的产品。

从企业的观点来看,只要供应一方是按生产能力提供产品的,都可以视同在市场上进行交易。两个责任中心之间相互交易,不管市场上是否有同样的商品,都具有商品质量及交货期等易于控制、可以节省谈判费用的优点。因此,企业管理当局为了整体利益。应当鼓励各责任中心进行内部转让。其基本原则是:除非责任中心有充分理由说明对外出售更为有利,否则各责任中心之间应尽量进行内部转让。

在以市场价格为内部转移价格时,一般应遵循下列原则:

(1)卖方责任中心的产品,应首先满足企业内部其他责任中心的需要,但他有权拒绝以低于市场价格的转移价格对内供应;

(2)买方责任单位可以同外界购入相比较,如果企业内部其他单位的要价高于市场价格,则可以舍内求外,而不必为此支付更大的代价;

(3)内部转让应不影响责任中心履行其已签订的对外供货合同。

采用市场价格作为内部转移价格,在企业内部引进市场机制,形成竞争气氛,对于正确评价各利润(投资)中心的经营业绩,更好地发挥各责任中心从事生产经营活动的主动性和积极性有着重要意义。但是,它也会因为"买方"得不到任何好处而引起"买方"的不满。此外,在内部进行转让的产品或劳务,往往是专门生产的或者具有某种特定的规格,很可能没有市场价格作为准绳,即使有市场价格,往往也变动较大。尽管按市场价格作为内部转移价格存在某些局限,但当产品有外界市场,"买""卖"双方可以自由对内、对外购销产品时,仍不失为一种较好的内部转移价格。

(二)产品成本

以产品成本作为内部转移价格是制定内部转移价格的最简单的方法。在管理会计中常常使用不同的成本概念,如实际成本、标准成本、变动成本等,它们对内部转移价格的制定和各责任中心的业绩考评将产生不同的影响。

1. 实际成本

以中间产品的生产成本作为其内部转移价格,这种实际成本资料容易取得,方法简便。但严格地讲,这只是一个实际成本的计算、转让过程,还不能作为一种内部转移价格,发挥其在各责任中心之间划分经济责任和调节企业内部利润的作用。因为采用这种方法,提供产品(半成品)或劳务的销售单位得不到任何利润,所有利润都表现在购买单位的账上。由于提供产品或劳务的成本全部转移给了"购买"部门，所以对供应部门的经理降低成本缺乏激励作用；而且由于销售部门将其工作成绩与缺陷全部不折不扣地转嫁给了购买部门，购买部门就要承担不受它控制的、由其他部门造成的工作效率上的责任。如果以此为依据，对有关方面的工作进行评价，并按经营成果进行奖惩，必然会产生偏差，不能收到应有的效果。

2. 实际成本加成

根据产品或劳务的实际成本，再加上一定的合理利润作为计价基础的优点是能保证销售产品或劳务的单位有利可图，可以调动他们的工作积极性。但是，这种内部转移价格包含了实际成本，仍然会把销售单位的功过全部转嫁给购买单位，从而削弱了双方降低成本的责任感。此外，确定加成的利润率带有很大的主观随意性，它的偏高或偏低，都会影响对双方业绩的正确评价。

3. 标准成本

以各中间产品的标准（预算）成本作为其内部转移价格，最大优点是把管理和核算工作结合起来，避免"功过转嫁之患"，收到"责任分明之效"，能够正确评价各责任中心的工作成果，调动"买""卖"双方降低成本的积极性。但是，无论是以实际成本、实际成本加成还是标准成本作为内部转移价格，对于短期决策来说，都会遇到销售单位的固定成本将在购买单位作为变动成本处理的问题，由此决定了他们不能很好地解决目标一致性的问题。因此，这种内部转移价格主要适用于成本中心相互提供产品或劳务的计价、结转。

4. 变动成本

以变动成本作为内部转移价格的目的是使部门决策合理化，避免内部转移价格不当所导致的部门决策失误。从这个意义上讲，它是一种决策型内部转移价格。其优点是符合成本性态，能够明确揭示成本与产量的关系，便于考核各责任中心的工作业绩，有利于企业和各责任中心进行生产经营决策。不足之处是，由于产品成本中不包含固定成本，不能反映劳动生产率的变化对单位固定成本的影响，从而割裂了固定成本与产量之间的关系。具体地讲：① 这种转移价格会对购买单位过分有利；② 如果各责任中心只计算变动成本，就不能利用投资报酬率和剩余收益对该责任中心的经理人员进行业绩考评，因此，它只适用于成本中心；③ 如果只将一个责任中心的变动成本转移给另一责任中心，将不利于成本中心经理控制成本。

（三）协商价格

这种办法就是按买卖双方共同协商的价格作为计价基础。因为在一般情况下，转移价格可以比市价低一些，这主要是由于：

（1）内部转移价格中所包含的推销费用和管理费用，通常要比外界供应的市价低；

（2）内部转移的数量一般较大；

（3）转出单位拥有多余的生产能量。

因此，市场只能作为制定内部转移价格的上限，至于具体价格需由买卖双方参考市价协商议定。另外，当制成（造）品或劳务在没有市价的情况下，也只有采用议价的方式来决定。

【课堂测试 15-3】

1. 试述什么是内部转移价格。
2. 试述内部转移价格的种类。

本章小结

责任会计是为适应企业分权管理的需要而产生的，其主要内容包括设置责任中心、制定内部转移价格、进行反馈业绩与评价业绩等内容。责任中心主要包括成本中心、利润中心和投资中心等类型。成本中心的业绩评价内容主要是其全部的可控成本。利润中心所属部门的业绩评价指标是部门边际贡献。投资中心的业绩评价综合指标有两个，一是投资报酬率，二是剩余收益。内部转移价格的制定方法有多种，包括市场价格、标准成本及标准成本加成、协商价格和双重价格等。企业应根据自身情况选用不同的定价方法。

章后案例　　　　车间负责人李杰的疑问

华达工艺制品有限公司宣布业绩考核报告后，二车间负责人李杰情绪低落。原来他任职以来积极开展降低成本活动，严格监控成本支出，考核却没有完成责任任务，严重挫伤了工作积极性。财务负责人了解情况后，召集了有关成本核算人员，寻求原因，将采取进一步行动。

华达公司自 1997 年成立并从事工艺品加工销售以来，一直以"重质量、守信用"在同行中经营效果及管理较好。近期，公司决定实行全员责任制，寻求更佳的效益。企业根据三年来实际成本资料，制定了较详尽的费用控制方法。

材料消耗实行定额管理，产品耗用优质木材，单件定额 6 元，人工工资实行计件工资，计件单价 3 元，在制作过程中需用专用刻刀，每件

> 工艺品限领 1 把，单价 1.30 元，劳保手套每产 10 件工艺品领用 1 副，单价 1 元。当月固定资产折旧费 8 200 元，摊销办公费 800 元，保险费 500 元，租赁仓库费 500 元，当期计划产量 5 000 件。
>
> 车间实际组织生产时，根据当月订单组织生产 2 500 件，车间负责人李杰充分调动生产人员的工作积极性，改善加工工艺，严把质量关，杜绝了废品，最终使材料消耗定额由每件 6 元降到 4.5 元，领用专用工具刻刀 2 400 把，价值 3 120 元。但是，在业绩考核中，却没有完成任务，出现了令人困惑的结果。
>
> 要求：运用管理会计的相关内容分析出现这一考核结果的原因。

核心概念

成本中心（cost center） 利润中心（profit center） 投资中心（investment center） 可控成本（controllable costs） 不可控成本（uncontrollable costs）

思考题

1. 如何进行责任成本的考核和激励？
2. 责任成本包括哪些内容？
3. 如何编制责任成本预算？
4. 如何进行责任成本的核算？
5. 如何进行责任成本的控制？
6. 简述责任成本与产品成本的区别与联系。

练习题

（一）单项选择题

1. 应承担因完成限产任务而造成低于正常生产能力的折旧超支额的部门是（　　）。
   A．生产部门　　　　　　B．供应部门
   C．销售部门　　　　　　D．设备管理部门

2. 为了排除各责任中心之间的相互影响，企业应对不同中心的材料、半成品和劳务制定合理的（　　）。
   A．内部结算价格　　　　B．内部可控成本
   C．内部结算制度　　　　D．内部责任成本

3．责任成本预算应按（　　）进行编制。
  A．责任成本中心　　　　　　B．产品
  C．车间　　　　　　　　　　D．产量
4．对产品成本核算的账簿体系需要进行适当改造的核算制是（　　）。
  A．单轨制　　　　　　　　　B．考核制
  C．双轨制　　　　　　　　　D．责任制
5．在单轨制下，各生产部门汇集的可控成本与不可控成本之和为（　　）。
  A．产品责任成本　　　　　　B．产品预算成本
  C．产品实际成本　　　　　　D．产品计划成本
6．责任成本差异是本期实际成本与按（　　）计算的产品责任成本预算之差异。
  A．本期完工产量　　　　　　B．期初在产品量
  C．本期投产数量　　　　　　D．期末在产品量
7．将责任成本控制的重点引导到降低每项耗费上的预算是（　　）。
  A．初始责任成本预算　　　　B．按单位产品责任成本调整的预算
  C．按弹性预算调整的预算　　D．按计划业务量调整的预算
8．引导责任中心充分利用生产能力，以增产降低成本的预算是（　　）。
  A．初始责任成本预算　　　　B．按单位产品责任成本调整的预算
  C．按弹性预算调整的预算　　D．按计划业务量调整的预算
9．责任成本按其发生的原因及其可控性追溯到有关责任部门的特性是（　　）。
  A．可追溯性　　　　　　　　B．可控性
  C．可预知性　　　　　　　　D．可变动性
10．对责任成本中心应考核的是（　　）。
  A．可控成本　　　　　　　　B．产品成本
  C．不可控成本　　　　　　　D．责任成本
11．某企业生产某种半成品 2 000 件，完成一定加工工序后，可以立即出售，也可以进一步深加工之后再出售，如果立即出售，每件售价 15 元，若深加工后出售，售价为 24 元，但要多付加工费 9 500 元，则"直接出售方案"的相关成本为（　　）。
  A．48 000 元　　　　　　　　B．30 000 元
  C．9 500 元　　　　　　　　 D．0 元

12. 某投资项目，若使用10%作贴现率，其净现值为250元，用12%作贴现率，其净现值为-120元，该项目的内含报酬率为（　　）。
   A. 8.65%　　　　　　　　B. 10.65%
   C. 11.35%　　　　　　　D. 12.35%

13. 如果其他因素不变，一旦折现率提高，则下列指标将会变小的是（　　）。
   A. 净现值　　　　　　　B. 年平均投资报酬率
   C. 内部收益率　　　　　D. 投资回收期

14. 编制全面预算的基础和关键是（　　）。
   A. 生产预算　　　　　　B. 材料采购预算
   C. 销售预算　　　　　　D. 现金预算

15. 责任会计产生的直接原因是（　　）。
   A. 行为科学的产生和发展　　B. 运筹学的产生和发展
   C. 分权管理　　　　　　D. 跨国公司的产生

（二）多项选择题

1. 各责任成本中心的责任成本确定应遵循的原则有（　　）。
   A. 实用原则　　　　　　B. 责任归属原则
   C. 可控原则　　　　　　D. 目标一致原则

2. 从对成本负责上看，责任成本中心包括（　　）。
   A. 成本中心　　　　　　B. 利润中心
   C. 费用中心　　　　　　D. 投资中心

3. 责任成本的主要特点有（　　）。
   A. 可追溯性　　　　　　B. 可控性
   C. 可预知性　　　　　　D. 中心归属性

4. 责任成本与产品成本的主要区别有（　　）。
   A. 汇集对象不同　　　　B. 目的作用不同
   C. 构成内容不同　　　　D. 发生期间不同

5. 责任成本预算包括的内容有（　　）。
   A. 全厂责任成本总预算　　B. 分部门责任成本预算
   C. 班组责任成本预算　　D. 车间责任成本预算

6. 责任成本控制和考核指标主要有（　　）。
   A. 责任成本预算指标　　B. 责任成本差异
   C. 责任成本降低指标　　D. 责任成本实际指标

7. 责任成本控制和考核指标体系应是（　　）的指标体系。
   A．具有可控的计算内容　　　B．符合企业总体经营目标
   C．便于应用　　　　　　　　D．便于客观评价
8. 对成本、收入和利润负责的中心是（　　）。
   A．成本中心　　　　　　　　B．利润中心
   C．投资中心　　　　　　　　D．责任中心
9. 某企业只销售一种产品，1997 年销售量是 8 000 件，单价为 240 元，单位成本为 180 元，其中单位变动成本为 150 元，该企业计划 1998 年利润比 1998 年增加 10%，则企业可采取的措施是（　　）。
   A．增加销售量 534 件　　　　B．降低单位变动成本 6 元
   C．降低固定成本 48 000 元　　D．提高价格 6 元
   E．提高价格 8 元
10. 在相对剩余生产能力无法转移的条件下，亏损产品继续生产的前提条件是（　　）。
    A．单价大于单位变动成本　　B．贡献边际率大于零
    C．贡献边际率大于变动成本率　D．贡献边际大于固定成本
    E．贡献边际大于零
11. 利用评价指标对单一的独立投资项目财务进行可行性评价时，能够得出完全相同结论的指标有（　　）。
    A．静态投资回收期　　　　　B．净现值
    C．净现值率　　　　　　　　D．获利指数
    E．内部收益率
12. 某一方案具备财务可行性的标志是（　　）。
    A．净现值≥0　　　　　　　　B．净现值<0
    C．获利指数≥1　　　　　　　D．内含报酬率≥行业基准折现率
    E．净现值率≥0
13. 下列各项中，可能构成完整工业投资项目终结点净现金流量组成内容的有（　　）。
    A．第 n 年归还的借款本金　　B．第 n 年固定资产的折旧额
    C．第 n 年回收的流动资金　　D．第 n 年固定资产的净残值
    E．第 n 年的净利润
14. 下列各项中，可用于原始投资不相同的互斥投资方案比较决策的方法有（　　）。

A. 差额投资内部收益率法　　B. 逐次逼近测试法
C. 静态投资回收期法　　　　D. 年等额净回收额法
E. 净现值法

15. 下列各企业内部单位中可以成为责任中心的有（　　）。
A. 分公司　　　　　　　　B. 地区工厂
C. 车间　　　　　　　　　D. 班组
E. 个人

（三）判断题

1. 各责任成本中心都需要对成本、收入、利润和投资负责。（　　）
2. 各责任成本中心发生的成本一定是该责任中心的可控成本。（　　）
3. 各责任成本中心发生的可控成本一定发生在该责任中心。（　　）
4. 责任成本从控制内容上看，只包括产品成本，不包括期间成本。（　　）
5. 与产品成本一样，责任成本包括本期发生成本和期初在产品成本。（　　）
6. 在双轨制下，因责任成本核算与产品成本核算分属两套核算体系，因此应有两套原始凭证。（　　）
7. 在单轨制下，产品成本核算与责任成本核算属于相同的核算体系。（　　）
8. 与特定的责任成本中心相联系是责任成本的特点之一。（　　）
9. 责任成本考核和激励的主要目的是保障责任成本控制制度的顺利制定。（　　）
10. 在单轨制下，责任成本核算需要单独设置账户体系。（　　）
11. 只有在经营期内，才存在净现金流量。（　　）
12. 利用成本无差别点法作生产经营决策分析时，如果业务量大于成本无差别点 X 时，则应选择固定成本较高的方案。（　　）
13. 简单地说，决策分析就是领导拍板做出决定的瞬间行为。（　　）
14. 在一定时期内，对于各责任中心之间已经发生的内部交易来说，无论采用哪种内部转移价格核算，只影响到各相关责任中心之间的利益分配，不会改变企业总体利润的大小。（　　）
15. 在企业出现亏损产品的时候，企业就应当做出停止生产该产品的决策。（　　）

（四）业务题

1. 某企业生产部门设有甲、乙两个车间，大量生产某种产品，甲、乙车间为两个责任成本中心，甲车间将完工产品转到乙车间，由乙车间将其加工成为产成品。甲、乙车间的有关资料如下：

（1）甲车间资料：

①生产产品实际领用 A 原材料 1 000 公斤，计划单价为 5 元/公斤，材料成本差异为+1%；

②实际支付生产工人工资 5 000 元、车间管理人员工资 2 000 元，按工资总额的 14%计提职工福利费；

③固定资产折旧费 3 000 元；

④辅助生产车间修理机器发生费用 2 000 元。根据内部结算价格确定应由甲车间负担 1 500 元大修理费和日常修理费、辅助生产车间负担 500 元。甲车间大修理费用预算为 1 000 元，因调整大修理费计划造成与实际大修理费 1 300 元相差 300 元；

⑤用银行存款支付办公费和其他支出 1 000 元；

⑥本期实际完工产量 120 件，无期初和期末在产品；

⑦半成品单位责任成本预算为 150 元/件。

（2）乙车间资料：

①实际完工量 100 件，期末在产品 20 件，没有期初在产品，在产品完工率为 50%；

②本期发生直接工资 7 500 元、应付福利费 1 050 元，制造费用为 5 450 元。在本期费用中，包括应追溯到甲车间废品损失 700 元（直接人工 500 元、制造费用 200 元）；

③完工产品单位预算 270 元/件，其中：自制半成品成本 152 元、直接人工 70 元和制造费用 48 元。

要求：

（1）计算甲、乙车间产品成本；

（2）按责任成本单轨制核算并接转成本。

2. 某企业第一车间是一个成本中心，只生产 A 产品。其预算产量为 5 000 件，单位标准材料成本为 100 元/件；实际产量为 6 000 件，实际单位材料成本 96 元。假定其他成本暂时忽略不计。

要求：计算该成本中心消耗的直接材料责任成本的变动额和变动率，分析并评价该成本中心的成本控制情况。

3. 某企业的第二车间是一个人为利润中心。本期实现内部销售收入 500 000 元，变动成本为 300 000 元，该中心负责人可控固定成本为 40 000 元，中心负责人不可控，但应由该中心负担的固定成本为 60 000 元。

要求：计算该利润中心的实际考核指标，并评价该利润中心的利润完成情况。

参考文献

[1]陈良华,韩静,向有才,陈吉凤.成本会计习题与案例[M].大连:东北财经大学出版社,2009.

[2]陈玉菁,宋良荣.财务管理[M].北京:清华大学出版社,2011.

[3]韩文连,黄毅勤,刘志翔.成本管理会计[M].北京:首都经济贸易大学出版社,2012.

[4]胡国强,袁桂萍,钟莉,刘小虎.成本管理会计学习指导(第三版)[M].成都:西南财经大学出版社,2012.

[5]胡国强,冼永光.成本会计学[M].成都:西南财经大学出版社,2012.

[6]江希和,向有才.成本会计案例与实训[M].北京:高等教育出版社,2012.

[7]乐艳芬.成本管理会计[M].上海:复旦大学出版社,2012.

[8]刘运国.管理会计学[M].北京:中国人民大学出版社,2011.

[9]罗纳德,W.希尔顿,迈克尔 W.马厄,弗兰克 H.塞尔托著.罗飞,温倩译.成本管理[M].北京:机械工业出版社,2010.

[10]孟焰,刘俊勇.成本管理会计[M].北京:高等教育出版社,2013.

[11]欧阳清,杨雄胜.成本会计学(理论·实务·案例·习题)[M].北京:首都经济贸易大学出版社,2012.

[12]宋瑞,张文芳.论作业成本法的产生与发展[J].现代商贸工业,2009(18).

[13]束必琪.成本会计[M].北京:机械工业出版社,2010.

[14]孙茂竹,文光伟,杨万贵.成本管理会计[M].北京:中国人民大学出版社,2012.

[15]万寿义,任月君,李日昱.成本会计习题与案例[M].大连:东北财经大学出版社,2013.

[16]吴革.成本与管理会计[M].北京:中信出版社,2012.

[17]徐春立,苑泽明.财务管理[M].北京:经济科学出版社,2009.

[18]于富生,黎来芳,张敏. 成本会计学[M]. 北京:中国人民大学出版社,2012.

[19]张国华,王晓巍. 财会专业英语[M]. 北京:科学出版社,2007.

[20]张涛. 管理成本会计学习指导[M]. 北京:经济科学出版社,2010.

[21]张颖丽. 作业成本法与传统成本法的比较及应用分析[J]. 辽宁工业大学学报(社会科学版),2011(13).

[22]赵书和,高方露,孟茜. 成本与管理会计[M]. 北京:机械工业出版社,2012.

[23]中国注册会计师协会. 财务成本管理[M]. 北京:中国财政经济出版社,2013.

[24]周航,徐晶. 管理会计[M]. 北京:科学出版社,2013.

[25]周凌云,周敏,王雪岩. 成本会计——原理、实务、案例、实训(学生手册)[M]. 大连:东北财经大学出版社,2011.